高等职业教育 iPraclass 新形态教材

大学生素质训练

主　编　马小洪　　张林园
副主编　赵炜怡
主　审　陈　渝
参　编　宣雯娟　　文　斯
　　　　王　旭　　赖　欢

北京理工大学出版社
BEIJING INSTITUTE OF TECHNOLOGY PRESS

内 容 简 介

素质拓展训练，是一种以提高综合素质为主要目的，兼具体能和实践的综合素质教育，它以运动为依托，以培训为方式，以感悟为目的。而本书的训练方式与素质拓展训练类似，与传统的知识培训和技能培训相比，少了一些说教和灌输，多了一些项目实践中的体验和感悟。

本书是作者团队在 20 余年研究成果的一部分，包括十分完整的结构与内容，分别是自我认识训练、情商管理能力训练、沟通与表达能力训练、活动组织能力训练、学习与创新能力训练、择业与求职能力训练、社交礼仪训练 7 个模块。每个模块都包括导读、训练任务、训练内容、关键词、模块总结、章节游戏几个部分，详细介绍了每个模块的理论基础，具有较强的实用性、可操作性。

本书适用于高职高专学生的职业素质训练，也可以作为经济管理类专业市场营销、公共关系等课程的辅助训练教材。同时，也适用于希望提高自身综合素质的所有人群进行自我训练，还可以作为企事业单位员工的岗位培训教材和自修参考书。

版权专有　侵权必究

图书在版编目（CIP）数据

大学生素质训练/马小洪，张林园主编 . —北京：北京理工大学出版社，2020.11
ISBN 978 - 7 - 5682 - 9193 - 4

Ⅰ.①大… Ⅱ.①马…②张… Ⅲ.①大学生 - 素质教育 - 研究 Ⅳ.①G640

中国版本图书馆 CIP 数据核字（2020）第 210070 号

出版发行 /	北京理工大学出版社有限责任公司
社　　址 /	北京市海淀区中关村南大街 5 号
邮　　编 /	100081
电　　话 /	（010）68914775（总编室）
	（010）82562903（教材售后服务热线）
	（010）68948351（其他图书服务热线）
网　　址 /	http：//www.bitpress.com.cn
经　　销 /	全国各地新华书店
印　　刷 /	保定市中画美凯印刷有限公司
开　　本 /	787 毫米 × 1092 毫米　1/16
印　　张 /	17.75
字　　数 /	418 千字
版　　次 /	2020 年 11 月第 1 版　2020 年 11 月第 1 次印刷
定　　价 /	49.80 元

责任编辑 /	江　立
文案编辑 /	江　立
责任校对 /	周瑞红
责任印制 /	施胜娟

图书出现印装质量问题，请拨打售后服务热线，本社负责调换

前言

迈入21世纪以后，迅速发展的中国已在世界上有了举足轻重的地位，与此相适应，我国的高等教育也正以前所未有的速度在发展。高等职业教育是高等教育发展中的生力军，这些年在模式和发展速度方面的进步都是有目共睹的，伴随着高职高专学生人数的激增，大学生中出现的许多问题也引起了社会的高度重视，其中最引人注目的就是学生的素质问题。

《中共中央国务院关于深化教育改革全面推进素质教育的决定》中指出"实施素质教育应贯穿于幼儿教育、中小学教育、职业教育、成人教育、高等教育等各级各类教育"。不同层次和类别的教育在素质培养方面具体目标各不相同，素质教育内容也有所不同。《国家中长期教育改革和发展规划纲要（2010—2020）》和全国教育工作会议，对职业教育改革创新发展提出了全面推进素质教育、着力提高学生服务国家人民的社会责任感、勇于探索的创新精神和善于解决问题的实践能力的要求。教育部袁部长提出了文化育人策略，即：教书育人、管理育人、服务育人、环境育人。高等职业教育属于定向的专门教育阶段，主要培养高层次的专业技术应用型人才，其素质教育有着自身的构成和特点。根据高等职业技术教育的特点，探讨和研究高职大学生素质教育构成，对加强和改进大学生素质教育，提高教育质量有着重大而深远的战略意义。

在当前的经济大潮中，企业间的竞争将最终体现为人才的竞争，企业的人才是企业核心竞争力的主要组成部分，这体现了社会对优秀人才的需求。但我们毕业的大学生能否符合企业的需要呢？近几年的情况并不太理想。无论是社会还是企业，对大学生们的素质要求也越来越高，企业除了需要有专业知识的人才外，还需要这些人才心理素质稳定、能吃苦耐劳、有较高的情商、有良好的沟通技能和技巧、学习能力强、具有较强沟通能力和优秀品德意志等。

一方面企业和社会求贤若渴，另一方面大学生们也迫切希望提高自身的综合素质。传统教育以灌输理论知识为出发点，存在以下问题：

1. 理论和实践脱节。学生即使知道该怎样做，但由于缺乏实际训练，无法付诸实践。比如，有的学生理论知识学得很好，但由于性格过于内向，一说话就脸红；有的学生满腹经纶却在与人沟通时，不会对人微笑；或者有的学生意志薄弱，在遇到挫折时很容易心灰意冷等。而这样的学生，显然离企业需要的优秀人才的素质要求差得很远。

2. 传统的教材以理论叙述为主，课堂教学则以讲解为主，往往让学生感到单调、枯燥，缺乏兴趣。

在考虑到旧版教材的时效性问题的基础上，我们修订了这本《大学生素质训练》教材。本教材是在总结教学过程中的经验和教训基础上进行编写的。

围绕学校"十三五"发展规划确定的"具有国内先进水平，在国内同类院校中领先的特色鲜明高职学院"的建设目标，本教材将有关社会实践的知识和能力融入训练内容中，强化学生劳动意识，充分调动学生的积极性；将社会主义核心价值观、工匠精神等融入教材的训练项目，进一步培养学生遵纪守法、诚实守信、爱岗敬业等良好的职业道德。本教材在2017年出版的《大学生素质训练》教材的基础上，进行了内容的调整与重构，以培养学生的综合素质、社会能力、职业素养，以及今后从事各类岗位的通识能力为宗旨，加入了模块4"活动组织能力训练"，有利于培养学生的组织协调能力。并在每章后面加入了可组织实施的课内外活动与拓展，能够指导师生体悟章节主旨。

本书具有以下几方面的特点：

1. 清晰完整的能力模块。本教材借鉴加拿大CBE模式，对大学生应具备的职业素质和能力进行了科学的分类。全书共分7个能力模块对学生进行训练，自我认识训练、情商管理能力训练、沟通与表达能力训练、活动组织能力训练、学习与创新能力训练、择业与求职能力训练、社交礼仪训练。这些内容较全面地概括了大学生的职业素质要求。

2. 循序渐进的训练方式。本教材引入"素质训练"的模式，强调对非智力因素进行训练。由7个模块组成训练内容，训练项目任务明确。

3. 形式新颖，生动有趣。本教材一改传统教材说教的特点，以训练为主，淡化理论，力图深入浅出，同时通过自测题的设计，引起学生兴趣，重点在于课堂训练和课后拓展训练，将枯燥的理论转化为切实可行的训练方法，达到培养学生能力的目的。

4. 操作性强。本教材所采用的训练方法包括课堂讨论、案例分析、师生对话、模拟表演、游戏、职场情境训练等多种形式，既可用于课堂教学，又可用于学生自我训练，正所谓寓教于乐，让学生在轻松愉快的气氛中，锻炼能力，培养素质。在教学实践中收到了良好的效果。

本书可作为高职高专学生的职业素质训练特色课程教材，还可以作为经济管理类专业市场营销、公共关系等课程的辅助训练教材。同时，也适用于希望提高自身综合素质的所有人群进行自我训练，还可以作为企事业单位员工的岗位培训教材和自修参考书。

本书由马小洪、张林园主编，赵炜怡副主编，陈渝主审。参加编写的具体分工为：模块1、2由宣雯娟、王旭编写；模块3、4由赵炜怡、陈渝编写；模块5由马小洪、赖欢编写；模块6由文斯、马小洪编写；模块7由张林园、赖欢编写。本书资料由参与编写教材的全体老师共同收集。

在教材编写过程中得到刘文、张晋、蒙坪、来文珍、王兴莲、肖正荣、陈秀芬等同志的大力支持和鼓励，在此一并表示深深的谢意。

由于可供参考的同类训练资料较少，加上编者知识水平有限，书中难免存在不足之处，望各位读者批评指正。

马小洪
2020年8月20日

目　录

模块1　自我认识训练 ·· (1)
　1.1　接纳自我、认识自我训练 ·· (2)
　　　1.1.1　训练目标 ··· (2)
　　　1.1.2　训练内容 ··· (2)
　　　1.1.3　训练小结 ··· (11)
　1.2　克服自卑训练 ··· (12)
　　　1.2.1　训练目标 ··· (12)
　　　1.2.2　训练内容 ··· (12)
　　　1.2.3　训练小结 ··· (17)
　1.3　重塑自我训练 ··· (17)
　　　1.3.1　训练目标 ··· (17)
　　　1.3.2　训练内容 ··· (18)
　　　1.3.3　训练小结 ··· (22)
　1.4　自我管理 ·· (22)
　　　1.4.1　训练目标 ··· (22)
　　　1.4.2　训练内容 ··· (22)
　　　1.4.3　训练小结 ··· (27)
　1.5　模块总结 ·· (27)
　1.6　活动与拓展 ·· (27)

模块2　情商管理能力训练 ·· (28)
　2.1　认知、调控自我情绪 ··· (29)
　　　2.1.1　训练目标 ··· (29)
　　　2.1.2　训练内容 ··· (29)
　　　2.1.3　训练小结 ··· (49)
　2.2　自我激励 ·· (50)
　　　2.2.1　训练目标 ··· (50)
　　　2.2.2　训练内容 ··· (50)
　　　2.2.3　训练小结 ··· (57)
　2.3　认知他人及他人情绪 ··· (58)
　　　2.3.1　训练目标 ··· (58)
　　　2.3.2　训练内容 ··· (58)

2.3.3　训练小结 …………………………………………………………… (64)
　2.4　抵御挫折 ………………………………………………………………… (64)
　　2.4.1　训练目标 …………………………………………………………… (64)
　　2.4.2　训练内容 …………………………………………………………… (64)
　　2.4.3　训练小结 …………………………………………………………… (68)
　2.5　模块总结 ………………………………………………………………… (69)
　2.6　活动与拓展 ……………………………………………………………… (69)

模块3　沟通与表达能力训练 …………………………………………………… (71)
　3.1　沟通的心态与言行：积极、侵略、退缩 ……………………………… (72)
　　3.1.1　训练目标 …………………………………………………………… (72)
　　3.1.2　训练内容 …………………………………………………………… (72)
　　3.1.3　训练小结 …………………………………………………………… (85)
　3.2　沟通的技巧：表扬与批评、请求与拒绝 ……………………………… (85)
　　3.2.1　训练目标 …………………………………………………………… (86)
　　3.2.2　训练内容 …………………………………………………………… (86)
　　3.2.3　训练小结 …………………………………………………………… (93)
　3.3　沟通技巧的运用 ………………………………………………………… (93)
　　3.3.1　训练目标 …………………………………………………………… (93)
　　3.3.2　训练内容 …………………………………………………………… (93)
　　3.3.3　训练小结 …………………………………………………………… (95)
　3.4　沟通的表演形式：主持与演讲 ………………………………………… (95)
　　3.4.1　训练目标 …………………………………………………………… (96)
　　3.4.2　训练内容 …………………………………………………………… (96)
　　3.4.3　训练小结 …………………………………………………………… (101)
　3.5　模块总结 ………………………………………………………………… (101)
　3.6　活动与拓展 ……………………………………………………………… (101)

模块4　活动组织能力训练 ……………………………………………………… (103)
　4.1　活动组织能力 …………………………………………………………… (104)
　　4.1.1　训练目标 …………………………………………………………… (104)
　　4.1.2　训练内容 …………………………………………………………… (104)
　　4.1.3　训练小结 …………………………………………………………… (117)
　4.2　校园文娱活动组织 ……………………………………………………… (117)
　　4.2.1　训练目标 …………………………………………………………… (117)
　　4.2.2　训练内容 …………………………………………………………… (118)
　　4.2.3　训练小结 …………………………………………………………… (127)
　4.3　社会实践活动组织 ……………………………………………………… (127)
　　4.3.1　训练目标 …………………………………………………………… (127)
　　4.3.2　训练内容 …………………………………………………………… (127)
　　4.3.3　训练小结 …………………………………………………………… (142)

  4.4 模块总结 …………………………………………………………………… (142)
  4.5 活动与拓展 ………………………………………………………………… (143)

模块 5 学习与创新能力训练 …………………………………………………… (144)

  5.1 注意力与观察力训练 ……………………………………………………… (145)
    5.1.1 训练目标 ………………………………………………………… (145)
    5.1.2 训练内容 ………………………………………………………… (145)
    5.1.3 训练小结 ………………………………………………………… (152)
  5.2 想象力与创新思维能力训练 ……………………………………………… (152)
    5.2.1 训练目标 ………………………………………………………… (152)
    5.2.2 训练内容 ………………………………………………………… (153)
    5.2.3 训练小结 ………………………………………………………… (163)
  5.3 制订、执行学习计划能力训练 …………………………………………… (163)
    5.3.1 训练目标 ………………………………………………………… (163)
    5.3.2 训练内容 ………………………………………………………… (163)
    5.3.3 训练小结 ………………………………………………………… (168)
  5.4 制定创新工作方案 ………………………………………………………… (168)
    5.4.1 训练目标 ………………………………………………………… (168)
    5.4.2 训练内容 ………………………………………………………… (169)
    5.4.3 训练小结 ………………………………………………………… (175)
  5.5 应变能力训练 ……………………………………………………………… (175)
    5.5.1 训练目标 ………………………………………………………… (175)
    5.5.2 训练内容 ………………………………………………………… (176)
    5.5.3 训练小结 ………………………………………………………… (179)
  5.6 模块总结 …………………………………………………………………… (179)
  5.7 活动与拓展 ………………………………………………………………… (180)

模块 6 择业与求职能力训练 …………………………………………………… (181)

  6.1 认识自我职业倾向 ………………………………………………………… (182)
    6.1.1 训练目标 ………………………………………………………… (182)
    6.1.2 训练内容 ………………………………………………………… (182)
    6.1.3 训练小结 ………………………………………………………… (196)
  6.2 规划职业生涯 ……………………………………………………………… (196)
    6.2.1 训练目标 ………………………………………………………… (196)
    6.2.2 训练内容 ………………………………………………………… (196)
    6.2.3 训练小结 ………………………………………………………… (203)
  6.3 收集与处理就业信息 ……………………………………………………… (203)
    6.3.1 训练目标 ………………………………………………………… (203)
    6.3.2 训练内容 ………………………………………………………… (203)
    6.3.3 训练小结 ………………………………………………………… (206)
  6.4 准备求职材料 ……………………………………………………………… (207)

6.4.1 训练目标 …………………………………………………………… (207)
　　　6.4.2 训练内容 …………………………………………………………… (207)
　　　6.4.3 训练小结 …………………………………………………………… (211)
　6.5 应聘面试训练 ………………………………………………………………… (212)
　　　6.5.1 训练目标 …………………………………………………………… (212)
　　　6.5.2 训练内容 …………………………………………………………… (212)
　　　6.5.3 训练小结 …………………………………………………………… (222)
　6.6 模块总结 ……………………………………………………………………… (222)
　6.7 活动与拓展 …………………………………………………………………… (222)

模块7 社交礼仪训练 …………………………………………………………… (224)
　7.1 礼仪认知训练 ………………………………………………………………… (225)
　　　7.1.1 训练目标 …………………………………………………………… (225)
　　　7.1.2 训练内容 …………………………………………………………… (225)
　　　7.1.3 训练小结 …………………………………………………………… (228)
　7.2 日常行为礼仪训练 …………………………………………………………… (228)
　　　7.2.1 训练目标 …………………………………………………………… (228)
　　　7.2.2 训练内容 …………………………………………………………… (229)
　　　7.2.3 训练小结 …………………………………………………………… (243)
　7.3 社交场所礼仪训练 …………………………………………………………… (244)
　　　7.3.1 训练目标 …………………………………………………………… (244)
　　　7.3.2 训练内容 …………………………………………………………… (244)
　　　7.3.3 训练小结 …………………………………………………………… (264)
　7.4 工作场所礼仪训练 …………………………………………………………… (264)
　　　7.4.1 训练目标 …………………………………………………………… (264)
　　　7.4.2 训练内容 …………………………………………………………… (265)
　　　7.4.3 训练小结 …………………………………………………………… (272)
　7.5 模块总结 ……………………………………………………………………… (273)
　7.6 活动与拓展 …………………………………………………………………… (273)

参考文献 ………………………………………………………………………… (274)

模块 1

自我认识训练

导 读

在古希腊德尔斐城的一座庙里刻着这样一句碑铭,也是唯一的一句碑铭:"了解你自己!"这被称之为永恒的"人生根底"的问题,表达了人类与生俱来的内在要求和至高无上的思考命题。了解自己,才能建立自信,才能完善自我,才能掌握现在,才能选择未来。

研究表明,人只有在自我了解之后,才能根据自己的兴趣、自己的潜能、自己的追求目标选择适合自己的工作、生活方式和生活道路。这样的人才能实现个人效率的最大化,将生活、工作视为快乐,内心充满幸福感和成就感,最终在自我实现的基础上,把个人的有限融入人类和社会的无限中去。这就是真正意义上的成功。

训练要求
(1) 了解自我认识的概念;
(2) 了解自卑的概念;
(3) 掌握认识自我的方法;
(4) 掌握克服自卑的方法;
(5) 掌握重塑自我的方法。

训练内容
☆ 接纳自我、认识自我训练
☆ 克服自卑、增强自信训练
☆ 展现自我、重塑自我训练

点击关键词

自我认识:是在了解自我的基础上,利用训练的方式来达到重塑自我的目的。大学生在很多人的眼中一度被称为天之骄子,我们为此感到自豪;但大学生一度又被称为问题青年,我们又为此自哀自怜。为什么会有这么大的认识差异呢?这就是因为没有清醒地进行自我认识。

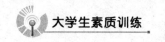

1.1 接纳自我、认识自我训练

1.1.1 训练目标

1. 知识目标

理解认识自我的意义,掌握认识自我的基本方法。

2. 能力目标

能认识自我,客观地评价自己。能进行自我调节,完善自己的人格。

3. 素质目标

通过本次训练,正确认识自我,完善人格,建立自信。具备积极的、悦纳自我的心态。

1.1.2 训练内容

一个人,能够认识自我不易,能够正确认识自己更难。能够认识自我、客观地评估自我的是聪明人。但历史上、现实中往往有些人相反,他们不能正确认识自我,不知道自己是谁,结果生活中失败的很惨!我们应该从历史人物、现实生活中某些人的身上吸取失败的教训,这样对我们的健康成长有好处。

1. 自我认识概述

1)自我认识的含义

自我认识就是指人对自己及其外界关系的认识,也是认识自己和对待自己的统一。自我认识是自我意识的认知成分。它是自我意识的首要成分,也是自我调节控制的心理基础,它又包括自我感觉、自我概念、自我观察、自我分析和自我评价。自我分析是在自我观察的基础上对自身状况的反思。自我评价是对自己能力、品德、行为等方面社会价值的评估,它最能代表一个人自我认识的水平。

2)正确认识自我的重要性

"人贵有自知之明",一个人的自我认识是否全面、客观,对他的发展起着决定性的作用。正确的自我认识是信心的源泉,是力量的起点,如果盲目放大自我,就会产生虚荣心理,自满、自我陶醉、喜欢炫耀、哗众取宠,从而经不起挫折。如果一味自我贬低,则会失去信心,忽视自己的优点,生活在自卑的阴影下,从而一事无成。只有正确认识自己,才能拥有协调的人际关系和稳定健康的心理。

3)正确认识自我的含义

(1)正确认识自我就是指一个人对自我的认识要与自我的实际情况相符合,它包括两个方面的含义。

① 正确、全面认识自己的特点和长处。

② 正确认识自我与社会、个人与集体的关系。认识到个人的成长离不开集体，自我的人生价值主要在于对社会的贡献。

（2）人总是在不断地发展变化的。我们需要不断更新、不断完善对自己的认识，这样才能使自己变得更好和更完美，而要正确认识自己，我们就必须要用全面的、发展的眼光看待自己。

① 全面认识自己，我们既要认识自己的外在形象，如外貌、衣着、举止、风度、谈吐，又要认识自己的内在素质，如学识、心理、道德、能力等。一个人的美应是外在的美与内在的美的和谐统一，内在的美对外在的美起促进作用。

② 全面认识自己，我们既要看到自己的优点和长处，又要看到自己的缺点和不足。因为，我们每个人的外在形象和内在素质都有自己的优势，又有自己的不足，正所谓"金无足赤，人无完人"，我们每个人都有自己的缺点，但同时每个人也都有自己的闪光点。我们应该多关注自己的优点和长处，要用欣赏的目光来看自己，即使你可能有很多不足。因为只有先看得起自己，才能正确认识自己。面对纷繁复杂的人生世界，如果你把目光都集中在痛苦、烦恼上，生命就会黯然失色；如果你把目光都转移到快乐之中，你将会得到幸福。同样的道理，面对自己，如果你只看到自己的缺点、不足，你将会悲观失望，停步不前；如果你能看到自己的优点、长处，你将会充满信心，迎接生活的挑战。但是如果我们只看到自己的优点，看不到自己的不足，"看自己一朵花，看别人豆腐渣"，用自己的长处比别人的短处，我们就会沾沾自喜，骄傲自大，停步不前，甚至会倒退。因此，为了全面认识自己，我们既要看到自己的优点和长处，又要看到自己的缺点和不足。

③ 事物总是发展变化的，没有一成不变的事物。俗话说"士别三日，当刮目相看"，我们每个人也都是在不断发展变化的，我们的优点和缺点也不是一成不变的。因此，我们必须要用发展的眼光看自己，及时发现自己的新的优点和新的缺点，通过自己的努力，争取变缺点为优点，不断改正自己的缺点来完善自己。

补充资料

【案例1】 哲学家的故事

湍急的河流上，行驶着一条小船，船上除了船夫以外，还有一位哲学家。哲学家问船夫：你学过外语吗？船夫答：没有。哲学家又问：你学过历史吗？船夫答：没有。哲学家摇摇头说：那么，你失去了生命的一半。船继续往前走，哲学家接着问：你学过数学吗？船夫答：没有。哲学家摇摇头说：你失去了生命的另一半。这时，一阵大风刮来，把小船掀翻了。船夫看着在水里挣扎的哲学家，高声问：你会游泳吗？哲学家答：不会。船夫说：那你就要失去整个生命了。

【案例2】 永不服输的邓亚萍

邓亚萍，世界乒乓球冠军。参加过奥运会、世乒赛等多次大型比赛，为祖国拿了18块金牌，创造了人生辉煌！为我国争得了荣誉。她退役后，自感知识欠缺，想补一补，于是进入清华大学英语系学习。入学时仅识26个英文字母，6年后，她能熟练地掌握一门外语，令人称奇的是她竟然用英文写了一本书——《从一个小脚女人到世界冠军》，有5万多字。此事受到国际奥委会主席萨马兰奇高度称赞。有一年春节，当人们欢度节日、走亲访友、旅游观光、家人聚在一起玩乐时，邓亚萍却关起门来，食用速冻饺子，撰写剑桥大学的博士论文，其水平之高，令业内人士刮目相看。对邓亚萍，笔者很钦佩，曾于1999年任高中思想政治课时给学生们讲过她的故事。其精神概括为4个字："永不服输"。

邓亚萍之所以了不起、不简单，能创造出人生的辉煌，问题在于她能正确认识自我，源于她的自信心。

4）认识自我的途径、方法

（1）通过自我观察认识自己。要认识自己，我们必须要做一个有心人，经常反省自己在日常生活中的点滴表现，总结自己是一个什么样的人，找出自己的优点和缺点。自我观察是我们自己教育自己、自我提高的重要途径。

自我观察主要包括3个方面：

① 自身外表和体质状况的观察，包括外貌、风度和健康状况等方面的观察。

② 自我形象的观察，主要对自己在所生活的集体中的位置和作用、公共生活中的举止表现及社会适应能力等的观察。

③ 自己精神世界的观察，包括对自己政治态度、道德水平、智力水平、能力、性格、兴趣、爱好、特长等方面的观察。

（2）通过他人了解自己。大文豪苏轼写道："不识庐山真面目，只缘身在此山中。"认识自己有时候的确比较难，一般来说，当局者迷，旁观者清，周围的人对我们的态度和评价能帮助我们认识自己、了解自己。我们要尊重他人的态度与评价，冷静地分析。对他人的态度与评价我们既不能盲从，也不能忽视。

2. 性格与成就

要正确认识自我，就需要了解自己的性格。一般来说，制约人行为的因素是复杂多样的，其中的主观因素更复杂，性格就是影响人的行为的一个重要内容。作为一个合格的大学生，可以通过认识和完善自我性格来为自己的成功奠定基石。

1）性格

性格是指人的性情品格，是人在自身态度和行为上所表现出来的心理特征。性格也可称为个性或人格，著名心理专家郝滨先生认为："性格可界定为个体思想、情绪、价值观、信念、感知、行为与态度之总称，它确定了我们如何审视自己以及周围的环境。它是不断进化和改变的，是人从降生开始，生活中所经历的一切总和。"简单地说，性格就是个体独有的并与其他个体区别开来的整体特性，即具有一定倾向性的、稳定的、本质的人格差异，我们称之为性格差异。性格是在后天社会环境中逐渐形成的，它是核心的人格差异。

人生来时不具有某种性格。一个人的性格是在其生活实践的过程中形成的。性格的形成和发展，反映着一个人的整个生活历程。影响性格形成和发展的因素是多方面的，其中主要有以下几个方面。

（1）性格形成的生物学条件。

一个人的性格，不是直接来自机体的因素。或勇敢或怯懦，或勤勉或懒惰，或诚实或虚伪，这些性格特征都不是人生来就具有的。个人的身高、体重、体型和外貌等生理上的特点，对性格的形成有一定影响。因为这些特点，有的符合文化的社会价值，有的则不符合，并经常受到人们的品评，无疑会影响一个人性格的形成。

（2）家庭因素在性格形成中的作用。

家庭是社会的细胞，是儿童最早接触的社会环境。家庭的各种因素，例如，家庭经济的收入水平、家长的职业、家庭结构的健全程度（是否有父母，或只有父或母，或由继父或继母哺养）、家庭的气氛、父母的教养态度、家庭子女的多少、儿童在家庭中的作用等都会对儿童性格的形成起着重要的作用。就家庭环境气氛来说，如果家庭环境不顺利，父母的困难处境及其忧伤的言语与苦恼的表情，就容易使生长在这样家庭中的孩子变得沉默寡言、消积悲观，甚至有点玩世不恭，或者被锻炼得比较坚强、懂事和早熟。

在家庭的诸多因素中，父母的教养态度对儿童性格的形成具有深刻的影响。日本心理学家诧摩武俊对这方面的研究成果进行了概括，结果表明，如果双亲是采取保护的、非干涉性的、合理的、民主的、宽大的态度，儿童就容易显示出领导能力、积极性、态度友好、情绪安定等特性；如果双亲采取拒绝的、干涉的、溺爱的、支配的、独裁的、压迫的态度，儿童就容易表现出适应力差、胆怯、任性、执拗、情绪不安等特性。

（3）学校教育在性格形成中的作用。

学校教育对学龄儿童性格的形成，具有重要的作用。课堂教学是学校教学的主要环节。在传授知识的过程中，训练学生习惯于系统地、有明确目的地学习；克服学习中的困难，可以培养坚定、顽强等性格的意志特征。体育课不仅使学生掌握运动技能，也能培养学生的意志力，培养他们的勇敢精神。校风、班风也影响学生性格的形成。良好的校风、班风促使学生养成积极性、主动性、独立性和自觉遵守纪律的优良性格特征；不好的校风、班风可能使学生养成懒散、无组织、无纪律等坏的性格。

（4）文化、社会因素在性格形成中的作用。

儿童都是在某种文化、某种社会和某种特定的经济地位中被教养起来的。一般的文化背景、社会制度、经济地位都会对儿童性格的形成和发展产生深刻的影响。因此，不同的时代、不同的民族、不同的社会生活条件和自然环境，都会影响人的实践活动，在他的性格上打下烙印，从而形成不同时代、不同民族的典型性格。

影响一个人性格的形成和发展的因素是多方面的。即使在同样的社会背景下，某种性格特征的形成，其影响因素也是很复杂的。因此，一个人的性格特征实际上就是其生活经历的一种反映，是其生活历史的记录。一般来说，人的性格，到了中学时期即青年期就已初步稳定了。但是性格的形成并不限于儿童、少年和青年时期，在人的整个生活中，性格特征都有可能发生变化。虽然这种改变是比较困难的，但由于人们生活实践的变化以及主体的主观努力，在青年期以后，性格还可能发生某些大的变化，需要大量量变之后的质变作用。

2）性格的类型

性格是个性心理特征中的核心部分，它是一个人稳定的态度系统和相应习惯了的行为风格的心理特征。人与人的个性差别首先表现在性格上。性格是在社会生活实践过程中逐步形成的。由于各人所处的客观环境不一样，先天素质也不同，所以形成了各种类型的性格。

人的性格分为很多类型，心理学家按照一定的原则对性格进行分类。性格是人格的重要组成部分。个体在一定社会条件下表现出来的习惯化了的行为反应与情感，形成相对稳定的人格心理特征。

心理学所划分的性格类型主要有以下几种。

（1）根据知、情、意三者在性格中何者占优势，把人们的性格划分为理智型、情绪型和意志型。理智型的人，通常以理智来评价、支配和控制自己的行动；情绪型的人，往往不善于思考，其言行举止易受情绪左右；意志型的人一般表现为行动目标明确，主动积极。

（2）根据人的心理活动倾向于外部还是内部，把人们的性格分为外向型和内向型。

（3）根据个体独立性程度，把人们的性格划分为独立型和顺从型。独立型的人善于独立思考，不易受外来因素的干扰，能够独立地发现问题和解决问题；顺从型的人，易受外来因素的干扰，常不加分析地接受他人意见，应变能力较差。

（4）根据人的社会生活方式以及由此而形成的价值观，把人们的性格类型分为理论型、经济型、审美型、社会型、权力型和宗教型。

（5）根据人际关系，把人们的性格划分为A、B、C、D、E五种。

A型性格情绪稳定，社会适应性及向性均衡，但智力表现一般，主观能动性一般，交际能力较弱；

B型性格具有外向性的特点，情绪不稳定，社会适应性较差，遇事急躁，人际关系不融洽；

C型性格具有内向性特点，情绪稳定，社会适应性良好，但在一般情况下表现被动；

D型性格具有外向性特点，社会适应性良好或一般，人际关系较好，有组织能力；

E型性格具有内向性特点，情绪不稳定，社会适应性较差或一般，不善交际，但往往善于独立思考，有钻研性。

 补充资料

古希腊哲学家希波克拉底从人的体液差异的角度，提出了4种性格（心理学的"气质"）的类型，即多血质、黏液质、胆汁质和抑郁质。其性格特点分别为：

- 多血质：血液占优者，代表了热与湿的配合，性格湿而润，好像春天；
- 黏液质：黏液占优者，代表了冷与湿的配合，性格冷酷无情，好像冬天；
- 胆汁质：黄胆占优者，代表了热与干的配合，性格比较热燥，好像夏天；
- 抑郁质：黑胆占优者，代表了冷与干的配合，性格冷而燥，好像秋天。

3）性格与能力

性格和能力既有区别又密切联系、互相制约。首先，能力的形成和发展受性格特征的制约。优良的性格特征能促使能力的形成和发展。例如，认真、勤奋、热忱、谦逊、坚定、严于律己、责任感、事业心等优良性格品质，都能促使能力的形成和发展。因为能力的形成和发展是与克服困难、有组织地工作、首创精神等密切相关的。同时，优良的性格特征也往往能够补偿某种能力的相对弱点。俗话说"勤能补拙""笨鸟先飞"，说明勤奋这种性格特征能补偿能力上的某些缺陷。但是，不良的性格特征，如马虎懒惰，对学业、事业淡漠，敷衍塞责，狂妄自大等则会阻碍能力的发展，甚至使能力衰退。

其次，在多种能力的形成和发展过程中，相应的性格特征也发展起来。例如，政治活动家、科学家、作家、艺术家，虽然活动的实践领域不同，但他们都具有高度发展的能力和不屈不挠的坚强性格。人的特殊才能和才干往往都是与高度发展的能力和优良的性格特征相联系的。

4）性格的改变

一个人的职业是否成功，是否稳定，是否称心如意，在很大程度上取决于其个性类型和工作条件之间的适应情况。因此，个体可以在外力的作用和自我的修炼中，调整自己的个性，使之适应工作与社会的需要。

3. 自我训练

1）自我描述训练

¤ 训练目的

客观地认识自己当前的基本状况，包括工作、学习情况、与人交往情形、个人的理想、抱负、情绪状况、对自己的评价以及内心的想法，初步学会了解自己和分析自己。自我描述是认识自己的开端。

¤ 自测题

下面提供的问题要求你在一种完全放松的状态下诚实回答。找一个安静的地方坐下，深呼吸。

（1）你最感兴趣的事是什么？

（2）你最喜欢的人是谁？为什么？

（3）假如所有的工作报酬相等，你愿意从事什么工作？为什么？

（4）你最要好的朋友是谁？他有哪些优点？

（5）哪件事你认为做得很成功？原因是什么？

（6）你最大一次失败的教训是什么？

（7）哪些事让你感觉很开心？

（8）你的烦恼有哪些？你能克服吗？

（9）你和父母的关系如何？

（10）你喜欢你的同学吗？

（11）你的理想生活是什么样？

（12）目前有没有正在实施的计划？

（13）如果有一件宝物给你，可随意改变自己的状态，你最想改变的是什么？（提示：如外表、性格、人际关系、地位、学历等）

（14）你有哪些不良习惯已经干扰了自己的计划或打算？

以上问题最好能用文字表达出来，这样更有利于对自己的了解，从而对自己做出较为准确的评价和判断。

2）你在别人心目中的形象测试

¤ 训练目的

通过朋友的相互帮助，了解别人对我的印象，并进一步了解自我的外在形象。

¤ 自测题

请将下列问题复写3~5份，交给你的朋友，请他们帮你填写。

（1）此人的优点：

漂亮、可爱、热情、诚实、节俭、勇敢、聪明、气质好、意志坚强、知识渊博、勤奋、乐观、大方、有创意、其他。

（2）此人的缺点：

邋遢、浪费、俗气、虚伪、气量小、吝啬、拖拉、缺乏知识、虎头蛇尾、自私、自卑、自负、眼高手低、自制力差、其他。

（3）做得不对的事情：

（4）做得好的事情：

说明：（1）、（2）题请朋友在题中认可的词语下标明，（3）、（4）题可请朋友口述，你自己记录。

3）性格倾向测试

¤ 训练目的

了解自己的性格倾向，看自己的职业取向。

¤ 自测题

请将符合自己性格的内容选定，并记下来。

（1）对人十分信任。
（2）喜静安闲。
（3）能在大庭广众下工作。
（4）工作时不愿人在旁观看。
（5）不常分析自己的思想和动机。
（6）遇有集体活动愿留在家中而不愿出席。
（7）自己擅长的工作愿意别人在旁观看。
（8）愿节省而不愿浪费。
（9）能将强烈的情绪（如喜、怒、悲）表现出来。
（10）很喜欢上网与别人聊天。
（11）不拘小节。
（12）常写日记。
（13）与观点不同的人自由联络。
（14）对非极熟悉的人不轻易信任。
（15）好读书而不求甚解。
（16）常回想自己的所作所为。
（17）喜欢新的工作、环境和朋友。
（18）在人多时感到无话可说。
（19）不愿别人提示，而愿别出心裁。
（20）三思而后决定。

¤ 自测评价

将20个题目分为2组，单号一组，双号一组。如果单号组的问题你回答的"是"比双号组多出3个以上，那么你属于外向型；3个以下，属中间型；反之，则属于内向型。一般来说，前两种类型的人更加适应于做政治家、营销人员，后两种则更适合作工程师、技术人员等。

4）性格类型测试

¤ 训练目的

通过测试，进一步认识不同性格类型的特征，增进对自己的性格的了解。

¤ 自测题

（1）对我来说，最满意的情况是（　　）。

A. 比原计划做得多

B. 对别人有帮助

C. 通过思考解决了问题

D. 把一个想法和另一个想法联系起来

（2）当按计划工作时，我希望这个计划能够（   ）。

A. 取得预期效果，不要浪费时间精力

B. 有趣，并能和有关的人一起进行

C. 计划性强

D. 能产生有价值的新成果

（3）当别人对我无礼时，我往往会（   ）。

A. 立即表示出不快

B. 心情不快，但能很快消除

C. 谴责对方

D. 不去理他，考虑自己的事

（4）我给别人留下的深刻印象可能是（   ）。

A. 成熟稳重

B. 热情

C. 灵敏、有创意

D. 知识丰富

（5）我喜欢别人把我看成是个（   ）。

A. 能完成工作任务的人

B. 充满热情和活力的人

C. 办事胸有成竹的人

D. 有远见卓识的人

（6）我的时间很宝贵，所以总是要确定要做的事情（   ）。

A. 有无价值

B. 能否让别人感到有趣

C. 是否安排得当，按计划进行

D. 是否考虑好了下一步计划

¤ 自测评价

填好以后，把 6 个问题中的 A、B、C、D 四项个数分别相加，得出 4 个字母总数。所选字母最多的一项，就是你的性格的基本类型。有以下 4 种类型：

A——敏感型；B——感情型；C——思考型；D——想象型。

补充资料

个体除前面已经介绍的典型性格及特征外，对性格的划分还可以有敏感型、感情型、思考型和想象型。其性格特点分别为：

● **敏感型**：这类人精神饱满，好动不好静，办事爱速战速决。但是行为常有盲目性。

● **感情型**：这类人感情丰富，喜怒哀乐溢于言表。别人很容易了解其经历和困难。不喜欢单调的生活，爱刺激，爱感情用事。讲话写信热情洋溢。

● **思考型**：这类人善于思考，逻辑思维发达，有成熟的观点，一切以事实为依据，一经做出决定，能够持之以恒。生活、工作有规律，爱整洁，时间观念强。

● 想象型：这类人想象力丰富，经常憧憬未来，喜欢思考问题。在生活中不太注重小节。对那些不能立即了解其想法价值的人往往不耐烦。有时行为刻板、不易合群，难以相处。

5）性格调整训练

¤ 训练目的

通过训练，在一定程度上改变自己性格中不符合工作需要与社会发展的部分，以发挥自己的性格优势，克服自己性格中的不足。

¤ 自测题

对内向型的人：

（1）和一位不太熟的人交谈半个小时。

（2）参加一项集体活动，尽情表现自己。

（3）主动与人打招呼。

对暴躁型的人：

（1）发一次脾气罚自己记50～100个英语单词。

（2）遇事赶快离开现场。

（3）发一次脾气罚自己做一件平时最不愿意做的事情（如帮助同宿舍的人洗衣服）。

对外向型的人：

（1）让自己一口气读完一本小说。

（2）学习做一些手工制作。

（3）到流水边一直看流水1个小时。

6）分组交流

活动一　精灵对话

（1）对照特征表（如表1-1所示），研究自己的优点和不足。

（2）分成3人组，分别扮演不同特点的"精灵"，为别人找出优点和不足，并填写好对话卡。

（3）提问1组课堂演示，被评议的同学谈自己的感受。

（4）课堂讨论：自评与他评有不同，如何看待同学的评价？

小结：仁者见仁、智者见智；兼听则明、偏听则暗；对比分析、集思广益；看到优点、正视不足。他评自评都有偏差，不能顾此失彼。

活动二　我羡慕

（1）学生分成6组，每人在闪光卡上写上自己的名字后交给同学，请他们轮流写下所羡慕的自己的优点。

（2）组内交流：看到别人为自己填写的闪光点时的感受。

（3）课堂交流：同学为自己填写的闪光点，都感觉到了吗？今后怎么做？提问1～2人读闪光卡，谈感受。

小结：珍惜自己的优点，发扬自己的优点。树立自信，不断进步。

闪　光　卡

姓名：　　　　　　　　班级：

我羡慕你：_____（　　）

我羡慕你：_____（　　）

我羡慕你：_____　　　（　　）
我羡慕你：_____　　　（　　）
我羡慕你：_____　　　（　　）

表1-1　个性特征表

类型	长处	短处
1	热切、诚恳、抱希望、富感情、优越感、感受性强	冲动、浮躁、不坚定、意志弱、易怒、易懊悔
2	意志坚决、坚强、敢冒险、独立敏锐	急躁、激烈、不太会同情人、易牟私利、骄傲自大、报复心重、不太会深思
3	思想深远、透彻、能自治、信实、可靠、有天分、有才华、理想主义、完美主义、忠心	抑郁、沉闷、忧愁、痛苦、多猜疑、情绪化、好自省、过分求完美、易怒、悲观
4	平静、稳定、随遇而安、温和、自足、实事求是、善分析、有效率	冷淡、缺感情、迟钝、懒惰、无动于衷、不易悔悟、自满

精灵对话卡

姓名：　　　　　　　　日期：
你的优点：
1　　　　　　我认为
2　　　　　　我认为
3　　　　　　我认为
4　　　　　　我认为
5　　　　　　我认为
6　　　　　　我认为
7　　　　　　我认为
8　　　　　　我认为

你的缺点：
1　　　　　　我认为
2　　　　　　我认为
3　　　　　　我认为
4　　　　　　我认为
5　　　　　　我认为
6　　　　　　我认为
7　　　　　　我认为
8　　　　　　我认为

1.1.3　训练小结

人只有在自我了解之后，才能根据自己的兴趣、最终追求的目标、自己的潜能选择适合自己的工作、生活方式、生活道路。这样的人才能实现个人效率的最大化，将生活、工作视为快乐，内心充满幸福感和成就感，最终在自我实现的基础上，把个人的有限融入社会和人类的无限中去。这就是真正意义上的成功。

提示：同学们还可以登录"霍兰德职业兴趣测试"网站，注册登录后对自己的职业兴趣、适合的工作岗位等进行测评。

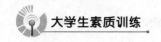

1.2 克服自卑训练

1.2.1 训练目标

1. 知识目标

了解自卑的概念,认识自卑的原因及危害,掌握克服自卑的方法。

2. 能力目标

能正确地对自己的成败经历进行归因,能肯定自我。

3. 素质目标

通过本次训练,具备积极的心态,拥有自信、积极的自我评价。

1.2.2 训练内容

正如拿破仑所说的那样:"默认自己无能,无疑是给失败创造机会。"可见,自卑是成就大事业的天敌,自卑的习惯一旦养成,任何小小的挫折都将是致命的打击。"逃避生活,责备自己"是自卑者最擅长的行为手段,"一事无成"也将是必然的结局。让我们认清自己,正确地评价自己,大声地向自己宣布:不要自卑!

1. 什么是自卑

自卑,顾名思义,自己瞧不起自己,它是一种消极的情感体验。在心理学上,自卑属于性格的一种缺陷,表现为对自己的能力和品质评价过低。自卑和自满正好是两种完全相反的心理品质,却都是年轻人常有的心理表现。

自卑的前提是自尊,当人的自尊需要得不到满足,又不能恰如其分、实事求是地分析自己时,就容易产生自卑心理。一个人形成自卑心理后,往往从怀疑自己的能力到不能表现自己的能力,从怯于与人交往到孤独地自我封闭。本来经过努力可以达到的目标,也会认为"我不行"而放弃追求。他们看不到人生的光华和希望,领略不到生活的乐趣,也不敢去憧憬那美好的明天。

 补充资料

【案例3】 DNA 双螺旋结构假说

就 DNA 双螺旋结构的发现来说,在 1951 年,英国的弗兰克林从自己拍摄的 X 射线照片上发现 DNA 的双螺旋结构后,他计划就该发现做一次演说,但由于自卑,他踌躇再三,终于放弃了。1953 年,科学家沃森和克里克也发现了同样的现象,从而提出了 DNA 的双螺旋结构假说,使人们进入到生物时代,并因此获得 1962 年的诺贝尔医学奖。多么可惜呀,若不是自卑,这个发现应该记在弗兰克林头上。自卑,使他与诺贝尔奖擦肩而过。

2. 自卑的表现

(1) 一种是气质上的,起源于人的幼年时期,由于无能而产生的不胜任和痛苦的感觉,或不正确的教育方式所形成的,几乎是与生俱来,要改变是很难的。

(2) 另一种是后天的,叫认识型自卑。这种心理形成于一个人长大以后。主要原因是过分注重自身的形象,过分注重自我,其结果是谨小慎微,患得患失,过分疑虑。

(3) 第三种叫挫折型自卑。这种心理可以不受年龄限制,而且很可能以前是不自卑的,因为受了很大的挫折,而且屡战屡败,最后才形成了自卑。

3. 自卑产生的原因

自卑是对自己缺乏信心,轻视自己,认为自己不如别人的一种心理习惯。过于自卑,就会失去自信心,就会失去行动的勇气,放弃对理想的追求,结果自然是一事无成。那么,自卑是从何而来呢?一般认为有以下几个原因。

1) 自我认识不足,过低评估自己

每个人总是以他人为镜来认识自己,如果他人对自己的评价过低,特别是较有权威的人的评价,就会影响对自己的认识,从而过低评价自己,产生自卑心理。对自我形象不认同,觉得自己长得不好。或者是对自己能力的怀疑,进入大学后的优越感降低甚至没有了,自己没有赢得别人尊重的本钱,于是产生了极强的失落感,原有的优越感一下子就成为自卑感。

2) 家庭经济因素

部分学生由于出身贫寒,生活困难,与别的同学相比,觉得自己家庭经济条件实在太差而感到自卑。这几年,由于这方面引起自卑的大学生人数有增加的趋势。

3) 与成长经历特别是童年经历有关

人的一生不能说漫长也不能说太短,但真正对人产生深刻影响的关键时期就那么几个,其中童年经历的影响尤深。心理科学的研究已证实,不少心理问题都可在早期生活中找到症结,自卑作为一种消极的心态也不例外。

4) 个人的性格特点,意志品质

气质抑郁、性格内向者大都对事物的感受性强,对事物带来的消极后果有放大趋向,而且不容易将其消极体验及时宣泄和排解。因而外界因素对他们心理的影响往往要比对其他气质、性格类型者的影响大,产生自卑的可能性也相应增大。而意志品质表现为有自觉性、果断性和自制力的学生在其上进心、自尊心受到压抑时,不是变得自卑,而是激起更强烈的自尊,及时调整自己的行动,以更大的干劲冲破压抑,努力拼出一条成功之路来。但有自卑心理的学生则正好相反,在经过一番努力后尚无效果,便会泄气,认为自己不行,于是变得自卑起来。

4. 克服自卑的五步法

自卑心理是一种病态现象,我们有自卑心理并不可怕,只要找到适当的方法,就可以克服自卑的心理。

1) 经常跟自己说"我真棒!"

自卑,就是因为自己不能正确认识自己,看不起自己,不相信自己的力量,总有一种无力感，做什么事情总是自暴自弃，什么都要依赖别人，结果是什么事情都做不好、做不成。我说的一点都不过分，那些终日以抽烟、酗酒、娱乐来打发自己时光的人，其中有很多都是由于不相信自己能做成大事，对自己已经失去了信心，导致他们这样白白浪费自己的生命。

补充资料

【案例4】 两个不同命运的儿子

一个冷酷无情且嗜酒如命的人，在一次酗酒过量之后把酒吧里自己看着不顺眼的服务员给杀了，结果被判终身监禁。他有两个相差一岁的儿子，其中一个因为时常背负着有这样一个老爸的强烈自卑而最终也染上了吸毒和酗酒的恶习，结果他也因为杀人而步入监狱。另一个孩子，他现在已经是一家跨国企业的CEO，并且组建了美满的家庭。说起来可能有些人不相信，造成这种差距仅仅只是因为他不把自己有个杀人的父亲当作自卑的负担放在身上，他在做任何事情前不断告诉自己"我有个杀人父亲的事实虽然不能改变，但是我可以改变自己，我依然是最出色的！"

所以，你要经常跟自己说"我一定能行"。做事情的时候，你必须总是想着"一定"这个词语，因为本来你就是出色的，并且你会付之于实际行动。这样做，开始时可能会感到不习惯，时间长了，经过几件成功的事之后，你慢慢就会发现"天生我材必有用"，原来自己一直就是最棒的，一直都是最出色的。

2）学会从"小目标"做起

在你多次碰壁、屡遭挫折之后，你可能觉得自己是个无能的人，因此你感到自卑，做任何事情都会怀疑自己。恕我直言，不要太好高骛远，要确立合适的目标，从小事做起，一步一步地去干那些自己能干的事，即采用"小步子"的方式来调适自己的心理。

补充资料

【案例5】 长跑高手的经验

有一位长跑高手，他在很多比赛中都获得过胜利，于是有人就请教他是如何保持充沛体力到达终点的。他笑了笑，说："其实我的做法很简单，就是把通向终点的道路分成很多个小段，开始跑的时候他先向最近的一个小段终点前进，当到达时他便鼓励一下自己，这样更有信心跑向下一个小段的终点。"这样做的好处是他能很容易达到一个个小的终点，持久保持信心，最终到达整个长跑比赛的终点。

你不能没有"大目标"，你必须有长远的打算，但是，当这些长远的目标制定出来以后，更重要的是多设一些中间目标，一步一步完成，经常用能完成的"中间成就值"来鼓励自己。你得学会在你的强项中获得成功，而成功经验的积累可以不断地消除你的自卑感，增强你的信心。总之，通过不断的成功会改变"瞧不起自己"的自卑心态，最终你会发现自己找回了久违的自信。

3）不要有太强的荣誉感

你不要有永远无法满足的虚荣心。自卑与自傲看起来距离很大，实际上却是孪生姐妹。一般来说，自卑心理强的人往往有过高的自尊心，他们心理包袱很大，不能轻装前进。在另

外一些时候,虚荣心督促你努力奋斗,可是一旦失败,你会比平常还要失望,你的内心所受打击也较之平常要大很多。

你必须明白,这个心理包袱是你自己背上的,是你"自寻烦恼"的结果。正因为如此,需要你丢掉那颗虚荣的心,把戴在你脸上的面具彻底揭掉。关于克服虚荣,会在后面的训练中专门拿出一些时间来帮助你。

4)忘掉过去所发生的一切

你要努力从过去的心理创伤中摆脱出来,不要总是责备自己。让人感到难过的是,很多像你一样自卑的人往往是因为沉浸在过去不能自拔,做事之前总会联想到与这件事相似的经历,如果这个经历是痛苦的,你做事的信心会受到严重打击。比如说你想追求一个漂亮女孩,可是过去的失败经验告诉你这对你来说太难了,于是当你面对那位姑娘的时候,你肯定会怀疑自己的能力,你会感到自卑。所以,争取迅速忘掉过去发生的那些负面的东西,对你来说是非常重要的一件事。

当你想到过去不愉快的事情时,要迅速转移"目标",要经常用愉快的事情来调节自己。学会改变自己内心的忧愁,这等于铲除自卑产生的土壤。如果你想起了过去不开心的事,那么赶快找点"乐子"吧,看个喜剧电影或是找朋友打打球,让不开心的事从你身边滚开,这种方法对于时常自卑的人来说非常有效。

5)扔掉身心缺陷的包袱

你绝对不能用"有色眼镜"看待自己,更不能用"有色眼镜"看待他人。也许你会说:"我的命运这么凄惨,又能有什么办法呢?"我们可以看看艾德·罗伯茨的例子,他14岁时患小儿麻痹症,颈部以下瘫痪,坐在轮椅上,他只能依靠一个呼吸设备维持自己的生命,按照所谓正常的逻辑,艾德肯定会在自卑的痛苦中生活一辈子。

可是,你知道他是怎么做的吗?在他20岁的时候,他终于认识到自怨自艾于事无补,他开始不间断地教育和影响大众,15年坚持不懈,社会终于注意到了残疾人的权利,如今很多公共设施都设有轮椅走的上下斜道和残疾人专用停车位,商场、超市也设立许多残疾人行动的扶手,这都是艾德的功劳。

你必须知道,社会中绝大部分人都是怀有同情、关心、爱护之心的。我坚信:当你用顽强的毅力获得成果时,社会对你将会更加的尊敬,不必为一些身体的缺陷而背上瞧不起自己的包袱。

 补充资料

【案例6】 与命运抗争的生活强者——章玉才

章玉才是一位身残志不残的男青年,家住吉林省九台市(今为九台区)一个农村,14岁时为了孝顺妈妈,去辉发河用炸药包炸鱼,结果差一点丢了性命。当他苏醒过来时,发现自己躺在了医院的病床上,已失去了双臂。他接受不了这种残酷的现实,想到了死!一天傍晚,他独自一个人跑到了辉发河,想溺水身亡,了却"残生",摆脱痛苦,是伟大的母爱挽救了他,使他增强了自信。对于一个失去双臂的男孩,生活意味着什么?人们可想而知。

章玉才,凭着自信,战胜自卑,勇敢地活了下来,而且活得有滋有味。靠自信,靠顽强的意志,靠艰苦奋斗的精神,创造出了人间奇迹。他栽种了100多棵果树,开垦了一垧多荒

地，又盖了两间像样的土房，还写"一手"好字。他的来信、照片及书法作品，至今笔者还珍藏着。章玉才的"奇迹"，仍源于自信。如果没有自信，他恐怕都活不到今天，更谈不到"奇迹"的创造了。对此，我们应该受到启发，有所感悟！

5. 自我训练

1) 自卑认知测试

¤ 训练目的

了解自卑是最常见的一种个性现象，每个人或多或少地都存在这种现象，自卑的根源在于观念错误。自卑的情绪是可以通过努力来克服的。

¤ 自测题

看看你有没有以下的想法，如果有就在旁边打上对钩。

（1）聪明的人：推销成绩好，能说会道，各方面能力强的人是聪明的人。

（2）完美的人：我希望我应该是一个非常完美的人。一旦达不到，我就很痛苦。

（3）他人对自己的认定及自己对自己的认定：别人会怎么看我？我做事不能让别人笑话，看不起。

（4）自我价值：这件事办糟了，我真是无能，啥也不是！

（5）自我形象：我天生就是个失败者，注定不能成功。

（6）失败：我失败是因为我能力低下、我笨。

（7）自卑与成绩：我自卑是没办法避免的，成绩不好，无法自信。

（8）事业和前途：现在竞争那么激烈，我的学历太低、专业又不好，没有什么前途。

（9）领导：领导对我的印象不好，他不会欣赏像我这样的职工。

（10）失恋：失恋是一种奇耻大辱，它表明对方看不上我，表明我不够好，别人也会因此嘲笑我。

¤ 自测评价

以上问题，如果你选择了3个以下，表明你有轻微的自卑，这是正常现象，稍加注意就能克服；如果你选择了3～7个，表明已有自卑心理，应引起注意，努力改正；如果你选择了8～10个，表明你有严重的自卑，这会影响到你的学习、工作和生活，只有改正这些错误观点，你才能改变你的人生。否则，你将一事无成，郁郁终生。

2) 克服自卑训练

¤ 训练目的

克服自卑是一个非常漫长的过程，需要按照正确的方法坚持不懈地进行才能收到良好的效果。

¤ 自测题

经常在无事的时候，试着对自己讲：

（1）聪明的人是了解自己、懂得如何使自己快乐和幸福的人，是善于与人合作、适应社会、热爱生活的人。

（2）天底下没有完人，只要是人，就免不了会有不足、缺陷和短处。我不该追求十全十美，而只能尽我所能，尽力而为。

（3）别人怎么看我是他们的选择和自由，我不必把别人看得比自己更重要，事事受别人摆布。同时也无权要求别人和我的想法完全一致，这是不现实的，也是不尊重别人的表现。

（4）这件事办糟了，说明我在做这件事时犯了错误，但不能因此一概否定我的价值。一件事不能决定我的价值。

（5）自我形象取决于我对自己的看法，给自己选择一个失败者的形象，不过是想逃避困难。应该选择一个积极的自我形象，勇敢面对生活。

（6）失败是因为我不够积极、缺乏勇气、欠努力、目标过高或运气不佳。失败是成功之母，越是伟大的人经历的失败越多。我不必为此烦恼，关键是如何重新开始。

（7）自卑是可以克服的，这需要我付出努力。对待成绩应该有一个客观的态度，自卑是你自己选择了不正确的态度。

（8）决定你的前途和命运的关键在于你的思想，学会正确地思考，你就能把握自己的命运，不惧怕竞争，不担心失败。

（9）失恋是一件平常的事，要找到一个从没失恋的人就像大海捞针。许多伟人都有多次失恋的经历，这并不代表他们没有价值。我可以再去期待下一次的美好经历。

3）增强自信训练

¤ 训练目的

了解自卑是最常见的一种个性现象，每个人或多或少地都存在这种现象，自卑的根源在于观念错误。自卑的情绪是可以通过努力来克服的。

¤ 自测题

拿出一张纸，将下面的 1~2 题的内容写下来。再找一个空地，进行呐喊训练。

（1）分析自己感到自卑的原因。

（2）说出自己的十大优点。

（3）呐喊训练："我是某某，我是最好的，我一定会成功！"

（呐喊训练最好要有其他的人在场，这样更有利于克服自卑，呐喊的内容还可以是自己平时想说，但又不敢说的话，或者是自己最希望实现的愿望等）

（4）走到大街上，对身边的每个陌生人微笑，找到两个陌生人进行 5 分钟以上的交谈。

1.2.3 训练小结

通过今天的学习，我们知道了什么是自卑及自卑对人成就的影响。要做一个成功的推销员，首先要做好的准备就是克服自己心灵深处的自卑感。找到这种自卑产生的原因，检查出自己自卑的程度，努力改变这种心理状态。其实，在任何人的心中，都有或多或少的自卑感，这并不可怕，可怕的是过分的自卑，这才将影响我们终身的成就。

1.3 重塑自我训练

1.3.1 训练目标

1. 知识目标

了解自我意象的概念、理解认识自我意象的意义，掌握重塑自我意象的方法。

2. 能力目标

能运用积极的归因方式，建立正面的自我评价。

3. 素质目标

具备阳光心态，拥有积极的自我意象。

1.3.2 训练内容

20世纪最重要的心理学发现是"自我意象"。不管我们认识与否，我们每个人都有一幅心理的蓝图或者说自我的肖像。它对于我们意识的专注来讲也许是模糊或者混乱的。但这个肖像还是在决定着我们今天的现状与未来的成就。

1. 重塑自我概述

心理学发现的"自我意象"是什么呢？人们能够认识吗？其实不管我们认识与否，也许它根本无法有意识地进行认识。但它却是存在的，既完整又详细，有人认为它是人们开启美好生活的一把"金钥匙"。

这一自我意象就是"我属于哪种人"的自我观念，它建立在我们的自我信念之上。但是，绝大部分自我信念都是根据我们过去的经验，我们的成功与失败、我们的屈辱与生理以及他人对我们的反应，特别是根据童年的经验而不自觉地形成的。根据这一切，我们心里造成了一个"自我"或一幅自我的肖像。就我们自己来说，一旦某种与自己有关的思想或信念进入这幅肖像，它就会变成"真实的"。我们不会去怀疑它的可靠性，只会根据它去活动，就像它的确是真实的一样。

2. 认识自我意象的意义

"自我意象"之所以能成为开启美好生活的一把金钥匙，是因为：

（1）人的所有行为、感情、举止甚至才能，永远与自我意象一致。

（2）自我意象是可以改变的。一个人无论年龄大小，都来得及改变他的自我意象，并从此开始新的生活。一个人很难改变他的习惯、工作或者生活方式，主要原因在于他的内心状况没有改变，以至于即使他已经取得了很好的成绩，他仍然把自己看作失败者，而最终前功尽弃。

3. 重塑自我的方法

怎样才能做到重塑自我呢？其实前面的很多训练都有助于重塑自我的实现，归纳起来主要有以下两点。

1）认识自我、增强自尊与自信

要想真正地生活，也就是生活得到合理的满足，必须有一个适当的现实的自我伴随着你，你必须能接受自己。你必须有健全的自尊心，信任自己，不以自我为耻。你必须随心所欲、有创造性地表现自我，而不是把自我隐藏起来或遮掩起来。你必须有与现实相适应的自我，以便在一个现实的世界中有效地发挥作用。必须使你自己包容你的长处和弱点，并且诚实地对待这些长处和弱点。你的自我意象必须合理地近似于你本人,不多也不少。

2) 寻求目标,坚持移位

当这个自我意象完整而稳固时,你会有良好的感觉。如果它不怎么完整和稳定,就会感到忧虑和沮丧。当它适应于你而且你引以为豪时,你会感到自信。你会自由地作为"你自己"而存在,并且表现你自己,你会很好地发挥自己。

如果你心里的自我成为自己耻辱的对象,你常常会把它隐藏起来、不让它有所表现,自己的创造性将被抑制,你会心怀敌意去理解别人的一言一行,无法与人融洽相处,并最终成为你认为的那种丑恶的人。所以在这种情况下,一定要坚持移位,力求改变对自己的印象。

提示:事实上,我们绝大多数人比我们自己所认识到的更美好、更聪明、更强大、更有能力,我们都还没有认识到真正的自我,我们现在的自我意象比真正的自我差远了。

还没有谁已经在一生中成功地充分表现或实现了"真正自我"的全部潜在力量。我们"实际"的、表现出来的自我从未竭尽"真正自我"的全部能量。我们永远可以学到更多的东西,永远可以做得更好,表现更佳。改变现有的自我意象,构建一个新的、正确的自我意象,将能解除我们对自己心灵的束缚,尽可能充分地发挥我们的全部潜能。

补充资料

(寓言一则)"不可思议的自我觉醒"

从前某个村庄中有一个小姑娘,她一直觉得自己长得很丑,谁见了都不会喜欢自己。圣诞节快要到了,母亲给了她20美元,让她到镇上买自己喜欢的东西。路上,小姑娘与以前一样低着头不敢看人,走路尽量靠在路边,如果有谁看了自己一眼,她马上会想这人肯定又在想:"这是谁家的姑娘?这么丑的样子,怎么还到街上来呀!"走到广场上,看到即将举行圣诞晚会的地方有一个自己心仪的小伙子,她在想:"不知道哪个姑娘是幸运儿,今晚能做这个小伙子的舞伴。"

她走到了一个卖装饰品的小店,一个卖头花的售货员马上将她拉过去,把一朵紫色的头花给她戴上,将她带到镜子前。

"哇!这是我吗?完全是一个天使!""多少钱?""12美元。"小姑娘价都没有还就付了钱,像风一样向外面飘去,到门口的时候撞倒了一个老头,小姑娘说了一声"对不起"后,就飘出了商店。

来到大街上,小姑娘走在街中心,觉得街上的所有行人都在看自己,仿佛听到他们在议论"这是谁家的姑娘,这么漂亮!"

来到广场上,她心仪的小伙子也向她走来,邀请她今天晚上做自己的圣诞晚会舞伴。这一切都让她兴奋得几乎要昏过去了。

"哦,头花!肯定是这个商店的头花有什么魔力,让自己这样开心。"小姑娘这样想到。自己还有点钱,看到商店还能买到些什么,于是,小姑娘又来到了卖装饰品的小店。

走进小店,看到被自己撞倒的老头还在商店里。老头叫住小姑娘说:"我知道你会回来的,你看你的头花都掉了,是来找的吧?"

……

4. 自我训练

1）自我意象测试

¤ 训练目的

通过测试，可以更加清晰地了解你目前的自我意象，并通过一系列的训练，逐步提升自我意象。

¤ 自测题

自己认真思考以后，对下列问题做出"是"或"否"的判断。

（1）我觉得自己长相很丑。
（2）我太胖（或太瘦），太矮（或太高）。
（3）我能力差，无法适应高度竞争的环境。
（4）我常常让父母感到失望，我不够孝顺。
（5）我是一个虚伪的人，我担心被别人发觉。
（6）我不善言辞，不会讨人喜欢。
（7）小时候父母常常训斥我。
（8）感到自己很笨拙，尤其在异性面前或大庭广众之下。
（9）感到自己缺乏男人味（或女人味）。
（10）像我这样的人，就只能如此。

¤ 自测评分

以上问题，凡是回答"是"就得1分，得分3分以下，表明你的自我意象还不错，你一定有良好的人际关系并生活得幸福；得分3分以上7分以下，表明你的自我意象不太好，你时时为自己的相貌或能力困扰，无法尽情地发挥自己；得分在7分以上，表明你的自我意象十分糟糕，你厌恶自己，生活在失望之中。

2）重塑自我训练

¤ 训练目的

通过训练，让自己像前面寓言中介绍的小姑娘一样有一个全新的自我。

¤ 训练题

针对错误想法，试着对自己说：

（1）我不是个丑八怪，只不过有自己的特点，与其他人不同罢了。生动的表情、优雅的举止、得体的衣着会让我更加有魅力。即使不是这样，我仍然有自己的风度。"萝卜白菜，各有所爱"，我就喜欢这样的自己。

（2）身材和魅力有一定的关系，但不能起决定作用。身材不好而受人欢迎的人比比皆是，我不必太在意。

（3）我和别人具有同样的潜力，关键是如何更好地发挥。

（4）我对父母有深厚的感情，我是爱他们的，我会带给他们快乐。

（5）我不敢正视自己，这正是我在努力改正的缺点，这并不意味着我是个无可救药的人。

（6）我用不着刻意去讨好任何人，我按照自己的本性生活，这样才能获得真正的幸福。

（7）父母的教育方式不当，并不意味着我从小就是个坏孩子。

（8）紧张和羞怯是正常的，通过练习能加以克服。

（9）我喜欢我的性别，人与人不同，所谓的男人味或女人味不过是不同的感觉，我不必为此操心。

（10）我不是完人，不过，我也可以改变自我意象，过上幸福的生活。

3）自信心测试

¤ 训练目的

进一步了解自己内心深处对自己的看法，认识到自我形象的重要性，以及距离优秀推销员心理素质要求的差距。

¤ 训练题

请认真回答以下问题：

（1）你长相漂亮吗？	A. 漂亮	B. 一般	C. 不漂亮	D. 很丑
（2）你身材如何？	A. 很好	B. 较好	C. 不太好	D. 很差
（3）你聪明吗？	A. 聪明	B. 一般	C. 不聪明	D. 很笨
（4）你人缘好吗？	A. 很好	B. 一般	C. 不太好	D. 很差
（5）你对人热情吗？	A. 很热情	B. 较热情	C. 不太热情	D. 冷漠
（6）你工作效率高吗？	A. 很高	B. 一般	C. 不高	D. 很低
（7）你口才好吗？	A. 很好	B. 一般	C. 不太好	D. 很差
（8）你值得信赖吗？	A. 是的	B. 还行	C. 看情况	D. 不值得
（9）你有良好的工作习惯吗？	A. 是的	B. 一般	C. 不太好	D. 很差
（10）你相信你能成功吗？	A. 是的	B. 或许	C. 希望不大	D. 不会

¤ 自测评分

当你诚实地回答了以上问题，请按以下标准计算得分：

A—5 分、B—3 分、C—1 分、D—0 分，并将总分加总。

得分 45 分以上，说明你有良好的自我形象，你是一个天生的推销员。

得分 25 分以上 45 分以下，说明你对自己缺乏信心，你必须重塑自我形象。

得分 8 分以上 25 分以下，说明你的自我形象很差，你离推销员的要求差得很远。

得分 8 分以下，你完蛋了，照此下去，你将一事无成。

4）想象训练

¤ 训练目的

通过修炼的方法，进一步提升自我，让自己走向成功。

¤ 训练题

每天腾出 30 分钟时间，独自一人，排除干扰，尽量放松自己，使自己感到舒适，然后闭上眼睛，锻炼你的想象。

很多人发现，如果他们想象自己坐在一幅宽银幕前面，正在观赏自己演出的电影，就会有很好的效果。重要的是使这些画面尽量生动和详细。你希望你的心理画面尽可能接近实际的经验。要达到这一点就要注意小的细节，注意你所想象的环境中的声音、景象和物体。要点在于尽可能具体。同时，在这 30 分钟内，你要看到自己的行为是适当的、成功的、理想的。自己的昨天、明天……

5）表格训练

¤ 训练目的

通过长期的修炼，让自己养成一个好的习惯，进一步提升自我，让自己走向成功。

¤ 训练项目

（1）"训练项目"是指你特别需要的某种观念、心态、习惯等，如不说可能、准时起床、每天做俯卧撑、不训斥下属、赞美别人、倾听……

（2）此表每月一张，训练项目一月更换一次。

（3）表中每个方格左上角中，请你自己填上当月相应的日期。

（4）在每天睡觉前，在方格中用"错"或"对"记录一天的执行结果。

"对"表示已做到，包括刻意做的与不经意做的；

"错"表示未做到，包括没有做好的与没有做而事后意识到的。

（5）每一个"错"或"对"都会有一个故事，你最好另加注明，以便强化。

（6）你可以自己动手将此表结合在你一年的每个月的月历上，也可以把它结合在你每天都会使用的工作日记本上；或者，将它做成单独的卡片，摆放或张贴在床头边、办公室屏风上，或者你每天都能很方便地看见并记录的地方。

要求：此练习坚持做至少 21 天。

1.3.3 训练小结

重塑自我，其实就是在理论的指导下重新认识自我。当自我意象完整而稳固时，你会有良好的感觉。如果它不怎么完整和稳定，就会感到忧虑和沮丧。当它适应于你而且你引以为豪时，你会感到自信。你会自由地作为"你自己"而存在，并且表现你自己，你会很好地发挥自己。当你心里的自我成为自己耻辱的对象时，就要坚持移位，力求改变对自己的印象，重新塑造内心的自我。

1.4 自我管理

1.4.1 训练目标

1. 知识目标

了解自我管理的概念，掌握自我管理的方法。

2. 能力目标

能合理进行自我约束、自我监督、自我控制，提升工作效率。

3. 素质目标

养成合理管理个人事务的习惯，培养自律的品质。

1.4.2 训练内容

古希腊哲学家泰勒斯曾经说过："做什么事情最容易？向别人提意见最容易；做什么事

情最难？管理好自己最难。"生活在这个充满着诱惑的世界里，面对着物欲的吸引，越来越多的人都习惯于在一潭死水中自甘放弃。但其实，人最大的敌人，往往是自己。你以什么样的态度对待生活，生活也会如何对待你。

1. 自我管理概述

自我管理是指个体对自己本身，对自己的目标、思想、心理和行为等表现进行的管理，自己把自己组织起来，自己管理自己，自己约束自己，自己激励自己，自己管理自己的事务，最终实现自我奋斗目标的一个过程。自我管理注重的是一个人的自我教导及约束的力量，亦即行为的制约是通过内控的力量（自己），而非传统的外控力量（教师、家长）。

而要实现自我管理，需要具备良好的自我管理能力。自我管理能力是指受教育者依靠主观能动性按照社会目标，有意识、有目的地对自己的思想、行为进行转化控制的能力。自我管理的前提是要有正确的自我认识和完善的自我重塑方法。

自律，指在没有人现场监督的情况下，通过自己要求自己，变被动为主动，自觉地遵循法度，拿它来约束自己的一言一行。指不受外界约束和情感支配，据自己善良意志按自己颁布的道德规律而行事的道德原则。自律是一种不可或缺的人格力量，没有它，一切纪律都会变得形同虚设。真正的自律是一种信仰、一种自省、一种自警、一种素质、一种自爱、一种觉悟，它会让你发觉健康之美，感到幸福快乐、淡定从容、内心强大，永远充满积极向上的力量。

要自律，当然要有具体的要求。要提高自身素质，树立自尊、自爱、自强的自律意识，对社会、学校、班级和个人都要有强烈的责任感，能够正确处理日常学习生活中的人际关系和矛盾冲突。

1）制订出你做事的优先顺序，然后按这个顺序去做

当你事务繁忙，分身乏术的时候应该怎么办？如果你能够订出何者最为重要，刻意从其他的事情中抽身出来，这会让你有足够的精力去完成首要的任务。这正是自律的基本精神所在。

2）把自律的生活方式当成目标

自律不能只是偶尔为之，它必须成为你的生活方式。培养自律最佳的方式是为自己制定系统及常规，特别是在你视为重要的需要长期的成长及追求成功的指标项目上。例如：为了持续的写作及演讲，我每天固定将所读的资料存档，以作为日后参考之用。再者，我从上大学之后就养成每天跑步运动的习惯。这些都不是我做做停停的事，我会在有生之年持续下去。

3）向你的借口挑战

如果想培养自律的生活方式，首要的功课之一就是破除找借口的倾向。正如法国古典文学作家佛朗哥所说："我们所犯的过错，几乎都比用来掩饰的方法，更值得原谅。"如果你有几个令你无法自律的理由，那么，你要认清它们只不过是一堆借口罢了。如果你想成为更有成效的领袖，就必须向你的借口提出挑战。

提示：很多时候，当我们说"早上起不来"或"不能去运动"的时候，真正的意思其实是，我们不愿意做这些事。如果你真心想做一件事，即使需要克服困难，你也同样会去行动。

4）工作完成之前，先把奖励挪开

以下的小故事说明了暂停奖励的威力。一对老夫妇来到露营区扎营，两天之后，有一家

人也到达隔壁的营地。这家人的度假车一停稳,就看见这对夫妇和三个孩子一拥而下,一个孩子迅速地搬下冰柜、背包和其他用品,另外两个孩子立即把帐篷支开,前后不到15分钟,整个营盘便布置就绪。

隔壁的老夫妇看得目瞪口呆。"你们这家人真是少见的露营高手呀!"老先生对新邻居称赞道。"其实做事情只要有系统就好办多了,"隔壁的年轻爸爸回答,"我们事先规定,在营地架设完成之前,没有一个人可以去洗手间。"

5)把目光注视在结果上

当你面对一件不得不做的任务,心中开始企图抄捷径而不按规矩踏踏实实去完成时,切记:要打消自己这样的念头,把目光转回到目标上。认真权衡按部就班的好处,花工夫彻底做好它。

 补充资料

自律的人有多可怕

NBA著名球星科比布莱恩特曾在采访时反问过记者"你有看见过凌晨四点的洛杉矶吗?"面对记者的疑惑,他继续说:"每天早上四点洛杉矶仍然在黑暗中,我就起床行走在黑暗的洛杉矶街道上。一天过去了,洛杉矶的黑暗没有丝毫改变;两天过去了,黑暗依然没有半点改变;十多年过去了,洛杉矶街道早上四点的黑暗仍然没有改变,但我却已变成了肌肉强健,有体能、有力量,有着很高投篮命中率的运动员。"

时间管理是自我管理的重要内容。而要做好时间管理,唯有计划,才有效率和成功。评估时间管理是否有效,主要是看你的目标达成的程度。时间自我管理技能的关键技巧是习惯,你运用时间自我管理工具变成习惯了,什么都变得有序、有效了;同时时间自我管理最大的难题也是习惯,因为一个人的习惯难以改变。

有效地进行时间自我管理,首先必须有一套明确的远期、中期、近期目标;其次是有强烈的信念;第三是根据目标制定你的长期计划和短期计划,然后分解为年计划、月计划、周计划、日计划;第四是相应的日结果、月结果、年结果,以及各结果的反馈和计划的修正。这个过程实际上是一个循环,即PDCA循环。

在时间自我管理中,必须学会运用80:20原则,要让20%的投入产生80%的效益。从个人角度看,要把握一天中20%的时间用于关键的思考和准备,可以根据你的生活状态、生物钟来确定你的20%的时间是哪个时候。

 补充资料

李开复的时间管理秘诀

一、事分轻重缓急

每天管理时间的一种好方法是,早上确定今天要做的紧急事和重要事,睡前回顾一下,这一天有没有做到两者的平衡。如果把所有事情都按照这种标准执行有难度,则可把"必须做的事"和"尽量做的事"分开。必须做的事要做到最好,尽量做的事尽力而为即可。

二、列待办或完成事项清单

待办事项清单用来提醒你需要做的事情,完成事项清单用来审视你的时间安排。

待办事项清单强调目标,而完成事项清单重在展现成就。

三、注重提高效率

采用番茄钟工作法，以工作 25 分钟休息 5 分钟的方式来保持做事专注。在 25 分钟工作时间内绝不受其他事情打扰，只做一件事，不要同时做多任务。

四、利用高效时间

根据时间管理 80：20 法则，投入 20% 精力产生 80% 的效益。因每个人个体不同，造成每个人效率最高的时间也不同，根据自身特点，选择高效时间用于最关键的思考、学习和工作。

五、给自己一个合理的最后期限

管理时间的时候，最好能给自己设定一个合理的、略微紧迫的、可以刺激自己不断努力的时间期限，然后再从 Deadline 往前推，分解目标到每一天，每周一小节确保跟上时间进度，最终完成任务。

2. 自我训练

1）自律能力测试

¤ 训练目的

了解自己的自律程度，力争更好地约束自己，提升自己的自律能力。

¤ 自测题

（1）当你因为某些娱乐活动而耽误了计划好的重要工作，你会不会感到后悔？（　　）

　　A. 是　　　　　B. 否

（2）当你被要求去做一件难度很大的事时，你是否会认为这是一项有益的挑战？（　　）

　　A. 是　　　　　B. 否

（3）假如一项工作必须在十天内完成，但你知道如果十五天完成也不会有人批评你，那你还会争取在十天内完成吗？（　　）

　　A. 是　　　　　B. 否

（4）你是否经常仔细地规划自己的资金使用，而不是大手大脚任意花钱？（　　）

　　A. 是　　　　　B. 否

（5）你是否能准时缴付各种生活账单？（　　）

　　A. 是　　　　　B. 否

（6）平时工作、学习的资料和必要信息，你是否很好地记录和存放起来？（　　）

　　A. 是　　　　　B. 否

（7）假如现在就需要用某个文件，你能在两分钟之内找到它吗？（　　）

　　A. 是　　　　　B. 否

（8）假如需要你加班做出一项工作，你能否连续几天长时间加班，比如每天 12 小时以上？（　　）

　　A. 是　　　　　B. 否

（9）你在学习、工作中始终是自动和自发地投入吗？（　　）

　　A. 是　　　　　B. 否

（10）在完成了本职工作之外，你是否还会经常完成一些分外的工作？（　　）

　　A. 是　　　　　B. 否

（11）你是否在没有人要求的情况下，独立为自己设立一个较高的目标及较短的完成时间？（　　）

　　A. 是　　　　　B. 否

（12）你总是可以专注地学习、工作，不受外界的干扰吗？（　　）
A．是　　　　　B．否
（13）假如加班与喜爱的球赛时间相冲突，你是否会选择加班？（　　）
A．是　　　　　B．否
（14）假如碰上了棘手的难题，你会首先自己想办法解决吗？（　　）
A．是　　　　　B．否
（15）假如你需要一些资料却无法得到，你会立即找人提供帮助吗？（　　）
A．是　　　　　B．否
每题回答"是"记1分，回答"否"记0分。

¤ 自测评价

得分12～15分，你的自律能力很强；得分9～11分，你的自律能力一般；得分5～8分，你的自律能力较差；如果得分在5分以下，你的自律能力非常差。

2）时间管理能力测试

¤ 训练目的

反思自己的时间利用是否合理，给自己提出改善的建议并坚持执行，使自己的有限时间得到更有效的利用。

¤ 自测题

下面每题有三个答案（A．总是这样　B．有时这样　C．从不这样）。
（1）我在每学期开始时为自己制定一学期的学习和生活计划。
（2）我在课余时间不感到无所事事。
（3）我把自己的东西摆放得井井有条。
（4）我在做事情时能坚持到底。
（5）我在做事情时不容易受其他事情的干扰。
（6）我能有条理地完成自己该做的事。
（7）我能分清什么是当前最该做的事。
（8）我每时每刻都清楚自己该做什么事情。
（9）我能够及时反思自己利用时间的情况。
（10）我每天都能按照自己的计划进行学习和娱乐。
（11）我每次做事之前都提醒自己尽量在短时间保证质量完成。
（12）我每天都能按时起床。
（13）我认为自己做事效率很高。
（14）我在任何时候都不曾感觉自己无事可做。
（15）当完成一件事有困难时，我不会为自己找借口说"明天再做"。
（16）我从未在放学回家时感觉筋疲力尽却好像一天的学习没完成一样。
（17）我从不会同时做几件事，导致每件事都做不好。
（18）我从未因为顾虑其他事情而无法集中精力做目前该做的事情。
（19）我不认为自己没有时间做自己喜欢的事情。
（20）我每隔一段时间便检查自己时间计划完成的情况。

¤ 自测评价

选A记2分，选B记1分，选C记0分。

0~15分：说明你的管理时间的能力还有待提高，需要从计划性、坚持性、合理性、反思性等多个方面来提高自己的时间管理方法和能力。

16~30分：说明你具备较好的时间管理能力，但是在有的方面还有待提高，请分析自己平时的表现和本次小测验得分情况，看自己在哪些方面还需努力。

31~40分：说明你具备很好的时间管理能力及方法，只要坚持下去一定会收到很好的效果。

1.4.3 训练小结

管理大师彼得·杜拉克所说"让自身成效不高的管理者管好他们的同事与下属，那几乎是不可能的事"，因为"管理工作在很大程度上是要身体力行的，如果管理者不懂得如何在自己的工作中做到卓有成效，就会给其他人树立错误的榜样"。所以，自我管理是管理的起点。要培养自己的管理能力就要首先树立自我管理意识，只有懂得如何在自己的工作中做到卓有成效，才能给其他人树立正确的榜样。

1.5 模块总结

（1）是否按计划完成了本章的训练？ 是　　否
（2）未完成的原因是：

（3）通过训练，我在以下方面有了提高：

（4）存在的问题及改进的方法：

1.6 活动与拓展

"20个我"游戏

游戏任务书：请写出20条"我是一个什么样的人"，尽量反映个人风格而非简单陈述事实。例如"我是一个活泼开朗的充满正能量的人"就优于"我是一个来自四川的20岁男生"。

规则：（1）放松心情，任意书写，写到20条以上。
（2）把所写内容按照心理状况、身体状况、社会状况、语言风格、自我状态进行分类等。

现象思考：
1. 在你的描述里，是正面的描述比较多还是负面的比较多？说明了什么？
2. 你的自我描述中哪些是最重要的？这个顺序是固定的吗？
3. 你最想成为什么样的人？可以为此做些什么？

模块 2

情商管理能力训练

导 读

在我们的生活中经常看到这样的人，智商高，受过高等教育，具有非常丰富的知识，能顺利地到一个单位就职或者从事一项研究工作。如果他情商高，就会情绪稳定，适应环境的能力强，有良好的人际交往技巧，不因外界因素的影响而情绪变化无常，受到挫折时能"重整旗鼓"。这样他的智商和潜能就能得到充分发挥，在工作中游刃有余，走向成功。反之，一个人智商虽高，却以此自负，情商低下，昼夜为自己周围并不理想的环境所困扰，那他的结局或许就是愤世嫉俗、孤芳自赏，没有良好的人际关系。这样他就有可能或高不成低不就；或一辈子碌碌无为；或是走上邪门歪道，毁于高智力犯罪。

研究表明，对一个人成功与否来说，智商因素只占20%，出身、环境、机遇等占20%，情商占60%。有人认为："智商决定录用，情商决定提升。"

训练要求
（1）了解情商的概念；
（2）掌握自我情绪觉察的方法；
（3）掌握自我情绪控制的方法；
（4）掌握自我激励的方法；
（5）掌握认知他人情绪的方法；
（6）掌握抵御挫折与压力的方法。

训练内容
☆ 认知、调控自我情绪能力训练
☆ 自我激励能力训练
☆ 认知他人及他人情绪能力训练
☆ 抵御挫折能力训练

模块2 情商管理能力训练

> **点击关键词**

情商管理：是在了解自我的智商和情商的基础上，利用训练的方式来达到提高情商的目的。情商是心理素质的核心部分，大学生的成才与情商的高低有着十分密切的关系，智商是基础，情商是智商得以最大程度发挥的保证，只有二者有机结合，才能获得成功。因此大学生必须注重情商的培养，使我们的智力水平得到最大限度的提高，帮助自我树立正确的心理意识，增强心理调节能力，以预防和缓解心理问题。

情绪控制（Emotion Control）　　　　情商（Emotional Quotient）
自我激励（Self – encouragement）　　克服挫折（Overcoming Frustration）

2.1　认知、调控自我情绪

2.1.1　训练目标

1. 知识目标

了解情商的概念及作用。理解情绪的重要性，掌握判断自我情绪、调控自我情绪的方法。

2. 能力目标

能对引起自己不良情绪的原因进行分析，通过正确的思维方法加以调节和控制。

3. 素质目标

拥有积极乐观的情绪状态。

2.1.2　训练内容

对自我的深刻认识，会影响到对他人的情感表达。事实证明，那些感情表达有障碍的人，对别人的感情也比较冷漠，原因是他没有能力了解自己的感情，又如何了解别人的感情呢？

1. 提升情商能力训练

在现代社会有这种情况，不少神童，大家都说他聪明，但是没有像人们想象的那样子，长大后有出息，为什么？有的学生虽然也很聪明，但是性格孤僻，怪异，不合群，不宜合作；有的自卑脆弱不能面对挫折；有的急躁、固执、自负，情绪不稳定；有的冷漠、易怒、神经质，与周围的人很难沟通。特别是有的以自我为中心，不关爱他人，不关心他人，总喜欢周围的人围绕他一个人转。有的大专家智商特别高，做课题也可能是一把好手，也有一定的名气，但是他们在与人合作方面还不尽如人意，对人苛刻挑剔，不能原谅人，不能宽容人，对这个大专家人们该怎么办？敬而远之，他到后来可能会成为孤家寡人，形不成大气候的科研团队。也有不少人，智力虽然不太出众，也不是太聪明，甚至大家认为他可能还是低智商的，但后来却成就了大事业，取得了大成就。

在现代社会,如果只知道智商而不了解情商的话,至少你在意识上已经落伍了。大多数心理学家早已明确地指出,单单使用智商的标准考察一个人在才智方面的表现,并不足以准确预测这个人在事业上可能取得的成就。为了全面考察个人能力,特别是考察个人在社会生活中的适应能力和创造能力,心理学家们提出了情商的概念。

1)情商的来历

EQ(Emotional Quotient)是情绪商数的英文简称,它代表的是一个人的情绪智力(Emotional Intelligence)的能力。情绪智力是指正确感知和妥善管理自己的情绪,并且识别他人情绪、管理人际关系的能力。

早在1920年,美国哥伦比亚大学的教授桑戴克(E. L. Thorndike)就首先提出了社会智力(Social Intelligence)的概念,认为拥有高社会智力的人"具有了解及管理他人的能力,而能在人际关系上采取明智的行动"。

1926年,第一份社会智力测验(George Washington Social Intelligence Test)被推出,问卷的题目包括了指认图片中人物的情绪状态,以及判断人际关系中的问题等。

然而接下来的几十年,心理学界在这方面的努力停顿了下来,主要因为大家都忙着发展及研究IQ测验,当时认为IQ(亦即一个人的数学、逻辑、语文以及空间能力)会决定每个人的学习及受教的能力,因而会影响将来的工作发展及表现。

一直到1983年,美国心理学家嘉纳教授(Howard Gardner)提出了影响现今教育体系的"多元智力"理论。他认为原先只重数理语文能力等的传统定义"智力"的方式(亦即IQ)需要大幅修改,因为一个人的IQ除了对学校学习的成绩有很高的正相关(IQ越高,功课越好),对于其他方面,例如工作表现、感情及生活满意度等并无太大的关系。

嘉纳教授在他的多元智力理论中,多加了几项智力,包括了音乐、体育以及了解自我和了解他人的能力。而这后两项,让"社会智力"的概念再一次地受到教育界及心理学界的重视。

第一个使用"EQ"这个名词的人是心理学家巴昂(Reuven Bar-on),他在1988年编制了一份专门测验EQ的问卷(EQ-i),根据他的定义,EQ包括了那些能影响我们适应环境的情绪及社交能力。其中有5大项:自我EQ;人际EQ;适应力;压力管理能力;一般情绪状态(乐观度,快乐感)。

真正让"EQ"一词走出心理学的学术圈,而成为人人朗朗上口的日常生活用语的心理学家是哈佛大学的高曼教授(Daniel Goleman)。他在1995年出版的《EQ》一书(Emotional Intelligence),登上了世界各国的畅销书排行榜,在全世界掀起了一股EQ热潮。

高曼发现一个人的EQ对他在职场的表现有着非常重要的影响。举例而言,一个针对全美国排名前500的大企业员工所做的调查发现,不论产业类别为何,一个人的IQ和EQ对他在工作上成功的贡献比例为IQ:EQ = 1:2。也就是说,对于工作成就而言,EQ的影响是IQ的两倍,而且职位愈高,EQ对工作表现的影响就愈大。此外对于某些工作类别,例如营销、业务以及客户服务等,EQ的影响就更为明显。

因此高曼针对职场的工作表现,提出了他的工作EQ架构。经过不断的测试和修正,目前高曼的工作EQ内容共有4大项以及18小项。

(1)自我情绪觉察能力。

① 意识到自己情绪的变化:解读自己的情绪,认识到情绪的影响。

② 精确的自我评估:了解自己的优点以及不足之处。

③ 自信:掌控自身的价值及能力。

(2) 自我情绪管理能力。
① 情绪自制力：能够克制冲动及矛盾的情绪。
② 坦诚：展现诚实及正直；值得信赖。
③ 适应力：弹性强，可以适应变动的环境或克服障碍。
④ 成就动机：具备提升能力的强烈动机，追求卓越的表现。
⑤ 冲劲：随时准备采取行动，抓住机会。
(3) 人际关系觉察能力。
① 同理心：感受到其他人的情绪，了解别人的观点，积极关心他人。
② 团体意识：解读团体中的趋势、决策网络及政治运作。
③ 服务：体认到客户及其他服务对象的需求，并有能力加以满足。
(4) 人际关系管理能力。
① 领导能力：以独到的愿景来引导及激励他人。
② 影响力：能说服他人接受自己的想法。
③ 发展其他人的能力：透过回馈及教导来提升别人的能力。
④ 引发改变：能激发新的做法。
⑤ 冲突管理：减少意见相左，协调出共识的能力。
⑥ 建立联系：培养及维持人脉。
⑦ 团队能力：与他人合作的能力；懂得团队运作模式。

这18项能力有谁能完全达到？答案是不可能有人完全做到。事实上一个人只要能在这18项EQ能力中，有5、6项EQ能力特别突出，而且是平均分布在4大项能力中的话，那他在职场上的表现，就会非常亮眼了。不过，这18项指标为我们指明了努力方向和目标。

要测量工作EQ，目前相当广为使用的量表是情绪能力问卷（ECI, Emotional Competence Inventory），总共有110个题目，很特别的是ECI使用360度全方位的资料收集方法，它不只是问当事人，也会从他的上司、下属和同事来了解当事人的工作EQ，得出来的结果当然就比较客观而准确。

在本部分内容中，我们侧重于5个方面的情商能力训练：

(1) 自我认知能力（自我觉察）：认知情绪的本质是EQ的基石，这种随时认知感觉的能力，对了解自己非常重要。不了解自身真实感受的人必然沦为感觉的奴隶，反之，掌握感觉才能成为生活的主宰，面对婚姻或工作等人生大事才能知道如何抉择。

(2) 自我控制能力（情绪控制力）：情绪管理必须建立在自我认知的基础上。如何自我安慰，摆脱焦虑、灰暗或不安，这方面能力较匮乏的人常需与低落的情绪交战，掌握自控的人则很快能走出生命的低潮，重新出发。

(3) 自我激励能力（自我发展）：无疑是要集中注意力。自我激励或发挥创造力，将情绪专注于某一目标是绝对必要的。成就任何事情都要有情感的自制力——克制冲动与延迟满足。保持高度热忱是一切成就的动力。一般而言，能自我激励的人做任何事效率都比较高。

(4) 认知他人的能力（同理心）：同理心也是基本的人际技巧，同样建立在自我认知的基础上。具有同理心的人较能从细微的信息觉察他人的需求，这种人特别适于从事医护、教学、销售与管理的工作。

（5）人际关系管理的能力（领导与影响力）：人际关系就是管理他人情绪的艺术。一个人的人缘、领导能力、人际和谐程度都与这项能力有关，充分掌握这项能力者常是社会上的佼佼者。

2）情商对人生和事业的作用

（1）EQ与人生。

在生活中，常常遇到这样一种现象：一些IQ很高的人并不见得一定会成功，而一些EQ很高的人则必定会成功。为什么呢？因为IQ高的人一般都是专家，而EQ高的人却具备一种综合与平衡的能力。如果以中华古训来解释一下，那就是一个成功的人应是一个人情练达的人。

大量研究显示，一个人在校成绩优异并不能保证他一生事业的成功，也不能保证他能攀升到企业领导地位或专业领域的巅峰。虽然我们并不否定在校的学习能力，但在今天这个竞争日益激烈的社会中这绝不是成功的唯一条件。换句话说，在现代社会中EQ的重要性绝不亚于IQ，值得研究的是如何在理性与情感之间求得平衡，否则徒有智商而心灵贫乏，在这个复杂多变的时代极易迷失方向。

【案例1】　退学的神童

1983年6月，魏永康出生于湖南省华容县，因为母亲曾学梅的悉心教育，从两岁起，魏永康就被人称为"神童"。他的"神迹"有：两岁掌握1 000多个汉字，4岁基本学完了初中阶段的课程，8岁进入县属重点中学读书，13岁以高分考入湘潭大学物理系，17岁又考入中科院高能物理研究所，硕博连读。但像古时"伤仲永"一样，神童魏永康并没有在长大后延续神奇。17岁的他完全无法安排自己的学习和生活：热了不知道脱衣服，大冬天不知道加衣服，穿着单衣、拖鞋就往外跑；房间不打扫，屋子里臭烘烘的，袜子、脏衣服到处乱扔；他经常一个人窝在寝室里看书，却忘了还要参加考试和撰写毕业论文，为此他有一门功课记零分，而没写毕业论文也最终让他失去了继续攻读博士学位的机会。2003年7月，已经读了3年研究生的魏永康，连硕士学位都没拿到，就被学校劝退了。

【案例2】　震惊全国的马加爵事件

2004年2月13日至15日：西方浪漫的情人节前后，本该风光旖旎的校园里。被怀疑打牌作假，愤怒的贫困学生马加爵先后在宿舍杀害4名同学。随后亡命天涯。

2004年2月23日：昆明市云南大学一间男生宿舍的柜子里，发现4具男尸。警方查明，该校2000级学生马加爵有重大作案嫌疑。3月1日：公安部向社会公布A级通缉令，悬赏20万元在全国范围内通缉马加爵。至此，马加爵的名字成为人们的首要谈资。

2004年3月15日晚7时30分，马加爵在海南省三亚市河西区，靠近中国人俗称天涯海角的地方落网。结束了26天的逃亡生涯。

2004年6月17日上午，随着云南省高院对死刑判决的最终裁定，马加爵——这个曾几何时震惊大江南北的名字所依附的躯体，彻底走出了人们的视线。

轰动全国的神童退学的新闻，向我们证实了我国EQ教育的空白和匮乏。而震惊全国的马加爵事件，更是在国人心中掀起痛心和惋惜的波澜。因为与同学打牌中别人的一句话，使他丧失理智，失去控制，最后在毁灭了别人的同时，也毁灭了自己。马加爵留给自己短暂人生的最后总结是"没有理想是我人生最大的失败。"

如今 EQ 在国外已被纳入正式教育。美国的学校已开办 EQ 课程，将其与传统的语言、数学课程并列。在我国港台地区，EQ 也正在成为一门科学。

在这个日益显出知识重要的社会，技术能力当然是一种重要的途径。我们常听到小孩子说一个笑话："一个笨蛋 15 年后变成什么？"答案是：老板。不过即使是笨蛋，如果 EQ 高超，职业上的表现也必然略胜一筹。

诸多证据显示，EQ 较高的人在人生各个领域有较多优势，无论是谈恋爱、人际关系或是理解办公室政治中不成文的游戏规则，成功的机会都比较大。此外，情感能力较佳的人通常对生活较满意，较能维持积极的人生态度。反之，情感生活失控的人必须花加倍的心力与内心交战，从而削弱了他的实际理解力与清晰的思考力。

一个 IQ 高的人和 IQ 低的人谁更幸福？答案肯定是 IQ 低的。一个 IQ 低的人往往无忧无虑。一个 IQ 高的人往往在做事情时会瞻前顾后。那么一个 EQ 高的人和 EQ 低的人谁更幸福？答案也很明显是 EQ 高的。IQ 低的人可能会进步，但是 EQ 低的人很容易患抑郁症，最著名的例子是香港著名艺人张国荣。EQ 低的人在受到挫折时，会很容易拿别人的错误来惩罚自己；高 EQ 能让自己明白外面的世界很现实、很复杂，也很精彩，自己会走什么道路其实在于你自己的情绪，在于对未来的各种选择。比如说摔倒了，有的人会说真倒霉，有的人则会说我要歇一会儿。对于外面世界一切的美好，一切的复杂都要靠你的 EQ 去领会，需要用高的 EQ 去看待一切的不公平，一切的美好。

在美国，人们流行一句话："智商（IQ）决定录用，情商（EQ）决定提升"。事实上，IQ 和 EQ 都很重要。只不过，在今天这个竞争日趋激烈、知识爆炸、人际关系复杂的社会中更显出其重要性。对于从事与人打交道的职业经理人来说，EQ 是一项十分重要而又必不可少的职业素质。

思考：请想一想，"智商（IQ）决定录用，情商（EQ）决定提升"的合理之处。

（2）EQ 与领导者。

美国哈佛大学心理学博士、组织情商研究联合会主席丹尼尔·戈尔曼的最新研究认为，无论你从事何种工作，你的精神状态都将对你的工作效率产生影响。如果你被焦虑、恐惧、不满和敌意所包围，或者被不确定性和疑虑弄得不知所措，那么你的工作效率将极其低下。相反，如果你能得到应有的激励、启发和指导，能够有好的引导，那么你的工作效率和自我管理的效率都将大大提高。因此领导者对员工的自我管理状况具有最终的影响力。

领导者是指如何借助他人来高效地完成工作任务，领导力则是一种借助他人完成工作任务的艺术。如果你想圆满完成工作任务，那么你必须对员工进行激励、启发、引导和指导，必须虚心倾听他们的建议。领导者还必须及时了解员工对自己言行的反应。领导者必须做到能够让员工释放全部能量，而不仅仅是恪尽职守。

人们通常将领导者对某事的情感反应作为最有效的反应，并进而自动调整自身的反应。这就意味着在某种程度上领导者设定了情感标准。因此，即使在大公司里，CEO 的情绪或者态度都会感染和影响整个公司的情感氛围。所以，情商能够转化为利润、收入和成长性。由于公司情商运用能力的差异使得公司运营利润能够产生 20%～30% 的差异，这一数据是百事可乐和欧莱雅公司这些世界级企业进行内部研究得出的结论。怎样才能实现这一效用呢？你必须雇用拥有情商能力的员工，你必须对拥有情商能力的员工予以提拔重用，必须不断增强他们的情商能力。这将给你带来一种战略性的优势。

美国一家很有名的研究机构调查了188个公司，测试了每个公司的高级主管的智商和情商，并将每位主管的测试结果和该主管在工作上的表现联系在一起进行分析。结果发现，对领导者来说，情商的影响力是智商的9倍。智商略逊的人如果拥有更高的情商指数，也一样能成功。

成千上万的企业顾问公司和企业培训导师纷纷采用情商作为评估公司员工的工作理论。2001年，强生公司开始在消费产品部测量员工的情绪智商，选拔重要职位的管理人员。雅芳公司使用相似的情感能力测试来评估员工和培训经理。据统计，《财富》1 000强企业中10%的公司在员工招聘及培训中使用着情商测试。大型金融服务公司BB&T设计了7个小时的情商培训项目，每年都有500人左右参加。

3）情商综合测试

¤ 测试目的

综合了解自己的情商水平，找准欠缺点，有针对性地加强自我修养和锻炼。

¤ 测试题

欧洲流行的测试题，可口可乐公司、麦当劳公司、诺基亚公司等世界500强企业，曾以此作为员工EQ测试的模板。帮助员工了解自己的EQ状况。共33题，测试时间25分钟，最大EQ为174分。如果你已经准备就绪，请开始计时。

第（1）~（9）题：请从下面的问题中，选择一个和自己最切合的答案，但要尽可能少选中性答案。

（1）我有能力克服各种困难：_____
　A. 是的　　　　　　B. 不一定　　　　　　C. 不是的

（2）如果我能到一个新的环境，我要把生活安排得：_____
　A. 和从前相仿　　　B. 不一定　　　　　　C. 和从前不一样

（3）一生中，我觉得自己能达到我所预想的目标：_____
　A. 是的　　　　　　B. 不一定　　　　　　C. 不是的

（4）不知为什么，有些人总是回避或冷淡我：_____
　A. 不是的　　　　　B. 不一定　　　　　　C. 是的

（5）在大街上，我常常避开我不愿打招呼的人：_____
　A. 从未如此　　　　B. 偶尔如此　　　　　C. 有时如此

（6）当我集中精力工作时，假使有人在旁边高谈阔论：_____
　A. 我仍能专心工作　B. 介于A、C之间　　　C. 我不能专心且感到愤怒

（7）我不论到什么地方，都能清楚地辨别方向：_____
　A. 是的　　　　　　B. 不一定　　　　　　C. 不是的

（8）我热爱所学的专业和所从事的工作：_____
　A. 是的　　　　　　B. 不一定　　　　　　C. 不是的

（9）气候的变化不会影响我的情绪：_____
　A. 是的　　　　　　B. 介于A、C之间　　　C. 不是的

第（10）~（16）题：请如实选答下列问题，将答案填入右边横线处。

(10) 我从不因流言蜚语而生气：_____
　A. 是的　　　　　　B. 介于 A、C 之间　　C. 不是的

(11) 我善于控制自己的面部表情：_____
　A. 是的　　　　　　B. 不太确定　　　　　C. 不是的

(12) 在就寝时，我常常：_____
　A. 极易入睡　　　　B. 介于 A、C 之间　　C. 不易入睡

(13) 有人侵扰我时，我：_____
　A. 不露声色　　　　B. 介于 A、C 之间　　C. 大声抗议，以泄己愤

(14) 在和人争辩或工作出现失误后，我常常感到震颤，精疲力竭，而不能继续安心工作：_____
　A. 不是的　　　　　B. 介于 A、C 之间　　C. 是的

(15) 我常常被一些无谓的小事困扰：_____
　A. 不是的　　　　　B. 介于 A、C 之间　　C. 是的

(16) 我宁愿住在僻静的郊区，也不愿住在嘈杂的市区：_____
　A. 不是的　　　　　B. 不太确定　　　　　C. 是的

第（17）～（25）题：在下面问题中，每一题请选择一个和自己最切合的答案，同样少选中性答案。

(17) 我被朋友、同事起过绰号、挖苦过：_____
　A. 从来没有　　　　B. 偶尔有过　　　　　C. 这是常有的事

(18) 有一种食物使我吃后呕吐：_____
　A. 没有　　　　　　B. 记不清　　　　　　C. 有

(19) 除去看见的世界外，我的心中没有另外的世界：_____
　A. 没有　　　　　　B. 记不清　　　　　　C. 有

(20) 我会想到若干年后有什么使自己极为不安的事：_____
　A. 从来没有想过　　B. 偶尔想到过　　　　C. 经常想到

(21) 我常常觉得自己的家庭对自己不好，但是我又确切地知道他们的确对我好：_____
　A. 否　　　　　　　B. 说不清楚　　　　　C. 是

(22) 每天我一回家就立刻把门关上：_____
　A. 否　　　　　　　B. 不清楚　　　　　　C. 是

(23) 我坐在小房间里把门关上，但我仍觉得心里不安：_____
　A. 否　　　　　　　B. 偶尔是　　　　　　C. 是

(24) 当一件事需要我做决定时，我常觉得很难：_____
　A. 否　　　　　　　B. 偶尔是　　　　　　C. 是

(25) 我常常用抛硬币、翻纸、抽签之类的游戏来预测凶吉：_____
　A. 否　　　　　　　B. 偶尔是　　　　　　C. 是

第（26）～（29）题：下面各题，请如实回答，仅需回答"是"或"否"即可，在你选择的答案下打"√"。

(26) 为了工作我早出晚归，早晨起床我常常感到疲惫不堪：
　是_____否_____

（27）在某种心境下，我会因为困惑陷入空想，将工作搁置下来：
是_____否_____

（28）我的神经脆弱，稍有刺激就会使我战栗：
是_____否_____

（29）睡梦中，我常常被噩梦惊醒：
是_____否_____

第（30）～（33）题：本组测试共4题，每题有5种答案，请选择与自己最切合的答案，在你选择的答案下打"√"。

答案标准如下：

1，2，3，4，5——从不，几乎不，一半时间，大多数时间，总是

（30）工作中我愿意挑战艰巨的任务。1 2 3 4 5

（31）我常发现别人好的意愿。1 2 3 4 5

（32）能听取不同的意见，包括对自己的批评。1 2 3 4 5

（33）我时常勉励自己，对未来充满希望。1 2 3 4 5

¤ 参考答案及计分评估

计分时请按照计分标准，先算出各部分得分，最后将几部分得分相加，得到的那一分值即为你的最终得分。

第（1）～（9）题，每回答一个A得6分，回答一个B得3分，回答一个C得0分。计____分。

第（10）～（16）题，每回答一个A得5分，回答一个B得2分，回答一个C得0分。计____分。

第（17）～（25）题，每回答一个A得5分，回答一个B得2分，回答一个C得0分。计____分。

第（26）～（29）题，每回答一个"是"得0分，回答一个"否"得5分。计____分。

第（30）～（33）题，从左至右分数分别为1分、2分、3分、4分、5分。计____分。

总计为____分。

¤ 测试点评

近年来，EQ——情绪智商，逐渐受到了重视，世界500强企业还将EQ测试作为员工招聘、培训、任命的重要参考标准。

看我们身边，有些人绝顶聪明，IQ很高，却一事无成，甚至有人可以说是某一方面的能手，却仍被拒于企业大门之外；相反地，许多IQ平庸者，却反而常有令人羡慕的良机、杰出不凡的表现。

为什么呢？最大的原因，乃在于EQ的不同！一个人若没有情绪智慧，不懂得提高情绪自制力、自我驱使力，也没有同情心和热忱的毅力，就可能是个"EQ低能儿"。

通过以上测试，你就能对自己的EQ有所了解。但切记这不是一个求职询问表，用不着有意识地尽量展示你的优点和掩饰你的缺点。如果你真心想对自己有一个判断，那你就不应施加任何粉饰。否则，你应重测一次。

测试后如果你的得分在90分以下，说明你的EQ较低，你常常不能控制自己，你极易被自己的情绪所影响。很多时候，你容易被激怒、动火、发脾气，这是非常危险的信号——你的事业可能会毁于你的急躁，对于此，最好的解决办法是能够给不好的东西一个好的解

释，保持头脑冷静，使自己心情开朗，正如富兰克林所说："任何人生气都是有理由的，但很少有令人信服的理由。"

如果你的得分在90~129分，说明你的EQ一般，对于一件事，你不同时候的表现可能不一，这与你的意识有关，你比前者更具有EQ意识，但这种意识不是常常都有，因此需要你多加注意、时时提醒。

如果你的得分在130~149分，说明你的EQ较高，你是一个快乐的人，不易恐惧担忧，对于工作你热情投入、敢于负责，你为人更是正义正直、同情关怀，这是你的优点，应该努力保持。

¤ 测试小结

通过本节内容的学习，我们认识了情商的相关知识，了解了情商对我们每个人的重要性。情商是心理素质的核心部分，大学生的成才与情商的高低有着十分密切的关系，智商是基础，情商是智商得以最大程度发挥的保证，只有二者的有机结合，才能获得成功。因此大学生必须注重情商的培养，使我们的智力水平得到最大限度的提高，帮助自我树立正确的心理意识，增强心理调节能力以预防和缓解心理问题。

2. 提升情绪认识能力训练

自我认知与自我觉察是进行清晰的自我定位的基础，也是个人职业与事业生涯的起点。自我认知包括：认知自己的价值观、人生方向和目标，认知自己的性格特征，认清自己的优势和劣势，觉察自我的情绪变化、原因等。

1）自我情绪觉察

高情商的一个重要标志就是能习惯性地觉察自我情绪的变化，并根据环境条件积极主动地调适自己的心理、判断情绪的影响、做出合适的行为反应。

了解自己的情绪，可以帮助自己迅速化解不好的感觉，是我们进行情绪管理的第一步。同时因为自己觉察能力的提高，更能了解和我们互动的人的情绪。

低EQ和高EQ对情绪的自我觉察与认识是大不相同的，有专家认为，EQ的高低正是从自我情绪的觉察开始的。

（1）情绪的定义和基本种类。

人类在认识外界事物时，会产生喜与悲、乐与苦、爱与恨等主观体验。我们把人对客观事物的态度体验及相应的行为反应，称之为情绪情感。

情绪的构成包括3种层面。众多的情绪研究者们大都从3个方面来考察和定义情绪：在认知层面上的主观体验，在生理层面上的生理唤醒，在表达层面上的外部行为。当情绪产生时，这3种层面共同活动，构成一个完整的情绪体验过程。

人类具有4种基本的情绪：快乐、愤怒、恐惧和悲哀。

快乐是一种追求并达到目的时所产生的满足体验。它是具有正性享乐色调的情绪，具有较高的享乐维和确信维，使人产生超越感、自由感和接纳感。

愤怒是由于受到干扰而使人不能达到目标时所产生的体验。当人们意识到某些不合理的或充满恶意的因素存在时，愤怒会骤然发生。

恐惧是企图摆脱、逃避某种危险情景时所产生的体验。引起恐惧的重要原因是缺乏处理可怕情景的能力与手段。

悲哀是在失去心爱的对象或愿望破灭、理想不能实现时所产生的体验。悲哀情绪体验的

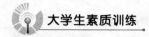

程度取决于对象、愿望、理想的重要性与价值。

在以上4种基本情绪之上,可以派生出众多的复杂情绪,如厌恶、羞耻、悔恨、嫉妒、喜欢、同情等。

(2) 情绪的3种状态。

依据情绪发生的强度、速度、紧张度、持续性等指标,可将情绪分为心境、激情和应激。

心境是一种具有感染性的、比较平稳而持久的情绪状态。当人处于某种心境时,会以同样的情绪体验看待周围事物。如人伤感时,会见花落泪,对月伤怀。心境体现了"忧者见之则忧,喜者见之则喜"的弥散性特点。平稳的心境可持续几个小时、几周或几个月,甚至一年以上。

激情是一种爆发快、强烈而短暂的情绪体验。如在突如其来的外在刺激作用下,人会产生勃然大怒、暴跳如雷、欣喜若狂等情绪反应。在这样的激情状态下,人的外部行为表现比较明显,生理的唤醒程度也较高,因而很容易失去理智,甚至做出不顾一切的鲁莽行为。因此,在激情状态下,要注意调控自己的情绪,以避免冲动性行为。

应激是指在意外的紧急情况下所产生的适应性反应。当人面临危险或突发事件时,人的身心会处于高度紧张状态,引发一系列生理反应,如肌肉紧张、心率加快、呼吸变快、血压升高、血糖增高等。例如,当遭遇歹徒抢劫时,人就可能会产生上述的生理反应,从而积聚力量进行反抗。但应激的状态不能维持过久,因为这样很消耗人的体力和心理能量。若长时间处于应激状态,可能导致适应性疾病的产生。

(3) 低EQ对外界刺激的情绪反应模式。

低EQ者在受到外界刺激之后,通常是对自己的情绪毫无觉察,有点像我们常说的"性情中人",不论环境条件是否适合,直接采取反应行为。比如,有人骂他一句,他马上回敬一句甚至两句;别人提一条不同的看法,他的脸上马上阴天;下属还没有说完,他立即打断下属的陈述"不要再啰唆了!"甚至暴跳如雷;遇到不顺心的事,连续几天无精打采等。有些人在情绪过去之后好不容易有了感觉,认为自己不应该发火,不应该过激等,但为时已晚,老是吃于事无补的后悔药。

(4) 高EQ对外界刺激的情绪反应模式。

高EQ者在受到外界刺激之后,他不是马上回应。而是迅速地发挥人类特有的四大天赋,即价值观、想象力、良知和独立意志,进行理性判断、分析和思考。他会有意识或潜意识地问自己:我应该如何做出反应才能得体地、利人利己地处理眼前的事情?比如,下属出现明显的不该出现的错误,面对手足无措的下属,他会心平气和地指出今后不再犯同类错误的方法,然后拍拍下属的肩膀"没什么大不了的,只是下次注意就是了。"再比如,听到下属报告不好的消息,你就是再歇斯底里地咆哮也无济于事,如果你冷静理智、处变不惊、沉着应对,反而会提升你的威信、魅力和影响力。

提示:这并不是说,高EQ者遇到刺激都要经过一个复杂的分析与决策过程,而是他们经过刻苦的自我训练之后,已经形成了自己理顺情绪的潜意识和习惯。

(5) 提高情绪自我觉察能力的5种态度。

① 愿意观察自己的情绪:不要抗拒做这样的行动,以为那是浪费时间的事,要相信,了解自己的情绪,是重要的领导能力之一。

② 愿意诚实面对自己的情绪:每个人都可以有情绪,接受这样的事实,才能了解内心真正的感觉,更适当地去处理正在发生的状况。

③ 问自己4个问题：我现在是什么情绪状态？假如是不良的情绪，原因是什么？这种情绪有什么消极后果？应该如何控制？

④ 给自己和别人（员工）应有的情绪空间：容许自己和旁人都停下来观察自己情绪的时间和空间，才不至于在冲动下做出不适当的决定。

⑤ 替自己找一个安静定心的法门：每个人都有不一样的管道使自己静心，都需要找到一个最适合自己的安心方式。

思考：请想一想，你在观察时有没有使用这5种态度？

（6）认识自我情绪的4种方法。

① 情绪记录法：做一个自我情绪的有心人。你不妨抽出一至两天或一个星期，有意识地留意记录自己的情绪变化过程。可以以情绪类型、时间、地点、环境、人物、过程、原因、影响等项目为自己列一个情绪记录表，连续记录自己的情绪状况。回过头来看看记录，你会有新的感受。

② 情绪反思法：你可以利用自己的情绪记录表反思自己的情绪产生；也可以在一段情绪过程之后反思自己的情绪反应是否得当，为什么会有这样的情绪？产生这种情绪的原因是什么？有什么消极负面的影响？今后应该如何避免类似情绪的产生？如何控制类似不良情绪的蔓延？

③ 情绪恳谈法：通过与你的家人、上司、下属、朋友等恳谈，征求他们对你情绪管理的看法和意见，借助他人的眼光认识自己的情绪状况。

④ 情绪测试法：借助专业情绪测试软件工具，或咨询专业人士，获取有关自我情绪认知与管理的方法建议。

请想一想，我们有没有认识过自己的情绪？

2）情绪控制测试

¤ **测试目的**

把握自我情绪认知能力的水平，找准自己的不足，不断加强和提升自我情绪认知的能力，从而达到控制自己情绪的目的。

¤ **测试题**

测试说明：这一测验包括15道选择题，每题有A、B、C 3个备选项目。请你在理解题意后，尽可能快地选择最符合或接近你实际情况的那个项目，填在问题的括号内。请注意，这是要求你填写自己的真实想法和做法，而不是问你哪个答案最正确，备选项目也没有好坏之分。不要猜测哪个答案是正确的或哪个答案是错误的，以免测验结果失真。

（1）你烦躁不安时，知道是什么事情引起的吗？（　　）

A. 很少知道　　　　B. 基本知道　　　　C. 有时知道

（2）当有人突然出现在你的身后时，你的反应是（　　）。

A. 感受到强烈的惊吓　B. 很少感受到惊吓　C. 有时感受到惊吓

（3）当你完成一项工作或学习任务时，你感觉到轻松吗？（　　）

A. 没有什么特别的感觉　B. 经常有这种体验　C. 有时有这种体验

（4）当你与他人发生口角或关系紧张时，你是否体验到自己的不快呢？（　　）

A. 能够　　　　　B. 不能够　　　　　C. 说不清楚

（5）当你专心致志地从事某项活动时，你知道这是你的兴趣所致吗？（　　）

A. 知道　　　　　B. 不知道　　　　　C. 很少知道

(6) 生活中你遇到过令你非常讨厌的人吗？（　　）
　　A. 遇到过　　　　　　B. 没遇到过　　　　　C. 说不清楚
(7) 当你与家人或亲朋好友在一起的时候，你感到幸福和快乐吗？（　　）
　　A. 感觉不到　　　　　B. 说不清楚　　　　　C. 是的
(8) 如果别人有意为难你，你感觉如何？（　　）
　　A. 没有什么感觉　　　B. 觉得不舒服　　　　C. 感到气愤
(9) 假如你排队买东西等了很长时间，有人插到你面前，你感觉如何？（　　）
　　A. 没有什么感觉　　　B. 觉得不舒服　　　　C. 感到气愤
(10) 假如有人用刀子威胁你把所有的钱都交出来，你会感到害怕吗？（　　）
　　A. 不害怕　　　　　　B. 害怕　　　　　　　C. 也许害怕
(11) 当别人赞扬你的时候，你会感到愉快吗？（　　）
　　A. 说不清楚　　　　　B. 愉快　　　　　　　C. 不愉快
(12) 你遇到特别令你佩服和尊敬的人了吗？（　　）
　　A. 遇到过　　　　　　B. 说不清楚　　　　　C. 没有遇到过
(13) 假如你错怪了他人，事后你感到内疚吗？（　　）
　　A. 不知道　　　　　　B. 后悔　　　　　　　C. 不后悔
(14) 假如你认识的一个人低级庸俗，但却好为人师，你是否会瞧不起他？（　　）
　　A. 不知道　　　　　　B. 是的　　　　　　　C. 不会
(15) 假如你不得不与你深爱的朋友分手时，你会感到痛苦吗？（　　）
　　A. 说不清楚　　　　　B. 肯定会　　　　　　C. 不会

¤ **参考答案及计分评估**

根据计分表 2-1，算出自己的得分。

表 2-1　计分表

题目	1	2	3	4	5	6	7	8	9	10	11	12	13	14	15
A	1	3	1	3	3	3	3	3	3	1	2	3	2	2	2
B	3	1	3	1	2	1	2	1	2	3	3	2	3	3	3
C	2	2	2	2	1	2	1	2	1	2	1	1	1	1	1

诊断结果分析：你可以根据自己的分数高低，识别自己属于哪种类型。

敏感型（36~45 分）：这一类型的特征是能够准确、细致地识别自己的情绪，并能认识到情绪发生的原因。但可能会出现下面几种情况。

悲观绝望型：虽然清晰地识别到自我情绪状态，但采取"不抵抗主义"，被动地接受各种消极情绪，典型的将发展为抑郁症；

乐天知命型：整天总是乐呵呵地对各种情绪采取轻描淡写的态度；

沉溺型：被卷入自己情绪的狂潮中，无力自拔。

适中型（26~35 分）：这一类型的特征是能够识别自己情绪的冲动，能够区分各种基本情绪，但不能区分一些性质相似的情绪。例如，不能区分愤怒、悲哀、嫉妒等不同的情绪。只是体验为"难受"。导致情绪区分模糊的原因有以下几点。

体验情绪强度不够；

不能准确地识别引发情绪产生的原因；

掌握情绪词汇的数量太少。

测验结果表明大约有60%的人处于这一水平。

麻木型（15~25分）：这一类型的特征是很少受到情绪冲动，对喜、怒、哀、乐等基本的情绪缺乏明确的区分。这种类型的人通常表现为冷漠无情，不能与他人进行正常的情感交流，是一种病态症状。如果你在这一测验中少于25分，建议去找心理医生咨询一下。

¤ **课外训练**

记录自己一周的情绪变化情况，并找到自我调节情绪的方法。

¤ **训练小结**

对于大学生，应该学会冷静分析自我、把握自我，充分了解自己的优缺点，正确认识自己的能力和条件，尽量避免产生不良情绪，不要时刻抱怨自己怀才不遇，报错了学校，选错了专业，应豁达地为人处世，乐观地对待人生，学会悦纳自我，以促进自我和谐稳定地发展。这样便能提高情绪体验与情绪认知的能力，以提高情商，更好地实现其适应作用。

3. 自我情绪控制调节能力训练

美国密歇根大学心理学家南迪·内森的一项研究发现，一般人的一生平均有3/10的时间处于情绪不佳的状态，因此，人们常常需要与那些消极的情绪作斗争。

情绪变化往往会在我们的一些神经生理活动中表现出来。比如：当你听到自己失去了一次本该到手的晋升机会时，你的大脑神经就会立刻刺激身体产生大量起兴奋作用的"正肾上腺素"，其结果是使你怒气冲冲，坐卧不安，随时准备找人评评理，或者"讨个说法"。

当然，这并不意味着你应该压抑所有这些情绪反应。事实上，情绪有两种：消极的和积极的。我们的生活离不开情绪，它是我们对外面世界正常的心理反应，我们所必需的只是不能让我们成为情绪的奴隶，不能让那些消极的心境左右我们的生活。

消极情绪对我们的健康十分有害，科学家们已经发现，经常发怒和充满敌意的人很可能患有心脏病，哈佛大学曾调查了1 600名心脏病患者，发现他们中经常焦虑、抑郁和脾气暴躁者比普通人高3倍。因此，可以毫不夸张地说，学会控制你的情绪不仅是职业和事业的需要，也是你生活中一件生死攸关的大事。

1）情绪控制的5个阶段

在日常生活中，情绪好像是一种很难控制的东西，很可能因为一件小事激起我们很强的情绪，也可能在我们不知不觉中销声匿迹——就这么个来无影去无踪的孙行者，我们真的能控制它吗？

如果把情绪及其相应行为的产生看作是一个过程的话，那么在整个过程中我们都可以发挥主观能动性，不让情绪肆虐，理智地操控着它。斯坦福大学的James J. Gross将这个过程又细分为5个阶段，并说明了在每个阶段我们如何控制自己的情绪。我们用这样一个例子来详细说明这5个阶段的控制方法——假如你是一名客户部经理，第二天就要去一家大公司进行一次非常关键的客户拜访，而且老板一再交代你，这次拜访关系到公司全年任务的完成，只能成功，不能失败。为了有一个良好的身心状态去迎接第二天的挑战，你必须控制自己的情绪，那么以下是你在各个阶段可能用到的情绪控制手段。

（1）情境选择阶段，在这个阶段你可以通过选择有利情境来控制情绪。比如说在头一天晚上你可以选择去跟朋友们愉快聊天，而不是挑灯夜战去背一些专业技术名词。

（2）情境修补阶段，当你所选择的情景并不是十分理想时，可以在这个阶段再做些修补。比如在第一个阶段你选择了与朋友聊天，可他们聊着聊着就聊到了你第二天的大客户拜访，那么你可以要求他们换一个更轻松的话题。

（3）注意分配阶段，你可以将注意力转移到其他的事情上来控制情绪。比如你个性较内向，当朋友们聊起客户拜访时你不大好意思让他们换个话题，那么，你可以把注意力转到其他事情上，比如朋友的新发型新衣服等，这就好像关公"刮骨疗伤"——你刮你的骨头，我下我的围棋。

（4）认知改变阶段，它是指当情境基本稳定，改变已经不大可能，但你仍然可以通过将情境赋予不同的意义来控制情绪。比如无论你怎么运用前3个方法，拜访本身的担心和忧虑是不可避免的，这时你可以把客户拜访看做一次锻炼自己的绝好机会，即使是失败，它给你的经验也是非常宝贵的，它可以让你下一次的拜访更加顺利。而且，越是大公司、大老板，素质越高、管理越规范，而我们的产品和服务无可挑剔，成功只是水到渠成。事实上这是控制情绪的最重要的方法，因为在现实生活中我们可以操作情绪的可能性太小，所以"苦中作乐""穷快活""阿Q精神""酸葡萄"等尽管不太好听，但确实是非常实用的调节情绪的方法。

（5）行为调控阶段，它与前4个阶段有一个很大的区别，前4个阶段都是在行为的冲动产生之前进行调节，也就是我们常说的"疏导"；而最后一阶段是指在行动的冲动已经产生后对这种冲动的调节，用日常的话来说就是"压抑"。比如也许你的拜访砸了锅，而你在别人面前仍要"强颜欢笑"，这时你有祥林嫂一样扯到谁就跟谁诉苦的冲动——这就是最后一阶段可用的调节方法。但是，给你一个忠告：作为职业经理人，最好与家人和知心朋友倾诉，千万不要逢人就讲"我的阿毛……"这似乎有点无奈。

2）寻找原因

当你闷闷不乐或者忧心忡忡时，你所要做的第一步是找出原因。29岁的张女士是一名广告公司部门经理，她一向心平气和，可有一阵子却像换了一个人似的，对同事和丈夫都没好脸色，后来她发现扰乱她心境的是，担心自己会在一次最重要的公司人事安排中失去职位。她说，"尽管我已被告知不会受到影响，但我心里仍对此隐隐不安。"一旦张女士了解到自己真正害怕的是什么，她似乎就觉得轻松了许多。她说："我将这些内心的焦虑用语言明确表达出来，便发现事情并没有那么糟糕。"

找出问题症结后，张女士便集中精力对付它。"我开始充实自己，工作上也更加卖力。"结果，她不仅消除了内心的焦虑，还由于工作出色而被委以更重要的职务。

3）尊重规律

加州大学心理学教授罗伯特·塞伊说："我们许多人都仅仅是将自己的情绪变化归之于外部发生的事，却忽视了它们很可能也与你身体内在的生物节奏有关。我们吃的食物，健康水平及精力状况，甚至一天中的不同时段都能影响我们的情绪。"

塞伊教授的一项研究发现，那些睡得很晚的人更可能情绪不佳。此外，我们的精力往往在一天之始处于高峰，而在午后则有所下降。"一件坏事并不一定在任何时候都能使你烦心，"塞伊说，"它往往是在你精力最差时影响你。"

塞伊教授还做过一个实验，他在一段时间里对125名实验者的情绪和体温变化进行了观察。他发现，当人们的体温在正常范围内处于上升期时，他们的心情要更愉快些，而此时他们的精力也最充沛。根据塞伊教授的结论，人的情绪变化是有周期的。塞伊本人就严格遵循着这一"生物节奏"的规律，他往往很早就开始，"我写作的最佳时间是早上"，而在下午，他一般都用来会客和处理杂事，"因为那时我的精力往往不够集中，更适合与人交谈"。

4）睡眠充足

最近一项调查表明，美国的成年人平均每晚的睡眠时间不足7小时。匹兹堡大学医学中心的罗拉德·达尔教授的一项研究发现，睡眠不足对我们的情绪影响极大，他说："对睡眠不足者而言，那些令人烦心的事更能左右他们的情绪。"

那么，一个成年人到底睡多长时间才足够呢？达尔教授做了一个实验，他在一个月的时间里，让14名被试者每晚在黑暗中待14个小时，第一晚，他们每人几乎睡了11个小时，仿佛是要补回以前没睡够的时间，此后，他们的睡觉时间慢慢地稳定在每晚8小时左右。

在此期间，达尔教授还让被试者一天两次记录他们的心情状态，所有的人都说在他们睡眠充足后心情最舒畅，看待事物的方式也更乐观。

思考： 请想一想，你平时在学校和在家时睡眠是否充足？

5）亲近自然

许多专家认为亲近自然有助于心情愉快开朗，著名歌手弗·拉卡斯特说："每当我心情沮丧、抑郁时，我便去从事园林劳作，在与那些花草林木的接触中，我的不快之感也烟消云散了。"

假如你并不可能总到户外去活动，那么，即使走到窗前眺望一下青草绿树也对你的心情有所裨益。密歇根大学心理学家斯蒂芬·开普勒做过一个有趣的实验，他分别让两组人员在不同的环境中工作，一组的办公室窗户靠近自然景物，另一组的办公室则位于一个喧闹的停车场，结果他发现，前者比后者对工作的热情更高，更少出现不良心境，其效率也高得多。

6）经常运动

另一个极有效的驱除不良心境的自助手段是健身运动。哪怕你只是散步10分钟，对克服你的坏心境都能收到立竿见影之效。研究人员发现，健身运动能使你的身体产生一系列的生理变化，其功效与那些能提神醒脑的药物类似。但比药物更胜一筹的是，健身运动对你是有百利而无一害的。不过，要做到效果明显，你最好是从事有氧运动，如跑步、体操、骑车、游泳和其他有一定强度的运动等，运动之后再洗个热水澡效果更佳。

7）合理饮食

大脑活动的所有能量都来自我们所吃的食物，因此情绪波动也常常与我们吃的东西有关。《食物与情绪》一书的作者索姆认为，对于那些每天早晨只喝一杯咖啡的人来说，心情不佳是一点也不足为怪的。索姆建议，要确保你心情愉快，你应养成一些好的饮食习惯：定时就餐（早餐尤其不能省），限制咖啡和糖的摄入（它们都可能使你过于激动），每天至少喝6至8杯水（脱水易使人疲劳）。

据最新研究表明，碳水化合物更能使人心境平和、感觉舒畅。马萨诸塞州的营养生化学家詹狄斯·瓦特曼认为，碳水化合物能增加大脑血液中复合胺的含量，而该物质被认为是一种人体自然产生的镇静剂。各种水果、稻米、杂粮都是富含碳水化合物的食物。

8）积极乐观

"一些人往往将自己的消极情绪和思想等同于现实本身"，心理学家米切尔·霍德斯说，"其实，我们周围的环境从本质上说是中性的，是我们给它们加上了或积极或消极的价值，问题的关键是你倾向于选择哪一种？"

霍德斯做了一个极为有趣的实验，他将同一张卡通漫画显示给两组被试者看，其中一组的人员被要求用牙齿咬着一支钢笔，这个姿势就仿佛在微笑一样；另一组人员则必须将笔用嘴唇衔着，显然，这种姿势使他们难以露出笑容。结果，霍德斯教授发现前一组比后一组被试者认为漫画更可笑。这个实验表明我们心情的不同往往不是由事物本身引起的，而是取决于我们看待事物的不同方式。

心理学家兰迪·莱森讲了一个他自己的故事："有一天，我的秘书告诉我，你看起来好像不高兴，他自然是从我那紧锁的双眉和僵硬的面部表情看出来的。我也意识到确实如此，于是，我便对着镜子改变我的表情，嘿，不一会儿，那些消极的想法便没有了。"是啊，生命短暂，我们何苦又要自寻烦恼呢！

卡耐基寻求着快乐原则，他为自己及世人制订了一个快乐的计划，名字叫做"只为今天"。

（1）只为今天，我要很快乐。假如林肯所说的"大部分的人只要下定决心，都能很快乐"这句话是对的，那么快乐是来自内心，而不是存在于外在的。

（2）只为今天，我要让自己适应一切，而不去试着调整一切来适应我的欲望。我以这种态度接受我的家庭，我的事业和我的运气。

（3）只为今天，我要爱护我的身体。我要多加运动，善自照顾，善自珍惜；不损伤它，不忽视它；使它能成为我争取成功的最好基础与条件。

（4）只为今天，我要加强我的思想。我要学一些有用的东西，我不要做一个胡思乱想的人。我要看一些需要思考、需要集中精神才能看的书。

（5）只为今天，我要用3件事来锻炼我的灵魂：我要为别人做一件好事，但不要让人家知道；我还要做两件我总想做的事，这就是像威廉·詹姆斯所建议的，只是为了锻炼。

（6）只为今天，我要做个外表讨人喜欢的人，外表要尽量修饰，衣着要尽量得体，说话低声，行动优雅，丝毫不在乎别人的毁誉。对任何事都不挑毛病，也不干涉或教训别人。

（7）只为今天，我要试着只考虑怎么度过今天，而不把我一生的问题都一次解决。我能连续12个钟点做一件事，但若要我一辈子都这样做下去的话，就会吓坏了我。

（8）只为今天，我要订下一个计划，我要写下每个钟点该做什么。也许我不会完全照着做，但还是要制订这个计划；这样至少可以免除两种缺点——过分仓促和犹豫不决。

（9）只为今天，我要为自己留下安静的半个钟点，轻松一番。在这半个钟点里，我要想到神，使我的生命更充满希望。

（10）只为今天，我心中毫无惧怕。尤其是，我不要怕快乐，我要去欣赏美的一切，去爱，去相信我爱的那些人会爱我。

思考：请想一想，我们有没有过这样的调节情绪的经验？

9）情绪调节的11种技巧

（1）转移技巧。

当我们受到无法避免的痛苦打击时，长期沉浸在痛苦之中既于事无补、不能解决任何问题，又影响自己的工作、损害健康，所以我们应该尽快地把自己的注意力转移到那些有意义的事情上去，转移到最能使你感到自信、愉快和充实的活动上去。这一方法的关键是尽量减少外界刺激，尽量减少它的影响和作用。

一般情况下，能对自己的情绪产生强烈刺激的事情，通常都与自己的亲身利益有很大关系，要很快将它遗忘，是很困难的。但是，可以进行积极地转移，或者主动去帮助别人，或者找知心朋友谈心，或是找有益的书来阅读。要使自己的心思有所寄托，不要使自己处于精神空虚、心理空旷的状态。凡是在不愉快的情绪产生时能很快将精力转移他处的人，不良情绪在他身上存留的时间就短。

（2）解脱技巧。

解脱就是换一个角度来看待令人烦恼的问题。从更深、更高、更广、更长远的角度来看待问题，对它做出新的理解，以求跳出原有的圈子，使自己的精神获得解脱，以便把精力全部集中到自己所追求的目标上，解脱不是消极地宽慰自己。其实这样做有更重要的、积极的一面。我们的烦恼有很多都是因为自己心胸狭窄，只看到自己眼前的一点点利益或身边的几件事，而没有从更广的范围、长远的角度来想，为一些非原则的小事而忽略了生活中的大事。积极的解脱是把长远利益放在首位，抛开区区小事，而全神贯注地追求自己的远大目标。

（3）升华技巧。

升华就是利用强烈的情绪冲动，把它引向积极的、有益的方向，使之具有建设性的意义和价值。

我们常说的"化悲痛为力量"就是指升华自己的悲痛情绪。其实不只是悲痛可以化为力量，其他的强烈情感也都可以化为力量。例如，可以化愤怒为力量、化仇恨为力量、化教训为力量、化鼓励为力量等。

世界上最值得赞美的行为之一就是发奋努力、不断进取、升华自己。这种升华是人类心灵中所迸发出来的最美的火花，也是人类赖以生存和发展的重要的情操。著名心理学家弗洛伊德把升华看做是最高水平的自我防御机制。它认为，只有健康和成熟的人才有可能实现升华。

（4）利用技巧。

利用，就是我们常说的"坏事也能变成好事"。一种利用是对时机和客观条件的利用。一个能使我们苦恼的强制性要求，如果能巧妙地加以利用，就有可能首先在精神上感到自己由被动转化为主动，进而可以使烦恼变为怡然自得、乐在其中。

再一种利用，就是对情绪本身的利用。把情绪化为情趣加以利用，这里说得更为具体一些，是指"嬉笑怒骂，皆成文章"的意思。诗人利用他涌现的激情写出了流传千古的诗篇；作曲家灵感来潮时谱出了动人心弦的乐章。当自己真挚的感情强烈涌现时，抓住它做一些有益的事。

（5）疏导技巧。

理智地消解不良情绪。首先必须承认不良情绪的存在；其次，承认了不良情绪的存在后，就要分析产生这一情绪的原因，并弄清楚究竟为什么会苦恼、忧愁或愤怒，这样可以帮助我们弄清自己所苦恼、忧愁、愤怒的事物，是否确实可恼、可忧、可怒，有时实际上并不是这样，那么不良情绪就会得到消解；最后，有时确实有可恼、可忧、可怒的理由，那么，

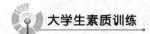

就要寻求适当的方法和途径来解决它。比如，你如果因为拜访客户的把握不大，对能不能完成任务感到焦虑不安，你就要积极地把精力转移到充分准备工作上来，集中精力搞好演练，减轻自己的忧虑。

将"疏导"法运用到炉火纯青地步的莫过于庄子了，他的妻子去世了，他不但不悲伤，反而"鼓盆而歌"，因为他认为人来自虚无又归于虚无，没有比这更自然而然的事情了，所以在这种事情上产生情绪是没有必要的。

（6）发泄技巧。

将不良情绪的能量发泄出去。比如当你发怒时，不如赶快跑到其他地方，或是用拳头捶击墙壁，或是找个体力活干一干，或是跑一圈，这样就能把因盛怒激发出来的能量释放出来，从而使心情平静下来，或者在你过度痛苦时，不妨大哭一场。笑，也是释放积聚能量，调整机体平衡的一种方式。

（7）自我激励技巧。

用生活中的哲理或某些明智的思想来安慰自己，鼓励自己同痛苦和逆境进行斗争。自我鼓励是人们精神活动的动力源泉之一，一个人在痛苦、打击和逆境面前，只要能够有效地进行自我鼓励，他就会感到力量，就能在痛苦中振作起来。

（8）语言暗示技巧。

当你为不良情结所压抑的时候，可以通过言语暗示作用，来调整和放松心理上的紧张状态，使不良情绪得到缓解。语言是一个人情绪体验强有力的表现工具。通过语言可以引起或抑制情绪反应，即使不出声的内部语言也能起到调节作用。林则徐在墙上挂有制怒二字的条幅，这是用语言来控制调节情绪的好办法。再如，你在发怒时，可以用言词暗示自己不要发怒，发怒会把事情办坏的。陷入忧愁时，提醒自己"忧愁没有用，于事无益，还是面对现实，想想办法吧"等，在松弛平静、排除杂念、专心致志的情况下，进行这种自我暗示，对情绪的好转将大有益处。

（9）请人引导技巧。

有时候，不良情绪光靠自己独自调节还不够，还需借助于别人的疏导。心理学研究认为，人的心理处于压抑的时候，应当允许有节制地发泄，把闷在心里的一些苦恼倾倒出来。因此，当青年人有了苦闷的时候，可以主动找亲人、朋友诉说内心的忧愁，以摆脱不良情绪的控制。

（10）环境调节技巧。

环境对人的情绪、情感同样起着重要的影响和制约作用。素雅整洁的房间，光线明亮、颜色柔和的环境，使人产生恬静、舒畅的心情。相反，阴暗、狭窄、肮脏的环境，给人带来憋气和不快的情绪。因此，改变环境，也能起到调节情绪的作用，当你在受到不良情绪压抑时，不妨到外面走走，看看美景，大自然的美景能够旷达胸怀，欢娱身心，对于调节人的心理活动有着很好的效果。

制怒术：做情绪的主人，当喜则喜，当悲则悲。在遇到发怒的事情时，一思发怒有无道理，二思发怒后有何后果，三思有其他方式替代吗？这样就可以变得冷静而情绪稳定。

（11）食物调节技巧。

多年来的研究显示，某些特定的食品能影响大脑中某些化学物质的产生，从而改善人们的心情。

模块2 情商管理能力训练

全麦面包——食物中的色氨酸能提高大脑中5-羟色胺的水平，使人产生愉悦的感觉。而全麦面包能帮助色氨酸的吸收。在吃富含蛋白质的肉类、奶酪等食品之前，先吃几片全麦面包，可以保证色氨酸能进入大脑，而不至于被其他氨基酸挤掉。

咖啡——早上喝一杯咖啡确有提神醒脑的作用。咖啡因能使血压暂时性略有升高，并阻断使我们感到瞌睡的化学物质传递，但每天喝3杯以上可能反而会使人烦躁、易怒。

水——每天应喝足够的水，防止因缺水而感到萎靡不振。不能用咖啡或其他含咖啡的饮料代替。

香蕉——紧张与镁缺乏密切相关，所以，生活忙碌的人在食谱中应补充富含镁的食品，例如香蕉。

橙和葡萄——每天150毫克剂量的维生素C（约两只橙）就可以使紧张、易怒、抑郁的不良情绪得到改善。

辣椒——辣椒中含的辣椒素能刺激口腔神经末梢，使大脑释放出内啡肽。这种物质能引起短暂的愉快感。

巧克力——许多女士，尤其是当她们受到经期前综合征或不良情绪困扰时，特别想吃巧克力。因为巧克力具有镇定作用。

10) 自我情绪调控能力测试

¤ 测练目的

情绪的调控不仅与身心健康密切相关，而且与人能否适应社会、获得事业成功和更好地享受生活有紧密联系。本次训练就是要让你了解自己情绪调控指数的高低，寻找自身在这方面的缺陷，有目的地培养自己的情绪调控能力，为以后学习、工作、生活做好充分的准备。

¤ 训练测试题

测试说明：下面的测验题可以测定你的调节情绪的能力，只要如实地回答问题，就可以得出一个明确的结论。下面15道选择题请依据你的真实情况，把最符合或接近的选项（A、B、C）填在题目后的括号内。

（1）如果你因为在家里不顺心而带着不愉快的情绪去上班（上学），你会（   ）。

A. 继续不快，并显露出来　　　　B. 把烦恼丢在一边，投入工作学习

C. 继续不快，很少流露

（2）在电影、电视里看到伤心和悲痛的场面时，你会（   ）。

A. 经常哭或觉得要哭　　　　B. 有时哭或觉得要哭　　　　C. 从不哭

（3）你正要去上班时，一个朋友打电话，向你诉说烦恼，你将（   ）。

A. 耐心地听，宁可迟到

B. 在电话中禁不住埋怨道：喂，你知道我必须去上班呀

C. 向他解释上班要迟到了，不过答应中午打电话给他

（4）当你与别人发生冲突时，你会（   ）。

A. 非常生气，久久不能平静　　　　B. 很快冷静下来，认为应该谅解他人

C. 主动退让，认为多一事不如少一事

（5）你辛苦干了一天，自己很满意，不料领导却指责你，你会（   ）。

A. 不耐烦地听他埋怨，心中满是委屈，但不作声

B. 拂袖而去，认为自己不该受委屈

C. 耐心地听，并在以后找适当的机会解释

（6）你在单位食堂里吃饭，饭菜味道不合口味，你会（　　）。

A. 向同桌的人发牢骚，指责食堂人员的工作

B. 默默地吃下去，然后把碗筷搞得乱七八糟

C. 平静地告诉服务员，希望他们改进工作

（7）在影剧院里，你邻座的人吸烟，而你讨厌烟味，你会（　　）。

A. 很反感，希望其他人向这个人提意见

B. 大叫吸烟是令人讨厌的习惯，并声言要叫服务员来干涉

C. 问此人是否知道影剧院里不准抽烟

（8）一位售货员向你热情地介绍商品，但你都不满意。你会（　　）。

A. 买一件并不想买的东西　　　B. 说一声谢谢，然后离去

C. 直率地说这些产品不好

（9）当你敬爱的人去世时，你很悲伤，你会（　　）。

A. 长时间地想念他，难以自拔，以致影响工作和学习

B. 虽然想念他，但一段时间后能恢复平静

C. 能很快从悲伤中解脱出来，投入正常的工作

（10）当你考试或工作失败时，你会（　　）。

A. 灰心丧气，长时间打不起精神

B. 冷静地从失败中吸取教训，争取今后提高

C. 认为失败是常有的事，不必认真对待

（11）当你在一个漆黑的夜晚独自行走时，你会（　　）。

A. 非常害怕，头脑一片空白

B. 有点害怕，设想如何应付突如其来的变化

C. 想象自己是个英雄，一点也不害怕

（12）一位同事与你差不多或甚至不如你，但却得到领导的赏识，你会（　　）。

A. 感到不公平，找别人说理

B. 加倍努力，争取更多的机会

C. 认为这件事不公平，但很少表露

（13）当你取得能够引以为豪的成就时，你会（　　）。

A. 总想找机会向别人一吐为快

B. 尽管很激动，但不向别人透露

C. 只告诉家人和知心朋友

（14）当遇到你很讨厌的人时，你会（　　）。

A. 面带笑容与他打招呼

B. 尽量回避与他打招呼

C. 打招呼，但语言和面部表情很难协调起来

（15）当你在工作或学习中取得成绩时，你会（　　）。

A. 心情舒畅，认为自己的努力没有白费

B. 心情激动，并显著地表现出来

C. 尽管内心非常激动，但不表露

¤ **参考答案及计分评估**

根据计分表2-2，算出自己的得分。

表2-2 计分表

题目	1	2	3	4	5	6	7	8	9	10	11	12	13	14	15
A	1	1	2	1	2	1	2	2	1	1	1	1	1	3	3
B	3	2	1	3	1	2	1	3	2	3	3	3	2	2	1
C	2	3	3	2	3	3	3	1	3	2	2	2	3	1	2

分析：你可根据分数的高低，将分数对照下列水平分析。

主动调节型（36~45分）：能够主动调节自己的情绪，经常保持一种稳定、快乐的心态。这种类型的人，一般具有下面几个特点。

（1）意志坚强，敢于坚持原则。

（2）喜欢独立思考和工作，一旦确立目标，会义无反顾地勇往直前。

（3）具有承受意外打击的能力。

由于能够调节自己的情绪，这种人很少与他人交流感情和思想，容易给人留下冷漠、不爱交际的印象。通常认为，这是成熟人格的典型表现。随着年龄的增长，得分达到这一水平的人所占的比例逐渐增加。

放任型（26~35分）：对情绪不加约束，将它们坦率、自然地表现出来。这种类型的人一般具有以下特点。

（1）情绪易于冲动，经常感情用事。

（2）心直口快，喜欢与人交往，常给人留下直率、开朗、活泼的印象。

（3）敢想、敢说、敢干，容易得罪人。

（4）办事容易受情绪影响，经常忽冷忽热。

（5）意志力不够坚强，注意对象容易转移。

在人群中，大部分人都属于这种类型，在青年人中尤其如此。

压制型（15~25分）：过度调节自己的情绪，压制自己的各种亢进情绪（如兴奋、激动、愤怒等），忍受各种低落情绪（如忧虑、悲伤、痛苦等）。这种类型的人一般具有以下特点。

（1）性格温和，不惹是生非。

（2）人缘好，易于与别人合作。

（3）缺乏原则性，不愿得罪人。

（4）受到不公正待遇时，容易退缩，有点阿Q精神。

2.1.3 训练小结

人人都有情绪，情绪可随着境遇作相应的波动，这是正常又合乎人性的常理。若情绪太极端化或持续僵化，当事人不能掌握调节情绪的方式，这个人便很容易被情绪困扰，不但不能成功，连正常操作也可能受影响。所以，明白情绪之后，也要懂得调理情绪。

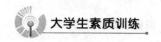

2.2 自我激励

2.2.1 训练目标

1. 知识目标

了解自我激励的意义，掌握自我激励的方法和技巧。

2. 能力目标

能自我激励，能对自己的情绪进行调控。敢于挑战，勇于竞争。

3. 素质目标

对生活、学习、工作拥有饱满的热情和积极的状态。

2.2.2 训练内容

人生不如意事十常八九。不如意时，又往往比刹那快乐更令人刻骨铭心和意志消沉。在失意时存正面思想，在冲动时能沉着忍耐，有效分辨眼前享乐与长远成就，才能令人保持高度热忱，推动自己向成功迈进。

所谓自我激励，就是通过激发人的行为动机的心理，使人处于一种兴奋状态。这种状态不仅能够使我们充满激情地面对工作、迎接挑战，而且可以让我们在平凡的工作中做出不平凡的业绩来，因为成功总是属于不懈努力和不断地自我激励的人。

激励现在可以说是很多经理人经常采取的管理措施。按照马斯洛的关于人类需要的5个层次，最高的层次就是自我实现，自我实现是个人价值发挥的最高境界。作为职业经理人，在激励我们所率领的团队成员的同时，我们经常做到自我激励了吗？我们养成了自我激励、阳光每一天的职业习惯了吗？

1. 自我激励与成功

电影巨星席维斯史泰龙在成名前十分落魄，身上只剩100美金，连房子都租不起，睡在金龟车里。当时，他立志当演员，并自信满满地到纽约的电影公司应聘，但都因外貌平平及咬字不清而遭到拒绝，当纽约所有五百家电影公司都拒绝他之后，他仍然秉持"过去不等于未来"的信念，从第一家电影公司开始再度尝试。

在被拒绝了1 500次之后，他写了《洛基》的剧本，并拿着剧本四处推荐，也继续被嘲笑奚落，一共被拒绝了1 855次，终于遇到一个肯拍那个剧本的电影公司老板时，又遭到对方不准他在电影中演出的要求，但最后，坚持到底的史泰龙终成为闻名国际的超级巨星。

正是由于史泰龙具有自我激励和自我规划的能力，他成功了！成功往往垂青善于自我激励的人，因为他们展现出的是一种百折不挠、积极进取的人生态度，并始终以不懈的努力去完成任务。

 补充资料

德国人力资源开发专家斯普林格在其所著的《激励的神话》一书中写道:"强烈的自我激励是成功的先决条件。"著名宗教领袖马丁·路德·金说过:"世界上所做的每一件事都是抱着希望而做成的。"事实上,正是这种高度的自我激励精神使罗杰朝着自己的目标不断前进,而且,他确实实现了他的目标。

美国哈佛大学的威廉·詹姆斯发现,一个没有受过激励的人,仅能发挥其能力的20%~30%,而当他受到激励时,其能力可发挥至80%~90%,即一个人在通过充分的激励后,所发挥的作用相当于激励前的3~4倍。

1991年,一个名叫坎贝尔的女子徒步穿越非洲,不但战胜了森林和沙漠,更通过了400千米的旷地。当有人问她为什么能完成这令人难以想象的壮举时,她回答说:"因为我说过我能。"问她对谁说过这句话,她的回答是:"对自己说过。"

圣女贞德说:"所有战斗的胜负首先在自我的心里见分晓。"确实如此,每一个人的内心都存在着需求激励的欲望,只有激励才能激起他的激情和热情。因此,如果一个人在其他方面都具备的条件下,又善于自我激励,他的成功率就会高得多。

2. 面对情绪低谷时的自我激励

你一定不陌生"情绪低谷",它像过境蝗虫,一瞬间冲击你的理智,让平时温文尔雅的你在刹那间失去控制,掉入情绪黑洞。

老板会因这3秒钟的失控给你打一个"不职业"的低分数,同事心里,你经营了许多年的"专业"的口碑也被打破,情绪低谷破坏力如此巨大,不加以控制引导,甚至会导致精神崩溃,行为失常。或许你会耸耸肩:没有这么严重吧,找个人发发牢骚就好了。事实上,绝大多数的情绪低落,都是在为日后的崩溃蓄积力量,若不做及时的排遣调节,总会有一天,做出令自己后悔的事情。

请假设一下:你投入最大精力去做的一个项目,被老板 pass 掉了,此时的挫折感,是否会导致你在午饭中暴饮暴食,用胃的饱胀去冲淡自己的失落,然后在连续一周的暴食后开始疯狂减肥?还有,你的对手春风得意地升做你的上司,你是不是请了一个下午的假,出去疯狂 shopping,买了一大堆又贵又难看的东西,第二天睡醒后想起信用卡又刷爆了,后悔得吐血?

这些事都会令你在事后痛恨自己愚蠢,但事实上,就在当时,你别无选择,因为你需要激励自己,帮助自己从坏情绪中走出来,你的出发点没有错,只是没有找到更好的方法而已。

3. 信心不足时的自我激励

谦逊是人之美德,不谦逊的人,不受人们拥戴的人是办不成事的。但不能不相信自己。不肯定自己的智慧和作用,时时感到自卑,再小之处都会体现一种自我否定的思维方法,因而会极大地影响自己生活和事业的成功。只有不断地进行自我肯定的练习,才能够改变我们对生活的态度和期望。

自我肯定可以默不作声地进行,也可以大声说出来,还可以在纸上写下来,甚至可以歌唱或吟诵。每天坚持进行有效的肯定练习,就能逐步抵消许多年的思想习惯。可以这样说"在我所从事的领域,我是出类拔萃的""我有足够的时间、能力、智慧来实现自己的美好愿望""谁说我比别人差,既然我们考入同一个学校,就证明我不比别人差""每天我都激励自己去

实现人生目标""我建立了积极、健康的自我形象""我找到了自信、热情的自我"等。

当然,在肯定自我的时候,也不要忘了对自己过失的肯定,要始终保持实事求是的态度。运用自我肯定应该遵循以下原则。

(1) 始终要以现在时态而不是将来时态进行肯定。例如,应该说:"我现在很幸福。"而不能说:"我将来会很幸福。"

(2) 始终要在最积极的方式中进行肯定。肯定是需要的,而不是不需要的。不能说"我再也不偷懒了",而是要说"我越来越勤奋,越来越能干了。"这样做可以保证我们总是创造积极的心理形象。

(3) 一般来说,肯定词越简短,也就越有效。一番肯定应该是一番传达出强烈情感的清晰陈述,情感传达得越多,给人的印象越深,如"我真棒!"

(4) 在进行自我肯定时,尽可能努力创造出一种相信的感觉,一种它们已经真实存在的感觉。

4. 自卑时的自我激励

心理学认为,自卑是一种过多地自我否定而产生的自惭形秽的情绪体验。其主要表现为对自己的能力、学识、品质等自身因素评价过低;心理承受能力脆弱,经不起较强的刺激;谨小慎微,多愁善感,常产生猜疑心理;行为畏缩、瞻前顾后等。

自卑心理可能产生在任何年龄段和各种各样的人身上。比如说,德才平平,生命仍未闪现出"辉煌"与"亮丽",往往容易产生"看破红尘"的感叹和"流水落花春去也"的无奈,以致把悲观失望当成了人生的主调;经过奋力拼搏,工作有了成绩,事业上创造了"辉煌",但总担心"风光"不再,容易产生前途渺茫、"四大皆空"的哀叹;随着年龄的增长,青春一去不回头,往往容易哀怨岁月的无情和生发出红日偏西的无奈……这种自卑心理是压抑自我的沉重精神枷锁,是一种消极、不良的心境。它消磨人的意志,软化人的信念,淡化人的追求,使人锐气钝化,畏缩不前,从自我怀疑、自我否定开始,以自我埋没自我消沉告终,使人陷入悲观哀怨的深渊不能自拔,真是害莫大焉!

自卑的对立面是自信,自信就是自己信得过自己,自己看得起自己。别人看得起自己,不如自己看得起自己。美国作家爱默生说:"自信是成功的第一秘诀。"又说:"自信是英雄主义的本质。"人们常常把自信比作发挥主观能动性的闸门,启动聪明才智的马达,这是很有道理的。

提示:确立自信心,就要正确地评价自己,发现自己的长处,肯定自己的能力。

人们常说人贵有自知之明,这个"明",既表现为如实看到自己的短处,也表现为如实分析自己的长处。如果只看到自己的短处,似乎是谦虚,实际上是自卑心理在作怪。"尺有所短,寸有所长"。每个人都有自己的优势和长处。如果我们能客观地估价自己,在认识缺点和短处的基础上,找出自己的长处和优势,并以己之长比人之短,就能激发自信心。要学会欣赏自己,表扬自己,把自己的优点、长处、成绩、满意的事情,统统找出来,在心中"炫耀"一番,反复刺激和暗示自己"我可以""我能行""我真行",就能逐步摆脱"事事不如人,处处难为己"阴影的困扰,就会感到生命有活力,生活有盼头,觉得太阳每天都是新的,从而保持奋发向上的劲头。"天生我材必有用"。自己给自己鼓掌,自己给自己加油,自己给自己戴朵花,自己给自己发锦旗,便能撞击出生命的火花,培养出像阿基米德

"给我一个支点，我将撬动地球"的那种豪迈的自信来！

自信不是孤芳自赏，不是夜郎自大，也不是得意忘形，更不是毫无根据的自以为是和盲目乐观；而是激励自己奋发进取的一种心理素质，是以高昂的斗志、充沛的干劲迎接生活挑战的一种乐观情绪，是战胜自己、告别自卑、摆脱烦恼的一种灵丹妙药。自信，并非意味着不费吹灰之力就能获得成功，而是说战略上要藐视困难，战术上要重视困难，要从大处着眼、小处动手，脚踏实地、锲而不舍地奋斗拼搏，扎扎实实地做好每一件事，战胜每一个困难，从一次次胜利和成功的喜悦中肯定自己，不断地突破自卑的羁绊，从而创造生命的亮点，成就事业的辉煌。

5. 关键时刻的自我激励

关键时刻或危急关头，采用积极的自我暗示的激励方法很有效。暗示是用含蓄、间接的方式对人的心理和行为产生影响，从而使人按一定的方式去行动或接受一定的意见，使他的思想、行为与自己的意愿相符合。暗示分为他人暗示、自我暗示、行为暗示、环境暗示、言语暗示等。从作用上讲，有积极暗示与消极暗示之分。如孩子上床睡觉前，母亲关照他："玩了一天，当心尿床。"果然被母亲说中了。这属于消极的言语暗示。有个人特别怕下水井的盖子，生怕掉下去。后来心理指导者让他在接近井盖时用"男子汉区区井盖何以害怕！"的话语鼓励自己，然后站在井盖上讲10遍，跳10次，结果这种紧张消失了。这就是积极的自我暗示。

自我暗示对人的心理作用很大，有时甚至会创造奇迹。第二次世界大战时期苏联一位天才演员 N.H. 毕甫佐夫，平时老是口吃，但是当他演出时克服了这个缺陷。所用的办法就是利用积极的自我暗示、暗示自己在舞台上讲话和做动作的不是他，而完全是另一个人——剧中的角色，这个人是不口吃的。

在自我暗示的作用下，一个人可以突然变得耳聋眼瞎。这种视力的丧失不是因为视神经受损，而仅仅是由于大脑管理视觉的那个区域的机能受到扰乱。这种病人的治疗也可以用暗示的方法。

当我们参加某种活动前或面临竞争之时，注意不要受到消极的环境暗示、言语暗示和他人的行为暗示，而应适当用积极的自我暗示的方法使自己产生勇气，产生自信，争取意想不到的效果。

提示： 英国作家萨克雷说过："生活是一面镜子，你对它笑，它就对你笑；你对它哭，它也对你哭。"其实成功也是这样的，记得一副对联是这样说的：说你行你就行，不行也行。说不行就不行，行也不行。让我们把这副对联改动一下，那就是今天的话题"自我激励"：你认为你行，你就能行，你认为你不行，那就真的不行。

6. 自我激励的4个小动作

一直以来，专家学者都告诉我们，从事一份有意义的工作是建立自信最好的方法之一。然而当年轻上班族进入职场，却因为工作效率不高、工作表现不如预期，或人际关系出了问题，反而让工作剥夺了你的自信。美国《今日心理学》杂志推荐了4个简单的小动作，能适时消除工作所带来的负面影响。

（1）抓住空当，磨炼你的热情。即使一天只有15分钟也好，每天花一点时间在自己最喜欢的兴趣上,比如利用上班前和爱人吃顿早餐;晚饭后整理阳台的花花草草;或上网玩15分钟的围棋游戏。如此会让你更容易找回对工作的热情。

(2) 写下让你感到骄傲的事情。准备一张小卡,每天至少写下3件让你感到骄傲的事情。这里指的不是你今天又接到一笔多大的案子,而是当你已经付出百分之百的努力准备简报,即使最后提案并没有通过,也应该写下来鼓励自己。如果你真的想不出来自己到底做了哪些努力,或许可以找个值得信任的同事帮助你。

(3) 准备一个"奖状"公布栏。在家里找一个你每天最常经过的一面墙,挂上一个小小公布栏,把所有能够展现自我价值的"奖状"都贴在上面:比如说辛苦设计的提案报告封面;被老板称赞的一封 E-mail;或是生日时同事合送你的鲜花。每天经过看一眼,你就能吸收它带给你的正面能量。当然也要记得每个月更新。

(4) 专注于如何解决问题。停止任何负面的、责备自己的想法,专注于如何解决问题。或许在电话或计算机旁贴一个禁止标志,可以提醒自己不要陷入负面的思考中。

7. 6个自我激励的"黄金"步骤

在拿破仑·希尔的《思考致富》一书里面,首次揭示出6个自我激励的"黄金"步骤。

(1) 你要在心里,确定你希望拥有的财富数字——散漫地说:"我需要很多、很多的钱"是没有用的;你必须确定你要求的财富具体数额。

(2) 确确实实地决定,你将会付出多少努力与代价去换取你所需要的钱——世界上是没有不劳而获这回事的。

(3) 规定一个固定的日期,一定要在这日期之前把你要求的钱赚到手——没有时间表,你的船永远不会"泊岸"。

(4) 拟订一个实现你理想的可行性计划,并马上执行。你要习惯"行动",不能够再耽于"空想"。

(5) 将以上4点清楚地定下——不可以单靠记忆,一定要白纸黑字。

(6) 不妨每天两次,大声朗诵你写下的计划的内容。一次在晚上就寝之前,另一次在早上起床之后——当你朗诵的时候,你必看到、感觉到和深信你已经拥有这些钱!

从表面上看这一组合是非常简单的,所以希尔博士一再叮咛:"对一些没有接受过严格心灵锻炼的人来说,以上6个步骤是'行不通'的。请你先记住,将这些步骤传下来的人不是没有完善意识和成功勇气的平庸之辈,而是世界上经济和政治领域中颇为成功的一些杰出人物。"

提示:拿破仑·希尔说:"要是你知道这6个步骤是经过已故的托马斯·爱迪生详细审查过并认可了的,可能你会有更大的信心。爱迪生终生服膺、实践这6大步骤——他知道这些步骤不仅是致富的重要途径,更是任何人要达至任何目标的必经之路。"

8. 自我激励的19个方法

在我们不断塑造自我的过程中,影响最大的莫过于选择乐观的态度还是悲观的态度。我们思想上的这种抉择可能给我们带来激励,也有可能阻滞我们前进。

清晰地规划目标是人生走向成功的第一步,但塑造自我却不仅限于规划目标。要真正塑造自我和自己想要的生活,我们必须奋起行动。莎士比亚说得好:行动胜过雄辩。

一旦掌握自我激励,自我塑造的过程也就随即开始。以下方法可以帮你塑造自我,塑造那个你一直梦寐以求的自我。

（1）树立远景。迈向自我塑造的第一步，要有一个你每天早晨醒来为之奋斗的目标，它应是你人生的目标。远景必须即刻着手建立，而不要往后拖。你可以按自己的想法随时做些改变，但不能一刻没有远景。

（2）离开舒适区。不断寻求挑战激励自己。提醒自己，不要躺倒在舒适区。舒适区只是避风港，不是安乐窝。它只是你心中准备迎接下次挑战之前刻意放松自己和恢复元气的地方。

（3）把握好情绪。人开心的时候，体内就会发生奇妙的变化，从而获得阵阵新的动力和力量。但是，不要总想在自身之外寻找开心。令你开心的事不在别处，而是在你身上。因此，找出自身的情绪高涨期来不断激励自己。

（4）调高目标。许多人惊奇地发现，他们之所以达不到自己孜孜以求的目标，是因为他们的主要目标太小，而且太模糊不清，使自己失去动力。如果你的主要目标不能激发你的想象力，目标的实现就会遥遥无期。因此，真正能激励你奋发向上的是确立一个既宏伟又具体的远大目标。

（5）加强紧迫感。20世纪作者Anais Nin（阿耐斯）曾写道："沉溺生活的人没有死的恐惧。"自以为长命百岁无益于享受人生。然而，大多数人对此视而不见，假装自己的生命会绵延无绝。唯有心血来潮的那天，我们才会筹划大事业，将我们的目标和梦想寄托在Denis Waitley（丹尼斯）称之为"虚幻岛"的汪洋大海之上。其实，直面死亡未必要等到生命耗尽时的临终一刻。事实上，如果能逼真地想象我们的弥留之际，会物极必反地产生一种再生的感觉，这是塑造自我的第一步。

（6）撇开朋友。对于那些不支持你目标的"朋友"，要敬而远之。你所交往的人会改变你的生活。与愤世嫉俗的人为伍，他们就会拉你沉沦。结交那些希望你快乐和成功的人，你就会在追求快乐和成功的路上迈出最重要的一步，对生活的热情具有感染力。因此同乐观的人为伴能让我们看到更多的人生希望。

（7）迎接恐惧。世上最秘而不宣的秘密是，战胜恐惧后迎来的是某种安全有益的东西。哪怕克服的是小小的恐惧，也会增强你对创造自己生活能力的信心。如果一味避开恐惧，它们会像疯狗一样对我们穷追不舍。此时，最可怕的莫过于双眼一闭假装它们不存在。

（8）做好调整计划。实现目标的道路绝不是坦途。它总是呈现出一条波浪线，有起也有落。但你可以安排自己的休整点。事先看看你的时间表，框出你放松、调整、恢复元气的时间。即使你现在感觉不错，也要做好调整计划，这才是明智之举。在自己的事业波峰时，要给自己安排休整点。安排出一大段时间让自己隐退一下，即使是离开自己挚爱的工作也要如此。只有这样，在你重新投入工作时才能更富激情。

（9）直面困难。每一个解决方案都是针对某一个问题的。二者缺一不可。困难对于脑力运动者来说，不过是一场艰辛的比赛。真正的运动者总是盼望比赛。如果把困难看做是对自己的诅咒，就很难在生活中找到动力。如果学会了把握困难带来的机遇，你自然会动力陡生。

（10）要感觉好。多数人认为，一旦达到某个目标，人们就会感到身心舒畅。但问题是你可能永远达不到目标。把快乐建立在还不曾拥有的事情上，无异于剥夺自己创造快乐的权利。记住，快乐是天赋权利。首先要有良好的感觉，让它使自己在塑造自我的整个旅途中充满快乐，而不要等到成功的最后一刻才去感受属于自己的欢乐。

（11）加强排练。先"排演"一场比你要面对的情况还要复杂的战斗。如果手上有棘手活而自己又犹豫不决，不妨挑件更难的事先做。生活挑战你的事情，你定可以用来挑战自己。这样，你就可以自己开辟一条成功之路。成功的真谛是：对自己越苛刻，生活对你越宽容；对自己越宽容，生活对你越苛刻。

（12）立足现在。锻炼自己即刻行动的能力，充分利用对现时的认知力。不要沉浸在过去，也不要耽溺于未来，要着眼于今天。当然要有梦想、筹划和制订创造目标的时间。不过，一切就绪后，一定要学会脚踏实地、注重眼前的行动。要把整个生命凝聚在此时此刻。

（13）敢于竞争。竞争给了我们宝贵的经验，无论你多么出色，总会人外有人，所以你需要学会谦虚。努力胜过别人，能使自己更深刻地认识自己；努力胜过别人，便在生活中加入了竞争游戏。不管在哪里，都要参与竞争，而且总要满怀快乐的心情。要明白最终超越别人远没有超越自己重要。

（14）内省。大多数人通过别人对自己的印象和看法来看自己。获得别人对自己的反应很不错，尤其正面反馈。但是，仅凭别人的一面之词，把自己的个人形象建立在别人身上，就会面临严重束缚自己的危险。因此，只把这些溢美之词当做自己生活中的点缀。人生的棋局该由自己来摆。不要从别人身上找寻自己，应该经常自省并塑造自我。

（15）走向危机。危机能激发我们竭尽全力。无视这种现象，我们往往会愚蠢地创造一种追求舒适的生活、努力设计各种越来越轻松的生活方式，使自己生活得风平浪静。当然，我们不必坐等危机或悲剧的到来，从内心挑战自我是我们生命力量的源泉。圣女贞德（Joan of Arc）说过："所有战斗的胜负首先在自我的心里见分晓。"

（16）精工细笔。创造自我，如绘巨幅画一样，不要怕精工细笔。如果把自己当作一幅正在描绘的杰作，你就会乐于从细微处做改变。一件小事做得与众不同，也会令你兴奋不已。总之，无论你有多么小的变化，点点都于你很重要。

（17）敢于犯错。有时候我们不做一件事，是因为我们没有把握做好。我们感到自己"状态不佳"或精力不足时，往往会把必须做的事放在一边，或静等灵感的降临。千万不要这样。如果有些事你知道需要做却又提不起劲，尽管去做，不要怕犯错。给自己一点自嘲式的幽默，抱着一种打趣的心态来对待自己做不好的事情，一旦做起来了尽管乐在其中。

（18）不要害怕拒绝。不要消极地接受别人的拒绝，而要积极面对。你的要求落空时，把这种拒绝当做一个问题："自己能不能更多一点创意呢？"不要听见"不"字就打退堂鼓。应该让这种拒绝激励你更大的创造力。

（19）尽量放松。接受挑战后，要尽量放松。在脑电波开始平和你的中枢神经系统时，你可以感受到自己的内在动力在不断增加。你很快会知道自己有何收获。自己能做的事，不必祈求上天赐予你勇气，放松可以产生迎接挑战的勇气。

提示： 一生的缩影——塑造自我的关键是甘做小事，但必须即刻就做。塑造自我不能一蹴而就，而应该是一个循序渐进的过程。这儿做一点，那儿改一下，将使你的一天（也就是你的一生）有滋有味。今天是你整个生命中的一个小原子，是你一生的缩影。

9. 自我激励能力测试

¤ **训练目的**

"行动胜过雄辩"，在失意时存正面思想，在冲动时能沉着忍耐，有效分辨眼前享乐与长远成就，才能令你保持高度热忱，推动自己向成功迈进。

¤ 训练测试题

(1) 在人生道路上的拼搏中,相信自己能够成功?(　　)
A. 总是　　　　　B. 有时　　　　　C. 从不

(2) 不愿尝试所谓的新事物,对自己不会的事情会感到无聊、低级趣味?(　　)
A. 总是　　　　　B. 有时　　　　　C. 从不

(3) 决定了要做的事不轻言放弃?(　　)
A. 总是　　　　　B. 有时　　　　　C. 从不

(4) 一次想做很多事,因此显得不够专心?(　　)
A. 总是　　　　　B. 有时　　　　　C. 从不

(5) 工作或学习上遇到困难,能够自我鼓励克服困难?(　　)
A. 总是　　　　　B. 有时　　　　　C. 从不

(6) 对于自己该做的事,很难主动地负责到底?(　　)
A. 总是　　　　　B. 有时　　　　　C. 从不

(7) 相信"失败乃成功之母"?(　　)
A. 总是　　　　　B. 有时　　　　　C. 从不

(8) 没有必要要求自己什么,觉得自己做不到的事不如干脆放弃?(　　)
A. 总是　　　　　B. 有时　　　　　C. 从不

(9) 事办错了,自己总结经验教训,不怨天尤人?(　　)
A. 总是　　　　　B. 有时　　　　　C. 从不

(10) 不敢担任新的职责,因为怕自己会犯错?(　　)
A. 总是　　　　　B. 有时　　　　　C. 从不

¤ 评分标准

根据计分表2-3,算出自己的得分。

表2-3　计分表

题目	1	2	3	4	5	6	7	8	9	10
A	2	0	2	0	2	0	2	0	2	0
B	1	1	1	1	1	1	1	1	1	1
C	0	2	0	2	0	2	0	2	0	2

¤ 自测评价

如果总分超过15分,表明你善于自我激励;少于8分,表明你对这一方面的能力有待加强。

2.2.3　训练小结

人类的发展与创造力的产生离不开心理和生理潜能的激发,而潜能的激发需要自我不断进行激励,自我激励是一种在任何时候都对自己从事的工作充满激情,不怕挫折,不自怨自艾,永远进取的自我强化意识,由于大学生在学习、生活、就业等许多方面都受情绪的影响,从而影响智力水平的发挥,所以需要通过自我激励来激发他们的热情、干劲和自信,摆脱消极影响,以达成自己的人生目标。

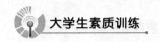

2.3 认知他人及他人情绪

2.3.1 训练目标

1. 知识目标

了解认知他人的范畴,掌握认知他人情绪的方法和技巧。

2. 能力目标

能认知他人的情绪状态,能设身处地地理解他人。

3. 素质目标

具备感知他人、体谅他人的意识,富有同情心,拥有良好的人际关系。

2.3.2 训练内容

知己之外,当然要知彼,才有机会言胜。能够建立体贴别人的同理心,从不同参与者的角度看事物及设计进行方式,这种人的目光必定会更深入、更远大,也更容易找到合作的伙伴。

1. 认知他人的范围

1) 对人感情的认知

感情包括情感和情绪。对人表情的认知,包括面部表情、身段表情和语调表情。这是直接获得交往信息的方法,虽然人具有双重性格,一般情况下,人的心理活动总是通过他的外部行为表现出来,内心和外表是统一的。如一个人眉飞色舞、喜笑颜开,一定是人逢喜事精神爽;一个人垂头丧气、萎靡不振,一定是遇到了不顺心的事。可以说,喜怒哀乐是人内心世界的晴雨表。

2) 对人情绪的认知

对人的情绪认知包括对心境、激情和应激3种心理行为的认知。通常主要是对人心境进行认知。如日常交往中,出色的领导要关心同事与部下,亲密的伙伴要互相关心,慈爱的家长要关心自己的孩子。人的心境是一种比较久的、微弱的、影响人的整个心理活动的情绪状态,当人的心境处于一种不顺心、不愉快,或者沮丧、悲伤、疑惑等状态时,尤其需要他人的关心与帮助,温暖人心的话犹如雪中送炭。

提示:人的双重性格并非无法认识,如强装笑脸、故作愁容、笑里藏刀、虚情假意等可隐藏一时,难以掩盖永久、滴水不漏,往往在激情状态下,即狂喜、暴怒、强悲、极愤、急躁等短促爆发式情感支配下表露出来。

3) 对人能力的认知

能力指人适应社会的本领或本事。人的能力有多种内容,如思维能力、学习能力、工作能力、组织能力、生活能力、交际能力、创造能力、应变能力等。司马迁在《史记·货殖列传》说:"能者辐凑,不肖者瓦解。"所谓能者,指不仅自己有能力,而且可以使用别人的能力,辐凑指30根辐条共一车轴,能者像车轴,使人心会聚车轴。一般说来,生活中一个能够吸引或团结人的人,就是有能力的人,如领导吸引群众,作家吸引读者,歌唱家艺术家吸引观众,科学家吸引同行等。能力有高下、宽窄之分,最佳的"能者"能够发挥自己的能力,吸收和借鉴别人的能力,组织和借用别人的能力,调动一切积极因素,用集体的智慧丰富自己的智慧。

4) 对他人倾向的认识

对他人倾向的认识包括对人需要、动机、兴趣、理想、信念与价值观的认知。社会交往中需要对个人倾向做出积极认知的内容是很多的,未必能兼顾到各个方面,大多只是其中的一部分。如自我实现或社会化使人产生交往欲望,交往是有一定动机的,这种动机是真诚的、友善的,还是虚假的、权宜的;是来求助,还是来交流的。彼此交往要有共同的兴趣,所谓趣味相投就是说没有共同爱好就无法深入交往,如集邮迷、戏迷就易谈在一起。兴趣也要做出判断与认知,是短期兴趣还是长期兴趣,是真兴趣还是假兴趣,是专业兴趣还是业余兴趣等。人的理想、信念与世界观代表了一个人的精神寄托和事业追求。理想、信念与世界观不同的人,也可以在一定条件下互相交往、互相理解,

5) 对个性特征的认知

个性特征包括气质、性格和能力等。其中能力包含智力,智力一定程度上反映了人的认识能力。能力也影响人的气质和性格,有能力的人常充满自信心,气质安静,性格理智,办事有条不紊,举重若轻。人的性格代表了人对社会的态度,并以习惯化了的行为方式表现出来。人的性格有好坏之分,作为管理者或交友时都要注意认识人的性格。

思考:请想一想,你对你身边人的个性特征了解吗?

2. 认知他人的方法

1) 知人非相

《荀子》中有一篇叫《非相》,意思是说交往中不要以貌取人,晕轮作用会使判断出错误。《非相》说:舜和周公旦都是矮个子,孔子相貌凶神恶煞,舜时掌刑法的皋陶面色青绿,商汤宰相伊尹脸上没有胡须和眉毛,大禹是瘸腿,商汤是跛足,但他们的人品很高;夏桀和商纣长相英俊魁梧,但他们都是残害天下的暴君。因此,荀子认为,从容貌体态观看一个人,不如研究他的思想,研究他的思想,不如看他选择的思想方法。人的品德高下与高矮、胖瘦、容貌体态无关。所以,"形(体态)相(容貌)虽恶而心术善,无害为君子也;形相虽善而心术恶,无害为小人也"。

2) 知人善交

社会交往,可使人在生活群体中选择朋友,互相帮助,互相学习。《论语·述而》云:"三人行,必有我师焉。择其善者而从之,其不善者而改之。"选择的朋友不同,对自己的影响就不同。晋傅玄《太子少傅箴》说:"近朱者赤,近墨者黑,声和则响清,形正则影直。"诸葛亮《出师表》认为,交往中与不同的人保持不同的亲疏关系,会有不同的结果,"亲贤臣,远小人,此先汉所以兴隆也;亲小人,远贤臣,此后汉所以倾颓也"。

3）知人善教

社会交往中，自我实现最基本的内容之一就是传授经验和知识，要因人施教，循循善诱。如老师对于学生，上级对于下级，长辈对于晚辈，朋友对于朋友，都会有言传身教作用。孟子把"得天下英才而教育之"作为人生第三大乐趣，还说知人善教有5种方法："君子之所以教者五：有如时雨化之者；有成德者；有达财（才）者；有答问者；有私淑艾者。此五者，君子之所以教也。"（《孟子·尽心上》）译成白话是：君子教育人的方法有5种：有像及时雨那样灌溉的；有成全其品德的；有培训才能的；有解答疑难问题的；有才学影响使后人自学获益的。当然，我们要避免好为人师的毛病。

4）知人善任

通过了解人，合理地安置人，量才使用。《尚书·皋陶谟》说："知人则哲，能官人。"意思是说能了解别人的人，才是聪明睿智的人，才能用人得当。

5）知人善举

就是通过认知，把德才兼备的人推荐出来。季氏的总管仲弓问怎样治理政事，孔子回答说："先有司，赦小过，举贤才。"（《论语·子路》）即给手下各部门管事的人带头，对他们的小过错不加追究，选拔德才兼备的人。宋代黄庭坚诗云："世上岂无千里马，人间难得九方皋。"白居易曾写了一篇《养竹记》，他说：竹子混杂草木之中，要靠人爱惜赏识它，发现人才也同此理。故"竹不能自异，唯人异之；贤不能自贤，唯用贤者异之"。

6）知人善谏

知道别人的不足，要善于批评指出。日常交往中，搞好人际关系，不等于一团和气、抹稀泥，对于缺点和错误，及时提出善意的批评和建议，这是对朋友同事的爱护和关心，可以避免因小误大，铸成大错，酿成大祸。

7）知人善学

我国古代认为通过知人，可以向别人学习。一是把品德高尚的人作为自己学习的榜样，二是凡是别人的长处，自己都应吸取，成为自己的品行。孔子说："见贤思齐焉，见不贤而内自省也。"

8）知人善助

孔子说："君子成人之美，不成人之恶，小人反是。"（《颜渊》）认为"博施于民而能济众"者是圣人，又说"夫仁者，己欲立而立人，己欲达而达人。能近取譬，可谓仁之方也已。"（《雍也》）就是说有仁德的人，自己要想站得住，同时也要让别人站得住。自己要通达，同时也要让别人通达。凡事都要以身为例想到别人，这就是实行仁德的方法。

3. 认知他人的"八则"

（1）"通则观其所礼"，即显贵之时看其所行的宾礼。用之于今就是说，有地位时看是否脱离群众、蛮横无理、趾高气扬。

（2）"贵则观其所进"，即任要职之时看其推荐的是什么人。用之于今就是说，作为部门领导是用人唯贤还是用人唯亲。

（3）"富则观其所养"，即富裕之时看其所养的门客宾客。用之于今就是说，作为大款先富，要看他用财结交什么人，是吃喝嫖赌，还是为大众服务。

（4）"听则观其所行"，即听他所言之后要看他如何去做。用之于今就是说，不仅要说得好听，而且要言行一致，不能光打雷，不下雨。

（5）"止则观其所好"，即无事之时看其追求崇尚什么。用之于今就是说，通过物质和精神的追求，可以看是追求享受还是贡献，是低级趣味还是助人为乐。

（6）"习则观其所言"，即作为帝王的近习（亲信）看其所进之言。用之于今就是，作为领导身边的工作人员，要看他是出好主意还是坏主意。

（7）"穷则观其所不受"，即穷困之时看其不受非分之财。用之于今就是说，作为普通公务人员，看其是安贫乐道、清正廉洁还是索贿受贿。

（8）"贱则观其所不为"，即贫贱之时看其不为非义之事。用之于今就是说，尽管地位低下，决不做有损国格人格之事，堂堂正正，掷地有声。

4. 认知他人的"六验""六戚""四隐"

（1）六验是依据人的情感来认知人，内容是："喜之以验其守"，即使之喜悦，看其是否不变操守；"乐之以验其僻"，即使之高兴，看其是否邪僻不正；"怒之以验其节"，即使之发怒，看其是否能自我约束；"惧之以验其特（持）"，即使之恐惧，看其是否不失持守；"哀之以验其人"，即使之悲哀，看其是否不变其人，能否节哀自制；"苦之以验其志"，即使其处于艰苦环境，看其是否有大志。

（2）六戚指"父、母、兄、弟、妻、子"，他们代表了人的家庭关系。考察六戚，就是看能否处好家庭成员之间的关系，家庭没有伦理道德，不讲和睦，就难以处好社会关系。

（3）四隐指"交友、故旧、邑里、门郭"，他们代表了个人的社会联系，是狐朋狗友还是良朋益友、高朋净友？通过社会交往、居住环境，考察"人以群分"，可以分析交往趣味情操。

5. 认知他人的表情

表情是情绪表达的一种方式，也是人们交往的一种手段。人们除了言语交往之外，还有非言语交往，如表情。在人类交往过程中，言语与表情经常是相互配合的。同是一句话，配以不同的表情，会使人产生完全不同的理解。所谓的"言外之意""弦外之音"则更多地依赖于表情的作用。而且，表情比言语更能显示情绪的真实性。一些心理学家在研究人类交往活动中的信息表达时发现，表情起到了重要的作用。表情可以分为3类：面部表情、肢体表情和语调表情。

1) 面部表情

面部表情是由面部肌肉和腺体变化来表现情绪的，是由眉、眼、鼻、嘴的不同组合构成的，如眉开眼笑、怒目而视、愁眉苦脸、面红耳赤、泪流满面等。面部表情是人类的基本沟通方式，也是情绪表达的基本方式。面部表情有泛文化性，同一种面部表情会被不同文化背景下的人们共同承认和使用，以表达相同的情绪体验。心理学家们经过研究发现，有7种表情是世界上各民族的人都能认出的,它们是快乐、惊讶、生气、厌恶、害怕、悲伤和轻视。研究者发现,不同文化背景的人们都能精确辨认这7种基本表情,5岁的孩子在辨认表情的精确度上便已经等同于成人了。对面部表情识别的研究还发现,最容易辨认的表情是快乐、痛苦,较难辨认的是恐惧、悲哀,最难辨认的是怀疑、怜悯。一般来说,情绪成分越复杂,表情越难辨认。

2)肢体表情

肢体表情是由人的身体姿态、动作变化来表达情绪的。如高兴时手舞足蹈,悲痛时捶胸顿足,成功时趾高气扬,失败时垂头丧气,紧张时坐立不安,献媚时卑躬屈膝等。肢体表情不具有跨文化性,并受不同文化的影响。研究表明,手势表情是通过学习获得的。在不同的文化中,同一手势所代表的含义可能截然不同。如竖起大拇指在许多文化中是表示夸奖的意思,但在希腊却有侮辱他人的意思。手势表情具有丰富的内涵,但隐蔽性也最小。弗洛伊德曾描述过手势表情:"凡人皆无法隐瞒私情,尽管他的嘴可以保持缄默,但他的手指却会多嘴多舌"。

3)语调表情

语调表情是通过声调、节奏的变化来表达情绪的,也是一种副语言现象,如言语中语音的高低、强弱、抑扬顿挫等。例如人们惊恐时尖叫;悲哀时声调低沉,节奏缓慢;气愤时声高,节奏变快;爱慕时语调柔软且有节奏。

6. 理解他人情绪的4个步骤

要改进或提升其他人的生命品质,比如自己的上司、员工或同事、朋友等,需要做到先处理情绪,再处理事情。有效的工具是积极聆听法,通过有效的聆听、发问、区分和回应,设身处地地了解和接纳他人的情绪,解读其未觉察的内在情感,协助对方处理情绪。有效EQ管理有4个步骤。

1)接纳

这一点在处理单位人际关系时特别重要,看到同事不开心,不要躲开他,而是走到他身边,用关切的语气问:"我看到你愁眉不展的样子,好像不开心,发生了什么事?需要我的帮助吗?"当你用这种认同的口吻和对方说话时,对方一定能感受到你的关怀及诚意。对于情感比较"麻木"的都市人来说,你的这种接纳帮他恢复了情绪知觉,他没有理由不被你感动。

2)分享

成功接纳了对方的情绪,他才愿意进一步和你谈内心的感受。分享的第一步就是解读他的内心感受,一般来说,女性情感表达平均能力要远远高于男性,心理开放的人比心理压抑的人在表达上更清晰、更敏锐。在对方对自身情感不觉察的情况下,你可以有意识地引导他表达感受,和他一起分享这种感觉,协助他学习区分情绪的界限。等对方情绪稳定下来,就肯定会说出事情的经过。

3)区分

帮助对方区分哪些责任是他应该负责却没有做好的,而哪些责任又是外在的客观属性。如一个同事在办公室讲"荤笑话"被上司处罚,心情很沮丧。这时可以问他:"你觉得哪些行为在办公室不能做？"他会很清晰地回答："这次被罚就知道了，办公室里禁谈色情内容。"通过这个问题很容易就让对方了解了该不该做的事的界限，能使他在把控自己的行为上更准确、稳重。

4）回应

最后还是应该回归到现实中，让对方制订一个有效的行动计划，以达到预定的目标。

7. 认知他人情绪能力测试

¤ 训练目的

要与他人成功相处，就得了解他人情绪。通过测试，了解自己在这一方面的能力是否健全，以便更好地培养自己这方面的能力，从而使你离成功更近。

¤ 测试题

（1）对同学、同事们的脾气性格有一定的了解？（　　）
A. 总是　　　　　　B. 有时　　　　　　C. 从不

（2）在意别人对自己的看法，生活无法轻松自在？（　　）
A. 总是　　　　　　B. 有时　　　　　　C. 从不

（3）经常留意自己周围人们情绪的变化？（　　）
A. 总是　　　　　　B. 有时　　　　　　C. 从不

（4）当别人提出问题时会不知怎样回答才能让人满意？（　　）
A. 总是　　　　　　B. 有时　　　　　　C. 从不

（5）与人交往时知道怎样去了解和尊重他人的情感？（　　）
A. 总是　　　　　　B. 有时　　　　　　C. 从不

（6）与人相处时不善于了解对方的想法或怎样看待事物？（　　）
A. 总是　　　　　　B. 有时　　　　　　C. 从不

（7）能够说出亲人和朋友各自的一些优点和长处？（　　）
A. 总是　　　　　　B. 有时　　　　　　C. 从不

（8）触痛别人或伤及别人的感情时自己不能觉察？（　　）
A. 总是　　　　　　B. 有时　　　　　　C. 从不

（9）不认为参加社交活动是浪费时间？（　　）
A. 总是　　　　　　B. 有时　　　　　　C. 从不

（10）别人的感受是什么对我来说没有必要去考虑？（　　）
A. 总是　　　　　　B. 有时　　　　　　C. 从不

¤ 参考答案及计分评估

根据计分表2-4，算出自己的得分。

表2-4　计分表

题目	1	2	3	4	5	6	7	8	9	10
A	2	0	2	0	2	0	2	0	2	0
B	1	1	1	1	1	1	1	1	1	1
C	0	2	0	2	0	2	0	2	0	2

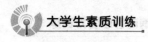

¤ 自测评价

如果总分超过15分,则表明你能够了解他人的情绪;少于8分,表明你对这一方面的能力有待加强。

¤ 课外训练题

(1)学习电影中的某一人物,不停地变换着恼怒、厌恶、嫉妒、感激、诱惑等各种表情。

(2)收集一些幽默和笑话,讲给朋友听,学会把快乐带给他人。

(3)回忆美好的事情,建立积极情绪记忆库。

2.3.3 训练小结

通过本次的学习,让我们懂得了如何去认知他人的情绪,从而能更好地与他人相处。但认知他人的情绪并不是随时随刻都可以做到的,而是一个人的首要反应。一个时刻注意身边人的情绪变化,并满足身边人的情绪需要,这种人EQ是很高的,同时也是一个很受欢迎、受信任度高的人。

2.4 抵御挫折

2.4.1 训练目标

1. 知识目标

认识挫折对人的影响,掌握应对挫折的方法。

2. 能力目标

能正确应对学生、生活、工作中的挫折和压力。

3. 素质目标

拥有积极的心态,具备适应环境变化的心理素质及面对挫折的耐受力。

2.4.2 训练内容

在心理学范畴,挫折指个体在从事有目的的活动过程中,因客观或主观的原因而受到阻碍或干扰,使其动机不能实现,需要不能满足时的情绪体验。挫折产生的机制有各种假说,如挫折—倒退假说、挫折—攻击假说、挫折—固执假说等。挫折与个人的抱负水平直接相关。挫折具有双重性质。在积极方面,给人以交易,锻炼人的意志;在消极方面,使人失望、痛苦、沮丧,甚至是意志消沉而不思进取。挫折可以导致不同的行为反应,既可以是理性行为,如改变策略、降低要求、找借口以自我安慰等,也可能是非理性的。

1. 克服挫折常用的方法

大学生在学习、生活和社会活动中,不可避免地要遭受挫折。但不同的人,在遇到挫折时会有不同的应对方式，不仅在于对挫折的理解和评价不同，还在于应对挫折方法的差异。人生不可能一帆风顺，只有一次次跌倒又一次次顽强站起来，并善于总结经验、勇于进取的人，才能创造人生的辉煌。所以，学会正确应对挫折、提高抗挫能力，对大学生而言具有重要的意义。克服自己的挫折心理，理性面对挫折的方法主要有以下几点。

1) 认清挫折，理性面对

青年时期是挫折感最频繁出现的时期。这时有许多事并不顺心，如恋爱、求职、学习成绩、在社团中的职位以及毕业时的求职等。其实挫折心理的出现源于个人心中所思与外界的对立和冲突，对这种冲突我们必须要从心理上接受它的存在，不要怨天尤人，也不需要自怜。在这种情境下，让自己独处、冷静分析自己，认清自己的弱点，同时也找出自己的优点和长处，接受挫折、发挥优势，使自己在人生的路上不让挫折扰乱了方向，让自己的才情如愿尽情地发挥，建立积极的生活和工作态度，将外在的刺激变为一种内求，从而增强自己的信念。

2) 对症下药解决挫折心态

对于克服挫折的方法，除认清挫折外，还可以使用下面的几种方法来加以克服。

(1) 找自己最亲近的人讨论、诉说。通常一个人在遇到挫折时，心理都会感觉到难过，这时找自己最亲近的人进行倾诉后，可以让自己的内心的不愉快发泄出来，以降低自己的压力感。

(2) 用一些名言名句激励自己。其实挫折感大部分来源于自己的内心，所以需要运用心理的方法来解决才能对症。如天主教徒往往采用祈祷来寻求心灵的平衡，理想主义者善于用未来激励自己克服挫折，作为学生用一些自己喜欢的名人名言来背诵，往往能够起到克服挫折心理的目的。

(3) 原谅他人。圣经上说："原谅一些人吧！因为他们不知道他们在做些什么事。"许多人都在受到挫折时自责，认为这都是自己的错、自己家里的错、自己父母的错，即将所有的问题都归咎于自己。但是其实不一定是这样，有时遇到不讲理的人，就不应将挫折放在自己身上，要学会原谅他人的无知。

每次失败都是一块成功的垫脚石。

补充资料

一天，一个农民的驴子掉到了枯井里。那可怜的驴子在井里凄惨地叫了好几个钟头，农民在井口急得团团转，就是没办法把它救出来。最后，他断然认定：驴子已经老了，这口枯井也该填起来了，不值得花这么大的精力去救驴子。

农民把所有的邻居都请来帮他填井。大家抓起铁锹，开始往井里填土。

驴子很快就意识到发生了什么事，起初，它只是在井里恐慌地大声哭叫。不一会儿，令大家都很不解的是，它居然安静下来。几锹土过后，农民终于忍不住朝井下看，眼前的情景让他惊呆了。

对每一铲砸到驴子背上的土，它都作了出人意料的处理：迅速地抖落下来，然后狠狠地用脚踩紧。就这样，没过多久，驴子竟把自己升到了井口。它纵身跳了出来，快步跑开了。在场的每一个人都惊诧不已。

其实，生活也是如此。各种各样的困难和挫折，会如尘土一般落到我们的头上，要想从

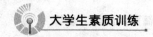

这苦难的枯井里脱身逃出来，走向人生的成功与辉煌，办法只有一个，那就是：将它们统统都抖落在地，重重地踩在脚下。因为，生活中我们遇到的每一个困难，每一次失败，其实都是人生历程中的一块垫脚石。

2. 学点心理学知识，有助于克服挫折的心态

心理学知识和生活经验告诉我们，应付逆境、挫折的办法不外下列3点。

1) 要正确认识挫折

每个人都应懂得，在人生道路上和现实生活中，由于高考落榜、招工无名、事业不成、身染痼疾、工作事故、信仰破灭、家庭变故、生离死别、自然灾害以及政治、经济、种族、宗教、伦理、道德、风俗、民情、传统等各种客观环境的影响，再加之个人诸多主观条件的限制，随时都会遇到大小、轻重不同的挫折。它是社会生活中的正常现象，几乎每个人都无法逃避。能认识到这一点，一旦遇到挫折，心里就会有所准备，不致惊慌失措。同时还应该认识到，一个人一生中经受一些适当的挫折，并不完全是坏事，因为挫折可以磨砺人的意识，提高扭转逆境、克服困难、适应社会生活的能力。

提示：古人说："多难兴才""人激则奋"就是指的这个道理。反之，一个人如果不经历困难和挫折，一生一帆风顺，就犹如温室里的花卉，经不住人生中的风霜雨雪，很容易被一时挫折所压垮，这样的人就难以成才，难以有所作为。

2) 培养对挫折的耐受力

在挫折面前，每个人的耐受力往往不尽一致，甚至差别较大。比如，有的人即使接连遭受严重挫折，仍坚韧不拔，百折不挠，拼搏进取；有的人稍遇挫折就垂头丧气，一蹶不振，甚至自寻短见。实践证明，身体强壮、心胸开阔、常处逆境、意识紧张、有理想、有抱负、有修养的人，对挫折的耐受力强；相反，体弱多病、心胸狭窄、娇生惯养、感情脆弱、缺乏雄心壮志的人，对挫折的耐受力则低。对挫折的耐受力，虽然与遗传素质有关，但更重要的是来自于后天的教育、修养、实践、经验和锻炼。在现实生活中，每个人都可以通过自觉、有意识的锻炼，去培养提高自己对挫折的耐受力。

3) 学会应付挫折的技巧

凡是经历过磨炼、有修养的人，每逢受到挫折时，大都有一些灵活应变、化险为夷的窍门。归纳起来，大致有以下几种。

(1) 期望法。遇到挫折时，尽量少考虑暂时得失，多想美好的未来，不断激励自己："振作起来，一切都会过去，将来一定会成功。"

(2) 知足法。在挫折面前，要满足已经达到的目标，对一时难以做到的事情不奢望、不强求，同时多看看周围不如自己境况的人。这样，就容易从烦恼、痛苦中解脱出来，为将来的成功创造良好的心理环境。

(3) 补偿法。古人常说："失之东隅，收之桑榆。"即在某方面的目标受挫时，不灰心气馁，以另一个可能成功的目标来代替，而不致陷入苦恼、忧伤、悲观、绝望的境地。

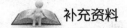
补充资料

【案例1】 一个造纸工人的故事

在德国,有一个造纸工人在生产纸时,不小心弄错了配方,生产出了一批不能书写的废纸。因此,他被老板解雇。

正当他灰心丧气、愁眉不展时,他的一位朋友劝他:"任何事情都有两面性,你不妨变换一种思路看看,也许能从错误中找到有用的东西来。"于是,他发现,这批纸的吸水性相当好,可以吸干家庭器具上的水分。接着,他把纸切成小份,取名"吸水纸",拿到市场上去卖,竟然十分畅销。后来,他申请了专利,独家生产吸水纸发了大财。

(4) 升华法。在遭受个人婚恋失败、家庭破裂、财产损失、身患疾病等打击以后,化悲痛为力量,发奋图强,去取得学习、工作和事业上的成功,这是应付挫折最积极的态度。

总之,困难、失败并不可怕,只要能直面人生、勇于拼搏,人生之船就会战胜惊涛骇浪,驶过激流险滩,到达理想的彼岸。即使是一时的受挫、失败,也终会成为人生之路上勇敢的开拓者,事业上的成功者。在改革开放的大潮中,脱颖而出的众多年轻优秀人才,他们的成才与成功,实际上就是不断战胜挫折,奋勇开拓进取的结果。

3. 抵御挫折能力测试

¤ 训练目的

挫折和压力是每个人都必然遇到的一种心理状态,要克服这种状态就必须具有正确面对挫折的方法。通过测试,了解自己是否具有抵御挫折的能力,以便更好地培养自己这方面的能力。

¤ 测试题

(1) 在过去的一年中,你自认为遭受挫折的次数是( )。
A. 0~2次 　　　　　　B. 3~4次 　　　　　　C. 5次以上
(2) 你每次遇到挫折时( )。
A. 大部分都能自己解决　B. 有一部分能解决　C. 大部分解决不了
(3) 你对自己才华和能力的自信程度如何?( )
A. 十分自信 　　　　　B. 比较自信 　　　　　C. 不太自信
(4) 你对问题经常采用的方法是( )。
A. 知难而进 　　　　　B. 找人帮助 　　　　　C. 放弃目标
(5) 有非常令人担心的事时,你( )。
A. 无法工作和学习 　　B. 和往常一样 　　　　C. 介于A、B之间
(6) 碰到讨厌的对手时,你( )。
A. 无法应付 　　　　　B. 应付自如 　　　　　C. 介于A、B之间
(7) 面临失败时,你( )。
A. 破罐破摔 　　　　　B. 使失败转化为成功　C. 介于A、B之间
(8) 工作进展不快时,你( )。
A. 焦躁万分 　　　　　B. 冷静地想办法 　　　C. 介于A、B之间

（9）碰到难题时，你（　　）。

A. 失去自信　　　　　B. 为解决问题而动脑筋　　C. 介于 A、B 之间

（10）学习中感到疲劳时（　　）。

A. 总是想着疲劳，脑子不好使了

B. 休息一段时间，就忘了疲劳

C. 介于 A、B 之间

（11）当环境条件恶劣时，你（　　）。

A. 无法做事　　　　　B. 能克服困难干好事　　C. 介于 A、B 之间

（12）产生自卑感时，你（　　）。

A. 不想再干活了

B. 立即振奋精神去干，为目标奋斗

C. 介于 A、B 之间

（13）上级给了你很难完成的任务时，你会（　　）。

A. 顶回去了事　　　　B. 千方百计干好　　　　C. 介于 A、B 之间

（14）困难落到自己头上时，你（　　）。

A. 厌恶之极　　　　　B. 认为是个锻炼　　　　C. 介于 A、B 之间

¤ 参考答案及计分评估

（1）~（4）题，选择 A、B、C 分别得 2 分、1 分、0 分；

（5）~（14）题，选择 A、B、C 分别得 0 分、2 分、1 分。

19 分以上：说明你的抗挫折能力很强。

8~19 分：说明你虽有一定的抗挫折能力，但对某些挫折的抵抗力薄弱。

8 分以下：说明你的抗挫折能力很弱，对这一方面的能力有待加强。

¤ 课外训练题

利用各种条件，找出中外各 4 个在挫折中取得成功的故事来激励自己。

2.4.3　训练小结

通过本次的学习，让我们懂得了挫折是一种心理现象，人受到挫折并不一定是坏事，在正确的方法引导下，完全可以将其踏在脚下，走向成功。

情商是心理素质的核心部分，情商的高低极大地影响着大学生的成长。作为一名合格的大学生，应具有基本的人格素质、知识修养、健康的体魄和健全的心理，成为既有高智商（IQ），同时又具有高情商（EQ）和行为能力（BQ）的现代人。越来越多的心理学研究证实，情商对人类的经历和行为有着巨大的影响。美国心理学家提出：信息时代的成功将主要取决于人的情商。情商概念在美国被称为划时代的"心智革命"，甚至有人认为在人生道路成功的诸多因素当中，智商作用只占 20%，情商则占 80%，有的心理学专家说情商的重要性破解了智商的神话，情感学习将是继智力学习之后的第二次革命。因此，探索培养大学生情商的方法就显得意义重大。怎样进行情商的培养呢？除了优化学校与社会的氛围，营造和谐健康的校园环境，注重教师的教育方式外，还需要根据大学生心理发展的特点来培养其情商。

2.5 模块总结

（1）是否按计划完成了本章的训练？是　　否
（2）未完成的原因是：

（3）通过训练，我调控好自己的情绪表现在：

（4）存在的问题及改进的措施：

2.6 活动与拓展

情绪认知、调控练习

Part A 认知情绪

古时候有两个秀才进京赶考。路遇有人家出殡办丧事，一行人正抬着棺材，其中一秀才心里顿时一惊，倒吸了一口气，心想："这下完了，碰见这晦气东西！刚出门就触了霉头，看来命中注定如此呀！这次进京赶考又白来一趟了。"后来果然应验，此考生心情一落千丈，刚进考场，满脑子就是那"黑乎乎的大棺材"的场景，瞬间头脑一片空白，下笔犹如千斤。而另一个秀才同样也看见了那口棺材，开始时也感觉很是晦气，后来一经思索，棺材、棺材，啊呀！这不正是要当官又要发财吗，想必今日要鸿运当头了，赶考高中的好兆头啊。进入考场后，他心情大好，文思敏捷如泉涌般源源不断，下笔如飞酣畅淋漓。

活动步骤：

（1）学生看故事，思考：为何面对同一件事，不同的人会产生截然不同的情绪？
（2）学生讨论、发言。
（3）总结：我们通常认为"某件事使自己产生了某种情绪"，但心理学的 ABC 理论认为，情绪不是由某一诱发事件 A（Activating Event）直接引起的，而是由经历这一事件的认知和评价 B（Belief）引起的，而认知和评价则源于人们的信念。C（Consequence）就是个体对事件的情绪和行为反应的结果。面对同一件事，不同的信念会引起不同的情绪。
（4）运用及练习：今天经历过哪些情绪？为什么会产生这些情绪？如果信念不同，还会有哪些不同的情绪产生（针对一个事件尽可能多地写出不同的信念及不同信念下产生的情绪）？

Part B 调控情绪

活动步骤：

1. 回忆近期发生在自己身上的一件事情，像范例一样，通过认识不合理信念到改变不合理信念，进而调整情绪和行为。

范例：

问题情景 A	当众发言
不合理信念 B	下面所有的人都盯着我看；其他人那么厉害；我一定要表现得很好，否则会被人笑话的……
情绪/行为反应 C	紧张，焦虑，浑身发抖，无法集中注意力等。
反驳不合理信念 D	如果我没表现好，结果真的有那么糟糕吗？真的所有人都盯着我看？天天评论我吗？我想表现得很好，就一定能表现得很好吗？难道敢于尝试不是一种勇气吗？有的结果并不完全由我控制。别人真的那么厉害，都比我强吗？
处理问题的态度 E	如果我坚持原有的信念，我会更焦虑，更紧张，表现会更糟。上台前做好充分的准备，把握自己能把握的，相信自己，其他的不想了。

按要求填写下表：

（1）分别列出引发不良情绪的事件和认识；
（2）找出对不良事件认识上的非理性观念；
（3）通过对非理性观念的认识和纠正，找出合理的观念；
（4）建立合理的信念，达到情绪的改变。

问题情景 A	
不合理信念 B	
情绪/行为反应 C	
反驳不合理信念 D	
处理问题的态度 E	

2. 分享与交流

3. 总结

ABCDE 理论认为 A 只是造成 C 的间接原因，B 才是情绪和行为反应的直接原因。一旦不合理的信念导致不良的情绪反应，个体就应当努力认清自己的不合理信念，并善于用虚拟的信念取代原有的信念，这就是所谓的 D（Disputing），即用一个合理的信念驳斥对抗不合理的信念过程，使得我们在认知情绪和行为方面均有所改善。该理论始终强调现在，重视人的理性力量，相信人最终可以通过自我调整顺应环境，把人的主动性提高到一个重要的位置。

模块 3

沟通与表达能力训练

导 读

　　沟通与交流是一种才能，是一种创造，也是一种需要，更是智慧与素养的较量。掌握好沟通与口语表达本领，能把它变成自己通向成功之旅途的魔力。本章所训练的内容正是解决人们在社会交往中能力问题的有效途径，使读者经过学习，能成为一名优秀的"外交家"。

训练要求
（1）了解沟通的三种心态、言辞及行动的特征；
（2）掌握口语表达的基本技巧；
（3）掌握生活、工作不同场合的沟通技巧；
（4）学会运用积极心态、积极言辞、积极行动。

训练内容
☆ 积极心态与言辞
☆ 表扬与批评、请求与拒绝
☆ 打电话与社团活动
☆ 座谈与讨论
☆ 主持与演讲

点击关键词

沟通 communication
积极的心态（an active psychology）
语言是沟通的桥梁（Language is the bridge of communication）
主动是沟通的利器（Taking the initiative is the weapon of communication）
沟通是一门生存的技巧，学会它、掌握它、运用它……

　　　　　　　　　　　　　　　　　　　　　　　　　　　　——拿破仑·希尔

不论我们多么懂得说话的窍门，都可以不断提升说话的技巧，因而建立成功的事业和信心。

　　　　　　　　　　　　　　　　　　　　　　　　　　　　——拉里·金

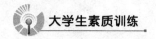

管理就是沟通、沟通再沟通。

——通用电器公司原总裁杰克·韦尔奇

沟通是管理的浓缩。

——沃尔玛公司总裁萨姆·沃尔顿

企业管理过去是沟通,现在是沟通,未来还是沟通。

——日本经营之神松下幸之助

3.1 沟通的心态与言行:积极、侵略、退缩

沟通是一切事业成功的基础,人随时都处在沟通之中。就算独自一人时,也在和自己沟通,和环境沟通。在沟通过程中,有3种心态即积极、退缩、侵略。不同的心态,就有不同的反应,退缩的心态和侵略的心态只会降低工作质量,而积极的心态可以使我们的工作更有效率。因此,我们要进行有效的沟通,首先需要培养积极的心态。

语言是沟通的桥梁,是人际交往的重要工具。人们借助语言在社会交往时交流思想、互通信息、增进合作、表达情意,建立和谐的人际关系。善于言辞,谈吐自如,对每个人的事业与生活都裨益无穷;能言善辩、口若悬河的人,令人羡慕,使人崇拜。而言辞有积极的言辞、退缩的言辞、侵略的言辞之分,如果要使自己更积极,先得学会辨别自己和别人的言辞。

我们知道人有了积极的心态和积极的言辞固然是好事,但积极的心态和积极的言辞如果不通过一定的行动是无法表现出来的,因此,还要求进行积极的行动,才能达到人与人之间的沟通目的。

3.1.1 训练目标

1. 知识目标

了解沟通中3种心态的特征;了解积极行动的类型;掌握积极言辞的技巧。

2. 能力目标

能够调整心态,采用积极的心态与人沟通;学会使用积极言辞并在沟通中采取积极行动,达成更好的沟通效果。

3. 素质目标

养成积极沟通的意识与心态。

3.1.2 训练内容

在《圣经·创世纪》中有一个关于巴比伦的传说。洪水之后,诺亚的后代繁殖得越来越多,人们的口音和语言都没有多大的区别,人们共同劳动、彼此合作融洽,共同建立了繁荣的巴比伦城。这时,人们都为自己的成就而感到骄傲,为了显示人类自己的力量,决定修建一座通向天国的高塔。由于大家语言相通,同心协力,这座高塔进展很快。上帝看到了人类如此统一和强大,心想如果他们真能修建成这样的通天塔,那么以后还有什么事情不能干呢?他决定要制止人们的这个行为。于是,上帝很快离开天国来到人间,打乱了人类的语言。从此,人们

各自说起不同的语言、感情无法交流、思想很难统一，就不可避免地出现了互相猜疑，各执己见，争吵不休。而修建通天塔的工程也因评议的纷争而停止了，通天塔最终半途而废。

人们从此分裂了，按照不同的语言形成了许多部族，又分散到世界各地形成了各自的民族、成立了自己的国家。

巴比伦塔失败了，这说明了在人类活动中交流和沟通的重要性，如果没有沟通，人们将无法在征服自己和客观世界的征途中取得胜利，甚至不能很好地完成一项最普通的任务。

1. 沟通的含义

沟通（Communication）是一个经常使用的字眼。对于什么是沟通，可以说是众说纷纭，莫衷一是。美国威斯康星大学的F·丹斯教授就统计过，人们关于"沟通"的定义，已达126种之多。

《大英百科全书》认为，沟通就是"用任何方法，彼此交换信息。即指一个人与另一个人之间用视觉、符号、电话、电报、电视或其他工具为媒介所从事交换消息的方法"。

《韦氏大词典》认为，沟通就是"文字、文句或消息之交流，思想或意见之交换"。

管理学大师西蒙认为，沟通指"可视为任何一种程序，借此程序组织中的某一成员，将其所决定的意见或前提，传递给其他成员"。

从管理的角度讲，沟通是指为了一个设定的目标，把信息、思想和情感在个人与组织之间进行传递，并获得理解的过程。沟通的内涵可以从以下几方面理解。

1）沟通首先是信息的传递

我们知道，无论多么伟大的思想，如果不传递给他人，都是毫无意义的。犹如教师在课堂上讲课而没有学生，歌唱家没有听众，电影明星没有观众等都不能构成沟通。也就是说，如果信息和想法没有被传递给对方则意味着沟通没有发生。例如哲学问题中"树林中的一棵树倒下，却无人听到，它是否发出了声响？"在沟通背景下，其答案是否定的。

2）沟通信息需要被理解

沟通信息不仅需要被传递，还需要被理解。从这一点上讲，沟通常常被错误地理解为沟通必须是双方达成协议，而不是准确地理解信息的意义。例如如果有人与我们意见不同，不少人认为此人未能完全领会我们的看法。换句话说，很多人误认为良好的沟通是使别人接受自己的观点。但是有效的沟通讲的是你可以明白对方的意思却不同意对方的看法，也就是说有效沟通的要义在于信息是否被理解。因为沟通双方能否达成一致协议，别人是否接受自己的观点，往往并不是沟通良好与否这一个因素决定的，它还涉及双方根本利益是否一致，价值观念是否相同等其他关键因素。

3）沟通的要素

沟通至少应包括4方面的要素，即事实、情感、价值取向、意见观点。在沟通中，我们不仅传递消息，而且表达赞赏、不快之情，或提出自己的意见观点。人们通常所讲的沟通能力，就是个人在这4方面有效地与他人交流的社会能力。沟通的过程往往并不限于传递信息、思想与情感的某一个方面，它可能同时涉及其他方面，例如"交给你的任务是否已完成？"这一简单的问话，由于其语调、眼神及手势不同，其可能表达的意义就不同，由此反映出问话者的基本价值与情感。如以亲切温和的语调与关切的眼神询问，表明其对下属工作的关心与照顾，即表明这样的一个事实，你的上司是一个相当有效率意识与时间观念的人，

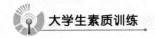

你就必须克服所遇到的一切困难，按要求完成任务。

思考：举几个生活中的沟通实例，讲述自己是怎样完成这次沟通的。

2. 沟通的误区

在弄清楚什么是沟通之后，还需要对沟通进行一定的界定。这样，就需要了解一下沟通的误区。

1）把沟通理解成单纯的语言交流

如果沟通就是讲话，那这个词就没有什么特殊的存在意义了。从沟通的目的和功能角度出发，沟通是存在于生活中的每一分、每一秒之中的，存在于每一件事件中。如果观察一下恋爱中的人们，就不难发现，一个眼神、一个纸条、一个短信、一次沉默、一个拉手、一个拥抱等，这些都可以传递出彼此的信息，都可以达到沟通的目的。语言沟通只不过是最常见的沟通形式。

2）把沟通当成思想的检查和坦白

有些时候，我们一听到沟通，就想到要他说真话，说心里话，他不和我说心里话，所以我们之间没有办法沟通。或者我都把我的心里话说了，可是他还是不说。这一种沟通，无异于我们在读书时常见的一种惩罚形式——写检查。

3）沟通太过容易

"沟通不是太难的事，我们每天不是都在作沟通吗？"如果从表面上看，沟通确实是一件简单的事。每个人的确每天都在做，它像我们呼吸空气一样自然。但是一件事情的自然存在，并不表示我们已经将它做得很好。由于沟通是如此平凡，以致我们自然而然地忽略了它的复杂性，也不肯承认自己缺乏这项重要的基本能力。如果我们有意成为一个更成功的沟通者，那么必须意识到"虽然沟通看起来很容易，但是有效沟通却是一项非常困难和复杂的行为"。

4）说了并不等于沟通

"我告诉他了，所以，我已和他沟通了。"柏乐在《沟通的过程》一书中指出，当你听到有人说"我告诉过他们，但是他们没有描述清楚我的意思！"你可以知道此人深信他要表达的意思都在字眼里面，他以为只要能够找到合适的语言来表达意思，就完成沟通了。其实"语言"本身并不具"意思"，其中还存在一个翻译转化的过程。

5）并不是想沟通才会有沟通

"只有当我想要沟通的时候，才会有沟通。"你一定见过一个演说者因为紧张而僵硬地走向讲台。你看到他犹豫地拖着脚步前进时，他的双肩是下垂着的。然后你将看到他借着挺胸、直瞪观众以及用严肃的语调发言，用来克服他的怯场。演说者发出的这些信息，并非他的本意，它是发生在演讲者毫无意识的情况下的自然流露。

 补充资料

沟通者的基本观念

（1）找共同点：要避免以自己的地位、职务、身份为基础进行沟通，沟通（Communication）与共同（Common）、共有（Community）、共享（Communion）等词很相近，你与他人有多少的"共同""共有"和"共享"，将决定你与他人沟通的程度。

模块3 沟通与表达能力训练

（2）沟通中的换位思考。沟通中应试着适应别人的思维架构，并体会别人的看法。

（3）明确沟通的目标。有效沟通的目的并不是享受与别人斗智斗勇、更不是辩论赛。

3. 3种心态的特征

人们在沟通时有3种心态特征，而这3种心态特征将影响到人们的沟通效果。

1）积极心态的特征

勇于维护自己的权利但不侵犯他人权利。以直接、真诚且合适的方式，表达自己的需求、愿望、意见、感受与信念。

2）退缩心态的特征

不能挺身维护自己的权益，或是所用的方法不当，无法唤起别人的重视。表达自己的需要、愿望、看法、感受与信念时，带着歉意，或显得心虚、压抑。无法坦白表达自己的需要、愿望、意见、感受与信念。

3）侵略行为的特征

懂得维护自己的权利，但所用的方法已侵犯别人。忽略或否定他人的需要、愿望、意见、感受与信念。以不得体的方式表达自己的需求、欲望及看法（不论真诚与否）。

思考：你在与别人沟通时，是以什么心态来进行的？

4. 积极心态的益处

要提高自己的沟通能力，我们必须要加强训练，而训练的第一步就是需要我们保持一种积极的心态。保持积极沟通的心态有以下6个方面的好处。

（1）皆大欢喜。既对自己有利，也能给别人带来好处，避免沟通中的阻碍。

（2）充满自信。自信与积极的心态往往是相互促进、相互影响的。如果自己的沟通是积极主动的，往往也能增强自信心。

（3）更信任别人。人们之间的信任往往是建立在感觉的基础上的，如果自己在与别人沟通时处处设防，不主动积极，往往也得不到别人的信任，而别人不信任的感觉又会影响到自己，使自己不信任别人。

（4）增强自制力。自制力是一个人修养好坏、素质高低的标志，如果在沟通中不是用侵略的心态，而是积极的心态，其自制力将增加，其沟通的效果也会好得多。

（5）主动积极，勇于尝试。在沟通中保持积极主动的心态有利于在沟通活动中使自己保持主动，尝试与目标进行沟通。

（6）节省精力。积极的沟通不但能增加沟通的效果，也会使沟通的速度更快，节省沟通时的精力。

 补充资料

积极沟通言辞和心态助力沟通成功

（1）美国汽车业"三驾马车"之一的克莱斯勒公司拥有近70亿美元的资金，是美国第十大制造企业，但进入20世纪70年代以后，竟然连续4年出现亏损，最严重的1978年亏损额高达2.04亿美元。在此危难之际，艾柯卡出任了总裁。为了维护公司的生产活动，艾柯卡请求政府给予紧急援助，提供贷款担保。

按照企业自由竞争的原则,政府是不能给予经济援助的,社会舆论都认为克莱斯勒应尽快倒闭。国会为此专门召开了听证会,参议员、银行业务委员会主席威廉·普洛斯迈问他:"如果保证贷款获得通过的话,那么政府对克莱斯勒将介入更深,这难道不是与你长久以来鼓吹的企业自由竞争的主张自相矛盾吗?"

艾柯卡的回答是:"不错,我这一辈子都是自由经济的拥护者,我是极不情愿到这里来的,但我们处境进退维谷,除非能得到联邦政府的保证贷款,否则我根本没办法去拯救克莱斯勒。……因为克莱斯勒是美国的十大公司之一,它关系到60万人的工作机会。"

艾柯卡随后又从日本汽车对美国造成的威胁等方面作了阐述,最后艾柯卡说:"各位目前有个选择,你们愿意现在就付出27亿美元的社会保险金和福利金,还是为克莱斯勒提供半年的保证,日后还可以收回全部贷款?"结果,贷款保证最终获得通过。

(2)让我们来体验当代著名教育家陶行知先生的沟通技巧,在读这个故事时,需要注意沟通的心态特征是什么。

陶行知先生当校长的时候,有一天看到一位男生用砖头砸同学,便将其制止并叫他到校长办公室去。当陶校长回到办公室时,男孩已经等在那里了。

陶行知掏出一颗糖给这位同学:"这是奖励你的,因为你比我先到办公室。"接着他又掏出一颗糖,说:"这也是给你的,我不让你打同学,你立即住手了,说明你尊重我。"男孩将信将疑地接过第二颗糖,陶先生又说:"据我了解,你打同学是因为他欺负女生,说明你很有正义感,我再奖励你一颗糖。"

这时,男孩感动得哭了,说:"校长,我错了,同学再不对,我也不能采取这种方式。"陶先生于是又掏出一颗糖:"你已认错了,我再奖励你一块。我的糖发完了,我们的谈话也结束了。"

3种言辞的特征如表3-1所示。

表3-1 3种言辞的特征

退 缩	积 极	侵 略
1. 说话拖泥带水 2. 吞吞吐吐 3. 常为自己找借口 4. 过多的抱歉与征询 5. 常用自我约束字眼 6. 少用以"我"开头的句子 7. 摒弃自我的需要 8. 妄自菲薄	1. 简单扼要 2. 常用"我"开头的句子 3. 区别事实与意见 4. 建议不含强制意味 5. 不用"应该""必须"等字眼 6. 提出建议性的批评,不推测、不错怪 7. 询问他人想法、意见与期望 8. 善于鼓励退缩的人	1. 滥用以"我"开头的句子 2. 自我标榜 3. 以个人意见为事实 4. 威胁性的倾向 5. 以命令或威胁口气提出要求 6. 诉诸权威的建议 7. 怪罪他人 8. 一厢情愿的猜测 9. 挖苦或打击对方

在言辞上,还有许多名言值得大家记住,其典型的有以下几个。

"下忍忍之于口;中忍忍之于心,不形于色;上忍忍之无所,身在事内,心在事外。"忍非上策,真正的上策是转。

我们的言语使人知,使人信,使人动,使人激,使人乐。

提示:与人说话时,若想了解对方真正的感受,便看着他的脸孔,因为一个人驾驭言语容易,驾驭表情却很困难。

——查斯特菲尔德爵士

积极行动的类型：基本型、谅解型、提示型、直言型、警戒型、询问型。
积极行动的6种类型的定义与实例如表3-2所示。

表3-2 积极行动的6种类型

类 型	定 义	实 例
基本型	为维护自己的权益，直截了当地说出自己的需求、愿望、信念、意见或感觉	"在我看来，这个制度实施得很好。" "五点钟我得离开。" "这个问题能如此解决，我很满意。"
谅解型	既表示谅解对方，又说明自我需要的行为	"我了解你不喜欢新的作业流程，可是在没有更好的办法的情况下，希望你要求部属切实遵守。" "我知道你正忙，我只占用几分钟时间。"
提示型	指出过去的约定与现状或未来有所出入的行为	"如果我没有记错，我们说好中秋促销计划优先进行，可是现在你又要我多匀出时间给经销商销售竞赛计划，我想确定现在究竟哪个计划最重要?"
直言型	以言辞提醒对方，他的行为对你有不良影响。直言的内容必须指出4项要点：① 对方行为；② 行为后果；③ 我的感觉；④ 我的希望	"你这么晚才交出报表，我周末又要加班，我很不喜欢这样，请你以后在星期五中午以前交给我。"
警戒型	告诫对方若不改弦更张会有什么后果，同时也给对方修正的机会	"我们两个部门还不能进行合作，除非你能同意我的部属使用你们的设备。" "再发生这种事我可没别的办法，只有照章处分，但是我宁可不这么做。"
询问型	以了解他人立场、需求、愿望、意见与感受为目标的行为	"这种方式会带给你什么样的困难?" "你希望怎么做?" "我想听听你的意见。"

5. 自我训练

1）自测题：积极心态训练

¤ **训练目的**

通过本测试，了解你的心态属于哪种类型，并有针对性地培养积极心态，为你的成功奠定一个基础。

¤ **测试题**

（1）你在与他人沟通时，经常采用（　　）。

A．主动型沟通　　　　　　B．被动型沟通　　　　　　C．强迫型沟通

（2）关于需要，你的信念是（　　）。

A．自己有某些需要必须满足

B．别人的需要比自己的更重要

C．自己的需要比别人重要

（3）关于权利，你的信念是（　　）。

A．自己有应享有的权利，别人也有

B. 别人有应享的权利，自己却没有

C. 自己有应享的权利，别人却没有

（4）对于才智，你的信念是（　　）。

A. 你有才华可供贡献，别人也一样

B. 你可以贡献的才智极为有限，对方则比你强得多

C. 自己才高八斗，别人都平庸无能

（5）老板要你在月底以前完成一件工作，这件工作只有你最适合，可是你的时间已被其他事情占满了，这时候你的答复是（　　）。

A. 经理，我了解你希望这件事在月底以前完成，可是就我目前的工作量来说，实在不可能完成它

B. 我实在没空，不过我想我可以加班把它赶完，嗯——没关系的

C. 什么？我的工作已经够多了，这件事我没办法做

（6）假设秘书小姐打的信使你很不满意，你决定叫她拿回去重打，这时候你会说：（　　）。

A. 王小姐，这封信有好几个错误，我希望你重打一次

B. 我——知道——可能是我写得不够清楚，可是——如果你有空的话——就——请你把这里几个小错误改一改

C. 这种信你也敢拿来给我看？里面错字连篇

（7）当你受到上司的批评时，你会（　　）。

A. 用自己内心的宽容将它化解或缓和

B. 自怨自艾

C. 情绪化地负气而中伤他人

（8）你的能力得到承认，并得到了一份重要工作时，你会（　　）。

A. 仔细分析这项工作的要求，做好准备设法把它干好

B. 怀疑自己能否承担起这项工作

C. 觉得这项工作非自己莫属

（9）当你主持会议时，有一位下属一直以不相干的问题干扰会议，此时你会（　　）。

A. 告诉该下属在预定的议程之前先别提出问题

B. 纵容这种干扰持续下去

C. 要求所有的下属先提出问题

（10）当你跟上司正在讨论事情，有人打长途来找你，此时你会（　　）。

A. 告诉对方你在开会，待会儿再回电话

B. 接电话，而且该说多久就说多久

C. 告诉上司的秘书说不在

（11）和朋友争论完了回家之后，你一个人独处时，你会（　　）。

A. 高兴地认为："人的想法真是各不相同，很高兴能有机会谈论自己的想法。"

B. 后悔地认为："当时没有充分说明自己的想法。"

C. 遗憾地认为："当初我如果那样说就能驳倒对方了。"

（12）如果别人说你是个独具一格的人，此时你会（　　）。

A. "我独特在哪里呢？"在考虑这个问题的同时，心中颇有些兴奋

B. 认为："不管怎样，别具一格是好事。"
C. 生气地认为："一定是在讽刺我。"

（13）有位员工连续 4 次在周末向你要求提早下班，此时你会说（　　）。

A. 你对我们相当重要，我需要你的帮助，特别是在周末
B. 我不能再容忍你早退了，你要顾及他人的想法
C. 今天不行，下午 4 点我要开个会

（14）你的上司交给你的任务未按时完成，此时你会（　　）。

A. 勇于承担责任　　　　　B. 束手无策而不断地道歉　　　C. 推卸责任

（15）当上司的观点与你的不一致时，你会（　　）。

A. 彼此商量，找出解决问题的方法
B. 为了避免争议而保持沉默
C. 无理争辩

（16）假设明天上司要找你谈话，你会（　　）。

A. 在心中反复提醒自己，一定要表现得更好
B. 心中忐忑不安，怀疑自己是不是哪个地方出错了
C. 事不关己，水来土掩，兵来将挡

（17）当你心情不畅时，你会（　　）。

A. 找一个能理解你的人倾诉
B. 尽量在他人面前掩饰自己的不愉快
C. 发泄到旁人的身上

（18）如果服务员招待你的态度不好，此时你会（　　）。

A. 告诉服务员他伤害了你，让他辨明真相
B. 怀疑自己是不是有哪些地方得罪了服务员
C. 向他们的上级投诉

（19）觉得自己与协同工作的人在性格和想法方面合不来时，你怎么办？（　　）。

A. 尽量谅解，实在不行，则向领导如实说明，等候机会解决
B. 委曲求全，尽量凑合下去
C. 向领导汇报他的短处，要求领导调离他

（20）你搬到一个新的住处，周围邻居都不认识，显得较为冷淡，你怎么办？（　　）。

A. 主动与邻居打招呼，表现出友好的姿态
B. 尽量避免与邻居交往
C. 故意显示自己是很强硬的，让人家有种敬畏感

¤ 评分标准

A ＝3 分；　　　　　　　　B ＝1 分；　　　　　　　　C ＝2 分。

¤ 评分解释

（1）0～29 分：

你目前的心态属于退缩心态。这种退缩心态引起的反应往往是让人暂时感到舒服。这种愉快的感觉会对退缩行为产生强化效应，也就是说，日后再碰到类似情况时，表现退缩行为的可能性就更大，造成事情不切实际、解决方法不够果断、决议模棱两可，或是工作超过期

限等不良后果。

(2) 30~50分：

你目前的心态属于侵略心态。这种侵略心态引起的反应让人感到一时的舒畅快慰。但从长远来看，一方面可能使你产生罪恶感或羞愧感，你就会表现得过分小心或委曲求全；另一方面可能使你怪罪他人，从而时时戒备，弄得精疲力竭，对大群人感到愤恨或怀疑，甚至使你对全世界感到愤愤不平。

(3) 51~60分：

祝贺你，你的积极心态能激发他人的积极回应，使大伙乐于与你合作，而不是扯你后腿，这种同心协力的风气自然能获得圆满的成绩。

2) 自测题：积极言辞训练

¤ 训练目的

通过本测试，了解你的言辞类型，并通过实际练习来加强你的语言表达能力。

¤ 测试题

(1) 你参加的某个委员会下次会期已定，你很想参加，但大家一致通过的日期却与你的日程安排有冲突，主席问："这个日期是不是大家都没问题？"你会说："好吧，就这样吧，别人都没有意见。"你认为这是属于（　　）。

　　A. 积极　　　　　　　B. 退缩　　　　　　　C. 侵略

(2) 同事想搭便车，你的时间已经来不及，况且又不顺路，你会说："我已经迟了20分钟，没办法送你到家，不过我可以送你到最近的车站。"你认为这是属于（　　）。

　　A. 积极　　　　　　　B. 退缩　　　　　　　C. 侵略

(3) 你要写篇报告却不知该从何入手，你会对同事说："我对写报告一点办法也没有，连怎么准备都不知道，一定是年纪大了！"你认为这是属于（　　）。

　　A. 积极　　　　　　　B. 退缩　　　　　　　C. 侵略

(4) 你为客户换装新机器，主管问你出了什么差错，你说："你白费我不少时间！他们装的地点还没有安排妥当，你也不通知我一声。"你认为这是属于（　　）。

　　A. 积极　　　　　　　B. 退缩　　　　　　　C. 侵略

(5) 你正与经销商通一个重要电话，被部属打断，你说："我想先打完这个电话，然后会很乐意回答你的问题。"你认为这是属于（　　）。

　　A. 积极　　　　　　　B. 退缩　　　　　　　C. 侵略

(6) 你的秘书正在安排今天的日程表，她问你何时回公司，你说："你看到我回来的时候，就是我回来了！"你认为这是属于（　　）。

　　A. 积极　　　　　　　B. 退缩　　　　　　　C. 侵略

(7) 同事听你谈起如何应付难缠的客户，听完后颇为称赞，你的回答是："我运气好，接手的正是时候。"你认为这是属于（　　）。

　　A. 积极　　　　　　　B. 退缩　　　　　　　C. 侵略

(8) 你听完同事所作的简报，觉得十分欣赏，你会说："这次简报做得很好，尤其是你把枯燥的资料弄得很有趣！"你认为这是属于（　　）。

　　A. 积极　　　　　　　B. 退缩　　　　　　　C. 侵略

(9) 你的部属要造访以"老奸巨猾"出名的客户，这位部属个性相当退缩，你会告诉他:"你的态度必须强硬,让他知道我们的条件,别让他像上次一样,用那些歪理牵着你鼻子走!"你认为这是属于（　　）。

　　A. 积极　　　　　　　　B. 退缩　　　　　　　　C. 侵略

（10）同事替他的部门完成一份很理想的工作计划,你希望他也协助你的部门做一份类似的计划,你会说:"你做的那个工作计划不错,你能不能花半个小时的时间,跟我一起为我这个部门也做一份?"你认为这是属于（　　）。

　　A. 积极　　　　　　　　B. 退缩　　　　　　　　C. 侵略

（11）部属要求分担部分重要工作,你说:"老天爷!你明知道光是管理档案就够你忙的了。"你认为这是属于（　　）。

　　A. 积极　　　　　　　　B. 退缩　　　　　　　　C. 侵略

（12）一个推销员猛向你推销,你拿不定主意,又想多看几家再决定,你会说:"我想这跟我要买的大概差不多,本来打算多比较一下,现在就凑合凑合、马马虎虎吧!"你认为这是属于（　　）。

　　A. 积极　　　　　　　　B. 退缩　　　　　　　　C. 侵略

（13）隔壁部门的人自告奋勇地替你协助新经理草拟一份财务报告,事先却没有通知你一声,你会说:"好大的胆子!你为什么不先问问我?现在我也帮不上忙,我自己已经分身乏术,让他自己去想办法。"你认为这是属于（　　）。

　　A. 积极　　　　　　　　B. 退缩　　　　　　　　C. 侵略

（14）老板要你的部属小李替他做个调查,你却希望由小金来做,你说:"小李才接下另一家公司的案子,或许可以把他调过来。小金对那个案子不太熟,不过我想我可以帮帮他。"你认为这是属于（　　）。

　　A. 积极　　　　　　　　B. 退缩　　　　　　　　C. 侵略

（15）同事说要来开会,却未露面,你打电话给他:"小郑,你不是说好要来的吗?我以为你会出席,怎么回事?"你认为这是属于（　　）。

　　A. 积极　　　　　　　　B. 退缩　　　　　　　　C. 侵略

（16）不知是哪位业务员未详细填写客户的收据,你发现后对他们说:"你们当中有人忘了详细填写张先生的收据。不管是谁,立刻给我补填!"你认为这是属于（　　）。

　　A. 积极　　　　　　　　B. 退缩　　　　　　　　C. 侵略

（17）老板规定,今后没有得到他的同意,不可外出拜访客户,你不满意地对老板说:"我对这项新规定不满意,我认为这么做等于否定我的专业判断能力。我想和你进一步讨论这件事。"你认为这是属于（　　）。

　　A. 积极　　　　　　　　B. 退缩　　　　　　　　C. 侵略

（18）部属想请假探访病中亲友,但全部门的人都为月底的报表忙得团团转,你会说:"我希望你不要认为我没有同情心,可是经理不会赞成你明天请假的,对不起!"你认为这是属于（　　）。

　　A. 积极　　　　　　　　B. 退缩　　　　　　　　C. 侵略

（19）老板要你参加某个会议,可是上一次你去过,发现讨论内容与你这一部门无关,你不想去,于是你说:"这一星期我的日程排得满满的,恐怕抽不出时间参加。"你认为这是属于（　　）。

　　A. 积极　　　　　　　　B. 退缩　　　　　　　　C. 侵略

（20）你正要复印资料，一位经常要你代劳的同事又开口了："能不能帮我印一下，每张 30 份？"你答："平常我很乐意帮忙，可是这个时候我不能替你印。"你认为这是属于（　　）。

  A. 积极   B. 退缩   C. 侵略

¤ 以下为供你参考的正确答案

1. 退缩	2. 积极	3. 退缩	4. 侵略	5. 积极
6. 侵略	7. 退缩	8. 积极	9. 侵略	10. 积极
11. 侵略	12. 退缩	13. 侵略	14. 退缩	15. 积极
16. 侵略	17. 积极	18. 退缩	19. 退缩	20. 积极

如果你对以上练习的答案有任何疑问，可以参考下面的分析。

¤ 对答案的分析与讲评

题号	答案	讲评
3	退缩	妄自菲薄，表现无助的反应。
4	侵略	怪罪他人，遽下断语，老板无法知道你的假设是否属实。
6	侵略	语带嘲讽，不顾及秘书的需要。或许你不确定自己何时回来，但是这并不表示她不该提出问题。
7	退缩	自贬身价，同时也贬低他人的赞誉。
9	侵略	过分权威的建议。
10	积极	直截了当地承认同事的成绩，既不自贬也不为自己辩解；同时也不以命令语气，要求对方拨出时间。
11	侵略	否定部属的期望，怀疑他的判断。
16	侵略	"立刻"在此含有"否则……"的威胁意味。
18	退缩	不肯为自己的决定负责，却对不必道歉的事表示歉意。
19	退缩	不说真话，只找借口而隐瞒真正理由。

3）自测题：积极行动训练

¤ 训练目的

通过本测试，加深对这 6 种积极行动的真正了解，并有针对性地培养自己的积极行动。

¤ 测试题

（1）"你对改进现有办法有没有什么建议？"——你认为这是属于（　　）。

  A. 基本型   B. 谅解型   C. 提示型   D. 直言型   E. 警戒型   F. 询问型

（2）"大约有 15 个人参与这项计划。"——你认为这是属于（　　）。

  A. 基本型   B. 谅解型   C. 提示型   D. 直言型   E. 警戒型   F. 询问型

（3）"以前我从来没想过这个问题，请给我一点时间考虑你的建议。"——你认为这是属于（　　）。

  A. 基本型   B. 谅解型   C. 提示型   D. 直言型   E. 警戒型   F. 询问型

（4）"我在做财务报表，你却一直打岔，我只有重来。我很不高兴受到干扰，希望你能等我告一段落再说。"——你认为这是属于（　　）。

  A. 基本型   B. 谅解型   C. 提示型   D. 直言型   E. 警戒型   F. 询问型

(5)"我记得当初说好研究范围要有节制,现在你又要扩大计划,我觉得应该照原定计划进行,以后再作改变。"——你认为这是属于(   )。

A. 基本型　　B. 谅解型　　C. 提示型　　D. 直言型　　E. 警戒型　　F. 询问型

(6)"你觉得这么做是否行得通?会不会有问题?"——你认为这是属于(   )。

A. 基本型　　B. 谅解型　　C. 提示型　　D. 直言型　　E. 警戒型　　F. 询问型

(7)"我希望你不要对这个要求不闻不问,否则我们只有跟你的主管沟通,可是我宁愿私下解决。"——你认为这是属于(   )。

A. 基本型　　B. 谅解型　　C. 提示型　　D. 直言型　　E. 警戒型　　F. 询问型

(8)"亚艳,我知道你想聊一聊,可是我现在没空,我想处理这些信件。"——你认为这是属于(   )。

A. 基本型　　B. 谅解型　　C. 提示型　　D. 直言型　　E. 警戒型　　F. 询问型

(9)"我对我们的工作成绩很满意,我相信我们会有更大的发展!"——你认为这是属于(   )。

A. 基本型　　B. 谅解型　　C. 提示型　　D. 直言型　　E. 警戒型　　F. 询问型

(10)"在我的经验里,结果不应该是这样的。"——你认为这是属于(   )。

A. 基本型　　B. 谅解型　　C. 提示型　　D. 直言型　　E. 警戒型　　F. 询问型

(11)"陈副经理,我想知道你同不同意这个做法。"——你认为这是属于(   )。

A. 基本型　　B. 谅解型　　C. 提示型　　D. 直言型　　E. 警戒型　　F. 询问型

(12)"我记得你答应把文件与订单一起寄来,以方便我们作业,可是现在它们是分开寄来的,我希望以后还是一起寄到。"——你认为这是属于(   )。

A. 基本型　　B. 谅解型　　C. 提示型　　D. 直言型　　E. 警戒型　　F. 询问型

(13)"大为,你什么时候可以把订单准备好?"——你认为这是属于(   )。

A. 基本型　　B. 谅解型　　C. 提示型　　D. 直言型　　E. 警戒型　　F. 询问型

(14)"我的意思是,我们不一定都有时间。"——你认为这是属于(   )。

A. 基本型　　B. 谅解型　　C. 提示型　　D. 直言型　　E. 警戒型　　F. 询问型

(15)"我了解你想尽快进入下一个阶段,可是,我希望你保持现状,等有人来接的时候再放手!"——你认为这是属于(   )。

A. 基本型　　B. 谅解型　　C. 提示型　　D. 直言型　　E. 警戒型　　F. 询问型

(16)"我建议把这些工作并入最后一节处理。"——你认为这是属于(   )。

A. 基本型　　B. 谅解型　　C. 提示型　　D. 直言型　　E. 警戒型　　F. 询问型

(17)"张主任,你这么说好像不把本部门当一回事,我觉得太不应该了。今后希望你先通知我们一声,再分派额外工作。"——你认为这是属于(   )。

A. 基本型　　B. 谅解型　　C. 提示型　　D. 直言型　　E. 警戒型　　F. 询问型

(18)"以后除非你肯事先跟我们商量,否则我们不接受你分派的工作。"——你认为这是属于(   )。

A. 基本型　　B. 谅解型　　C. 提示型　　D. 直言型　　E. 警戒型　　F. 询问型

(19)"你所谓的'工作小组'包括哪些人?"——你认为这是属于(   )。

A. 基本型　　B. 谅解型　　C. 提示型　　D. 直言型　　E. 警戒型　　F. 询问型

(20)"我们是不是先各自检查这个表,最后再对照结果是否相符?"——你认为这是属于（　　）。

  A. 基本型 B. 谅解型 C. 提示型 D. 直言型 E. 警戒型 F. 询问型

  （21）"我知道你不乐意与小洪共事，可是我认为你们俩是解决这个问题的最佳人选。"——你认为这是属于（　　）。

  A. 基本型 B. 谅解型 C. 提示型 D. 直言型 E. 警戒型 F. 询问型

  （22）"我大致上赞同这个构想，可是有几个问题得先解决。"——你认为这是属于（　　）。

  A. 基本型 B. 谅解型 C. 提示型 D. 直言型 E. 警戒型 F. 询问型

  （23）"你既然答应改善我们两个部门的合作方式，为什么又否定我们提出的困难？我想澄清一下彼此的立场。"——你认为这是属于（　　）。

  A. 基本型 B. 谅解型 C. 提示型 D. 直言型 E. 警戒型 F. 询问型

  （24）"魏小姐，你为什么认为这么做会惹出麻烦？"——你认为这是属于（　　）。

  A. 基本型 B. 谅解型 C. 提示型 D. 直言型 E. 警戒型 F. 询问型

  （25）"因为你还在为第一部分浪费时间，使我不得不急着赶做第二部分，才来得及完成这件工作。我很生气，请你说清楚，要怎么做才能早日完成第一部分？"——你认为这是属于（　　）。

  A. 基本型 B. 谅解型 C. 提示型 D. 直言型 E. 警戒型 F. 询问型

¤ 参考答案

1. 询问型 2. 基本型 3. 基本型 4. 直言型 5. 提示型
6. 询问型 7. 警戒型 8. 谅解型 9. 基本型 10. 基本型
11. 询问型 12. 提示型 13. 询问型 14. 基本型 15. 谅解型
16. 基本型 17. 直言型 18. 警戒型 19. 询问型 20. 询问型
21. 谅解型 22. 基本型 23. 提示型 24. 询问型 25. 直言型

¤ 课堂训练

  （1）情境模拟：当你听到他人对你的嘲讽时，你会怎么样？

  （2）情境模拟：一位同事打电话过来，想跟你讨论下周的会议，此时你手上正忙着一份报告，因而希望过一会儿再与他谈，你会怎么回答？

  （3）情境模拟：如果你是一位老板，现在到我国香港投资，等你出机场时，有一位记者问："你准备在香港投资多少钱？"你该怎么回答？

  （4）情境模拟：星期天，你和小杨、小周一起到小李家做客，小杨和小周先到，他们没给主人带礼物，而你最后到，手中提着一些点心礼品，你一进门，看见先来的两位朋友没带礼品，这时你最好采取哪一种做法？

  （5）情境模拟：你和几个朋友约好星期六聚会，后来你因有急事难以赴约，你应该怎样做？

  （6）游戏：分组列队，不能说话，不能看，由后往前传递信息（一到百位的数字）。

  4）课后训练

  （1）认识自己的心态后，请分析造成这种心态的原因并拟定相应的对策。

  （2）请协助你周围的朋友，帮助他们找出造成不同心态的原因，并说明这种心态带来的结果。

(3) 请给你所在班级的同学打分,并说明原因。

(4) 任课的赵老师偏爱班上几位成绩好的学生,课堂提问经常只叫这几位学生回答,别的学生即使举手也不被提问;辅导那几位学生的时间也多一些。别的学生有些意见,请问应该怎样与赵老师沟通?

(5) 和一位不太熟悉的朋友聊天半小时,写下收获和感受。

(6) 把寝室里自然状态下的对话录制下来,反复播放,找出自己的问题。

(7) 找一些有关的书籍如《演讲与口才》《现代口才》来看,以增强自己的见识。

3.1.3 训练小结

沟通的精神在于尊重、了解、同理心、公平、互动。侵略心态引起的反应让人感到一时的舒畅快慰,但从长远来看,可能使你产生罪恶感或羞愧感,使人际关系变得紧张;退缩心态引起的反应往往是让人暂时感到舒服,但解决方法不够果断、决议模棱两可,结果只会降低工作品质,道路愈走愈窄,让你不被别人重视;积极心态能激发他人的积极回应,使大伙乐于与你合作,这种同心协力的风气自然能获得圆满的成绩。

要使自己更积极,先得学会辨别自己和别人的言行,察其言,观其行。在掌握积极言辞的基础上还要配合积极的非言辞行为,如声音、说话方式、面部表情、眼睛接触、肢体语言等。

人与人的沟通其实就是一种信息的交流,这种沟通与一般的信息沟通都有其共同的规律,这个规律如图 3-1 所示。

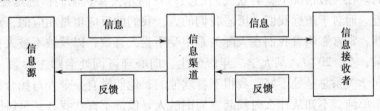

图 3-1 沟通与信息之间的关系

3.2 沟通的技巧:表扬与批评、请求与拒绝

沟通在我们的生活中无处不在,它既是信息的交流又是感情的传递,还能够帮助我们提高口语表达的技巧,获得事业的成功。

美国 CNN 著名节目主持人拉里·金说:"大多数成功的人都能言善道,而不成功的人大多不怎么会说话。如果你真的很会说话,请相信,你便能成功;如果你觉得自己已经是个成功之人,要是你更能说,你会更加成功。"这说明了口语表达与人的成功之间的关系,同时也指出了需要"很会"说话,这里的很会,其实就是口语表达的技巧。

沟通在生活中也影响着我们的人际交往,哈佛大学的一份研究报告指出,一个成功者,专业知识所起的作用是 15%,而交际能力却占 85%。人际关系的和谐,合作能力高强,是未来社会判断成功者的重要标准之一。

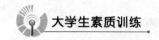

3.2.1 训练目标

1. 知识目标

了解口语表达的基本技巧；理解、掌握表扬与批评、请求与拒绝的技巧。了解人际交往的基本原则。

2. 能力目标

能阐述自己的意见和看法，能提出自己的需求，能自我鼓励并激励他人。

3. 素质目标

具有和谐的人际关系，具备一定的合作技巧，善于沟通交流、合作共事。

3.2.2 训练内容

1. 人际交往的原则

1）交互原则

人际关系的基础是人与人之间的相互重视、相互支持。人际交往当中喜欢与厌恶、接近与疏远是相互的。在一般情况下，喜欢我们的人，我们才去喜欢他们；愿意接近我们的人，我们才愿意接近。而对于疏远我们、厌恶我们的人，我们的反应也是相应的，对他们会疏远或厌恶。交互性，常常影响着我们在人际关系中受不受人喜欢，以及被不被人喜欢。

例如：蔡某，女，20岁，某大学二年级学生。向心理咨询处老师主诉为"我入学已一年半了，但和同学关系总是处不好。我很不喜欢他们，他们没有一个人与我合得来，也不如从前高中的同学单纯。不知从什么时候起，周围的人好像都不喜欢我，甚至讨厌我。有的人一见到我就掉头走开；有的人还在背后嘀嘀咕咕议论我。为此，我心里很烦，不知道周围的人为什么不喜欢我。老师，您能不能告诉我一个人怎样才能获得他人的好感与尊重呢？"

点评：小蔡的苦恼主要表现在人际关系方面，同学关系处不好，不为别人接纳，也不接纳别人，认为大家都不喜欢自己，为此心烦。一方面她有与同学处好关系、被他人信任和尊重、让别人喜欢的愿望，但另一方面又缺乏必要的知识。因此，建议她学习和掌握一些人际交往的基本原则和必要知识，同时要冷静地从自己的为人态度、性格特征、思想方法等方面找找原因，也可态度诚恳地主动找几个同学聊聊，请他们帮自己找找原因。还可以试着发现周围同学的优点与长处，试着欣赏他人。

根据人际交往交互性的原则，你希望别人喜欢和关注你，你就要先表现出对别人的喜欢与关注。

2）功利原则

人际交换的本质是社会交换，个体期待人际交往对自己是有价值的。期待在交往过程中得到的大于失去的，至少是差不多的。人与人之间的交往更多时候都不只需要倾向的相互一致，还需要保持交换的对等。人是理性的动物，要求自己的一切行动都有符合心理逻辑的充足理由。人与人之间的交往，本质上是一种社会交换过程，即存在物质品和非物质品（感情、信息、服务等）交换，当一种关系对人们来说是值得的，交往行为才会出现，人际关系才能建立与维持。无论怎样的亲密关系，我们都不能一味地只利用而不投资。在实际生活中，人们的人际交往会自然地选择给双方都带来最大满足的行为。

3）自我价值保护原则

自我价值，是指个人对自身价值的意识与评判。自我价值保护，是指人为了保持自我价值的确定，心理活动的各个方面都有一种防止自我价值遭到否定的自我支持倾向。人的自我价值是通过别人的评价来确定的。人们对他人的评价高度敏感，肯定、支持个人自我价值的力量，个人才认同与接受，并反过来报以肯定和支持。人们对自我价值的支持力量的变化也比较敏感。人们最喜欢的是对自己的喜欢水平不断提高的人，最讨厌的是对自己的喜欢水平不断降低的人。所以，我们在人际交往中，要遵守自我价值保护原则，既让他人得到尊重，又不委屈自己。遇到冲突时，懂得对事不对人地解决问题。

因此，在相互友好、互利的基础上，避免别人由于自我价值保护而防卫我们，支持别人的自我价值，才能赢得别人的支持，与其建立并维持良好的人际关系。

2. 表扬与批评

1）表扬

表扬、赞美是人际沟通中的一种润滑剂，学会赞美的艺术能收到意想不到的沟通效果。赞美的技巧主要体现在坦诚、得体、投其所好并合乎时宜。

在需要赞美的时候，应既准备接受别人的夸奖，又不吝于赞扬他人。表扬的方式也决定着表扬所能产生的效果。表扬太晚会失去其应有的效果。但表扬得太多同样也会失去应有的作用。

为了确保赞扬的话达到预期的效果，请注意以下几点。

(1) 表扬要一视同仁——上级要表扬每一个应该表扬的人。

(2) 表扬要具体。

(3) 表扬要直截了当，避免过多的修饰。

(4) 不要混淆表扬和意见。

(5) 表扬要及时。及时表扬有助于让对方明白为什么会受到表扬，从而会再接再厉，做出上乘的表现，这是人类行为调整的基本规律。

提示：当自己受到别人的表扬时，应礼貌地接受表扬，其方法为：表示接受表扬、不要争辩或过于谦虚、不要沾沾自喜。

2）批评

批评像是一支伤人之箭。批评是一件很难掌握分寸的工作，很少有其他管理工具像批评那样会引发如此多的矛盾。在工作中，交换批评意见可能是最为棘手的事情，大多数人不喜欢受到批评，也不愿提出批评，尤其是对自己的同事们做这件事。研究表明，那些受过严厉而否定的批评的员工后来都不能与提出批评者愉快合作。

提示：当面指责别人，这样只会造成对方顽强地反抗。而巧妙地暗示对方注意自己的错误，这才是有效的方法。

——戴尔·卡耐基

批评处理得好，它也可以转变成积极的因素。当管理者能对员工提出善意的合理的批评时，可以增进你与员工的关系，并对员工的未来发展提出有益的帮助。

有效批评的技巧主要有以下12种。

（1）考虑一下是否有必要批评。
（2）缓和地提出批评。
（3）说话考虑后果。
（4）选择适当的场合。
（5）选择合适的时间。
（6）针对具体的事情。
（7）友好接近对方。
（8）重行为而非个性。
（9）准确无误。
（10）称赞与批评相结合。
（11）针对可以改变的事实提出批评。
（12）每次只集中于一种行为。

提示：小人为极小的批评而动怒，智者却热切地从那些谴责他、责骂他、并"与他争路"的人们身上学到教训。

——菲利普·布鲁克

3. 请求与拒绝

1）请求

每个人在工作上皆免不了有求于人，相信自己有权要求对方，而对方则有权要求你采取合理的态度，也有权拒绝你的要求。

积极要求的要诀有以下几点。

（1）不要不停地道歉。
（2）直截了当。
（3）言简意赅。
（4）不必找借口。
（5）说明拜托的理由。
（6）不必以奉承来"推销"你的请求。
（7）不可利用别人的友谊或善意。
（8）不可认为拒绝是不给面子。
（9）尊重他人拥有拒绝的权利。

2）拒绝

积极拒绝的要诀有以下几点。

（1）直接回绝，避免喋喋不休的解释。
（2）明白地说："不，我不愿意这么做"或"我不想做""我宁愿不要"等。
（3）说明拒绝的原因。
（4）避免用"我办不到"之类的答复搪塞回去，因为那容易让人误以为你在找借口。

(5) 不必道歉连连。
(6) 感激对方邀请你，并且对于他的主动，表示称赞。
(7) 诚实说明你能接受的限度。
(8) 向对方请求进一步的说明或提供更多资料。
(9) 要求更多时间考虑。
(10) 运用非言辞行为。

4. 口语基本技巧

由于会话的内容丰富多彩，因而，表达的技巧必然也是千变万化的。我们将主要训练以下几种基本技巧：捕捉话题技巧、转换话题技巧、提问技巧、答问技巧、幽默技巧、委婉技巧和模糊技巧。

1）捕捉话题技巧

明确捕捉话题的前提首先是选择话题要顾及会话的对象，与不同的对象交谈要选择不同的话题。其次，要避免话题"禁区"（如隐私、避讳或缺陷）和避开敏感话题。精心捕捉话题，寻找会话的最佳切入点，才能使会话得以顺利进行，避免冷场、尴尬局面。捕捉话题主要从找即景点、找兴趣点、找相似点和找新颖点4个方面着手。

(1) 找即景点——就眼前景物或事物切入话题。
(2) 找兴趣点——从社会普遍关心的事情，即社会热点问题切入话题。
(3) 找相似点——从会话双方相似的因素着手寻找话题。
(4) 找新颖点——寻找新颖、活脱、有趣的话题作切入点。

2）转换话题技巧

明确转换话题通常是针对冷场、内容枯燥、失言尴尬、争论不休、失去兴趣、需要避讳等情况而言的。转换话题在于巧妙、自然、适时地将对方的注意力从原来的话题引至新的话题。在转换话题之前，应充分估计对方心态和审慎选择比原来话题更有新意的、在需求上更可满足对方的话题。转换话题的方式主要有3种：顺水推舟式、顺手牵羊式、另起炉灶式。

(1) 顺水推舟式——充分利用原来的话题，借助邻近内容隐蔽地转移对方的注意中心，由此及彼，以新换旧，自然引开话题。
(2) 顺手牵羊式——借助邻近或相关的事物或非语言因素，巧妙地转换话题。

会话总是在特定的时境中进行的，眼前的景色、物品、陈设、耳畔的声响，乃至嗅觉感受到的气味、触觉感受到的物状、身体感受到的气温等，都是转换话题时可以利用的东西。

(3) 另起炉灶式——果断地撇开原来的话题，直截了当地提出一个新话题。

3）提问技巧

明确提问是会话中了解对方、获取信息、促进交流的重要手段，会话总是从提问开始的。善于提问能掌握会话的进展、控制会话的方向。会话中要巧妙妥当地提出问题，使自己处于有利地位，以达到会话交际的目的。要求能针对具体情景运用各种提问方法发问。主要方法有：正面直问法、假言设问法、反诘而问法、试探性问法、商讨性发问法、套路性发问法等。

补充资料

过于直白的提问，往往显得十分生硬，容易造成采访对象的心理排拒，难以获得有价值的信息和材料，而且还会给人一种笨嘴拙舌的感觉。

北京远郊区有个山村的群众吃水很困难。后来，在当地政府的关怀下，村民都用上了自来水。记者采访一位老大娘时问道："大娘，您吃上自来水了，高兴吧？"大娘回答说："高兴！高兴！"这次采访，记者就提了这一个问题，大娘也就连着说了两个"高兴"，心里有话却因记者的直白而没能说出来。如果问"大娘，原先您想到过吃自来水吗？"或者"大娘，听说你们过去吃水很困难？"大娘心里的话就能痛快地说出来。

特级教师陈万技在讲解"新闻"概念时，就采用了套路性发问法。

师：去年3月2日，虎头岭发生了一起车祸，能不能作为新闻报道？

生甲：不能。最近发生的事才叫新闻。

师：不错，新闻必须是最近发生的事。不过，最近发生的事都可作为新闻吗？昨晚，我那辆自行车的气门嘴被人拔了，能作为新闻报道吗？

生乙：这是小事，新闻是大事。

接下来，教师又举了几个事例，解释新闻的内涵：新闻就是最近发生的能够为大家所关心的事件的报道。学生们在老师的套路问话中清楚地了解了"新闻"的概念。

4）答问技巧

明确真正的妙答，绝不是问什么就答什么，也不是怎么问就怎么答。应力图运用各种答问技巧，改变会话中的被动局面，既答得好，又答得巧。答话的技巧主要可采用：直言答问法、即兴智答法、双关妙答法、答非所问法、巧避分歧法等。

补充资料

20世纪50年代，有一次，周恩来和一位美国记者谈话时，记者看到总理办公室里有一支派克钢笔，便带着几分讽刺，得意地发问："总理阁下，也迷信我国的钢笔吗？"周恩来听了风趣地说："这是一位朝鲜朋友送给我的。这位朋友对我说：这是美军在板门店投降签字仪式上用过的，你留下作个纪念吧！我觉得这支钢笔的来历很有意义，就留下了贵国的这支钢笔。"美国记者的脸一直红到了耳根。

5）幽默技巧

明确幽默点往往出现在语言的反常组合上，即语言组合与人们共有知识相违，完全超出人们可以预料的范围。在语言的反常组合中所形成的幽默点，是通过一定的语言条件实现的，并非是语言本身（未进入特定语境所使用的词和句子）能产生的。按照语言的反常组合特点来看，幽默法的类型一般有岔断法、倒置法、转移法。

补充资料

列车员看了埃里莎老大娘的票说："这是从瑞典耶特堡到马尔摩的票，可我们这趟车是到斯德哥尔摩。"

老太太严肃地看着列车员问："怎么办，难道就连司机也没有发现他开的方向不对吗？"

这段幽默将主客关系倒置，造成一种特殊的幽默效果。

6) 委婉技巧

委婉技巧——在会话中，不直陈本意，说话人故意说些与本意相关或相似的事物，来烘托或暗示本来要直说的意思。让人思而得之，而且越揣摩，似乎含义越深越多，因而也就越有吸引力和感染力。我们着重进行下列几种委婉技巧训练。

（1）讳饰式委婉法——采用委婉的词语表示不便直说或使人感到难堪的意思。

（2）借用式委婉法——采取借用一事物或他事物的特征来代替对事物实质问题的直接回答。

 补充资料

一次，美国的一位记者去采访罗斯福总统，请他谈谈第四次连任的感想。罗斯福没有立即回答，而是很客气地请这位记者吃了一块"三明治"。记者得此殊荣，便高兴地吃了下去。总统微笑着请他再吃一块。他觉得这是总统的诚意，盛情难却，就又吃了一块。当他刚想请总统谈谈时，不料总统又请他吃第三块，他有些受宠若惊了。虽然肚子里已经不需要了，还是勉强地把它吃了。可是，这时罗斯福竟又说了一句："请再吃一块吧！"这位记者赶忙一再申明，说实在是吃不下去了。

这时，罗斯福才微笑着对记者说道："现在，你不要再问我对于第四次连任的感想了吧！因为你刚才已经感受到了。"

这里，罗斯福借用请吃"三明治"的办法使记者对其难担其劳、心力交瘁、一言难尽的处境有了一个感性认识，从而婉转地表达了自己4次连任后的感想和体会。此回答避免了直接回答问题的呆板和泛泛，方式新颖别致。

（3）歇后语式委婉法——采用歇后语形容、描绘事物。使之生动、逼真、直观感强，给人俏皮、诙谐、幽默之感。

7) 模糊技巧

模糊技巧——故意用模棱两可、含混不清等表意上具有弹性的语言来回答较直接尖锐的问题。可采用的主要方法有：逻辑模糊法、词汇模糊法、词义模糊法等。

（1）逻辑模糊法——在特定的语言环境下"绕道而行"，对一些难题巧妙地利用逻辑方法来解决。

 补充资料

王安石的儿子王元泽自小聪明过人。一次，一位客人将一只獐和一只鹿放在一个笼子里，问王元泽哪是獐，哪是鹿。年幼的王元泽不认识獐和鹿，然而他并不作"分不清""不知道"这一类的回答，却说"獐旁边是鹿，鹿旁边是獐"，客人们无不称赞。王元泽的回答，避开了客人提出的问题，暗中偷换成另外一个问题："獐旁边是什么？鹿旁边是什么？"他回答的实际就是偷换以后的这个问题。王元泽的这种回答表面上看来是违反同一律的，但它却显示了王元泽的机智，因而赢得了客人们的称赞。

（2）词汇模糊法——利用语言的不确定性，用较少的词汇传递更多的信息，提高传递效率。

（3）词义模糊法——表达的词句确定，但都不是确切的作答。诸如"可能""也许""我想""仿佛"等，均未确切作答，但又使对方认为你并不武断和盛气凌人，而是以一种

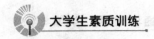

商讨的口气跟自己讲话。

5. 自我训练

1）课堂测试

（1）拟一份批评能力测试表。

根据你提出批评的方式，完成下面的测试，然后根据自己的得分来评判你的批评水平如何。

你是否小心谨慎地开始批评，并努力在批评他人之前了解对方的什么行为惹恼了你？

你是否会将自己心里的话脱口而出，不管自己的话会对他人造成多大的伤害？

你是否避免将对方置于防卫之地，并努力控制自己不以一种敌对、非难的方式抨击对方，同时做到不要过分直率和坦诚？

当你试图改善关系，或帮助某人改变不良行为时，你是否注重他人什么事情做得出色，并且以积极的方式提出否定的意见？

当你提出批评时，是否也考虑到了积极有效的解决办法？

你是否能避免在自己生气、疲惫或愤怒的时候批评他人？或者是当事情发展到对他们比对你更有利时提出批评？

当你从他人身上看到一些你并不喜欢的特点，或者你父母有时会因为某些行为困扰你时，你是否能控制自己不要对人过于挑剔？

你是否会找一个安静的、无人偷听的场所提出你的批评与谈话？

当别人觉得自己没有价值，没有希望和用武之地时，你是否能避免利用这些攻击对方？

你是否在事情发生后当即提出批评意见？

你是否能准确、老练地讲话，并避免一般化？

你是否能限制批评的同时，避免漫无边际的谈话？

得分：_____

评分方法：如果答案为"一直是"，则计为 A；如果答案为"有时是"，则计为 B；如果答案为"从不是"，则计为 C。

评分结果：如果大多数是 A，那说明你提出批评是合理有效的。如果你的答案多数是 B 和 C（或者几乎都是 C），那么你就需要改进批评的技巧了。

（2）表扬班上的某一位同学或者老师。

（3）向班委或你的好朋友当面提出善意的批评。

（4）向同学或老师提出你的合理请求。

（5）情境训练：一对恋人，男的要看世界杯，女的要听音乐会……

（6）情境训练：一对恋人，女的问男的："如果我和你妈落水，你先救哪个？"

（7）情境训练：一位男青年准备了一支玫瑰向女友求婚，不巧花瓣全落了……

（8）情境训练：要补考，请老师帮忙复习。

（9）问题思考：你如何评价你的父母亲？

2）课后训练

（1）你的好朋友或老师向你提出请求时，如果你有难处，要学会拒绝。

（2）向班主任提建议。

3.2.3 训练小结

沟通经验是一个人成功必不可少的处世秘诀,是人生智慧的结晶,掌握它,将使你在与人相处时说话得体,做事顺利,并为你个人的创业营造出一张和谐舒畅而成功的人际关系网络。一旦你控制住自己的语言,它就会乖乖地由你驾驭了。你可以根据一天的安排、听众的类别、环境气氛等因素来调整自己说话的声音、说话的语速,以应付不同情境的需要。

3.3 沟通技巧的运用

所谓沟通技巧,是指人利用文字、语言或肢体语言等手段与他人进行交流使用的技巧。沟通技巧涉及许多方面,如简化运用语言、积极倾听、重视反馈、控制情绪等。虽然拥有沟通技巧并不意味着成为一个有效的管理者,但缺乏沟通技能又会使管理者遇到许多麻烦和障碍。在今后的工作中,不管是初入职场,还是管理他人,沟通技巧都必不可少。运用沟通技巧解决问题也非常重要。

3.3.1 训练目标

1. 知识目标

了解沟通的基本技巧,熟悉座谈与讨论场合的沟通知识,掌握座谈与讨论的注意事项。

2. 能力目标

(1)能主动地把握讲话的时机、方式和内容。
(2)能根据对方谈话的姿势、语气和意图,领会对方直接表达出来的内容,并予以相应的方式回应。
(3)在参加讨论时回应谈话者的讲话和提问;在主持讨论时能围绕主题提出问题和要求,推进讨论深入,并对讨论情况做出评论。
(4)能全面准确地传达一个信息或表明自己的观点;表达词语丰富,结构完整,思路清晰;并能使用图表和其他辅助手段说明主题。

3. 素质目标

通过训练,敢于表达自己的见解,为人处事热情礼貌,善于与人沟通交流,与老师同学关系融洽。

3.3.2 训练内容

一个人的职业生涯是在交谈中度过的,交谈伴随着人们的一生。

交谈是发生在人们面对面互动之中的有意识的活动,需要参加者将谈话讨论的焦点保持在一个特定的话题上,并且需要运用多种交流沟通技巧去提问和回答。

古语有"一言可以兴邦,一言也可误国"之说,有"一人之辩重于九鼎之宝,三寸之舌强于百万之师"之论。可见,自古以来,语言有举足轻重的地位。

交谈的作用体现在以下几个方面。

第一，有利于交往，能化解矛盾。在信息社会中，人们越来越重视社会交往，而交往，主要依托会话。会话能力较强，能使交往渠道畅通，能使交往广度得到拓展，能使交往深度得到挖掘。同时，通过会话的有效交往，能化解矛盾。大到解决国际争端，一场会话的智斗，能免除刀兵之祸；小到邻里纠纷，一段谈话劝解，能消除"战火"，使之和好如初；婆媳不和、夫妻反目，一席细语，能消除误会，重归于好。

第二，有利于交流，能增进友谊。通过会话，彼此交流思想感情，沟通情谊，加强感情交流，加固友谊基石，融洽双方关系。

第三，有利于思想工作，能鼓舞群众激情。做思想工作，一席恳谈，可使庸人立志，浪子回头。

1. 座谈

1）仔细倾听别人的想法或意见并给予反馈

在倾听别人意见的同时记录对方的要点，抬头聆听对方并适时地给予反馈，比如一个点头示意等，表明自己在倾听其他成员观点。

2）及时地对别人正确的想法或意见予以支持

团队中每个人都具有标新立异的能力，但不意味着每个人都有支持别人的魄力。适时支持其他团队成员有助于团队按时完成任务，支持是相互的。

3）适时地提出自己的观点并设法得到其他人的支持

在团队中清晰简明地提出自己的观点和意见，并理性地证明自己观点的优点和缺点，以期得到别人的支持。

4）对别人的方案提出富有创造性的改进点

有时候很多成员会发现，前面发言的人有很多点可以说，但是轮到自己的时候可论点已经所剩无几，这时，可以对前面的某些论点予以补充和改进，这样可以拓展某些问题的深度和广度，会给别人感觉你不止停留在表面，而是挖掘了很多深层次的元素。

5）在混乱中试图向正确的方向引导讨论

有时候座谈非常混乱，无中心、无目的、无时间概念。这时应以礼貌的方式引导大家向有序、理性的方向讨论。包括提示大家"时间"，当前最需解决的问题，以及是否应进入下一个讨论阶段等。即便引导最终没有成功，但是别人会欣赏你有这样的意识。

6）在需要妥协的时候妥协以便达成结论

7）具有时间观念

8）能够对整个座谈讨论进行领导

通常这是一把"双刃剑"。领导需要得到大家的支持，如果大家反对或无人配合，则自告奋勇地充当领导者角色会成为败笔。领导同样可以通过比较隐形的驾驭方式表现出来。

2. 讨论

讨论是指在一位主持人的带领下，一小组人围绕某个主题进行座谈讨论。选择适当的主持人、做好充分准备工作、掌握讨论的技巧，是确保讨论效果的关键。

1）小组讨论的步骤

（1）明确讨论主题：讨论前应首先拟定讨论提纲。讨论提纲包括讨论目的、讨论的问题、内容及预期达到的目标。

（2）组成小组：根据讨论的主题，选择相关的人员组成小组，小组讨论的人数一般以6～10人为宜。

（3）选择时间和地点：根据讨论小组人员的特点及讨论时间的长短选择讨论的时间和地点。讨论时间一般掌握在1小时左右；讨论地点应选择小组成员感觉舒适、方便的地方。

（4）排列座位：座位的排列同样是保证小组讨论成功的重要因素。座位应围成圆圈式或马蹄形，以利于参与者面对面地交谈。

2）主持小组讨论的技巧

（1）热情接待：主持人应提前到达会场，对每一位前来参加小组讨论的人表示欢迎。

（2）说好"开场白"：开场白包括主持人的自我介绍、讨论的目的和主题。开场白应通俗易懂，简单明了，使每一位与会者明确讨论的重要性及自身的作用。

（3）建立融洽的关系：开场白后，可请每一位与会者进行自我介绍，以增强与会者之间的相互了解，建立和谐、融洽的关系。

（4）鼓励发言：鼓励大家发言，对发言踊跃者给予适当的肯定性反馈。

（5）打破僵局：当讨论出现沉默不语时，主持人可通过播放短小录像片，提出可引发争论的开放式问题，或以个别提问、点名等方式打破僵局。

（6）控制局面：当出现讨论偏离主题、争论激烈或因某个人健谈而形成"一言堂"时，主持人应采用及时提醒、婉转引导、礼貌插话等方式控制讨论的局面。

（7）结束讨论：讨论结束时，主持人应对讨论的问题进行小结，并向与会者表示感谢。

3. 课堂训练

（1）主持一个小规模的主题讨论。（大学生该不该谈恋爱？大学生是学习理论重要还是参加实践重要？）

（2）就一个实际问题与几个对象进行座谈。（班团主题活动，师生座谈）

3.3.3　训练小结

在座谈与讨论中，由于多为即兴发言，发言者必须迅速接收信息，组织语言，立即表述，没有过多时间组织表意完整，严密的语句和进行语言的雕饰。只有简洁、明快的语言才适用。而听话者也难于迅速接收和理解那些复杂的语句，只有通俗的语言才不因稍纵即逝而影响交谈。所以，会话中要求语言要明快、通俗。

3.4　沟通的表演形式：主持与演讲

主持与演讲是沟通的最高境界之一，其体现出的技巧和方法对生活中的沟通将会产生很大的影响。美国学者大卫·奥门博士对其作用概括为："尽力培养出一种能力，让别人能够进入你的脑海和心灵。学着在个人面前、在人群当中、在大众之前清晰地传达自己的思想和

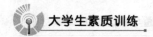

意念给别人。在你这样努力去做而不断进步时，便会发觉：你——你真正的自我——正在人们心中塑造一种前所未有的形象，产生前所未有的震撼力。"

3.4.1 训练目标

1. 知识目标

了解主持的主要形式及过程；掌握演讲的基本技巧。

2. 能力目标

（1）能够准确地表达意图，条理清晰、构思新颖、论据充分，声音洪亮，普通话标准。
（2）能运用恰当的表情和肢体语言。
（3）能够根据环境、对象的不同，随时应变，采用不同的表达方式和策略，按照预定的主题完整地发表自己的意见和看法。
（4）能利用图表和黑板等辅助手段帮助说明发言的主题。

3. 素质目标

通过本次训练，提高学生的口语表达能力、组织能力、演讲能力；体察关心他人感受，鼓励他人表达自己的内心想法；诚恳务实、诚信守诺，能够以开放的心态对待他人、信任他人。

3.4.2 训练内容

1. 主持

当今大多数商业活动都要求集体的共同努力，所以如果你不能成功地主持一个会议，人们就会认为你没有驾驭公司的能力。许多经理认为，再也没有其他场合比在会议上能更迅速地提高你的知名度了，他们得到提升的许多机会都来自自己在会议中的出众表现。

1) 商务性会议的形式

商务性会议一般有以下几种形式。

（1）为了提出远期或近期目标，部署下一步行动规划，以及为某项计划征求意见而召开的全体员工大会、董事会、主管部门会议以及委员会会议等。
（2）向股东、雇员、消费者、卖主、政府官员以及专业人员汇报企业状况、规划方案，衡量企业现状与目标的差距所召开的会议。
（3）公司发起的公司之外的讨论会和工作会议。
（4）介绍新产品所召开的公共关系聚会。
（5）为了销售产品或其他目的而召开的全体会议。
（6）向商业监督单位面对面地汇报情况、提供信息而召开的会议。
（7）有时人们要求你做个报告谈谈自己所研究的领域。

思考：请想一想，如果你在主持会议，将如何进行？

2）会议前的准备

在召开会议以前，组织者应当做好以下准备。

（1）弄清会议的目的和任务。

（2）了解你的听众。

（3）起草发言大纲。

（4）事先考虑你将会遇到的问题以及问题的答案。

（5）事先排练。

3）会议召开时

当你在会议上开始讲话时，你是否受到欢迎，第一步将取决于观众对你的初步印象。这个印象取决于很多因素，如：你是否做好充分准备，你的眼睛是否闪亮而活泼，你的声音是否悦耳动听，你对周围的反应是否机智灵活以及你是否能简明扼要地陈述自己的观点。下列秘诀有助于你建立一个受人欢迎的形象。

（1）果断而自信地走向主席台。

（2）准时宣布会议开始。

（3）出奇制胜的开场白。

（4）集中精力解决问题和提出行动计划。

（5）让观众具有参与意识。

（6）尽量增强讲话的说服力。

（7）把好的心情传递给观众，让他们有足够的理由坐在那儿听你的演说。

（8）使观众确信你的需要和兴趣同他们的很相似。

（9）使他们认识到某个问题或计划的重要性。

（10）阐明你的目的和任务，不要给与会者"有事被隐瞒"的感觉。

（11）尽量避免曲解事实，不要隐瞒关键信息。

4）会议结束时

简明扼要地重复你的论点或补充说明自己的主要观点，让听众有一个整体的概念，然后果断而自信地离开主席台。

2. 演讲

几乎70%的高层管理者和决策者承认，他们最大的恐惧是在公共场合下讲话。

一个与人会谈时笨嘴笨舌、不知所措者也可以转变成一位精于言谈、从容自如地应付困境的老手。只要我们努力训练自己，终能克服紧张情绪，消除内心的恐惧，从而变成一位充满自信的言谈者。

思考：演说中要注意用词艺术，词语选择、搭配都能影响到演讲或说话的内容和效果。

——戴尔·卡耐基

1）成功演说家的4种特征

（1）愉快与自在。

（2）诚恳、可靠与关怀。

（3）热忱。

（4）权威。

思考：请想一想，如果你要演讲，将如何应对？

2）公共演说要注意的几个方面

（1）语音与重音。良好的发音能取悦听者的耳朵。但对演说者而言，你必须善于使用一种标准的发音。这样听者越易明白，他们对你的声音也更加富有好感。

（2）面对观众。大多数观众至少在演讲开始时会表现出友好和关注的神情，所以你应该给自己暗示，观众对我讲的问题都是感兴趣的，会被我调动的。

 补充资料

下面 5 点是你面对观众的基本规则

- 如果你无法应付，不要试图尝试；
- 沉着冷静，决不能大发脾气；
- 尽力使得大多数观众站在你这一边；
- 不要让演讲变成一种骂人的比赛；
- 过后主动与诘难者交谈。

3）事先准备

演讲所处的空间有多大？这一点与你和观众的亲密关系、你传递信息的速度、容量等有关。空间越大，说话的速度就越慢。下面是开口演说之前应当考虑的一些事情。

（1）听众离你多远？前排是否空着，还是紧坐在你的眼下？

（2）讲话的麦克风怎么样？是否需要调试？是否会在你讲话时嗡嗡作响？

（3）是否需要一个讲台？讲台的高度如何？你是否会躲在讲台之后？

（4）是否有人倒水？如果没有，自己可以准备一点，即使是最有经验的演说者也会感到中途口渴。

（5）听众的情况如何？他们是否生动活泼，还是正经严肃？他们是否会获取你的信息？是否会被你说服？是否会被你逗乐？他们的年龄和性别如何？

（6）如果是在晚上，灯光条件如何？你是否需要看书面讲稿？

（7）如果你在演讲中必须使用幻灯片等显示工具，应该事先试一下其设备是否完好。

（8）另外的演说者是谁？他是否会与你所讲的内容相互冲突？

（9）你期望获得怎样的最佳效果？如果你毫不清楚，那最好不要走上讲台。

4）应付紧张

处理紧张的第一步，是要弄清自己紧张的原因。问问自己是否存在以下问题。

（1）担心同事嘲笑？

（2）担心卡壳而讲不出话来？

（3）对所说话题缺乏认识？

（4）担心自己的演讲令人乏味？

（5）担心听众分散注意力？

（6）担心自己会愚弄自己？

如何放松自己，你可能无法从书本上找到答案。下列办法也许有助于增强信心，使你更

好地把握自己。

（1）尽量早点到达，让自己完全适应环境。

（2）相信自己对所要演说的话题一定比观众了解得更多。只有自信，你才能更好地处理自己的话题。

（3）请记住：是你在控制整个局面。

（4）事先放松身体，当你站在台上演讲时，先活动一下自己的肢体，做一下深呼吸，使身体得到完全的放松。

（5）当站在台上开始讲话时，声音比平时大一点，以一种富有力量的声音去讲，响亮而自信的声音能帮助你建立一种内在的自信。

（6）千万不要使用饮酒的方式来消除紧张，也许你认为这样会管用，其实，处理不当会适得其反。

（7）声音自然而充满自信，不要故意装腔作势。

（8）如果你使用讲稿，可以将它轻轻拿在手上，手里拿着东西可以制止双手发抖。

（9）不要东张西望，将视线集中在一两个观众面前。

（10）尽量保持内容简短，不可冗长。

（11）演说简洁明快，不要含混不清。

（12）事先理好提纲，并按照线索有条不紊地讲下去，以免思路中断而出现紧张。

5）演说的内容

一篇好的演说词应该具有要点、分点，要有一个中心，然后以一些强有力的事实和给人留有深刻印象的词语来加以说明。但最重要的一点是，你必须弄清观众期望你演讲的内容是什么。

6）开场白中的介绍

在开场白中的介绍可以由主持人或是你自己来做，也可以借助这种方式来增进你与听众之间的关系，缩小与他们之间的情感距离。

7）演讲本身

下面这些问题是在演说中应该注意到的。

（1）当你走上讲台开始演说时，创造一种恰当有力的效果。

（2）从左至右扫视一下听众，并选定一两个注意的目标，这样有助于你与听众的交流，建立双方的信任。

（3）正式的开场白应该缓慢道出，以将听众的注意力吸引过来，如"先生们、女士们……"然后静候片刻，再开始讲话。

（4）站在讲台上是为了让听众喜欢你以及你所说的内容，应该尽力去说服他们、赢得听众。

（5）你的表述至关重要。

（6）演说前的准备越充分，演说的效果就越好。

（7）确保自己容易让听众听到和理解，声音响亮，让后排的听众也能清楚地听见。

（8）让自己所讲的话富有个性，你可以请一位这方面的专家，探讨一下所要演说的内容，并让他亲自听你排练一下。

（9）保持简洁。

（10）在演说的过程中，不时观察你所选中的听众的反应，以及他们的身体语言。

（11）不要在演说中途试图念完自己的后半部讲稿。

（12）不要说得太快。

（13）巧用停顿。

（14）眼神不可离开观众。

（15）不要演讲时回忆整个事情。

（16）对没有经历过的事情不要信口开河。

8）手置何处

演讲时，你的手应该放在何处，如何放置，这也是一个十分重要的细节，但却没有一个普遍的规则。讲台上，直到演讲者完全自信而有说服力地征服听众时才敢自如地放开。手的放置和运动是吸引听众视觉的一个因素，当你讲话之时，能够忘掉它则是个好事。怎样放着你感到轻松自在，就怎样去做吧。

9）演讲稿的写作技巧

10）注意你的身体语言

11）巧用幽默

12）锦上添花的结尾

3. 自我训练

1）课堂练习

请抽取《普通话水平测试》中 30 个说话题目来进行说话训练或自拟演讲稿，如表 3-3 所示。

表 3-3　《普通话水平测试》题目

序号	说话题目	序号	说话题目
1	我的愿望（或理想）	13	我喜爱的季节（或天气）
2	我的学习生活	14	学习普通话的体会
3	我尊敬的人	15	谈谈服饰
4	我喜爱的动物（或植物）	16	我的假日生活
5	童年的记忆	17	我的成长之路
6	我喜爱的职业	18	我知道的风俗
7	难忘的旅行	19	我和体育
8	我的朋友	20	我的家乡（或熟悉的地方）
9	我喜爱的文学（或其他）艺术形式	21	谈谈美食
10	谈谈卫生与健康	22	我喜欢的节日
11	谈谈科技发展与社会生活	23	我所在的集体（学校、机关、公司）
12	我的业余生活	24	谈谈社会公德（或职业道德）

续表

序号	说话题目	序号	说话题目
25	谈谈个人修养	28	谈谈对环境保护的认识
26	我喜欢的明星（或其他知名人士）	29	我向往的地方
27	我喜爱的书刊	30	购物（消费）的感受

2）课后练习

以寝室为单位，说一个寝室内发生的故事。

3.4.3 训练小结

主持和演讲唯有自然、真诚，方能赢得听众信任。即使是伟大的演说者，也要借助阅读的灵感。想要增加和扩大文字储存量的人，必须经常让自己的头脑接受文学的洗礼。

3.5 模块总结

（1）是否按计划完成了本章的训练？是　　否

（2）未完成的原因是：

（3）通过训练，我阅读的书籍有：

（4）我目前沟通存在的问题及改进的措施：

3.6 活动与拓展

金字塔管理

游戏任务书：在你的公司里每个人都有一张图纸，每张图纸上的图案不太一样，但其中有一个图案是所有图纸中共有的。请找出这个大家都共同拥有的图形。

时间：20分钟

规则：（1）总经理（1人）只能把信息传递给部门经理（2人），部门经理只能把信息传递给身后的基层员工（每个部门经理身后坐3个基层员工），而基层员工只能把信息传递给总经理。信息通过准备好的纸片进行书写，每人一张纸片，只能传递一次。

（2）信息传递只能通过邮递员进行，举手"报告"呼唤邮递员。

（3）20分钟内所有成员不能说话、不能讨论。

（4）不允许在图纸上做标记或者偷看别人的图纸。
（5）过程中不得向老师提问。

注意事项：
（1）人员角色分配完成后，允许回头看一下各个成员岗位。
（2）前后排拉开距离。
（3）先讲规则再发图纸给总经理。其他成员先发白纸。
（4）开始前一定询问是否明白规则。
（5）每过5分钟提示一次时间。

现象思考：
1. 游戏中无意地不按规则传递纸条的人，是因为忽略了沟通中的什么要素？
2. 传递信息的纸片上字迹潦草不清，是因为缺乏沟通中的什么能力造成的？
3. 游戏的难点是什么？说明了单向沟通的缺陷是什么？

模块 4

活动组织能力训练

导 读

在大学里总能看到一些同学活跃在校园里的各个角落,广播站、校运会、篮球赛、校庆活动、演讲比赛等,他们总是会令周围同学佩服不已。每逢毕业季,大学毕业生中的学生干部和学生党员的应聘率都相当高,这些大学生中的佼佼者总是招聘单位的首选对象,也是在应聘中表现相当出色的群体,其录用的重要原因就是用人单位看重毕业生的组织协调能力。

人的组织协调能力不是天生的,而是靠后天锻炼和培养的。作为大学生需要有较强的组织协调能力是不言而喻的,否则也很难担当起未来的工作任务。大多数人的组织协调能力的提升都需要经历两个阶段:一是职前——大学阶段的培养;二是职后——工作过程中磨炼成长。大学阶段是培养学生组织协调能力的最佳时期,大学生积极地参与校、系、班级和社团组织开展的各种各样的活动,能够很好地锻炼自己的组织协调能力,为将来成长成才奠定良好的基础。

训练要求

(1) 了解能力和活动组织能力的概念;
(2) 了解能力与知识、技能、素质的关系;
(3) 理解当代大学生的能力要求及能力培养训练方法;
(4) 了解活动组织能力的基本构成及培养训练途径;
(5) 了解文娱活动的组织策划流程及注意事项;
(6) 了解社会实践活动的概念、实践的目的、意义、类型;
(7) 了解社会实践活动组织策划流程及注意事项;
(8) 掌握社会实践调查报告的撰写规范。

训练内容

☆ 活动组织能力训练
☆ 校园文娱活动组织能力训练
☆ 社会实践活动组织能力训练

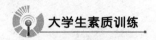

点击关键词

组织能力：是指为了有效地实现自己的各项计划目标，灵活地运用各种方法，把自己活动的各个部分、各个环节，从纵横交错的相互关系上，从时间和空间的相互关系上，有效地、合理地组织起来的能力。组织能力对于个人将来的生活、学习和工作是十分重要的。如果你有很强的组织能力，并能在活动中得到充分的发挥，就能使自己的生活、学习、工作有序、高效地进行。

4.1 活动组织能力

4.1.1 训练目标

1. 知识目标

了解能力和活动组织能力的概念；
了解能力与知识、技能、素质的关系；
理解当代大学生的能力要求及能力培养训练方法；
了解活动组织能力的基本构成及培养训练途径。

2. 能力目标

能够通过参与或组织日常活动来锻炼提高自己的能力，使自己达到当代大学生的基本能力要求。

3. 素质目标

通过本次训练，提升对活动组织能力的认知，培养主动参与活动策划的意识。

4.1.2 训练内容

1. 能力概述

1）什么是能力

能力是一种个性心理特征，它直接影响个体从事活动的效率。个体活动效率的高低，反映了个体在某活动领域的能力的不同。因此，我们给能力下这样一个定义，即能力是直接影响活动效率，并使活动顺利完成的个性心理特征。

能力总是和人完成一定的活动联系在一起的。离开了具体活动既不能表现人的能力，也不能发展人的能力。但是，我们不能认为凡是与活动有关的，并在活动中表现出来的所有心理特征都是能力。只有那些完成活动所必需的直接影响活动效率的，并能使活动顺利进行的心理特征，才是能力。例如人的体力、知识，以及人是否暴躁、活泼等，虽然对活动有一定影响，但不是顺利完成某种活动最直接、最基本的心理特征，因此，不能称为能力。

2）能力和知识、技能、素质的关系

人的能力有大小，知识有多少，技能和素质也有高低，这些概念和能力的关系是怎样的呢？

知识是指人们所掌握的人类改造自然和社会的历史经验。技能是人们通过练习而获得的动作方式和动作系统。素质是人们完成某种活动所必需的基本条件。在高等教育领域中，素质就是大学生从事社会实践活动所具备的能力。

能力不等于知识、技能，但又与知识、技能有着密切的关系。首先，能力是掌握知识、技能的前提。一个能力强的人较易获得某方面的知识与技能，他们付出的代价比较小；而一个能力弱的人，可能要付出双倍的努力才能获得同样的知识与技能。其次，能力表现在掌握知识、技能的过程中。从一个人掌握知识、技能的速度与质量上，可以看出一个人的能力大小。离开了人们掌握知识、技能的活动，能力既无从体现，也无从得到客观的鉴定。一个有能力的人，总会获得表现的机会。如果一个人在他从事的所有领域中都没有表现出能力来，那他只能承认自己无能了。最后，能力是在知识、技能的基础上发展而来的。能力作为顺利完成活动的心理条件，不能离开知识、技能的掌握。人们在掌握知识、技能的过程中同时也发展了能力。例如，人们在观察自然与社会的过程中发展观察能力；在牢固掌握知识的过程中发展记忆能力；在探索事物的本质和规律的过程中发展了思维能力等。知识、技能不同于能力，但熟练的知识和技能同样是人们顺利完成活动必不可少的条件。一个有经验的人比一个没有经验的人处理同一件事务要快得多，成功的把握也要大得多。完全没有某个领域的知识，那么他在这个领域也必然是无能的。在这个意义上，知识和技能是能力形成的基本要素。由于知识和技能的概括化和广泛迁移而逐渐形成能力。总之，能力是掌握知识、技能的前提，又是掌握知识、技能的结果。两者相互转化、相互促进。

说到素质，很多人会把它与能力混淆起来，其实素质与能力既有联系，又有区别。它们的联系就在于，能力和素质的形成与发展的道路很相似，它们都是在人的活动（认识活动与实践活动）过程中形成与发展的。它们的区别就在于，素质的特点是"内凝"，是人在其活动过程中所塑造成的内在升华，而能力则是"外显"，是人在其活动过程中实在的呈现。人的素质是指构成人的基本要素的内在规定性，即人的各种属性在现实的人（个体、群体和类）身上的具体实现以及它们所达到的质量和水准，是人们从事各种社会活动所具备的主体条件。袁贵仁在《素质教育：21世纪教育教学改革的旗帜》文中指出，能力和素质相比，素质更根本。素质是能力的基础，能力是素质的表现，能力的大小是由素质的高低决定的。有了较高的素质，就会在认识世界和改造世界的活动中表现出较强的适应力和创造力。一般认为，能力高对应素质也高，能力低对应素质也低，其实这种对应并不必然。很多时候，能力强的人未必有高的素质，就比如高科技犯罪分子，这种人是很恐怖的，因为他们不具备高的思想道德素质，对社会具有极大的危害性。他们能力越强，对社会的危害就越大。如果这类人具备良好的素质，那么对社会、对人类发展都是很大的福祉。因此，素质体现为一种能力运用的"德"，素质是能力运用的风向标。综上所述，知识、能力与素质三者息息相关，有着不可分割的关系，知识容量越大当然越好，学会学以致用能够体现一个人的能力，而懂得把能力发挥在正确的事情上则更是一个人素质高的体现。

2. 能力的种类

能力的种类可按照不同的观察维度进行区分。根据能力的结构可以划分为一般能力和特殊能力；根据能力涉及的领域可以划分为认知能力、操作能力和社交能力；根据能力的创造程度又可以划分为模仿能力、再造能力和创造能力。

1）一般能力和特殊能力

一般能力指在不同种类的活动中表现出来的能力，如观察力、记忆力、抽象概括力、想象力、创造力等。其中抽象概括力是一般能力的核心。平日我们所说的智力就是指的一般能力。人要完成任何一种活动，都和这些能力的发展分不开。

特殊能力指在某种专业活动中表现出来的能力。它是顺利完成某种专业活动的心理条件。例如，画家的色彩鉴别能力、形象记忆力；音乐家区别旋律的曲调特点能力、音乐表象能力及节奏感知能力等，这些均属于特殊能力。

一般能力与特殊能力的关系是十分密切的。一方面，一般能力是特殊能力的重要组成部分。人的一般听觉能力既存在于音乐能力中，也存在于言语能力中。没有关于听觉的一般能力的发展，就不可能发展音乐和言语听觉的特殊能力。另一方面，特殊能力的发展有助于一般能力的发展。例如，音乐能力的发展会提高一般的听觉能力，并进一步影响言语听觉能力的发展。

2）认知能力、操作能力和社交能力

认知能力指接收、加工、储存和应用信息的能力。它是人们成功地完成活动最重要的心理条件，即我们常说的智力。知觉、记忆、注意、思维和想象的能力都被认为是认知能力，人类认识客观世界，获得各种各样的知识，主要就是依赖于认知能力。

操作能力指人们操作自己的肢体完成各种活动的能力。劳动能力、艺术表现能力、体育运动能力、实验操作能力都被认为是操作能力。操作能力是在操作技能的基础上发展起来，又成为顺利地掌握操作技能的重要条件。认知能力和操作能力紧密地联系着。认知能力中必然有操作能力，操作能力中也一定有认知能力。不通过认知能力积累一定的知识和经验，就不会有操作能力的形成和发展。反过来，操作能力的发展也会影响认知能力的扩展和深化。二者相互影响。

社交能力是指人们在社会交往活动中所表现出来的能力，它是人们参加社会集体生活、与周围人保持协调关系中最为重要的一种能力。如组织管理能力，言语感染能力，判别决策能力，解决纠纷、处理意外事件的能力，等等。这种能力对组织团体，促进人际交往和信息沟通有重要作用。社交能力中包含认知能力和操作能力。

3）模仿能力、再造能力和创造能力

模仿能力指通过观察别人的行为、活动来学习各种知识，然后以相同的方式做出反应的能力。如儿童在家庭中模仿父母的说话、表情；从电视中模仿演员的动作、服饰；从字帖上模仿前人的书法等。模仿不但表现在观察别人的表现后立即做出相同的反应，而且表现在某些延缓的行为反应中。模仿是动物和人类的一种重要的学习能力。亚里士多德曾经说过："人是最富于模仿性的动物，人是借助模仿来学习他最早的功课的。"

再造能力是指在活动中顺利地掌握前人所积累的知识、技能，并按现成的模式进行活动的能力。这种能力有利于学习活动要求，人们在学习活动中的认知、记忆、操作能力等都属于再造能力。

创造能力则是指产生新思想和新产品的能力。它具有独特性、变通性、流畅性的特点。

一个具有创造力的人往往能超脱具体的知觉情境、思维定式、传统观念和习惯势力的束缚，在习以为常的事物和现象中发现新的联系和关系，提出新的思想，产生新的产品。作家在头脑中构思新的人物形象、创作新的作品；科学家提出新的理论模型，并用实验证实这些模型，都是创造力的具体表现。

再造能力和创造能力是互相联系的。再造能力是创造能力的基础，任何创造活动都不可能凭空产生。因此，为了发展创造能力，首先就应虚心地学习、模仿、再造。在实际活动中，这两种能力是相互渗透的。

模仿能力和创造能力是两种不同的能力。动物能模仿，但不会创造。模仿力只能按照现成的方式解决问题，而创造力能提供解决问题的新方式与新途径。人的模仿力与创造力有明显的个别差异。有的人擅长模仿，而创造力较差；有的人既善于模仿又富于创新。模仿力与创造力又有着密切的关系，人们常常先是模仿，然后才是创造。科研工作者先通过观察学习模仿别人的实验，后来才提出有独创性的实验设计；学习书法的人先临摹前人的字帖，以后才创作出具有个人独特风格的作品。在这个意义上，模仿也可以说是创造的前提和基础。

模仿能力、再造能力和创造能力三者之间，其区别依据主要是创造性。再造能力的创造性比模仿能力强，但比创造能力弱，是三种能力发展过程中的一个中间过渡阶段。

补充资料

人的潜能到底有多大

人的潜能实在无法估计。

比如一些超体能事件：一个非洲人能用双手同时拖住向相反方向开动的两辆汽车；一个美国人双手提着461千克重的大石头，走了8.84米；我国一位奇人曾躺在布满碎玻璃的木板上，身上压着重约50千克的大木板，让十几位观众站在木板上踩。虽然目前对这些现象还没有一个科学的定论，但在近几年新兴的"人类极限学"中，却有越来越多的专家对其进行深入探讨，希望通过对遗传、基因等的研究，找到人体的极限。

人的潜能实际上是接近了人的生理极限。

极限运动的参与者通过借助现代高科技手段，最大限度发挥身心潜能。除了追求竞技体育超越生理极限的"更高、更快、更强"，极限运动更强调参与和勇敢精神。"寻找极限是一个不可预知的过程。"成都体育学院运动医学系中医骨伤科教研室主任王爆指出，科学家通过实验证明，人体运动的生理极限可以定性，但无法定量。意思是说，运动极限有一种不确定性，要到什么程度才算是极限，是无法定量的。比如以前跑100米时，有人预测极限是10秒，但现在达到了9.79秒，同时还有很多运动员在为突破这个纪录而努力。由于种种原因，人们一般不能达到运动的极限，只能无限接近并不断提高，同时，提高速度和时间会越来越慢。

社会发展要求我们充分挖掘人的潜能。

人体内有多大的潜力呢？一项调查显示，正常人的阅读速度为每小时30～40页，经过训练的人却能达到每小时300页。人脑兴奋时，只有10%～15%的细胞在工作；人脑可存储多达10个信号，而留在记忆中的却只有一小部分；人类骨骼的承受能力如股关节承受力是体重的3～4倍，膝关节是5～6倍，小腿骨能承受700千克的力，扭曲的负荷力是300千克。可见，通过发掘隐藏在人体内的潜在力量，人类可以克服许多遗传性的弱点，挑战极限。

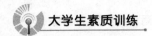

怎样发掘潜力？专家认为，要想达到身体的极限，必须具备良好的心理素质和稳定的人格。没有偏激、猜疑，拥有积极向上的生活心态，都是开发人体潜在力量的前提。只有积极开发人的心理潜能，才能带动生理潜能的共同开发。

人的潜能是无限的。柏拉图曾指出："人类具有天生的智慧，人类可以掌握的知识是无限的。"人类有90%~95%的潜能都没有得到很好的利用和开发，我们每个人都有巨大的潜能等待发掘。

所谓"潜能"通常是指一个人身体、心理素质等方面存在的发展可能性。根据人的生长规律，由于在生命成长的各个阶段以及遗传基因的不同，每个人都具有各种潜能。潜能开发的本质是把你天生的智慧潜能循循诱导出来，激活你已拥有的知识和掌握新知识的能力。

潜能是人类最大而又开发得最少的宝藏。无数事实和许多专家的研究成果告诉我们，每个人身上都有巨大的潜能还没有开发出来。美国学者詹姆斯根据其研究成果说：普通人只开发了他潜能的10%，与应当取得的成就相比较，我们不过是半醒着的。我们只利用了我们身心资源的很小一部分。科学家发现，人类存储在脑内的能力大得惊人，人们平常只发挥了极小部分的大脑功能。要是人类能够发挥一大半的大脑功能，那么可以轻易地学会40种语言、背诵整套百科全书、拿12个博士学位。这种描述相当合理，一点也不夸张。

人的潜能有多大？没有做不到的，只有想不到的。因此，才有了古今中外多少历经磨难、突破常规、取得成功的英雄豪杰。我们成不了英雄豪杰，但我们有决心成就一番事业，用好本能，发掘潜能，下苦功夫，定能成功。

3. 大学生能力要求与培养训练途径和方法

了解了影响能力形成和发展的因素，我们还需要知道当代社会对大学生有哪些能力需求，据此探讨大学生群体的能力培养途径。

1）当代大学生的能力要求

尽管不同专业的大学生所学的专业各不相同，但根据我国高等学校的培养目标，大学生所应该具备的能力有其共同的内容。从全面发展的人才培养目标及社会对大学生的能力需要来看，我们认为当代大学生应该具有以下几种能力。

（1）环境适应能力

改革开放以来，我国的社会主义建设进入了一个全新的时期，经济体制由计划经济向市场经济体制转变并得到迅猛发展，政治体制改革已全面深入地展开，技术进步和信息发展日新月异。这就要求当代大学生能够随着时代的发展和环境的变化而不断改变自己的生活方式、交往范围、思维习惯、价值观念和行为习惯，与党和国家的路线方针政策保持一致，以便充分发挥自己的主观能动性和创造性，为社会主义现代化建设服务，实现自身价值。

（2）系统学习能力

系统学习能力即获取信息的能力。它主要包括：基本学习能力、发现能力、自学能力、表达能力、实践操作能力等。学习是大学生的基本活动，要成功完成大学的学习任务并达到培养目标的要求，除了具备一定的智力水平外，还必须具备上述各种能力。系统学习能力是大学生能力结构的核心，其中自学能力是关键。

（3）辨析识别能力

大学生要具备明确的道德判断能力。当代大学生要有坚定的道德信念，在传统道德文化的基础上发展树立起全新意义的共产主义道德观念。在需要做出道德选择时，能够以共产主义的道德标准明辨是非，正确判断。

大学生要有鲜明的政治识别能力。当代世界政治形势错综复杂，国际关系风云多变。大学生面对这些政治洪流的冲击，必须善于区别是非、美丑、真伪、善恶和利弊等。这都要求当代大学生要坚持正确的思想政治原则，加强思想政治理论学习的自觉性和主动性，坚定社会主义信念并树立起远大的共产主义理想。

大学生要具备一定的审美鉴赏能力。大学生要能够根据一定的审美情趣和审美理想，对美好事物进行鉴别、欣赏和创造。审美能力的发展水平可以判断文明程度发展的高低。

（4）专业运用能力

每名大学生都有自己的专业，都应该在自己的专业领域内达到较高的水平。要掌握本专业所必备的知识、理论和方法，同时要掌握与专业相关的知识和能力，促使专业能力的形成和发展，具备解决本专业领域内一般问题的能力。

（5）科研创新能力

科研创新能力是在多种能力的基础上实现的推进学科发展或创造、发明新事物的能力，它是能力发展的最高层次。

科学研究是大学生的一项重要学习活动。科研活动一般包括建立假设、收集资料、分析资料、做出结论四个环节。要完成科研活动必须具备敏锐的观察力、丰富的想象力、卓越的思维能力和操作能力。

创新包括创造新理论、新形象、新结构、新材料，提出新见解、新观念、新方法、新技术，发明新工具、新手段，开辟新学科领域等。创造力是保证创新活动顺利进行的心理品质。所谓创造活动是指产生出新颖、独特、适宜产物的活动。这里的"产物"可以是一项新技术、新工艺、新作品，也可以是一种新观点、新设想、新学习成果或思想成果。它必须是新颖的，即不墨守成规，又别出心裁，它还必须是适宜的，即具备社会价值。创造力是每个大学生在活动中都必须重视培养的能力。

（6）组织管理能力

组织管理能力是指管理者按照既定目标任务和决策要求，组建一套科学合理的组织机构和团队，把各种资源有效地组合起来，协调一致地保证领导决策顺利实施的能力。其中的计划能力是关键，协调能力是根本。本书论述的组织活动能力即是组织管理能力的一部分。

现代社会和科学的发展对人才的组织管理能力提出越来越高的要求。每个大学生都应当发展自己的组织管理能力。这个能力主要包括分析能力、表达能力、策划能力、决断能力、指挥协调能力、应变能力、创新能力、识人能力和劝说能力等。

（7）社交与协作能力

社交能力是社会交往能力，主要表现在个体与周围人的接触是否广泛，是否有融洽的人际关系等；协作能力是指以友谊、进步为基础，以事业为重而进行的协作共事能力。现代科技和工业化程度的不断发展以及脑力科技劳动的社会化程度的不断提高，要求当代大学生要积极培养广泛交往、协作共事、共同进步的能力。

（8）保持身心健康的能力

当代大学生要重视身心健康，同时要拥有一定的保持身心健康的能力。保持身体健康就要掌握一定的体育锻炼技能和方法，同时养成锻炼身体的良好习惯，还要做到合理膳食、规律作息等。

心理健康的重要性绝不亚于身体健康，这是一个人正常学习、顺利生活、积极工作的重要心理保障。心理问题正逐渐成为影响人类生活质量的重要因素。当代大学生要了解心理学的一般知识，了解意识、情绪、态度、挫折、压力等基本概念，在了解的基础上学会自我心理调适，拥有正确的自我意识、合理管控不良情绪、调整并端正态度、合理应对挫折并正确排解压力等。

2）大学生能力培养训练的途径和方法

当代大学生的能力培养训练途径可以从客观和主观两个方面来分析，由此我们提出大学生能力培养训练的六大途径及方法。

（1）重视知识技能的掌握，必须绝对利用好"第一课堂"

大学"第一课堂"是积累知识、训练技能最重要的渠道，而且它是系统高效的。因为大学"第一课堂"是根据人才培养方案和教学计划来组织实施的，系统科学的人才培养方案和教学计划保证了人才培养过程和教学过程的系统性和科学性。人才培养方案和教学计划的制订充分考虑到了人的心理生理发展规律和年龄特点，专业课程设置充分考虑了社会需求，这保证了大学生在"第一课堂"学习掌握知识技能是"有用的"，而且学习掌握知识技能的速度是"高效的"，一个聪明而富有思想的大学生必须绝对利用好第一课堂这个能力培养的"第一站"。

利用第一课堂学习掌握知识技能要注意以下三个方面：

一是注意知识的系统化，我们要培养某种能力，首先要掌握有关这种能力的原理方法、要求、经验教训和注意事项等知识，然后运用知识解决实际问题。

二是掌握一定的方法。从一定意义上讲，掌握方法比掌握知识更重要。最有价值的知识是方法论的知识。学习方法是掌握学习能力的主要因素。学习方法包含多种能力因素，培养能力必须在方法论上下功夫。

三是技能熟练化。知识经过系统化，通过方法转化为能力，还要以技能为中介。

技能形成一般要经过认知、分解、定位、熟练四个阶段。认知是了解某种技能的性质功能、要领、难度、动作过程和注意事项等方面的知识；分解是将整套操作分成若干步骤，分别掌握；定位是在分解的基础上经多次练习将整套操作固定下来；熟练则是实现操作的自动化，形成精确、协调、稳定、灵活的活动方式，变为技巧。在技能已经掌握的基础上继续学练，直到纯熟到最大可能。只有通过练习，系统化的知识、科学的方法和熟练的技能才能综合为能力。

（2）必须充分重视"第二课堂"这个能力"训练营"

第二课堂是相对第一课堂而言的，它除了第一课堂的实验、实习、实训活动外，几乎包括了大学校园的所有活动，如文体活动、素质竞赛活动、学术科技活动、专利申请活动、职业资格考试培训活动、课外兴趣小组学习活动、社团活动、创业创新训练活动等。活动内容涉猎之广，活动形式之丰富多彩无出其右。可以这么说，一个大学生在大学校园里，只要他想参加活动，想通过活动提高培养自己的能力，他总能找到自己的兴趣点而参与其中。

第二课堂活动以它丰富的内容、多样的形式，在改善和加强学生思想政治工作，促进学生德、智、体、美全面发展，培育"四有"新人等诸多方面发挥着积极的作用。开展第二课堂活动也是校园文化建设的重要组成部分，它在塑造滋养丰富的校园文化、促进学风建设、践行社会主义核心价值观等方面都会产生积极的作用。正是基于此，第二课堂活动在培养训练大学生的能力方面发挥着举足轻重的作用。

（3）积极投身社会实践活动，必须利用好这个凝练能力的"大熔炉"

社会实践活动主要包括社会调研活动、社会公益活动、勤工助学活动、科技服务活动、挂职锻炼活动等。

实践之所以产生才干，其原因有两个：一是只有在实践中才能接触到具体的现实矛盾；二是只有通过实践才能动员起身体的各种机能，用脑思考、用手去做、用各种感官去感受。实践可以使人的机体功能有了体验机会并使这些功能日趋完善，机体之间的配合更趋协调，同时使人具有了创造性。在人的实践过程中，还总是伴随着或喜或忧、或恨或爱、或自信或自责的各种情绪体验。这些都会使大学生的基本能力得到锻炼。

大学生参加社会实践活动是"教育与生产劳动相结合"教育方针的体现，符合我们的社会主义教育培养目标。社会实践有利于优化大学生的智能结构。在社会实践中，书本知识得到验证并融会贯通，同时扩大了知识面，学到书本上学不到的知识。社会实践可以帮助大学生进入积极思维和想象的问题情境，有助于活跃思维、发展想象力。学生在社会实践中运用书本知识，受到研究方法和技能训练，直接培养了学生的研究创造能力。社会实践使大学生走出了校园、班级和家庭的圈子，增大了交际范围，学习处理人际关系和应变能力，提高了组织管理水平，在促进学生社会化方面意义重大。

（4）正视自我，学会根据自身特质和需求选择合理的能力培养途径和方法，做到能力培养过程的"有的放矢"

常言说"人贵有自知之明"。一个人要培养自己的能力，首先必须认识到社会需求要求自己应该具备什么能力，自身哪些方面能力不足而需要重点培养提高，同时结合自己的兴趣、爱好和现实需求，合理选择有效的能力培养训练途径和方法。只有这样，才能在能力培养过程中做到"有的放矢"，提高能力培养训练的针对性。

当前大学生群体普遍存在的能力不足主要表现在以下几个方面。

一是判断能力缺乏，是非观念模糊。中学阶段单调严格的程式化管理与明显开放宽松的大学管理模式使得初入大学校园的大学生产生明显的不适应。远离家乡家长，住进集体宿舍等，不少学生产生了孤独感和信任危机。对一些潮流和现象或非主流价值观念缺乏判断能力，表现为"随大流、跟着走"或无所适从、无所事事的生活状态。校园里的盲目恋爱风、无节制攀比风、痴迷网络游戏风、逃课厌学风等不良风气和现象，均映射出当代大学生在是非观念方面的模糊性。

二是自我管理能力差。不少学生升入大学后认为目标已经实现，船到码头车到站，可以好好地玩一玩，松口气，放松一下了。这些学生失去了奋斗目标，没有了学习动力，生活无精打采，工作没有热情，也不愿参加学校的活动。如果问他们在大学里学些什么，将来就业打算如何，他们大多会表现出茫然的神情，说不出个子丑寅卯来。还有一些大学生在中学阶段过度追求个性、强调自我，长期以来形成了唯我独尊的个性，在大学比较宽松的学习环境中表现为我行我素、固执己见、愤世嫉俗而又自我陶醉，排斥学校的规章制度，等等。

三是理论与实践的脱节导致思维方式的极端化，部分大学生在书本知识掌握到一定程度却缺乏实践经验的情况下，盲目自信，而一旦受到挫折又信心全无，灰心丧气表现出两个极端的思维模式，这是一种心理不成熟的表现。这些学生对历史、社会缺乏深刻的理解，没做好艰苦创业的思想准备，因而对社会发展的长期性、艰巨性和复杂性认识不足。他们常常把问题看得过于简单，稍不如意就表现出急躁情绪和偏激思想，理想和现实的反差使其不能承受。顺利时过高地估计自己，表现出自负、骄傲甚至目空一切，遇到挫折又垂头丧气、一蹶不振。

四是人际交往能力不足。开展积极的交往，正确处理人际关系，对于大学生的成才和发展具有重要意义。由于社会经验的缺乏，涉世未深的大学生也容易受到社会不良风气的影响，把正常的人际交往理解为"团体保护"或"拉帮结派"，甚至表现出所谓的"江湖义气"，这就脱离了交往是为了增进友谊、塑造和谐的本质。还有部分学生存在交往障碍，不敢交往，不愿交往，导致自我封闭并脱离集体。这些都严重影响了大学生的心理健康。

针对这些能力不足，大学生必须正确认识到自身存在的短板，积极进行自我调节，合理选择适宜的能力训练培养途径来提高能力，弥补这些不足。

（5）强化能力培养训练的主观能动性，主动为自身能力发展注入"正能量"

主观能动性亦称"自觉能动性"，指人的主观意识和实践活动对于客观世界的反作用或能动作用。主观能动性有两个方面的含义：一是人们能动地认识客观世界；二是在认识的指导下能动地改造客观世界。在实践的基础上使二者统一起来，即表现出人区别于动物的主观能动性。

大学生要树立远大理想，尽早确立大学阶段的学习目标及成长目标，有计划地培养提高自己各方面的能力。一个人不仅要有提高能力的愿望和动机，还要有坚持锻炼、孜孜不倦的毅力，长期坚持，这样才能保证自己的能力稳步提升。

大学生还要注意学习英雄模范人物的励志事迹，以此激励自己不断进取，大学生除了要有明确的奋斗目标和长期坚持不懈的意志品质外，日常还要不断加强思想品德修养，提高理论水平，言语表达积极上进，行为举止端正刚直，能够影响他人改变缺点，在能力培养提高过程中成为周围人的榜样和路标，为塑造良好的社会环境注入"正能量"。

（6）博闻广记，多渠道汲取知识，牢记"艺不压身"的大道理

能力是知识积累到一定程度，通过技能训练，厚积薄发而催生出来的。知识掌握得越多，将来就更有可能更早更多地转化为能力。这个道理昭示我们当代大学生一定要牢记"艺不压身"和"勤能补拙"的古训，通过勤奋学习掌握更多的知识，给将来的能力转化提供更为广阔的空间。

大学与中学最大的区别是大学为学生成才提供了各式各样的成才道路，为大学生在自身兴趣领域成才提供了丰富的选择。所有的大学校园除了给学生提供系统科学的专业课学习外，还提供了大量的选修课、自学课、双学位课及辅修专业课，为个人兴趣量身打造了形形色色的学生社团，更有丰富多彩的第二课堂活动为大学生的特长提供了展示空间。可以这样说，只要想学习、想成才、想发展自己各方面的能力，就不用担心找不到机会和途径。

对大学生而言，学校为我们提供了如此丰富的学习和成才渠道，我们没有理由去无视和浪费。我们要在学好专业的同时，博闻广记，在更多的领域更广泛地汲取知识，为自身能力的发展开拓更为广阔的空间。我们说，一个能力出众的人，他的知识也绝对是渊博的。

4. 活动组织能力

1）什么是活动组织能力

前面我们已经论述了能力的概念，在给活动组织能力下定义前，我们还要了解什么是组织能力。

（1）组织能力的概念

组织能力是指为了有效地实现目标，灵活地运用各种方法，把各种力量合理地组织和有效地协调起来的能力，包括协调关系的能力和善于用人的能力等。组织能力是一个人的知识、素质等基础条件的外在综合表现。

（2）活动组织能力的概念

简单地说，活动组织能力就是通过策划、设计、协调等以圆满完成活动组织任务的能力。活动组织能力是一种管理能力，也是一种领导能力的表现。

（3）活动组织能力的构成

活动组织能力是个体多种能力结合的复合体，是策划设计能力、沟通交往能力、技术专业能力、实施能力及管理能力等多种能力在个体身上的集中体现，是最能体现个人素质、修养和水平的能力，是个体赖以生存最可贵的一种能力。

一般说来，活动组织能力的结构可以从以下几个方面进行分析。

①沟通能力

与他人或团队成员沟通，让他人了解活动的目的和意义，获得大家的支持和认可。向团队成员说明并部署工作、安排任务等都离不开沟通能力。沟通能力是一种基础性能力，它影响着活动组织效果的大小和效率的高低。

②策划能力

组织什么活动、何时何地组织活动以及如何组织活动等，这些问题都需要经验和对活动本身的深刻理解。绝不是"车到山前必有路"或"想起一出是一出"。在活动组织前，需要充分考虑活动本身的意义、资源配置情况、活动对象情况、活动组织者情况及活动可能的效果预测等。活动组织能否成功，首先需要一个高质量的策划。所以策划是方法论，是寻找最佳活动组织方式的过程。

③设计能力

设计能力就是既能紧密结合现状，又能化繁为简；既能支持应用，又能提高效率；既能体现管理规则，又能体现管理创新的能力。活动设计的科学合理性是活动组织成功最重要的保证。

④协调能力

协调能力是综合运用或开发人力物力财力资源顺利完成活动组织任务的能力。活动资源调配需要协调，活动过程出现矛盾问题等需要协调，活动进程的督促需要协调，活动的总结和推广等都需要协调。协调能力是在沟通能力的基础上发展起来的能力，是活动组织能力中最重要的能力要素之一。

⑤技术能力

组织活动要根据活动内容选择最合适的专业技术手段来保证活动的顺利进行，选择最新、最先进或最时髦的技术来设计组织活动是基本原则。选择时要考虑多种因素，如活动组织环境、活动参与者的专业技术基础和价值需求、活动组织成本等。

⑥实施能力

实施能力实际上就是我们常说的执行力。不言而喻，把好的设计变成现实，并且使活动参与者因喜欢或认可而积极踊跃地参加，这的确是活动成功的重要能力因素。

⑦管理能力

管理能力包含两个层面:"管"就是要积极主动承担责任,不拖延、不推诿,职责所在,不畏困难,勇往直前;"理"就是要把事情理顺,千头万绪要理清轻重缓急,然后落实计划,认真执行。管理能力往往需要活动组织能力展现出来,而活动组织的效果也需要管理能力来保障,二者是互为支撑的。

2) 如何培养活动组织能力

(1) 了解活动组织的一般流程,掌握活动组织方面的基本知识

虽然活动的内容形式复杂多样,但活动组织过程的一般流程大同小异。大学生要提高活动组织能力,首先要熟悉活动组织的一般流程。

根据活动的组织进程,我们按照时间的先后顺序给活动本身拟定如下组织流程:

①策划设计。提出活动组织过程并策划设计方案。

②起草活动方案和活动预算。制订详细的书面活动方案和经费预算,同时获得上级批准。活动方案应该包括以下几个方面的内容:活动的目的意义;活动的组织机构;活动参与对象;活动时间规划;活动方式和规则;活动结果奖罚标准;活动要求和注意事项;其他。

③活动组织实施。这是活动组织过程最重要的阶段,在活动组织实施过程中,活动组织机构要随时监督活动的进展情况,对过程中出现的问题矛盾等要及时解决,必要时还要及时汇报请领导裁决。活动组织实施阶段主要包括以下几个步骤:实施方案发布;前期宣传动员;前期活动准备;活动开幕仪式或典礼;活动内容逐项开展;活动闭幕式;活动新闻发布。

④活动总结。活动结束后要对活动本身进行总结,总结活动经验和教训,以给后面类似的活动组织提供借鉴;同时做好活动文字资料、图片资料、视频资料及其他实物资料的留存。

(2) 以群众身份参加活动,通过观摩了解活动组织过程

观摩和模仿是学习和创造的第一步。大学生以群众身份多参与活动,通过观察记忆了解活动组织过程,发现活动组织的长处和缺陷,为自己将来参加或组织类似活动提供了借鉴经验,这是提高活动组织能力的首要环节。

大学校园每天都有形形色色、大大小小的活动组织开展。大学生不可能每个都直接参与或组织。但合理筛选一些有代表性的活动以群众身份去观摩一下还是可行的。在观摩过程中要重点发现活动组织过程中表现出来的优点和不足,总结出最受群众欢迎的优点及组织过程中的疏漏之处,为自己提供借鉴。

(3) 以参与者身份参加活动,通过亲身感悟体验活动组织过程

活动总是有目的地针对特定的对象策划和设计的,通过活动影响活动参与对象群体的精神状态、思想观念、意志品质或技能技巧等,以实现活动组织者的目的。活动参与对象是活动本身的主体目标人群。

大学生在业余时间内要尽可能多地直接参与活动,参与活动的形式、内容、主题等要尽可能丰富,参与的活动组织级别要逐步提高,通过参加活动来扩展视野的同时提高自己各领域的能力水平。参加活动的组织级别越高,越能证明自己的能力。

通过直接参与活动,不仅可以提高自身一般能力,而且可以亲身感受活动对象的心路历程和情感体验,为自己以后组织活动提供经验,为培养活动组织能力打下良好的基础。

（4）以组织者身份参加活动，通过实战经历把握活动组织规律

以组织者身份直接参与活动组织过程是提高活动组织能力最重要的训练方法。活动组织得多，就会见多识广，经验丰富，对活动流程掌握驾轻就熟，指挥有方。活动组织能力在大学阶段就得到了充分的锻炼和提高，就业后为单位组织类似的活动也就会举重若轻，得到领导的赏识，进步迅速。

通过组织活动提高活动组织能力最重要的是要善于总结，通过总结得失积累经验、提高能力。不善于总结的人总是犯同样的错误，他的能力提升空间必然是有限的。

提高活动组织能力还要注意一点就是要参与不同类型的活动组织。因为不同类型的活动组织其组织要领不一样，注意事项不同，组织方法也有区别。这样就可以扩展知识视野和能力范围，使自己多方面的组织能力都得到锻炼和提高。

既然直接参与活动组织是提高能力最有效的方法，那么如何为自己寻找组织活动的机会就显得非常重要了。以第二课堂活动为例，我国各高校的第二课堂活动一般由学生工作职能部门、各级团组织或学生社团组织开展，由学生干部或社团组织成员具体实施，也有部分活动由辅导员、班主任或专业老师直接组织实施。

由此观之，大学生想获得更多的活动组织机会主要有以下三种途径：

一是参与学生干部竞聘。班委、团支部、各级学生会、学生委员会等，各级别学生干部竞聘都可以参与。学生干部的职位越高，组织活动的级别也越高，能力训练的价值也越大。担任学生干部本身就体现了一种能力，即领导能力，这也是就业核心竞争力之一。

二是参加学生社团。学生社团一般以兴趣、爱好、特长等为基础组建，在某个兴趣领域内也会组织大量活动。但活动内容单调些，解决办法是参加两个或两个以上的社团。

三是争取担任辅导员、班主任或专业教师的工作助理。有时老师会直接组织开展一些活动，这些活动则需要"助理"去负责落实。

（5）做好兄弟院校或单位之间活动组织群体的互动交流，吸取经验，取长补短

孔子曰："三人行，必有我师焉。"无论是学生会还是学生社团，我们在组织各类活动的时候，都要注意与兄弟院校或单位之间做好互动交流，交流的目的是互相吸取经验，互相学习，取长补短。

教育心理学研究证明，定期交流研讨可以改善学习效果，提高能力训练效率。因为对方的教训可以让自己少走弯路，节约时间，对方的长处可以让自己模仿复制，取长补短。各院校或单位之间，无论是集体还是个人均可以定期开展频繁的互动交流，以此提高活动组织能力水平。

（6）及时做好活动组织前后的请示总结汇报工作，以获得领导或老师丰富经验的指导支持

在活动组织过程中要及时向班主任、辅导员或单位领导汇报活动组织工作进度、请示问题解决方案、呈报活动总结等。老师或领导的年龄优势使他们具有丰富的活动组织经验，在你请示汇报的过程中，就会获得老师们的经验指导，提高工作效率。

5. 组织能力测试

¤ 测试目的

综合了解自己的组织能力，找准欠缺点，有针对性地加强自我修养和锻炼。

¤ 测试题

（1）你上司的上司邀请你共进午餐，回到办公室后，你发现你上司对此颇为好奇，此时你会：（　　）。
  A. 告诉他详细内容
  B. 粗略描述，淡化内容的重要性
  C. 不透露蛛丝马迹

（2）当你主持会议时，有一位下属一直以不相干的问题干扰会议，此时你会：（　　）。
  A. 告诉该下属在预定的议程结束之前先别提出其他问题
  B. 要求所有的下属先别提出问题，直到你把正题讲完
  C. 纵容下去

（3）当你跟上司正在讨论事情，有人打长途电话来找你，此时你会：（　　）
  A. 告诉对方你正在讨论重要的事情，待会再回电话
  B. 接电话，而且该说多久就说多久
  C. 告诉上司的秘书说不在

（4）有位员工连续四次在周末向你要求他想提早下班，此时你会说：（　　）
  A. 你对我们相当重要，我需要你的帮助，特别是在周末
  B. 今天不行，下午四点钟我要开个会
  C. 我不能再允许你早退了，你要顾及他人的想法

（5）你刚好被聘为部门主管，你知道还有几个人关注这个职位，上班的第一天，你会：（　　）
  A. 把问题记在心上，但立即投入工作，并开始认识每一个人
  B. 忽略这个问题，并认为情绪的波动很快会过去
  C. 找个别人谈话，以确认哪几个人有意竞争此职位

（6）有位下属对你说："有件事我本不应该告诉你的，但你有没有听到……"你会说：（　　）
  A. 谢谢你告诉我怎么回事，让我知道详情
  B. 跟公司有关的事我才有兴趣听
  C. 我不想听办公室的流言

（7）你认为你的文字和口头表达能力强吗？（　　）
  A. 是　　　　　　B. 一般　　　　　　C. 很差

（8）你能很好地运用肢体语言表达你的意思吗？（　　）
  A. 是　　　　　　B. 一般　　　　　　C. 很差

（9）一个陌生的人你能很容易地认识他吗？（　　）
  A. 是　　　　　　B. 有时　　　　　　C. 否

（10）你能影响别人接受你的观点吗？（　　）
  A. 是　　　　　　B. 有时　　　　　　C. 不能

（11）与人交谈时你能注意到对方所表达的情感吗？（　　）
  A. 是　　　　　　B. 有时　　　　　　C. 不能

（12）你是否能用简单的语言来表述复杂的意思？（　　）
  A. 是　　　　　　B. 一般　　　　　　C. 否

(13) 朋友评价你是个值得信赖的人吗？（　　）
　　A. 是　　　　　　　　B. 一般　　　　　　　　C. 不是
(14) 你能积极引导别人把思想准确地表达出来吗？（　　）
　　A. 是　　　　　　　　B. 有时　　　　　　　　C. 不能
(15) 你是否善于听取别人的意见，而不将自己的意见强加于人？（　　）
　　A. 是　　　　　　　　B. 有时　　　　　　　　C. 不能

测试标准：
选择 A 得 2 分，选择 B 得 1 分，选择 C 得 0 分，然后将各题所得的分数相加。

测试结果：
（1）总得分为 22～30 分：
有良好的组织协调能力，社交面较宽，能够利用各方面的资源为本职工作服务。
（2）总得分为 15～21 分：
组织协调能力较强，能够运用一定的方法和技巧调动参与者的积极性，同时能够保持融洽的关系。
（3）总得分为 14 分及以下：
具备一定的组织技巧，保障日常工作正常进行，但缺乏创意，对参与者缺乏吸引力。

4.1.3　训练小结

能力是直接影响活动效率，并使活动顺利完成的个性心理特征。能力与知识、技能、素质等概念不同，能力与知识、技能之间相互依存并相互转化、相互促进。

当代大学生既要重视知识技能的掌握，也要充分重视"第二课堂"这个能力"训练营"，更要积极投身社会实践活动，知行合一、融会贯通。

4.2　校园文娱活动组织

4.2.1　训练目标

1. 知识目标

了解并掌握在文娱活动的策划与组织过程中必须具备的相关基础知识，其中包括基层文娱活动的规律与特征；了解文娱活动的组织策划流程及注意事项；掌握文娱活动的基础知识及创作方法。

2. 能力目标

能够组织策划一般的文化艺术展示类活动；能够进行文娱活动方案的编写。

3. 素质目标

培养广泛的兴趣爱好，提升个人综合素质；具备舞台表现力、自信力。

4.2.2 训练内容

随着我国现代化建设的快速发展,广大人民群众的文化需求理念发生了重大变化,其需求的内容和形式也在不断地变化。基层文娱活动所面对的是直接参与文化消费的基层群体和个人。不同的职业、不同的年龄、不同的文化背景,以及不同经济基础状况下的人们,对文化需求的理解是不同的。而面对复杂多变的基层文化需求环境,文娱活动的策划者与组织者必须掌握与其相应的思维方式和运作理念,并从众多的活动元素中寻找出相通的规律性要素,根据基层文娱活动的特殊要求进行活动设计,这样的文化活动才能具有针对性和实用性,才能受到基层的欢迎。作为青春的代言人,大学生总是奔放着年轻的活力,充满着对生活的热情。为了丰富大学生的文化生活,提高大学文化品位,展现大学精神风貌,展示社团风采,营造一个良好的校园文化气息,给学生提供一个展示自我才华和特长的舞台,大学生掌握一定的文娱活动基础知识,具备一定的文娱活动的创作方法是非常必要的。

1. 开展文娱活动的基本原则

1)文娱活动的教育功能

教育功能是指在娱乐活动中获取知识、受到教育,是不同层次不同状况的人都愿意接受的方式。

2)正确的把握娱乐底线

文娱活动中所涉及的娱乐活动,必须是积极向上、有利于身心健康的。要坚决抵制和杜绝低级庸俗、封建迷信等娱乐形式和内容,坚持这一原则毫不动摇。

3)正确处理教育与娱乐的关系

通过娱乐手段来达到教育目的,是文娱活动的主要表现形式,教育和娱乐之间应该是一个有机整体,既有区别又密切相连。

4)文化工作者的社会责任

文化工作者是文娱活动的策划者和组织者,对活动结果负有直接责任,文化工作者对娱乐和教育的理解直接关系到活动和社会效果。

 **补充资料**

春晚的来历

1983年中央电视台举办春节联欢晚会应该说是一个偶然事件,它并不说明1984年以后每年都要举办春节联欢晚会。但从20多年的历史发展看,春节联欢晚会的确成了一个必然的事件。从文化发展的角度看,中央电视台找到了自己的角色和承载文化发展的新形式。春节联欢晚会为中国电视综艺文化的发展提供了最基本的模式和蓝本。

春节联欢晚会(如图4-1所示)的艺术性表现在:一、精心的筹划。二、按精品的标准着力创作及打造节目。三、晚会上知名演员、艺术家云集。四、晚会汇集了中华民族各种艺术形式最高水平的作品。必须承认,作为一个历经20多年发展的重要文化事件,春节联欢晚会的意义是重大的,影响也是深远的。

图 4-1 中央电视台春节联欢晚会

2. 文娱活动的组织与实施

1) 文娱活动的组织实施程序

文娱活动的组织实施是策划阶段的延续,是将策划方案付诸实施的过程。文娱活动的策划与组织实施是两个截然不同的工作阶段,两者无论在思维模式还是工作方式上都有很大的不同。活动的承办方在实际运作过程当中,必须要依据策划方案的设定,按照一定的操作程序将活动的各项内容落到实处,这个程序共分为九个步骤。

(1) 建立活动组织实施机构

虽然活动的策划人在策划方案中对组织机构进行了设定,但那是构思性的设计行为,距离实际情况还有一定的距离,承办方必须对策划人的机构设定进行再次确认,并将其具体操作化。

(2) 分析活动策划方案

将活动策划方案中设定的各个部分进行分析、整理,全面领会方案的创意理念和设计思想,结合承办方的实际情况对方案中的活动方向、布局设计、工作步骤等进行详尽的研究,尤其是要将活动的内容和形式作为分析的重点,为将设计构思转化为实际工作任务做好准备。在分析活动策划方案的过程中,思维方式的转变是分析工作的关键,在承办人员的眼中,任何构思都不完全是形象化的设想,而是具体的事物和行为。

(3) 确定活动任务内容

活动承办方对策划方案所涉及的各项内容进行总量处理,完成策划设想向实施任务的转变。

这一阶段的工作是活动组织实施全过程中十分关键的环节,完成策划设计向活动任务的转变标志着策划阶段与实施阶段的正式分离。

(4) 建立活动实施规范

①当活动的承办方完成对活动任务的分类之后,要立即对各项任务进行定性定量分析,从而得出各项任务的实施工作强度。

②各部门的任务明确后,要按照活动的需要制订各项任务的执行方法和实施规范标准。

(5) 分解、落实活动任务

①根据活动中各项任务的实际工作强度进行再次分解,明确各项任务所需要的岗位数量和人力投入量。

②活动承办单位将工作队伍人员按照活动确定的岗位数量和岗位任务,进行对位分配,并按岗位进行职责分工。

③按照活动任务量的需要，将分解后的各类任务进行细化，并落实到各个岗位及个人。在落实任务的同时对上岗人员的运作能力再次核实，如果不符合要求应当进行相应的培训或人员调整。

（6）制订活动保障实施

①当工作任务落实到每个岗位和个人时，应立即对工作机构的部门进行岗位职责设计，将职责落实到每一个上岗人员。

②由于在活动的操作过程中，各部门、各岗位的工作性质不同，其操作的方法和流程也会存在较大的差异，因此建立良性的协同机制十分重要。

③根据各实施部门和岗位的实际状况及各项任务的具体特征，制订出包括技术、后勤、协同、安全等一系列相关因素在内的保障性措施，确保各岗位的顺利操作。

④活动经费按时到位，这是活动能够正常运作的前提，没有经费保证，其他一切措施都失去了实际意义。活动承办方必须制订详细的经费使用计划，并以此为依据，把活动经费分期分批拨到指定项目。

⑤活动操作方制订目标明确的活动实施方案，各相关部门以实施方案为依据，根据自身的任务性质制订出实施方案细则。各岗位按照实施方案的要求进行有步骤的操作。如果说活动的策划方案是策划阶段的最终结果，那么实施方案的制订就是各岗位实施运作的最终依据。

（7）实施前的项目验收

在举办文娱活动前，一般都要经过较长时间的筹备和准备阶段，如节目的排练、服装的制作、舞美的设计制作等。在准备阶段的后期，活动的领导机构应对各部门的准备工作进行综合性的验收工作，主要包括三部分内容。

①各指挥系统在活动的实施前，要对操作队伍的状况、岗位运作能力和水平、任务落实的合理程度等状况进行最后认定，如果发现问题可进行适当调整。

②活动指挥部对活动的各阶段准备结果进行检查，尤其是各项实施方案的执行情况，如安全预案的落实、应急方案的准备、后勤方案的保证等。实施方案是各岗位运作的依据，方案没有落实则证明准备工作没有完成，必须立即采取措施加以弥补。

③检查各系统的运作状况。了解总指挥系统与分指挥系统之间、分指挥系统与各部门之间、各部门与各岗位之间的协同是否默契，磨合是否到位。活动当中的指挥体系和运作机制必须在检查中确定下来，这是活动实施的基本保证。

（8）实施活动内容

举办一项文娱活动，从创意策划开始一直到各阶段的准备工作，都是为了活动的最终实施。在活动的实施阶段要做好下列工作。

①各实施系统按照活动实施方案协同有序地开展工作。

②总指挥系统在活动实施的主要工作包括：指挥、控制、协调、应急、决策。

③各分系统根据活动中出现的问题随时进行调整和协调，这是活动运作过程中的主要工作。

④活动指挥部应做好活动实施过程中的现场效果记录，为活动评估做准备。

（9）检查活动效果

在活动实施终结时，在现场工作记录的基础上，需要进行本次活动的运作效果检查。检查内容包括以下几个方面。

①活动实施方案的完成情况。

②各级系统的运作效果。

③活动中指挥协同效果。

④活动安全预案执行效果。

⑤活动的后勤保障效果。

⑥现场的满意度。

2）文娱活动实施过程中的工作机构设置

文娱活动实施阶段的工作机构是各项操作的基础。它与策划阶段的组织机构设计有很大的不同，活动的承办方在制订活动实施方案时，都要对机构进行再次认定和安排，以保证各级设置的实用有效。组织实施阶段的工作机构设置任务主要有以下几个方面：

①组织实施阶段的工作机构设置是策划阶段设计的延续，是以工作岗位为中心的二次设计过程。

活动实施方案中工作机构设置是活动组织机构内部建立的工作指挥系统，其目的是为了保障活动的顺利进行和有效操作。

②将策划方案中的领导机构转化为实际运作中的指挥系统。

文娱活动策划方案中的机构设计分为领导机构和工作机构两类，其中领导机构向指挥系统转化，形成了总指挥系统与分指挥系统。

③将策划方案中的工作机构职能进一步分解到各个岗位，把部门职能转化为岗位职责。

④根据活动实施中的具体情况和需要，对策划方案中的组织结构设计进行适当调整。

3）文娱活动组织实施中的控制与管理

文娱活动的组织实施是通过各级指挥系统的有序管理来实现的，其中对活动的流程控制和内容的管理是关键，并贯穿活动的全过程。文娱活动的实施共分为三个阶段，即准备阶段、实施阶段和后期收尾阶段。

（1）准备阶段

文娱活动实施过程中的准备阶段是最终得以展现的基础，准备工作是否充分直接决定了活动的质量。从工作的步骤划分可分成前期准备、中期准备和后期准备三个阶段。按照时间比例分析，中期准备阶段所占用的时间最长，是全部准备时期的核心，通常按照1∶2∶1的比例分配，甚至有的活动中期准备的时间更长。

①前期准备阶段。这一时期的工作主要是基础性的准备工作，完成活动实施必须具备的条件和手续。

②中期准备阶段。活动的中期准备阶段是准备时期的主体部分，按照活动内容的要求，各部门进入实际筹备程序。

③后期准备阶段。所谓活动的后期准备阶段即人们通常所说的倒计时阶段，主要是各级指挥系统对各项准备工作的落实和检查验收。

（2）实施阶段

文娱活动的实施阶段是活动最终目的的表现部分，在人们眼中文娱活动所指的就是这个部分。人们通过这一阶段的活动展示感受到文化的魅力，使活动产生社会影响，因此实施阶段是活动阶段中最关键的时期，也是对准备工作的最终检验。实施阶段应当完成三项工作内容。

①进入就位程序。按照工作实施方案规定的时间地点，各岗位人员准时就位，迅速做好活动开始之前的各项准备工作。

②进入实施程序。总指挥系统在确认各项准备工作就绪后，按照预订计划向各分指挥部系统及所属部门下达活动启动指令。

③进入收尾程序。当各项活动内容完成之后，总指挥系统即可下达停止指令，并对其结果进行检查。

（3）后期收尾阶段

文娱活动的后期收尾阶段是十分重要的工作时段，任何文化机构和单位都不应当忽视活动的收尾工作。大致可分为以下几方面的内容。

①文件和资料的收集、整理归档。

②活动各阶段的意见反馈。

③资产设备的清理归位。

④经费的清算和结算。

⑤活动总结、评估、表彰和处罚。

⑥遗留问题的处理和移交。

⑦组委会宣布解散。

3. 文娱活动方案的编写

1）文娱活动方案的类别

文娱活动的策划与组织是一个复杂的系统工程，活动方案是策划阶段的最终成果，是实施阶段的基础性依据。因此，活动方案的编写质量对整体活动来说具有决定性意义，任何活动的主办方和承办方都必须将活动方案的编写作为重大事项来抓，这是保证活动成功的关键。

这里所指的文娱活动方案是一个由多种方案构成的综合性概念。

①按活动性质划分，文娱活动方案可分为设计方案和实施方案两大类。设计方案为实施方案提供了依据，实施方案又为活动的具体运作提供了依据。

②设计类方案又可分为活动创意和活动策划两类方案。创意方案的编写目的主要是加深主办方和受众对该项活动的认识，为活动的决策机构准确做出判断提供依据。策划方案的编写目的是直接为活动的实施提供依据。

③时事类方案又可分为活动实施方案和活动应急方案，这两类操作性方案虽然存在较大差异，但互相关联密不可分。实施方案是策划方案的延续，是任务化了的策划方案。应急方案是实施方案的延续，是针对非正常状态的特殊操作设计。

2）文娱活动策划方案和实施方案的基本结构

在文娱活动方案的实际编写过程中，每一个编写者都会有自己的写作风格和习惯，因此构成了各类方案的丰富性和多样性。

（1）活动策划方案的基本结构

活动策划方案的基本结构包括：题目、指导思想和目的、可行性分析、活动内容和范围、活动方式和方法、时间和地点、步骤安排、组织机构、经费预算、相关要求。

①题目。

策划方案的题目是该项方案的灵魂,对于方案的正确理解具有极其重要的作用。

人们可以通过题目了解活动的范围、内容及规模,准确清晰的题目可以起到画龙点睛的作用。

②指导思想和目的。

文娱活动的指导思想和目的是对该项活动的定位,指导思想为活动确定了方向,目的为活动确定了目标。指导思想和目的是两个不同的概念,但又紧密相连,指导思想表述的是活动的动机,而目的表述的是活动的结果。

③可行性分析。

策划方案中的可行性分析是活动主办方做出决策判断的重要依据。策划人在这部分的编写过程中应做到内容翔实、分析全面、判断准确、建议实用。

④活动内容和范围。

内容和范围是策划方案中的核心部分,是活动价值的主要体现,策划人在方案中应详尽说明活动内容的类别、数量、特点,以及内容和规模本身约定的规范与规则,内容的描述要生动、形象、准确、层次外明,富有想象力,为活动的实施人员在确立工作任务时提供形象的内容依据。

⑤活动方式和方法。

这部分内容对于活动的承办方来说十分关键,在活动实施过程中一切操作流程的形成和确立,都来源于策划方案当中方式方法的设计,因此,在编写中必须做到全面实用,可操作性强。策划方案中阐述得越翔实,操作方的实施压力就越小,实施方案中的任务分配也就越准确。

⑥时间和地点。

由于文娱活动的策划工作是对活动项目的预测性设计,其时间和地点依据活动内容和形式的需要进行设计,无法判断在活动实施过程中承办方的具体工作安排,因此策划方案当中的时间地点设计与活动实施方案中的时间地点安排有着很大区别。策划方案中的时间地点要围绕着内容、形式设定,除此之外,还要在策划方案中详细说明活动筹备前期、中期、后期等各阶段的时间范围及布局。

⑦步骤安排。

文娱活动策划方案中的步骤安排是活动程序性安排,是活动承办方在制订实施方案时的重要依据,由于活动的策划者在策划设计时,并不掌握承办方的工作特征和实施风格,因此步骤安排不应写得过细,在各阶段时间内必须完成的工作内容表述清楚即可,工作任务应当由活动承办方在实施方案中进行具体安排,这是承办方的职责,也是权力。

⑧组织机构。

策划方案中对组织机构部分的编写包括三部分,即组织协作形式、领导机构和工作机构。

⑨经费预算。

为了保证主办方得到正确全面的信息,并做出准确的判断,活动的策划人必须将经费预算设计得翔实周到,其中应包括活动需用经费总数、按经费使用内容划分的科目、各使用科目需用的经费等。

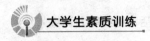

⑩相关要求。

由于文娱活动经常要面对诸多的不确定情况，因此在策划方案中应针对活动的实际问题提出具体的限制性要求。

在策划方案的实际编写中，上述内容缺一不可，但侧重点可有所不同，前后次序可能有所变化。一些策划方案习惯将组织机构部分放在前面，将时间地点与步骤安排结合在一起编写，这是正常的。不同的策划人在各自的策划方案中，经常会表现出不同的风格和特征，主办方应当鼓励并提倡。特色活动的展示往往会从这些风格各异的策划方案中得到启示。

（2）活动实施方案的基本结构

活动实施方案的基本结构包括：题目、计划目的、任务内容、实施方法和手段具体安排和步骤、落实工作机构和岗位人员、任务分解并落实到人、保障措施、相关要求。

①题目。

活动实施方案的题目应与该项活动的策划方案的题目相一致，只是在方案类型上有所区别。

②计划目的。

策划方案中的活动目的侧重于活动的社会效果和文化需求，而实施方案中的计划目的是针对该项活动的直接结果而言的，是对策划方案中指导思想的再解读，无须再对活动的必要性和举办活动的动机进行说明。实施方案是操作性方案，其方案中的目的也是对操作结果加以阐述，因此应简明直接，切忌烦琐。

③任务内容。

活动承办方制订实施方案时，将策划方案中的内容形式部分转化为具体的工作任务。方案中应按任务的数量、类别、特征对内容进行重新编排，最终以可操作任务的形式确定下来，承办方可按不同的活动内容要求采取不同的任务设定方式，通常将各类别的任务层层细化，直至到具体的任务点，为进一步将各任务分解到部门及岗位做准备。

④实施方法和手段。

这一阶段的设计是依据活动内容和形式的需要来构思的，当内容转变为任务后，其实施方法也随之发生变化。承办方在制订活动实施方案时，应在策划方案设计的基础上完成三部分内容：承办方根据活动实际面对的具体情况和活动承办单位的工作特征，以策划方案的设计为依据，对活动的实施方法进行再设计；对实施办法和手段进行细化，与活动任务相结合转变为具体的实施手段；确定各工作部门之间的协同协作关系。

⑤具体安排和步骤。

实施方案中的步骤安排是具体操作性设定，因此必须要翔实、周到、具体。通常在制订实施方案时，该部分内容与时间地点结合起来编写，什么时间、什么地点、完成什么任务必须一一说明。

⑥落实工作机构和岗位人员。

根据活动任务和实际需要，对策划方案中的工作机构设定进行再次确定，必要时可进行适当调整。在此基础上对工作机构中的各部分进行分级设岗，并明确各岗位的工作职责。在活动实施方案中，主要设定的是工作机构部分，至于领导机构的相关设定已在策划方案中得到体现，一般不在这里进行调整，但各领导岗位必须完成向活动指挥系统的转化，明确各指挥岗位的职责分工，并对各自的指挥结果承担责任。

⑦任务分解并落实到人。

将分解后的各项任务点按照各个工作部门的职责逐一进行对位，逐级确认工作任务的数量和质量。各部门将自身应承担的任务逐一分解到各个岗位，并依据岗位职责对岗位任务提出要求和完成标准。根据岗位的需要和承办方队伍的实际操作能力，确定具体上岗人员，各岗位成员应对各自承担的任务进行再确认。

⑧保障措施。

活动实施方案中的保障措施是针对任务而言的，一切措施均为了确保任务的顺利完成，因此不同地区不同类型的文娱活动所采用的保障措施也各不相同。

⑨相关要求。

在活动的实施过程中，工作人员会面对一些在策划阶段无法预测的操作性问题，这些问题会在任务的落实过程中反映出来。实施方案中相关要求是对策划方案中相应内容的补充和细化，要求得越具体，其活动就越有保障。

可操作性是活动实施方案的核心，无论何种方式的撰写都不能违背这一核心原则。如图4－2所示的校园文化艺术节"模特大赛"，体现了活动实施方案的可操作性。

图4－2 校园文化艺术节"模特大赛"

文娱活动组织案例

活动主题：校园文艺晚会

活动目的：

此次晚会为同学们提供了一个广泛展示与交流的平台，也促进了各个协会的合作，营造积极、富有活力的社团活动氛围，向全校师生展示社团的风采。

活动时间：20××年××月××日18：00

活动地点：学生活动中心

主办单位：××大学学生会

策划部门：××大学学生会社团联合部

参与对象：××大学全体学生

前期宣传：

1. 以宣传画的形式宣传

2. 各班文娱委员下达通知

3. 社团部各委员向身边同学宣传

晚会流程：

1. 晚会当天上午由社团联合部全体人员完成会场的布置
2. 13：00 点左右进行灯光音响的彩排等
3. 13：00 点同时进行演员的化妆及发型设计
4. 16：00—17：00，工作人员及演员吃晚餐，演员补妆
5. 18：00—18：30，嘉宾入场签到，观众入场，各组做演出前最后准备
6. 18：30 主持人宣布晚会正式开始
7. 晚会正式开始（附：《晚会节目流程表》一份）

晚会后期工作：

晚会期间费用的报销（外联部负责）

场地的清理（全体人员）

晚会的总结（编辑部负责）

注意事项（突发状况及解决）：

节目方面：

1. 确定节目名字及表演者姓名
2. 所有节目的音乐资料报送应提前 15 天确定
3. 各个协会节目所需道具要自己准备
4. 所有节目报送后，不宜反复更改顺序或节目形式等

彩排方面：

1. 节目彩排在正式演出场地进行，附《道具流程表》一份
2. 灯光师及音响师的联排，以节目演出单为参考列出详细的《音乐及灯光调节流程表》
3. 节目彩排中应注意节目的保密性
4. 具体彩排细节由纪检部负责

其他方面：

1. 一个节目结束后要有足够的人手撤离道具，注意人员的安排（组织部）
2. 要有备用话筒
3. 现场秩序的维持及气氛的调节（纪检组）

突发情况主要负责人：邹××：150××××××××

王××：187××××××××

晚会经费预算：

海报、横幅：400 元

晚会巨幅海报：400 元

晚会节目单、门票、嘉宾邀请函：400 元

话筒、音箱的租用：1 000 元

晚会布置：300 元

部门节目的服装及主持人的服装：1 000 元

领导嘉宾用水：100 元

观众道具（荧光棒、拍手拍等）：100 元

总计：3 700 元

训练任务

1. 为班级组织策划一场文娱活动，并写出组织活动的流程。
2. 根据活动方案组织实施文娱活动。

4.2.3 训练小结

本节重点介绍了文娱活动的组织和实施、文娱活动方案的编写。通过开展文娱活动，有助于将理论运用于实践，能够熟悉和掌握文娱活动的组织流程。同时，开展文娱活动有助于提升大学生的人文精神，提高心理素质，丰富精神世界，培养良好气质风度和社会交往能力，是提升大学生人文素养的重要一环。

4.3 社会实践活动组织

4.3.1 训练目标

1. 知识目标

了解社会实践活动的概念、实践的目的、意义、类型。了解社会实践活动组织策划流程及注意事项；掌握社会实践调查报告的撰写规范。

2. 能力目标

能够组织策划一般的社会实践活动。

3. 素质目标

具有良好的人文素养和人文关怀精神；具备责任担当、热爱劳动、爱岗敬业的职业素养。

4.3.2 训练内容

社会的飞速发展，知识化进程不断加快，生产技术日益革新，职业变更和劳动变换频繁，对人才的要求也更加严格，只能纸上谈兵而无实践能力的大学生很难适应社会的变革。所以，高校要结合时代的需要、专业发展要求和大学生成长成才的需要，积极组织大学生参加社会实践活动，提高大学生的实践能力和创新精神，这是现代高等教育的一项重要内容和教育方式。

1. 大学生社会实践活动的概念

大学生社会实践活动是指大学生在高等学校结合其培养目标的引导下，以大学为依托，以社会为舞台，开展的接触社会、了解社会、服务社会，并从中接受教育、培养综合素质的一系列有组织、有计划活动的总称。它是一种以实践的方式实现高等教育目标的教育形式，是高校学生深入社会、参与劳动、增长知识技能、养成正确社会意识的活动过程。大学生社

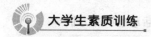

会实践活动与课堂教学相辅相成，共同完成高校的人才培养任务，是实现学生全面发展的重要措施。

2. 大学生社会实践活动的基本特征

从其主体来看，大学生是社会实践活动的主体，是社会实践行为的发动者和执行者，是社会实践行为的实际运作者，所以大学生社会实践必须要充分激发大学生自身的主观能动性，发挥其主体性地位的作用；另外，大学生社会实践活动又是以大学为依托的，高等学校及教师有必要对大学生的社会实践活动加以教育引导，充分发挥主导作用，避免使大学生的社会实践成为一种盲目的、低效的、缺少教育意义及社会价值的活动。

从其过程来看，具有明显的社会性，包括情境体验、价值辨析、活动践行，学生作为社会政治生活、经济生活、文化生活的一员，广泛地参与到广阔的大自然改造和丰富的社会生活之中，亲自接触和感知各种人和事，通过了解社会，从而增加对社会的生活积累，并获得对社会物质文化、精神文化和制度文化的认知、理解、体验和感悟。

从其价值、意义来看，社会实践活动在社会效益、经济效益和人才效益等方面发挥了重要的作用，取得了较有影响的成效；可以促进学生的全面发展和个性和谐健康发展。

从其价值实现的途径来看，家庭、学校、社会三方面不同程度且又共同影响着社会实践活动的开展及其价值的实现，这为社会实践活动的开展打开了通道。

从其内容与形式来看，实践内容丰富，形式多样，如大学生在大自然和人类社会的广阔天地中去学习和发展、活动时空与形式的开放性、活动评价的过程和活动开展的开放性等。参与校园社团活动，了解社会和社会兼职工作，参与公益性的社会活动，与本专业相关的实践、试验，去企业参观、实习等都是社会实践活动。

3. 大学生社会实践活动的意义

1）有利于促进知识的转化和拓展

"纸上得来终觉浅，绝知此事要躬行。"参加社会实践是课堂教育的延续，是巩固所学的理论知识、吸收新知识、发展智能的重要途径。大学生在课堂上学到了间接的、系统的理论知识，但很难直接用于实践，转化为生产力。社会实践使大学生接近社会和自然，获得大量的感性认识和许多有价值的新知识，同时使他们能够把自己所学的理论知识与接触的实际现象进行对照、印证、比较，主动调整自己的知识结构和能力结构，帮助学生巩固和深化在课堂上学到的知识，锻炼实际动手的能力，缩短理论和实践的距离。

2）有利于增强社会责任感和使命感

大学生是国家宝贵的人才资源，肩负着人民的重托和历史的责任，当代大学生必须将自己成才和社会发展、国家需要结合起来，具有群体意识和社会责任感。社会实践活动让大学生走出课本，认识社会，了解国情民情，关注社会热点，在志愿服务、公益活动、调查访问、深入农村、文化宣传、环境保护、专业实践等活动中感受社会的艰辛、劳动的艰苦和市场的竞争；在实践中磨炼意志，增强社会角色的认知，形成正确的社会责任认知，自觉自愿履行社会责任，形成社会感和民族自豪感。

3）有利于提升自身的综合素质

社会实践活动是培养和锻炼大学生综合能力的一个阶梯，它没有固定的模式、场所和对象,它为大学生提供了一个最大限度发挥能动性的开放环境。在社会实践中,大学生的积极性被调动起来,思维也空前活跃起来,往往会产生一些创造性火花,表现出创造的举动。那些有组织才能而得不到施展机会的同学也就会大显身手。在社会实践活动中,不断动手、动脑、动嘴,直接和社会各阶层、各部门的人员打交道,能够锻炼沟通能力、协调能力、组织能力,学会分享和合作,学会关心和尊重。

4) 有利于提升就业素质

通过社会实践,大学生可以丰富社会阅历,积累工作经验;能够熟悉一些基本的操作规范和工作技能;掌握基本的待人接物的方法和社会规范,能够进一步检验、矫正和弥补自己的知识结构,培养自我教育、自我管理和自我发展的能力,锻炼适应能力、实际工作能力;能够树立正确的立业观和择业观,适应市场,提升就业素质。这是课堂教学所难以达到的效果。

5) 有利于提升大学生思想道德素质

通过参与各项社会实践活动,大学生对党的各项方针政策的时代背景、实践基础、科学内涵、精神实质的认识更加深入,同时增强了大学生的民族自豪感,坚定了爱国主义理想信念,有利于培养科学的世界观、人生观和价值观。

4. 大学生社会实践活动的形式

社会实践活动是青年学生按照学校培养目标的要求,利用节假日等课余时间参与社会政治、经济、文化、教育等生活的活动。从社会实践活动与现行教学计划的关系来看,可分为教学计划内的社会实践活动,如教学实验、生产实习、军事训练、公益劳动等;教学计划外的社会实践活动,如勤工俭学、学生社团、社会调查、咨询服务、社区服务等。从社会实践活动的内容与组织形式来看,社会实践活动包括服务社区、走进社会、珍惜环境、关爱他人、善待自己五个方面。而按社会实践活动的组织形式分,有个人活动、小组活动、班级活动、学校活动等,这就避免了把内容与形式相混淆。

总之,在选择社会实践活动的同时,应当根据社会实践活动的目标任务、课程内容、学校特点、教师的能力素质、学生实际情况等因素,精心组织、灵活安排,不拘泥于形式,注意活动的实效,以推动社会实践活动的健康发展。

1) 社会调查

组织学生深入社会、了解社会而获得新的认识和道德认知的活动形式。具体活动有参观、访问、座谈、进行社会调查等。通过对当前热点问题的调查研究,正确认识社会现象,选用科学研究方法,发现问题,分析问题,提出有价值的解决意见,形成调研成果。社会调查是最常见的大学生社会实践方式。

2) 勤工俭学

大学生在校期间利用业余时间从事的有利于培养劳动观念、自主意识和吃苦耐劳精神以及与专业学习相关的科技文化服务或者其他工作,并通过合法劳动服务获取一定报酬的劳动,如家教、社会兼职打工、社区服务等,包括校内外两个方面,是最灵活、参与最广泛的社会实践方式。

3)志愿服务

志愿服务是大学生利用节假日,针对弱势群体、社会需要、大型经济文化体育及社会公共活动所需等,尽己所能,不计报酬,帮助他人,服务社会的活动形式,如"三下乡"活动、奥运会志愿者、走进社区和街道志愿服务、关爱留守儿童、义务支教等。

大学生参加暑假社会实践"三下乡"活动,到农村开展精准扶贫工作(如图4-3所示);精准扶贫总结交流会(如图4-4所示)等,都属于社会实践活动。

图4-3 到农村开展精准扶贫工作

图4-4 精准扶贫总结交流会

4)科技创新

通过社会实践活动,做好选题调研活动,培养科技素养,锻炼创新能力。

组织学生实践团队根据调研结果,听取相关专家、导师建议,选择科技创新切入点,参加科研项目研究,参与大学生课外学术科技作品竞赛等活动,培养创新意识、创造性思维、科技能力和学术精神;组织学生实践团队参加科技实践、科研合作等活动,充分发挥专业特长,增强实际操作能力,锻炼创新能力,为服务地方经济和社会发展做出贡献;组织学生实践团队深入政府部门、企业开展科技创新类主题调研,了解科技创新的政策与方向,为开展科技创新提供可借鉴的参考性意见;号召和组织学生实践团队深入各类企业开展广泛调研,就其生产运行和管理等方面的问题提出创新性意见。

5)法律宣讲

依法治国,是坚持和发展中国特色社会主义的本质要求和重要保障,是实现国家治理体系和治理能力现代化的必然要求,事关我们党执政兴国,事关人民幸福安康,事关党和国家长治久安。大学生利用所学知识,对于不同的群体,广泛开展法律宣讲,增强广大人民的法律意识,保障人民自身的合法权益,做个懂法、守法、用法的公民,坚持法制教育与实践相结合,力求实效,积极推进依法治国进程,全面推进和谐社会的发展,让法律普及各个角落。

6)建设生态文明

生态文明是在科学发展观指导下提出的,也是根据我国青少年现状做出的重大战略部署。大学生通过开展生态文明教育实践活动,养成绿色行为习惯,从小事做起,从身边做起,积极参与环保公益活动;积极进行环境保护、节约资源的宣传,为生态文明建设出一份力。

7)文化教育活动

在郊区、农村、贫困地区等文化教育匮乏的地区,进行切合实际的文化、科技、卫生下乡活动，运用所学知识技能，积极服务人民。

组织师生组建艺术团队开展送节目下乡活动，以弘扬时代精神、倡导文明新风为目标，以反映社会主义核心价值观为主要内容，精心编排基层人民群众喜闻乐见、接近基层生活实际的文艺节目，到乡镇农村演出，丰富村民精神文化需求；组织送图书下乡活动，开展乡村流动图书站，传播科学知识、倡导健康生活方式；组织文化指导员下乡和文艺培训下乡，加强对农村文艺骨干进行文艺专业培训，号召和组织学生深入基础教育薄弱、教育资源匮乏、留守农民工子女相对集中的乡（镇）村学校等开展支教服务活动。为当地中小学生特别是农民工留守子女提供课程教授、学业辅导、亲情陪伴、文体活动、爱心捐赠等志愿服务（如图4-5及4-6所示）；号召和组织学生实践团队回高中、初中母校通过报告会、座谈会、宣传板报、图片展等形式，开展学校形象宣传、学习经验交流和团队训练等活动，培养感恩、责任之情，回报社会，提升学校的社会影响力；号召和组织学生实践团队就教育相关问题展开调研，分析我国教育资源分布不均、教育费用高、大学生就业难等现象或问题的成因；结合自身专业知识，形成专业的、可供有关部门参考的报告。

图4-5 爱心支教"关爱留守儿童"1

图4-6 爱心支教"关爱留守儿童"2

8）其他活动

其他活动包括走进社区、教学实践、专业实习、社团活动、生产劳动、挂职锻炼、公益活动、就业见习、创业实践、走访英模、追访校友、红色之旅参观考察等形式。

5. 大学生社会实践活动的组织形式

通过个人实践、项目组团和社会实践基地建设等多种组织方式。

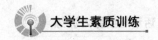

1）个人实践方式

灵活性、针对性强，主要通过学生自己的社会关系，联系企事业单位，开展的实践活动，由单位部门出具实践内容和时间期间的表现等证明。

2）组织团队

这是大学生社会实践的主要方式。针对不同参与层面、不同的实践内容，组织不同的社会实践团队，团队成员分工明确，团结协作，锻炼大学生组织协调能力和合作能力。

3）社会实践基地建设

学校组织学生到相关的社会实践基地或校企合作的单位或爱国教育基地等进行专业教学实践、志愿服务、公益活动、生产劳动等活动。

6. 大学生社会实践活动的组织流程

大学生社会实践活动的组织决定了实践活动能否顺利进行、能否实现其目标，所以，必须加强对大学生校外社会实践活动的组织策划。

1）宣传动员

大学生社会实践活动的实施主体是大学生，其积极性和主动性是社会实践活动取得成效的前提条件，所以，前期的宣传动员非常关键，必须让大学生认识到社会实践活动对自身成长和社会发展的重要性和必要性，调动起学生的参与热情和积极主动性。

宣传动员有多种途径，包括讲座、宣传海报、横幅、宣传橱窗、校园网站、广播、QQ、飞信、微信等，通过系列的宣传动员，让学生增加对社会实践的了解和认识，明确社会实践的目的和宗旨，从中受到鼓舞，积极报名。

2）组织实践队伍

组队形式一般有个人实践和团队实践。个人实践相对自由，实施过程较为简单，规模影响力较小；团队实践围绕共同主题组建团队开展实践，需精心准备，凝聚团队成员的力量，规模和影响力较大，成果比较丰富。

团队一般由指导老师（1名）、团队负责人（1名）、队员（不少于5名）组成。指导老师一般包括辅导员、班主任、专业教师、专家等，起到引导、帮助和促进作用，如指导学生选题、设计方案、关注社会实践过程，督促学生和指导学生进行评估；同时做好团队的安全保障，同实践单位搞好协调工作，安排好实践进程。

团队负责人是整个实践团队的核心人物，负责全队的运作和联络工作，对成员进行妥善分工和周密安排，要求德才兼备，责任心强，具有较强的综合能力。

团队成员体现多样性、互补性，可以进行跨学院、跨专业、跨年级、各有特长组合，也可以根据兴趣爱好、实际居住地、性格类型等进行组队。成员根据特长各有分工，如拍摄、后勤、宣传、策划、外联、文秘、财务等。成员要发挥各自的优势，互帮互助，团结合作，以团队利益为重，保证活动的顺利开展，取得理想效果。

3）选题

选题的合理性是开展社会实践活动的基础，与整个活动是统一的。应注意结合选题的原则和选题的方法。

选题的原则有以下三个方面。

（1）现实性原则

选题要具有现实意义，能够结合所学知识理论、学科特色，将理论和实践结合，选择与社会生活密切相关、能反映社会现象、体现民众关注的主题，并能通过社会调查等方式，提出解决某一具体要求或问题，为相关单位部门献计献策，形成具体成果。

（2）可行性原则

选题要充分考虑和分析各种客观条件，如人力、物力、财力等各方资源的客观情况，要善于利用资源，做到节约和高效。首先，充分评估选题的主客观条件，客观地分析团队的整体实力和各自能力，做到量力而行；其次，充分考虑团队成员的特长、专业和兴趣爱好；最后，实践题目不要太大、太宽泛、太宏观，要尽量选择小一点、设计范围窄一点的题目，做细做精。

（3）创新性

选题不要盲目跟风热门、追捧、照搬；要做到人无我有，人有我精。既可以从题目、形式、内容等方面进行创新，也可以从旧的题目挖掘新的内容，提出新的观点和看法。

选题的方法有以下五种。

（1）结合专业

如果学生在社会实践中能够结合自身专业特点选题，更能提高实践活动的针对性和实效性，如果能融入未来职业发展需求，效果可能会更好。选题可以从学生专业背景出发，发挥专业优势，使实践活动与社会需求接轨。

（2）围绕兴趣爱好

兴趣是最好的老师，兴趣与动力成正比。大学生社会实践是一项复杂、系统的活动，前前后后有着大量的工作要做，在实地调查访问研究时需要更多的精力和时间，只有保持饱满的热情和持之以恒的信心才能做好。所以选题可以充分结合自己的兴趣爱好，选择那些能发挥自己专长的主题。

（3）围绕社会热点

大学生只有关注社会热点焦点，关注民生热点，才能准确把握时代的主旋律，把握社会发展的脉搏，才能真正了解社会。在大数据的网络时代下，大学生能更迅速、更全面地了解、捕捉信息，形成自己对社会热点问题的认识，围绕社会焦点热点问题设计实践主题，具有时效性、敏感性、创新性，很容易引起社会的关注，产生较大的社会影响。

（4）围绕重点工作

围绕上级教育主管部门、各级团组织所开展的重点、专项工作开展社会实践活动。

（5）围绕当地所需

结合当地的生活发展状况、环境类型、文化发展等方面进行选题，使实践活动具有一定的目的性和针对性，为当地发展出谋划策。

4）方案设计

筹备策划，制订实施方案能够进一步明确社会实践活动的指导思想、目的要求、形式内容、方法途径、时间要求、成果评估等。一般按照以下程序进行策划。

实践活动的背景：实践地点、实践内容。

实践活动的基本信息：实践活动的指导思想、目的、意义、活动时间、活动主题、实践方式、活动特色。

团队基本情况：团队成员的年龄、年级、专业、兴趣特长、学生干部经历等基本情况及分工情况。

实践活动的可行性分析：分析选题的可行性、团队成员的能力和分工、活动的时间地点、团队的支持资源、活动方法内容等。

具体实践方案的前期准备：通过查阅资料、调查访问、收集材料等进行分析，找出问题，选定主题；听取指导老师的建议、编写调查问卷、精心策划实践方向和方案、团队成员分工、经费预算；制作宣传横幅、宣传海报等；制作队旗；团队成员相关培训如安全、纪律、礼仪知识等；联系实践单位、确定交通方式等。

具体实践活动的时间安排：启动仪式，活动具体实施调研时间段，实践活动总结时间段。

具体实践活动的宣传工作：活动前期的宣传动员、中期的活动进程宣传、后期的实践成果系列宣传。

具体实践活动的预期效果：宣传方式多样化，包括宣传单、横幅、海报、媒体、网络、座谈会、成果展等。

后勤保障：安全、交通、住宿、饮食、医疗等。

5）临行准备

（1）思想准备

认清实践活动的目的意义，了解自己角色的转换。

（2）知识技能准备

要为实践过程中需要的各种知识技能做好准备。如了解时事政策、经济常识、社会热点、巩固专业知识、社交礼仪、系列社会调查的方式方法等。

（3）物资准备

如制作的调查问卷、学校的介绍信、相关的资料、宣传材料、相关的证件、生活用品、相机、地图、医药等物品。

（4）身体准备

提前注意良好的作息规律，注意锻炼身体。

（5）经费准备

按照预算，提前准备好所需的经费。

（6）培训准备

进行社会实践活动相关的培训如选题相关的知识培训、如何制作问卷、如何进行访谈、如何检测活动效果、如何收集实践活动的材料、如何写调查报告以及安全、交通、饮食、卫生、礼仪等方面的培训。

6）举行出征仪式

一切就绪，按照时间安排，举行出征仪式，统一思想，鼓舞士气。

7）具体的活动实践和资料收集

在实践过程中注意照片、文字、音频、视频等资料的收集，做好相应的标注、分类和整理工作；积极联系媒体进行宣传报道。

8）活动结束，进行社会实践活动总结

9）活动成果宣传和交流

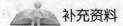补充资料

【案例1】 社会实践活动组织案例

××大学××年暑期"传承践行成长"社会实践活动策划书

一、活动背景

为深入学习贯彻党的十八大及十八届三中、四中全会精神和习近平总书记的系列重要讲话精神，进一步加强大学生思想政治教育，充分发挥社会实践活动引导人、教育人、塑造人、激励人的作用，构建实践育人长效机制，促进青年师生在社会实践中传承中华优秀传统文化，践行社会主义核心价值观，根据省委教育工委、省委宣传部等七部门联合下发的《关于开展××××年暑假××省大学生和青年教师体验省情服务群众主题实践活动的通知》以及××经贸大学相关文件精神，我院××××年暑假将继续开展百名大学生和青年教师百乡千村体验省情、服务社会主题社会实践活动。

二、活动主题

传承践行成长。

三、活动主线

走基层、知省情、重学习、注实践。

四、活动载体

调研××、服务社会、传承文化、探访母校、感恩父母、实习见习。

五、组织形式

实践活动采用个人分散实践为主、团队集中实践为辅，两者结合的形式开展。按照助力××发展、助力师生成长的思路和安全第一、就近就便、服务本土的原则，实践师生须开展五个一活动，即：搞一次社会调查、做一件力所能及的实事、提交一篇调研报告、发布一条实践博文、拍摄一组实践照片，广布实践声音，突出活动实效。

六、活动资料

1. 开展法制建设普法宣传宣讲活动

党的十八届四中全会通过了全面推进依法治国的决定，把法治中国提升到前所未有的高度。这是我们党首次以依法治国为主题的中央全会。全面深化改革需要法治保障，全面推进依法治国也需要深化改革，因此，务必组织青年学生全面学习十八届四中全会精神，走进基层，深入社会，宣传十八届四中全会精神，开展政策宣讲，为提高全社会运用法治思维和法治方式推进改革的潜力和水平，贡献青春力量。

2. 开展爱国情怀红色记忆教育活动

组织实践团队通过参观抗战纪念展馆、遗址，寻访革命老前辈和抗战英雄遗属，重温中华民族取得抗战胜利的光辉历程；以网络微话题讨论、红色故事分享会、红色经典展播、抗战历史调研等多种实践活动形式，促使青年学生传承革命信仰，继承坚韧不拔、勇往直前的革命精神；广泛开展复兴之路学习参观活动，到相关博物馆、爱国主义教育基地等地方参观学习，深刻领会中国梦的内涵和中国梦的精神实质，坚定中国特色社会主义的道路自信、理

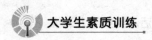

论自信和制度自信。

3. 开展深入基层关注热点调研活动

鼓励青年学生关注社会热点和民生焦点，利用暑假返乡机会，深入基层，倾听百姓声音，发挥学生在财经、法律、管理、教育、信息技术等方面的专业优势，围绕家乡经济社会发展过程中出现的热点问题开展社会调查，就社会保障体系、食品安全问题、计划生育政策、高考改革、大学生就业创业、生态文明建设、环境污染治理等问题开展专题调研。提倡高年级学生在专业教师的指导下，设计和组织具有专业特色的专题调研活动，形成高水平的调研报告。

4. 开展学习雷锋青年先行服务活动

用心参与暑期客流调查、乘客引导、自助购票指导、重点旅客帮扶等铁路旅客服务活动；深入到敬老院、福利院、孤儿院、少保所等地，开展形式多样的送温暖、献爱心活动；组织学生在社区和农村为孤寡老人、空巢老人带去力所能及的帮助，让他们感受到陪伴与温暖；针对父母不在身边的农民工子女，开展大手拉小手关爱留守儿童、义务家教等志愿服务活动，并将其融入自己的生活，在服务他人、奉献社会中提升个人精神境界，为社会主义精神文明建设和社会的和谐发展做出贡献。

5. 开展铭记师恩探访母校感恩行动

鼓励学生在暑假期间，开展感恩母校、铭记师恩的母校探访活动。通过以感恩母校为主要资料的个人状况汇报、以我的大学我的梦为主要资料的大学状况介绍、以励志青春为主要资料的学习经验交流，在向母校、向恩师表达感恩之情的同时，与学弟学妹们交流学习经验，分享成绩与收获，号召他们懂得感恩、努力回报。充分展现我院优良校风与学子风采，加深中学师生对我院的了解与认同，提升学院的社会形象和社会影响力。

6. 开展感恩父母点滴回报孝心行动

重点组织一年级学生以暑假社会实践活动为契机，开展用实际行动感恩父母的实践活动。鼓励学生合理安排暑期时间，多关心父母的工作、生活、健康状况，送上一份亲情；为父母及家人做力所能及的家务事，学会一项家务小技能，从事不少于两周的家务劳动，为父母减少一分辛劳；向父母汇报自己的大学生活，给家人送上一份宽慰，感恩父母的抚养和培育，树立成人意识，争做有职责感的家庭成员。让同学们认识到开展社会实践，首先要从家庭这个社会最基本的单元做起。

7. 开展就业见习创新创业实践活动

倡导学生根据专业特点，深入到生产实践一线，通过单位见习生、管理助理等形式踊跃参与专业实习、生产实践、创新创业，并结合所学专业，开展深度生涯人物访谈，深入和准确了解专业的前沿动态、企事业单位发展及对专业人才的需求状况，撰写专业调研报告或生涯人物访谈报告，为将来的就业创业打下坚实基础。指导高年级学生根据所学专业和现有条件，用心参加暑假人才招聘会或者到政府机关、企事业单位集中性开展岗位体验、就业见习活动，为顺利就业做准备。

8. 开展追寻传统采集活动

布置学生围绕各自家乡具有独特地方和浓郁民族特色的饮食与制作过程、穿着文化和喜好、文体活动、禁忌等民风习俗通过光影进行记录与采集，或撰写以各类节日习俗为主要资料的征文，着力描绘对独特地方民风习俗、浓郁民族文化特色的理解和传承。让广大学生深切感受中华民族的传统文化，使他们对传统节日及家乡的民风民俗有更深刻的了解，理解家乡民族文化的熏陶，增强民族自豪感和民族意识。

七、活动要求

1. 高度重视，认真落实

各系要高度重视、加强领导，确保暑假社会实践的各项任务落到实处。根据通知要求制定本系社会实践工作方案，鼓励系领导、辅导员用心指导。各实践团队与个人应根据我院暑假社会实践主题，结合自身实际和专业特点，选取活动主题，做好活动方案，突出重点，讲求实效；认真落实各项具体措施，使实践活动具体、生动、有针对性，防止形式主义。

2. 服务群众，打造品牌

要把实践活动与社会主义新农村建设结合起来，与服务群众、造福群众结合起来，与大学生就业创业结合起来，在群众中深入宣讲党的十八大和十八届三中、四中全会精神，要把科技带下乡、把文明带下乡、把健康的生活方式带下乡、把先进的文化带下乡，以服务群众的实际举措体现当代大学生的社会职责。同时，根据学院特点，创新形式、丰富载体，切实打造实践活动特色品牌。

3. 严格纪律，确保安全

各实践团队与个人在社会实践活动期间都务必高标准严格要求自己，高质量地完成社会实践任务，并做到遵纪守法，自觉维护我院及大学生良好形象。由于暑假期间天气炎热，社会实践活动涉及的人员多、地域广，因此活动期间务必加强安全保障，就近就便，不开展跨区活动，确保人身财产的安全。广大学生在实践过程中要注意提高安全意识，预防意外发生，遇到突发事件时沉着应对，及时上报。

4. 加强宣传，营造氛围

广泛利用报纸、电视、网络等各种宣传渠道扩大社会实践的影响辐射范围，充分利用大众传媒和新媒体宣传推广优秀的实践活动，做好暑假主题实践活动的宣传报道和信息报送工作，努力营造社会实践的良好舆论氛围，将社会实践的社会影响和育人效果最大化。

各单位主题实践活动负责人、教师、学生以及分散实践的师生要随时关注省主题实践活动官方网站，特别是关注主题实践活动领导小组发布的各种通知、新闻，参与网站上开展的主题实践互动活动，同时实时将社会实践调查报告、日志和社会实践活动动态交至辅导员处进行初审，审核后以班为单位上交至各系团总支进行复审，开学后以系为单位发至院团委和QQ群，经院终审后统一投送至院团委网，并上报校团委，由校团委发布于官方网站。

5. 做好总结，及时转化

实践活动成果主要有三种：一是实践师生的调研日志以及博文、视频、照片等。日志、博文要有真情实感，每篇400字左右。二是实践小分队的调研报告。既可围绕已经给出的参考选题或自主选题，根据调研掌握的第一手资料，以选题专业、方法科学、分析深入、推荐实际为总体要求，撰写综合调研报告、案例分析调研报告、建言献策调研报告等，每篇调研报告不超过5 000字。三是各系开展主题实践活动的工作总结。要充分体现实践活动的政治成果、智力成果和育人成果。用心探索选题出色、开展质量较高实践项目的成果转化，通过聘请专业指导教师、招募成果转化团队以及推荐下一年度挑战杯大学生课外学术科技作品大赛、学院大学生科研立项等方式，努力培育出一批具有示范性及社会影响的高水平学生实践成果。

八、总结表彰

活动结束后，认真总结，下学期开学第5天，以系为单位将本系学生社会实践汇总材料报送至学院团委116办公室，所交材料包括：

①各系社会实践师生调研日志及活动总结；

②推荐的社会实践先进个人汇总名单，先进个人按参加实践人数的5%推荐；

③推荐的社会实践优秀成果（学生调研报告）及汇总名单，按提交实践成果的1%推荐；

④特色图片、新闻报道材料（报纸、广播、电视、网络等信息报道）。如有突出的先进事迹、先进个人，可随时通过邮箱上报；

⑤各系学生填写好的调查问卷。

下学期开学后，学院将召开暑假社会实践总结交流大会，并对暑假社会实践中表现突出的小分队和个人予以表彰。

①学院党委将根据经贸大学相关文件要求，结合各系参与人数、参与率、实践成果质量、宣传报道次数等状况进行优秀团总支、优秀成果、先进个人的评选与表彰。

②学院党委将把广大学生党员、团员参与此项活动的状况作为本年度民主评议党员和团内评比考核的一项重要参考。

③学院党委将召开表彰暨经验交流会，树立典型，总结经验。

补充资料

【案例2】 关爱空巢老人社会实践

一、活动背景

1. 山区"空巢老人"产生的背景

随着农村经济制度改革的不断推进和产业结构的不断优化，这几年农村外出务工人员逐年增加，我市四明山、大岚、鹿亭、梁弄等山区乡镇的青壮年纷纷下山进城，寻找新的增收致富门路。与此同时，随着家政服务业的发展和山区学校的撤并，妇女和儿童也下了山，由此也带来了一个新的社会问题，这就是山村"空巢老人"不断增多，绝大多数的山村出现了"老人留守，老屋为家，老鼠做伴"的"三老"现象。因为年龄等关系，这些"空巢老人"已经没有了生产能力，生活能力又普遍较弱，当子女由于工作、学习等原因而离家后，独守"空巢"的老年人就产生了一系列的生存问题。

2. 山区"空巢老人"的现状

空巢家庭指无子女或虽有子女，但子女长大成人后离开老人另立门户，剩下老人独自居住的老年家庭。在家庭生命周期理论中，空巢期一般被看作家庭生命周期发展的最后一个阶段。而山区产生"空巢老人"最大的原因就是外出务工人员的增加。没有子女陪伴在身边，"空巢老人"在生产、生活方面面临着诸多困难。首先是经济收入低、生活质量差。其次是生活缺乏照顾、安全隐患多。再次是生活无聊，缺乏精神慰藉。每一位老人都渴望子女和亲

人精神上的抚慰，希望在亲情、温情中安度晚年。但由于"空巢老人"精神文化生活比较单调，长期没有子女陪伴，老人的生活往往是"出门一把锁，进门一盏灯"，缺乏交流沟通的对象，容易产生孤独感。而随着人们生活水平的提高，人口老龄化的趋势将会越来越明显。

二、活动目的及意义

山区"空巢老人"的晚年生活是否幸福，不仅仅是家庭问题，更是一个需要社会关注的问题，是具有广泛意义的社会、经济问题，它关系着现代化的进程、人们的生活质量、社会的和谐安定，是全面实现小康社会的一个重要因素。而关注空巢老年家庭，研究空巢老人问题具有十分重要的理论意义和现实意义。为了让这些老人的生活空间更大，精神世界更精彩，作为当代大学生，我们应竭尽所能，为山区的空巢老人尽一份孝心，带去爱和温暖，并配合相关部门想方设法解决山区"空巢老人"的实际困难，让一只只"空巢"变成"暖巢"，力争做到让"空巢老人"生活有照料、寂寞能排遣、生病得医治、困难有帮助。同时有助于弘扬"奉献、友爱、互助、进步"的志愿服务精神，培养当代大学生的社会责任感和历史使命感。

三、活动主题

牵手夕阳红温暖老人心

四、活动日期

2012年6月21日—7月29日

五、活动地点

浙江省宁波市四明山鹿亭乡、柿林村

六、主办单位

共青团××大学××学院外国语分院委员会

七、承办单位

××大学××学院外国语分院英语×××班

八、活动人员

活动负责人：朱××

活动人员名单：××大学××学院10～12名同学

九、活动的具体安排

1．活动前期准备

（1）设备

笔记本电脑两台、数码相机三个、U盘数个、简单常用的医疗器械。

（2）人员招聘

主要标准：

①对志愿者工作充满热情，踏实肯干，态度认真端正；

②能吃苦，有耐心，有较强的表达能力和人际交往能力；

③富有团队精神，听从组织安排，工作负责心强；

④有一定特长，如摄影、写作、能歌善舞的优先；

⑤身体健康，性格开朗健谈，乐观积极，热情友善。

报名方式：填写表格。

选拔方式：进行面试。

(3) 活动前期安排（如表4-1所示）。

表4-1 活动前期安排

活动时间	活动内容
6月21—25日	与当地村委会或负责人取得联系，并就各项事宜进行协商（食宿问题、当地空巢老人概况）
6月26—27日	在学校宣传空巢老人生活状况，呼吁社会上的人都能来关注关爱空巢老人，随后进行爱心募捐，所得资金将用于购买老人的慰问品
7月4日	召开前期会议，介绍本次活动的目的、内容、行程安排、注意事项等，明确活动纪律
7月11—12日	在生活园区收集易拉罐、可乐瓶等废品，转换为活动资金
7月13—16日	对实践队员集中培训，提高队员的综合心理素质，使其掌握各种特殊情况的应对措施；召集队员进行学习，详细了解空巢老人的心理状态，学习一些健康保健、安全知识、生活小窍门，学会如何量血压、按摩等；收集宣传（报道）资料、夏日健康保健知识等养生资料和基本护理知识等
7月17—21日	3~4人分为一组，实践中每组成员将"一对一"对老人进行志愿服务；采购活动物资，制作送给老人的礼物，排练文艺节目（合唱、朗诵、舞蹈等）
7月22日	确定出发时间、路线及车次，携带所需物品，统一服装

2. 活动具体安排

(1) 具体时间安排

每天上午8:30出门，11:00结束上午工作；下午13:30开始工作，16:30结束工作。

(2) 活动跟踪与宣传

每天及时做好摄影、拍摄和写报道等文字工作，做好每日的实践日志。

(3) 食宿安排

租用当地房子；自己动手买菜、做饭。

活动具体流程（如表4-2所示）。

表4-2 活动具体流程

时间	地点	活动内容
7月23日	四明山	1. 从学校出发，8:00在南门口集合，11:30到达四明山 2. 下午联系村委，熟悉当地环境，详细了解空巢老人具体状况
7月24日	四明山	1. 7:00出发 2. 主题："爱心敲门进家庭"，开展"爱心敲门，一声问候暖人心"的活动，清晨到结对的老人家里敲门，带去温暖的问候 3. 送上组员自制的小礼物和慰问品 4. 与老人聊天，了解其背景、经历等，建立起相互信任（上下午各两户老人家）

续表

时 间	地 点	活动内容
7月25日	四明山	1. 7：00出发 2. 主题："健康安全面对面"，为老人们简单地测量体温及血压；向他们简单地介绍一些夏日的保健知识与养生之道、生活小窍门、基本安全知识等 3. 与老人们聊聊天，了解当地的民俗民风，说说自己的学校和家乡，进行"心与心"的沟通和交流，让老人不再感到孤独
7月26日	四明山	1. 7：30出发 2. 主题："爱满空巢"，为老人们打扫卫生、晒晒被子、整理衣物等；为老人们进行简单的按摩 3. 给老人和小孩制作亲情相册，帮助他们寄给远方的亲人，搭建一个电话短信的感情交流平台
7月27日	四明山	1. 7：30出门 2. 在全村开展尊老、爱老的宣传（主要面向年轻的村民及儿童）。向每家每户发放宣传关注关爱空巢老人的宣传卡片 3. 召集部分人观看关爱老人的宣传片、电影等
7月28日	四明山	1. 7：30出发 2. 主题："牵手夕阳红"小型文艺演出，为村里的空巢老人们带去我们精心准备的文艺节目，有合唱、舞蹈、朗诵、共唱山歌等 3. 与老人们一起包饺子，做汤圆，共度美好时光
7月29日	四明山	清晨与服务过的老人及村民们道别，合照，返校

十、活动宣传

1. 前期宣传

建立专门的博客和QQ群，在博客上发表前期准备情况。

2. 实践期间

（1）每天晚上，每组志愿者至少发一篇文章到博客上；

（2）联系当地媒体，对活动进行报道。

3. 后期

整理相关视频、文章和图片，放到博客上，并制作一本纪念图册。

十一、活动资金预算（如表4-3所示）。

表4-3 活动资金预算

项 目	金额/元
车费	250
住宿	500
吃饭	200
慰问品	200
其他活动所需用品	150
总计	1 300

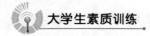

十二、活动总结

1. 每日总结

每晚开小会总结当天工作；晚上把一天的见闻以及感悟以博客的形式发到网上。

2. 30 日交实践总结

主要是对总体工作的总结。

3. 9 月开学最终总结

附：队员守则

（1）全体队员在实践期间必须统一服装、统一起床、就寝、统一用餐。

（2）时间观念，每天进行人员点到，团队成员应在规定时间内归队，不可擅自行动，对自己的行动负责。

（3）无论什么情况，都保持冷静，不可闹情绪，影响大局，任何突发状况都应及时处理。

（4）队员应注意安全，外出应两人以上，注意做好防暑工作，并保持通信畅通。

（5）队员应遵纪守法，在活动期间言行举止应礼貌规范，以诚待人，体现出当代大学生的良好精神风貌。

（6）发扬集体主义精神，以团队为单位行动，各小组互相配合，队员间互相关心。

训练任务

写一份活动策划书：假设你所在班级近期将举行一次针对农村留守儿童的献爱心活动，请以此为主题，写作一份完整的活动策划书。

4.3.3 训练小结

随着社会的进步和科技的发展，教育模式和人才观念也应当随之改变。既往的教育模式和教学方法已不能满足现代职业教学的要求，只有注重培养学生的综合素质，不断改革和创新，才有可能培养出符合新世纪要求的全面发展的高素质复合型技术技能人才。作为一名合格的大学生，除了要具备一定的专业素质外，还应该具备创新能力、审美能力、人际交往能力和良好的心理素质等，学生的这些素质和能力只有在社会这所大学中不断学习才能逐渐形成。社会实践活动是学校德育工作的重要组成部分，也是提高大学生综合素质的有效途径。大学生应该积极投入到社会实践活动中，在思想道德、知识才能、创新能力、心理素质等方面得到锻炼和提高。

4.4 模块总结

（1）是否按计划完成了本章的训练？是 · 否

（2）未完成的原因是：

(3) 通过训练，我在以下方面有了提高：

(4) 存在的问题及改进的措施：

4.5 活动与拓展

建绳房

形式：1 个大组中有 3 个小组，每个组 5 人，共有 15 人组成。

类型：领导力训练，指挥一个大组。

时间：30~40 分钟。

材料：3 条绳子长度分别为 20 米、18 米、12 米及 15 个眼罩。

场地：空地。

适用对象：所有参加领导力及团队建设的学员。

活动目的

锻炼团队中的领导能力，增强队员之间的沟通能力，从而达到和谐完成任务的目的。

操作程序

第一阶段

(1) 培训师先把 15 人分为 3 个小组。

小组 1：20 米的绳子

小组 2：18 米的绳子

小组 3：12 米的绳子

(2) 培训师发给每人一个眼罩，并通知他们带上眼罩。

小组 1：建一个三角形

小组 2：建一个正方形

小组 3：建一个圆形

第二阶段

(3) 当完成第一阶段后，培训师现在告诉了 3 个小组的全体人员，要他们统一起来建一个绳房子。

有关讨论

(1) 对比第一阶段及第二阶段，哪一个阶段更加混乱？为什么？

(2) 如果你作为领导，你会怎样组织第二阶段以尽快更好地完成任务？

模块 5

学习与创新能力训练

导读

在现代社会，随着知识总量的迅速扩张、知识更新的加快，一个大学生在校所学知识可能仅占其一生所需知识的10%左右，而其余的90%的知识需要在工作中通过自学获取。正如有人说，我们所处的时代是知识爆炸的时代，如果不具备很强的学习能力，将无法跟上时代的步伐。事实上，无论过去、现在还是将来，学习能力往往决定了一个人的前途和命运，决定了对社会的贡献大小，可以说学习能力是所有能力的基础。在现实生活中，我们观察到有人学得很快，有人却学得既慢又辛苦，原因何在？其关键在于学习不懂得使用方法。认识到学习有其方法，经常演练这些方法使之成为习惯，学习将会又快又透彻，能力、知识的成长也就会加速。

联合国教科文组织在报告中说：毫无疑问，个人获取知识和处理信息的本领对于自己进入职业界和融入社会及文化环境都将是个决定性的因素。

训练要求
(1) 了解学习能力与创新能力的概念；
(2) 掌握注意力与观察力训练的方法；
(3) 掌握想象力与创新思维训练的方法；
(4) 掌握培养创新能力的方法。

训练内容
☆ 注意力训练
☆ 观察力训练
☆ 想象力训练
☆ 创新能力训练

点击关键词

学习能力：学习能力是决定成败的重要因素，因为它可以让你打开未知天地，把你变成一个专家，一个人丧失学习能力，等于放弃了成功。现在许多大企业在招聘新人时不再问："你会什么？""你学过什么？"而是问"你能否学会我们让你掌握的东西？"这就是一个变革的信号：学习比知识更重要，只要你具备了学习能力，就可能培养你的专业技能。

创新能力：在当今社会，各种知识的老化期大为缩短，人的技能也正在以前所未有的速度被迅速淘汰，而且随着知识经济时代的不断发展，这种情况会愈演愈烈。面对如此变化多端、难以预测的未来社会，迫切需要当代大学生自我发现问题、自我思考和自我判断并迅速采取行动，应具备较好的解决问题的素质和能力，这种素质在很大程度上取决于一个人的创新精神和创新能力。

学习能力（Learning Ability）　　创新能力（Creative Ability）　　想象能力（Imaginative Ability）

知识时代财富的来源不仅仅是积累起来的知识，还包括我们创新的知识和把新旧知识联系起来的能力，即在顺利完成以原有知识经验为基础的创建新事物活动中表现出来的一种潜在心理品质。正如萨维奇所指出的，在知识的学习中，如同侦探一样，我们不断地筛选着想法、预感、印象和理解，我们不断在学习、忘却和再学习。这就是创新思维和创新能力，创新思维是知识经济时代的典型思维，它是你获得财富的加速器。虽然传统思维仍然发挥作用，但创新思维将逐渐取得领导地位，并且发挥出强大的作用。知识经济时代的创富将植根于创新思维的沃土之中。

5.1　注意力与观察力训练

5.1.1　训练目标

1. 知识目标

掌握注意力、观察力的训练方法。

2. 能力目标

能找到自己注意力与观察力方面存在的问题，通过正确的方式方法加以控制和调节。

3. 素质目标

通过本次训练，具有良好的注意力与观察力，善于发现问题。

5.1.2　训练内容

1. 提升注意力训练

古时候，有位全国闻名的棋师叫弈秋，他教两个学生下棋。学生甲专心致志地听弈秋的指导,眼观、耳听、心思考,仔细领会进攻与防守之法。学生乙则不然,虽然他也坐在那里,看起来好像在听老师讲解,其实却是"一心以为有鸿鹄将至,思援弓缴而射之"。结果不言而喻,学生乙棋艺远远不如甲。分析起来,两人同时学艺,同一教师,但学习效果迥异,关键在于学生乙注意力不集中。

人们的学习能力,对学习内容的掌握程度与人们在学习过程中的注意力有很大关系,如果一个人的注意力不集中,对某件事缺乏关注,将很难对这个事物有深刻的理解和掌握。

1) 注意的概念

心理学把人们心理活动中对一定对象的指向和集中的现象称为注意。对这个概念的理解要把握以下两个方面。一是注意是一种心理现象,是一种心理活动;二是注意有明确的指向,即人们关注的对象。

2) 注意的分类

引起注意力的方法有很多,人的注意按性质可分为无意注意和有意注意两种。

(1) 无意注意。

无意注意是指没有自觉的目的,不需要任何努力的一种注意。比如,走在街上,突然听到"砰"的一声巨响,我们都会不由自主地转头看看发生了什么事,这就是无意注意。

一般来说,强烈的刺激、新异和突出的刺激、富于变化的刺激等都容易引起人的无意注意。现代的户外广告牌使用色彩鲜艳的霓虹灯做出动态的感觉,其目的就是引起人们的无意注意。

(2) 有意注意。

有意注意是指在意识控制下对客体的集中注意。这个过程需要意志努力来完成。例如,在考试时,我们一心一意注意考题和解答,对其他的事情都没有感觉,这就是有意注意。在没有干扰的情况下,有意注意能维持较长时间,干扰比较严重就很难集中注意。

一般来说,有意注意和人们对活动目的的认识以及个人兴趣有关。对活动目的认识越深,对活动越感兴趣,有意注意维持的时间越长。

在日常生活中,两种注意都是需要的。无意注意脑力消耗少,可以避免过度疲劳,但是因缺乏目的性从而有很大的局限性。有意注意可以使人从事系统的学习和复杂的工作,但因耗费脑力过多,故不能持久。所以在现实生活中,需要这两种注意相互交替,紧密配合。

3) 注意力的意义

注意力是人进行学习活动的基本条件,是智力的基本因素,是观察力、记忆力、思维力、想象力的基础,个体间的注意力差距往往会造成学业、生活等的差距。注意力越集中,心灵的门户就开得越大,想学的知识进入得也越多;相反,如果注意力涣散或无法集中,那么就好比心灵的门户被关闭,一切有用的知识都无法进入,被关在了门外。所以,良好的注意力是学习和工作取得成效的必不可少的条件。

4) 怎样提高注意力

对自己周边的事物有较好的关注能力是一种良好的品质,良好的注意品质是可以培养的。培养注意品质主要需要从以下方面入手。

(1) 明确的关注目的。

要提高自己的注意能力,就要对自己的学习和工作有明确的目的,这样才有要达到目的的强烈愿望，从而形成巨大的推动力去组织有意注意。

（2）培养广博而持久的兴趣。

兴趣是引起无意注意和有意注意的重要因素。一个人如果对某种事物有兴趣，就会对它集中注意，并能长期坚持。比如读到一本自己非常喜欢的小说，恨不得一下子看完，这时全身心沉浸在小说中，根本不会对外界其他事情产生注意而分心。

（3）要加强意志锻炼。

有意注意需要意志来维持，这样才能使自己对不感兴趣的事物也能集中注意。有了坚强的意志，人们才可能成为自己注意的主人。所以，加强意志锻炼，特别是自制力的培养对培养良好的注意品质十分重要。

（4）保持身心的健康。

要保持大脑的健康，防止过度疲劳。保持有意注意需要意志的努力，需要消耗脑力。大脑过度疲劳会使有意注意无法维持。所以，培养注意要劳逸结合，保持大脑的健康，形成良好的用脑习惯，才能维持长久的有效注意。

 补充资料

毛泽东"身处闹市"却"旁若无人"

一代伟人毛泽东在少年时期学习很努力，为了锻炼自己的注意力和意志力，他有意识地拿着书本到人声鼎沸的市井之中去看，正是这一坚强的意志，使他博览群书，开拓创新，终于造就成一代伟人。

5）注意力综合测试

¤ 测试目的

通过以下测试，你会发现自己是否具备良好的注意品质，并学会提高注意力的方法。

¤ 测试题

（1）对于你并不很感兴趣的课，你能集中注意力吗？

（2）你喜欢一心二用，并同时进行得很好吗？

（3）如果旁边有人小声说话，你能继续学习，不受干扰吗？

（4）在你专注于学习时，是否会忘记周围的一切？

（5）你能同时一手画圆，一手画方吗？

（6）是否因为专注于学习而"废寝忘食"？

（7）即使是刚看完一场电影或演出，也能很快让自己静下心来学习？

（8）善于闹中求静，干事情时总是专心致志。

（9）上课或阅读时从不打瞌睡。

（10）对什么都充满好奇，喜欢了解各种各样的事情，哪怕与考试或工作无关。

¤ 参考答案及计分评估

（1）对于以上10个问题，如果你的回答中肯定回答只有3个以下，表明你的注意力较差，可想而知你的学习和工作情况也不尽如人意，你得赶紧改变现状，否则，你将无法提高学习成绩和工作效率。

（2）如果你的肯定回答为3~8个，那么，你的注意品质还不够好，可能是因为你的自

制力较差或兴趣爱好不够广泛，但经过训练，一定会有所提高，从而提高学习和工作效率。

（3）如果你的肯定回答有9～10个，说明你有良好的注意品质，你的学习能力较强，如果结合科学的方法，并投身于你真正喜欢的事业，一定会做出一番成绩。

¤ **课堂训练题**

（1）谈谈自己上课和自学时注意力的情况，并提出改进的方法。

（2）练习一下一手画圆、一手画方，了解注意的分配品质，学会一心二用。

¤ **课外训练题**

（1）渐进训练。通过规定自己在一定时间完成一定的工作量，从而提高自己的意志力。

（2）干扰训练。有意识地让自己处于有干扰的环境中，集中注意力学习。

（3）放松训练。通过静坐放松，使自己心情舒畅、情绪稳定，从而达到注意集中的效果。

（4）转换训练。

第一题是写两个数字，把一个写在另一个的上面。例如4和2，然后把它们加起来，把和的个位数写在右上方，就如下面所示的那样，再把左上方那个数字移到其下面，继续这样做。

4 6 0 6 6 2 8 0
2 4 6 0 6 6 2 8

第二题起始的两个数字与上相同，然后把两个数字的和的个位数写在右下方，把左下方的数字移到其上面，继续这样做。

4 2 6 8 4 2 6 8
2 6 8 4 2 6 8 4

稍加练习后，随便请个人，让他每隔半分钟向自己发出命令："第一""第二""第一""第二"。听到命令后，画一竖杠，立即改做下一题，尽可能准确而迅速地完成。检查后就会发现，错误主要发生在两题的转换之间。通过多次训练，自我控制能力就能得到提高，做题的错误率会减少，转换的速度也会加快。

（5）注意广度训练。

如表5-1所示，这是一张随机数表，以最快的速度，按顺序找出从1到25的数字来（或者从25倒数到1）。

表5-1 随机数表

15	14	2	24	6
20	5	1	11	19
10	18	13	9	7
21	3	23	22	17
12	16	4	25	8

（6）看小音量电视，边看电视边训练自己的注意力。看电视时，把音量调到最小，也就是难以听见的程度。然后盯住画面，聚精会神地收看4～10分钟。

（7）培养广泛的兴趣爱好，如学会下象棋、围棋等。

 补充资料

科技缩短了人的注意力集中时间

随着社会的快速发展,越来越多的技术融入了我们的生活。科技让生活更美好,但技术也让我们难以集中注意力。近日,微软发布的一份研究报告(包括问卷调查以及脑电图扫描)显示,相比21世纪初,人们平均注意力已经大幅下降。在2000年的时候人们将精力集中在某一任务上的时间可达12秒,而在2013年该数据下降到8秒,这比金鱼的注意力时长还要短1秒。

据悉,注意力时长的减少是由于智能手机以及大量的内容冲击共同所致的。许多年轻人发现他们会强迫自己去时不时翻看手机,并且长时间地沉浸在社交网络上,而这很容易让注意力转移。

不过幸运的是,这并不完全是坏事。虽然科技缩短了人的注意力集中时间,不过它也增强了人在短时间内的多任务处理能力以及注意力集中强度。现在你不仅可以更好地分辨任务的重要性,同时在短时记忆能力上也会有很大提升。而且当你知道了这些正面影响后,也可以更好地去调整自己,更好地去利用这些技术。

¤ 测试小结

注意力是人在从事一定的活动时,对某一特定对象的关注程度。在人的学习过程中,注意力的集中与否,对学习效果的影响是比较大的。人们的注意力一般可以分为两大类:一是无意注意,一是有意注意。在日常的生活和训练过程中,提高注意能力的方法比较多,主要有明确目的、培养兴趣、加强锻炼等。集中注意力,将使我们的学习效率事半功倍。

2. 观察力训练

观察力是一种有意识、有计划、持久的知觉活动,观察是学习的开始。外界事物只有通过观察才能被人所认识和了解。对个人而言,观察是个人有所发现、有所成就的基础;对社会而言,则是人类社会许多发明创造的源泉。观察还伴随着学习的整个过程。在学习中观察得越仔细,学习的效果就越好,所以我们应该在平时的生活和工作中,努力训练自己的观察能力。

人们的观察力不是天生的,而是靠后天培养的。经过系统训练,大多数人的观察力都会有明显的提高。下面,我们就来讲如何进行观察力训练。

 补充资料

福尔摩斯的观察力

相信看过英国电影《神探夏洛克》的朋友都知道这样一个场景:在福尔摩斯第一次与华生见面时,就立刻辨别出华生是一名去过阿富汗的军医。福尔摩斯为什么能够那么快地辨别出来面前的这个人就是一名军医呢?是观察。敏锐的观察力使得福尔摩斯能够从很多小细节迅速地辨别出一个人的职业、经历。

1)要有明确的观察目的

要做一件事情,首先得知道做这件事情的目的是什么。在观察中,如果漫无目的地去观察,就不能有效地控制自己的注意力,结果必然是对很多情况熟视无睹,印象模糊。所谓"走

马观花"就是如此,的确看了花,也看到了很多的花,但却不能说出任何一朵花的细节。

思考:请同学们说一下,今天班上哪些同学的服装和发型有改变?思考一下,为什么有的人能说出来,而有的人不能说出来呢?

2)具备必要的知识

知识是人类智慧的结晶,知识和经验不仅可以使人深刻地思考,而且能够使人更精细地认识事物。

 补充资料

知识的内容可以说纷繁复杂,按照认识的规律可以将其划分为以下3类:

- 常识:常识是人所共有的对现实世界的一致看法。它使人们有可能参与人际间简单的、直接的交往。但是,常识是人们围绕日常生活所共同享有的一种非正式的知识结构系统,不同文化习俗的人员具有的常识是不一样的。
- 经验知识:比如打铁的师傅知道许多打铁的方法,如加热、冷处理、铸造等。这些知识是经过长期实践经验总结出来的。同样,有经验的农民可以知道什么地应该种什么样的农作物,什么季节做什么农事。这些都要依赖于经验知识。
- 专业知识:这类知识是专业化的知识,如工程师、医生、教员、心理学家、社会工作者等职业所要求的知识。知识的取向有实用性的,也有基础性的。实用性的比如医疗职业,其知识是为了观察症状,做出诊断,开处方进行治疗等;基础性的如考古研究、海洋研究、宇宙探索、数学解疑等。

3)有顺序、有系统

观察应该有顺序、有系统。我们在观察某件事情时常常会觉得它们纷繁复杂、千头万绪,这时就要求我们对它们的每一个方面都要有条不紊、按部就班地进行观察,这样才能保证万无一失,不至于零碎不全。

4)全方位地观察

在进行观察时,我们应尽量调动更多的感觉器官参与观察。比如,对一种从未见过的水果进行观察,那就应当看看它的形状、颜色、大小,摸摸它的表面,试试它的轻重,闻闻是什么气味,尝尝是什么味道,切开里面看看等。这样不仅可以获得全面的认识,而且由于多种感官交互作用可使观察的印象深刻。

5)保持良好的心态

具有好奇的心理,是心理健康的标志之一,保持好奇心,可以养成持久的观察习惯。要养成良好的观察习惯,你可以从日常点点滴滴的事情做起。比如观察季节的更替、周围人的喜怒哀乐、各地的风土人情、生活中的每一处细节、商品的价格与包装、某类商品的品种与广告等。

思考:为什么人人都说家乡好?说一说家乡。

6)要注意做好观察后的整理工作

学会观察后,并不是具备了超强的学习能力。要提高自己的学习能力,还需要注意做好观察后的整理工作,因为很多问题的解决都是在此时产生的,很多方案正是在这时制订出来的,如果我们忽视这一点,将会使前面的观察变得徒劳无功。

7) 观察能力测试

¤ 测试目的

通过对以下问题的回答，可以发现你在观察方面存在的问题，并找到解决的方法。

¤ 测试题

（1）假如你的朋友心情不好，你能看出来吗？
（2）你是否能注意到季节更替时，周围景致的细微变化？
（3）你看电影时会不会注意到画面的背景细节？
（4）你喜欢画画写生吗？
（5）你是否有意识地做过长时间的观察？
（6）对于只见过一面的人，你能在下次见面时一下认出来吗？
（7）你对周围的事物是否总是充满好奇心，总想通过自己的观察有所发现？
（8）你是否购置了放大镜或高倍望远镜或显微镜等工具，配合平时观察？
（9）你上次见过的东西，你能知道其准确的位置吗？
（10）对于日常生活，你是否很留意琐碎细节并乐在其中？

¤ 参考答案及计分评估

对于以上问题，如果你回答"是"在3个以下，表明你平时不太注意观察，应加强有意识的训练，因为这不仅仅关系到你的学习能力，还关系到你的生活质量。像你这样对什么都漫不经心，会错过生命中很多精彩的瞬间，失去很多生活的乐趣。

如果你的问答中"是"有3~7个，说明你有一定的观察习惯，稍加培养，就会有大的进步。

如果你回答"是"超过8个，表明你是一个很细心的人，你应该再接再厉，运用到你的学习中，这样你一定会有所发现和发明，并能充分享受生活的美好细节。

¤ 课堂训练题

（1）让学生对一幅名画进行观察，如《清明上河图》，让学生注意其中的人、物的数量和细节。
（2）朗读一篇描写细节的散文，体会其中观察的方法。
（3）用10张扑克牌，洗牌后让学生指出其变化。
（4）如果有能力，可做一个小的魔术表演，让学生观察其中的奥秘。
（5）请一个学生不认识的人到教室作一番简短的讲话，然后让学生描述他的特征。
（6）组织学生参观博物馆、展览馆或者图书馆，让学生谈其观察后的体会。

¤ 课外训练题

（1）在热闹的市中心观察来往的行人，通过他们的衣着、发型、配饰推断他们的性格、职业、家庭背景等。
（2）仔细欣赏一幅国画，写下观后感。
（3）留心周围的一切，看看和平时有何不同。
（4）观察你所在学校各个方面的变化。

¤ 测试小结

人们对外界事物的了解及学习知识和技能，往往都是从观察开始的。要提高自己的观察能力，首先需要明确观察的目的，明白要观察什么东西；其次还需要具备必要的知识，积累更多的经验；在此基础上设计好观察的方位、顺序；再让自己做好观察的心理准备，这样就能很好地完成观察任务，提高自己的观察能力。

 **补充资料**

如何观察一个人？

要观察一个人，就要把握住这样一个顺序：从下至上。也就是说，首先从他的鞋子开始观察。可能有人会问：为什么不先从他的脸开始观察呢？其实，一旦一开始就观察了一个人的脸，我们就会很容易地主观地对这个人进行评价，并因此影响或忽略了很多关于此人重要的信息，而从脚开始观察可以很好地避免这种情况。

首先观察他的鞋子，鞋子如果很脏，并且近来没下雨，那说明这个人对于生活卫生方面并不怎么在意，同时也可以推测这个人对于生活方面并不严谨，甚至还可以进行这样一种假设：可能他性格就是这样的；然后再观察他的裤子，其次是衣服，最后是脸。如果衣裤上有些褶皱或是污迹，那就可以证明上面的部分论断是正确的，同时，一个人身上的饰物也是辨认此人的主要依据，有时将一个人身上的耳环、项链、戒指之类的比较个人化的东西记住，往往成为辨认此人的关键。接下来可以观察这个人的体格，如手臂肌肉的粗壮程度、身高体型等。在种种信息搜寻齐全之后，你就可以对这个人进行一个综合大概的评价了。

5.1.3 训练小结

注意力与观察力互为因果、相辅相成，观察力的练习有助于注意力的集中，较好的注意力又有益于观察力的培养，它们都是养成良好学习能力必不可少的两个重要方面。所以，我们在日常的生活中要注意培养和训练注意力与观察力。

在日常的生活和学习过程中，提高注意力的方法比较多，主要有明确目的、培养兴趣、加强锻炼等，集中我们的注意力，将使我们的学习效率事半功倍；而要提高自己的观察力，首先需要明确观察的目的，明白要观察什么东西，其次还需要一定的知识储备，积累更多的经验，在此基础上设计好观察的方位、顺序，再让自己做好观察的心理准备，这样就能很好地完成观察任务，提高自己的观察力。

5.2 想象力与创新思维能力训练

5.2.1 训练目标

1. 知识目标

了解想象力与创新思维的相关知识，掌握提高想象力与创新思维的训练方法。

2. 能力目标

能发挥想象力，找到并通过正确的方式、方法提高自己的创新能力；能分析和找到自己想象力与创新思维方面存在的问题，通过正确的方式、方法加以控制和调节。

3. 素质目标

通过本次训练，学生具有想象力与创新思维能力。

5.2.2 训练内容

想象力与创新思维能力不是天生就有的，它是通过人们的学习和实践不断培养和发展起来的，那么在我们平时的学习和生活中应该如何有目的地培养和训练呢？

1. 想象力训练

宋代有个皇帝名叫赵佶，酷爱绘画。由于他喜欢绘画，因此常常以画取士。有一次，他要考生画一幅"踏花归去马蹄香"的画。当时，许多考生画的都是一匹马在花丛中飞奔而过。赵佶看了直摇头，这些画太直露而落入俗套。忽然，有一幅画吸引了他，只见画中只画了一匹马和马蹄旁翻飞的几只蝴蝶，别的什么也没有。他看了拍案叫绝，那个画家便被录取了。有人要问，这幅画到底妙在什么地方？它避开了对诗句的直接描述，而是用了丰富的想象来展示诗的意境。蝴蝶为什么会绕着马蹄飞呢？因为马蹄上留有芳香，而这匹马肯定是刚刚踏花归来。

从这个小故事中不难给我们这样的启示：想象的作用可真是惊人。

什么是想象呢？我们知道，外界的事物刺激人的各种感觉器官，在人脑中留下印象，这些印象我们称为表象。如果把这些表象重新加以改造和组合，并构造出崭新的形象，就称为想象。

1）想象的分类

想象根据是否有目的和意图可以分为以下几种。

（1）无意想象

它是一种没有特定目的也无须意志努力就能展开的想象。比如你看到天上的白云就会自然而然地把它们想象成羊群、雪峰、怪兽等。

（2）有意想象

根据某种目的自觉地进行的想象叫做有意想象。有意想象可以分为再造想象、创造想象和幻想 3 种。

① 再造想象。根据语言的描绘或图形、符号的示意而在头脑中构成相应事物形象的过程叫做再造想象。比如给你描绘一下澳大利亚美丽的大草原，你的头脑中就会产生出一幅美丽的草原美景图。

② 创造想象。根据已有的表象在头脑中进行加工改造，独立地创造出前所未有的新形象的过程叫做创造想象。创造想象离不开再造想象，但又高于再造想象。科学发明、文学创作最需要的就是这种想象。

③ 幻想。与个人的生活愿望相结合并指向未来的想象叫做幻想。幻想和空想的区别在于，幻想是可望而又可即的，是在一定的条件下经过自身努力可以实现的，而空想是可望而不可即的，是永远也不会实现的。

2）想象能力的培养

培养想象力的方法有很多，我们的艺术创作正是这些想象能力与现实生活结合而产生的。要培养我们的想象能力，主要可以从以下几个方面入手。

（1）知识和经历是想象的基础

要培养自己的想象能力,就要努力学习各科知识,积累丰富的实践经验。"读万卷书,行万里路",注意储存尽可能多的表象,有了这些表象,才能产生想象,我们的想象力才可能丰富。

(2) 语言和修饰是想象的源泉

要培养自己的想象能力,需要注意积累和锻炼语言。语言是想象的物质外壳。我们平时应注意多读、多写、多记,注意观察事物,学会用生动、形象的语言来描绘各种事物。比如我们的许多极富创意的想象都是通过语言的加工形成的。

(3) 创新是想象的生命力

要培养自己的想象力,需要我们去勇于探索。想象中最有价值的部分是创造想象,要发展创造想象,就要勤于思考,敢于超越前人的认识,勇于探索和创新。

思考:想一想我们平时上课不能集中精力时,你在想什么?

3) 想象力训练

¤ 训练目的

通过做以下习题,可以让你对自己的想象力有更加深入的了解,并为提高想象力做好准备。

¤ 测试题

(1) 不得已而要撒一个不怀恶意的谎时,(   )。

A. 总是慌乱,不抱希望,结果让对方听出你在说谎

B. 造得过于详细,结果引起对方的怀疑

C. 话讲得恰到好处,令人信服

(2) 你相信自己的诺言吗?(   )

A. 相信   B. 不相信   C. 差不多相信

(3) 你来的时候,人们骤然不语,你认为(   )。

A. 他们准是在谈论你   B. 这是谈话中间的自然中断   C. 他们是在跟你打招呼

(4) 你对别人倒霉、失意的经历的反应是(   )。

A. 溜   B. 同情   C. 厌烦

(5) 你受到批评时(   )。

A. 完全拒绝批评

B. 认为这些批评是合理的、正当的

C. 觉得自己做事总是不对

(6) 你晚上外出消遣时(   )。

A. 总是坚持在你熟悉的地方

B. 每次都试试不同的地方

C. 有时换新地方

(7) 在你盼望什么人来的时候,而他却迟迟不到,你会(   )。

A. 担心他出什么交通事故了

B. 假定他被什么平常事耽搁了

C. 至少在1小时之内不会担心

(8) 你在剧院或影院看演出哭过吗?(   )

A. 哭过   B. 没哭过   C. 已经多年没哭过了

(9) 如果晚上一个人外出,你会(   )。

A. 觉得害怕　　　　　B. 不觉得害怕　　　　　C. 有点害怕,但不能消除

(10) 听鬼神的故事,你会(   )。

A. 会使你发笑

B. 会令你感到毛骨悚然

C. 会使你对超自然的事感兴趣

(11) 你盯着有图案的墙纸时(   )。

A. 要是看了很长时间,还会看出其中的格局

B. 不怎么注意它

C. 只不过单纯地注意它的设计图案

(12) 你在一处陌生的地方睡觉,被奇怪的声音弄醒时(   )。

A. 会想起来　　　　　B. 会想到夜盗　　　　　C. 会想到是热水管

(13) 每次交了新朋友时(   )。

A. 尽管你们认识不久,你总会认为对方将是你最合得来的朋友

B. 经常要求你朋友的喜好和你的喜好相同

C. 总会"以貌取人"

(14) 当你看一部由你熟悉的小说改编成的影片时(   )。

A. 通常觉得看电影更能享受其中的乐趣

B. 通常很失望

C. 发现这个故事由于电影的特点而改变了

(15) 你在空闲时(   )。

A. 能以思考自娱

B. 要是能找到什么事做的话,你觉得很快活

C. 要是有特别感兴趣的问题考虑,你觉得高兴

(16) 你对一本书或一部影片还有什么更好的主意吗?(   )

A. 经常有　　　　　B. 有时有　　　　　C. 没有

(17) 要是你的同学告诉你学校附近的书店出售的音乐磁带质量不好,(   )。

A. 如果你迫切想买一盘磁带,你还会去买

B. 你不会去买

C. 你会想可能你买的磁带没问题

(18) 你在心里改写过小说或电影的结局吗?(   )

A. 只是在这个故事给你很深的印象时才想过

B. 经常如此

C. 从来没有

(19) 在讲述自己的经历时(   )。

A. 总是夸大其词,以便把自己的经历说得更好一些

B. 坦率地讲述自己的经历

C. 只修饰某些细节

(20) 你幻想吗？（   ）

A．经常　　　　　　　B．有时　　　　　　　C．很少

¤ **训练的评分标准**

训练的评分标准见表5-2。

表5-2　训练的评分标准

题号	得分			题号	得分		
	A	B	C		A	B	C
1	1	3	5	11	5	1	3
2	5	1	3	12	5	3	1
3	1	5	3	13	5	3	1
4	5	3	1	14	1	5	3
5	1	3	5	15	5	3	1
6	1	5	3	16	5	3	1
7	5	1	3	17	1	5	3
8	5	1	3	18	3	5	1
9	5	1	3	19	5	1	3
10	1	3	5	20	5	3	1

解释：

（1）87~100分。

你具有相当强的或者说过于丰富的想象力。你拥有一个非常复杂的内心世界，你必须勇敢地面对日常生活中的许多现实问题。

（2）71~86分。

你具有很强的想象力。有时你的想象过于丰富，对周围的事物过于敏感。另一方面，你可能具有较高的艺术才能。每当你设法利用自己的想象能力时，便会产生一系列丰富的想象。

（3）49~70分。

你具有一定的想象力。你经常站在别人的立场上思考问题，这使你做事很有效果。想象给你带来一定的好处，但你的想象力还被你的见识所限制，你应努力扩大视野，向高度想象迈进。

（4）31~48分。

你不太喜欢想象。你具有一定的想象能力，但只要可能，你总是尽力消除幻想。人们可能对你讲究实际的做法表示赞赏。尽管如此，你是否也失去了想象本可以给你带来的益处呢？看来回答是肯定的。

（5）30分以下。

你的想象力属于弱型，这令人十分遗憾。你似乎一点也不能进入想象的境界。你可能很注重实际，很现实，不喜欢幻想。尽管如此，你也会对自己的想象力弱而感到失望。

¤ **课堂训练**

思考：如果一只老鼠也没有，世界将会怎样？

¤ **课后训练**

把两个长方形和三角形结合成不同的图形，并说出图形的名称和意义。

¤ **测试小结**

想象力是人所具有的一种独特的思维方式，在学习能力的培养中，想象力是必不可少的一个基本要素。人们的学习，其实就是需要认识已知的事物和了解未知的事物，如果没有想象力，人类的知识和技能将不可能得到发展和进步。

2 提高逻辑推理能力训练

孔子在两千年前回答他的学生关于学习和思维的关系时说过这么一句话："学而不思则罔，思而不学则殆"，透彻地讲解了学习和思维的关系。逻辑推理能力的高低，决定了一个人的认知能力的高低，因此，我们应该在这方面多加练习，从而提高智力水平和学习能力。

思维是人脑对客观事物的间接的和概括的反映。思维是借助语言和言语所带来的联想加以实现的，能揭示事物本质特征及内部规律的理性认识活动。在人类的思维过程中，逻辑推理具有非常重要的意义，它可以帮助人们通过已知事物的概念去认识未知的世界。

逻辑推理是人类独有的一种认识事物内在规律的方式，我们现代所建立起来的许多新兴的学科，如决策学、预测理论等，都是这种推理理论的具体体现。

1）逻辑推理概述

人类的思维主要由两大类组成：具体思维和抽象思维。具体思维是指凭借具体的直观手段间接地、概括地去认识客观事物的思维过程。它包括两个方面：一是动作思维；二是形象思维。抽象思维又称逻辑思维，它是凭借抽象的非直观手段间接地、概括地去认识客观事物的思维过程。下面我们用一个实例说明逻辑推理的过程。

A、B、C、D四人分别到甲、乙、丙、丁四个单位的一个单位去办事。已知甲单位星期一不接待，乙单位星期三不接待，丙单位星期四不接待，丁单位星期二、四、六接待，星期日四个单位都不办公。一天，他们议论起哪天去办事：

A 说："你们可别像我前天那样，在人家不接待的日子去。"

B 说："我今天必须去，明天人家就不接待了。"

C 说："我和 B 正相反，今天不能去，明天去。"

D 说："我从今天起，连着四天哪天去都行。"

则这一天是星期几？

A．星期一　　B．星期二　　C．星期三　　D．星期四

此题单看题干条件表述，信息比较杂乱。你知道 C 说"今天不能去"能排除哪一天吗？你知道 D 说"连着四天哪天去都行"蕴含什么深层信息么？但如果把条件转换为图表，信息就条理多了，如表 5–3 所示。

表 5-3 推理表

	星期一	星期二	星期三	星期四	星期五	星期六	星期日
甲	×	√	√	√	√	√	×
乙	√	√	×	√	√	√	×
丙	√	√	√	×	√	√	×
丁	×	√	×	√	×	√	×

D 说"连着四天都行",那只能是甲单位,而且一定今天是周二或者周三。C 说"今天不能去",说明今天一定不是周二、周六。所以今天确定了,一定是周三。画完表,直接看选项,是不是比只看条件推理直观得多?所以当对应性问题条件较多时,图表是一种很好的辅助工具,可以大大提高我们的思考速度。

2)思维的特征

思维具有 3 个特征:逻辑性、间接性、延展性。延展性是思维最显著的特征。

(1)逻辑性。

逻辑性即思维凭借知识经验,能对没有直接作用于感官的事物及其属性或联系加以反映。例如,清早起来发现院子里地面湿了,房屋湿了,就可以判定昨天晚上下雨了。

(2)间接性。

思维能对根本不能直接感知的事物及其属性进行反映。如一个人对灵魂的感知、对上帝的信任等都属于此。

(3)延展性。

思维能在对显示事物认识的基础上进行蔓延式的无止境的扩展。如从地球可推测出所谓的外星人,从太阳系推测出银河系、整个天体等。

3)思维与推理

逻辑推理是思维的高级形式。在概念的基础上形成判断,从已知判断推出新的判断就是推理。推理是我们间接认识客观事物的基本途径。

推理一般有归纳推理、演绎推理、类比推理。要获得正确的推理,有两个要求:一是推理材料要真实可靠;二是推理过程要合乎逻辑。如果推理的材料不真实可靠,或者推理过程违反逻辑,就会发生"误推"。从心理因素的角度分析,造成推理错误的原因往往有两个:一是"气氛效果"的影响,即由于前提形成的气氛,使人不顾逻辑步骤而得出错误的结论;二是"情绪偏见"的影响,即明知结论是错误的,但符合自己的情绪要求,因而也认为是正确的。

4)逻辑推理能力训练

¤ 训练目的

通过以下测试,一方面可以了解你的逻辑推理能力的水平;另一方面,也能开启你的心智,让你变得更聪明。

¤ 测试题

当我们觉得某个题目都是正确的,由此得出的结论若符合逻辑,就在括号内写"是",反之就写"否"。测验时间是 20 分钟,时间一过,必须马上停笔。

(1)大象是动物,动物有腿,所以大象有腿。(   )

(2)我的秘书还未到参加选举的年龄,我的秘书有着漂亮的头发。所以我的秘书是个未满 18 周岁的姑娘。(   )

(3) 这条街上的商店几乎都没有霓虹灯，但这些商店都有遮篷。所以（　　）。

A. 有些商店有霓虹灯或遮篷

B. 有些商店既有霓虹灯又有遮篷

(4) 所有的 A 都有 3 只眼，这个 B 有 3 只眼，所以，这个 B 与 A 是一样的。（　　）

(5) 土豆比西红柿便宜，我的钱不够买两斤土豆。所以（　　）。

A. 我的钱不够买 1 斤西红柿

B. 我的钱可能够也可能不够买 1 斤西红柿

(6) 韦利和斯垣是一样强的棒球击手，斯垣是个比大多数人都要强的棒球击手。所以（　　）。

A. 韦利应是这些选手中最出色的

B. 韦利是个比大多数人都要强的棒球击手

(7) 水平高的音乐家演奏古典音乐，要成为水平高的音乐家就必须练习演奏。所以，演奏古典音乐比演奏爵士乐需要更多的练习时间。（　　）

(8) 如果你的孩子被宠坏了，打他屁股会使他发怒，如果你的孩子没有被宠坏打他屁股会使你懊悔。所以（　　）。

A. 打他屁股要么使你懊悔要么使你发怒

B. 打他屁股也许对他没有什么好处

(9) 正方形是有角的图形，这个图形没有角，所以（　　）。

A. 这个图形是个圆　　　B. 这个图形不是正方形　　　C. 无确切的结论

(10) 格林尼治在史密斯城东北，纽约在史密斯城的东北。所以（　　）。

A. 纽约比史密斯更靠近格林尼治

B. 史密斯在纽约的西南

C. 纽约离史密斯城不远

(11) 绿色深时，红色就浅。黄色浅时，蓝色就适中，但是要么绿色深，要么黄色浅。所以（　　）。

A. 蓝色适中　　　B. 黄色和红色都浅　　　C. 红色浅或者蓝色适中

(12) 如果你突然停车，那么跟在后面的一辆卡车将撞上你；如果你不这样，你将撞倒一个妇女。所以（　　）。

A. 行人不应在马路上行走

B. 那辆卡车车速太快

C. 你要么被后面那辆卡车撞上，要么撞倒那个妇女

(13) 我住在农场和城市之间，农场位于城市和机场中间。所以（　　）。

A. 农场到住所处比到机场近

B. 我住在农场和机场之间

C. 我的住处到农场比到机场更近

(14) 聪明的赌徒只在形势对他有利时才下赌注，老练的赌徒只在形势对他有大利可图时才下赌注。这个赌徒有时去下赌注，所以（　　）。

A. 他要不是老练的赌徒就是聪明的赌徒

B. 他可能是个老练的赌徒,也可能不是

C. 他既不是老练的赌徒,也不是聪明的赌徒

(15) 当 B 等于 Y 时,A 等于 Z;当 A 不等于 Z 时,E 要么等于 Y,要么等于 Z。所以( )。

A. 当 B 等于 Y 时,E 不等于 Y 也不等于 Z

B. 当 A 等于 Z 时,Y 或 Z 等于 E

C. B 不等于 Y 时,E 不等于 Y 也不等于 Z

(16) 当 D 大于 C 时,X 小于 C,但 C 绝不会大于 B。所以( )。

A. X 绝不会大于 B B. X 绝不会小于 B C. X 绝不会小于 C

(17) 只要 X 是红色,Y 就一定是绿色;只要 Y 不是绿色,Z 就一定是蓝色。但当 X 是红色时,Z 绝不会是蓝色,所以( )。

A. 只要 Z 是蓝色,Y 就可能是绿色

B. 只要 X 不是红色,Z 就不可能是蓝色

C. 只要 Y 不是绿色,X 就不可能是红色

(18) 有时印第安人是阿拉斯加人,阿拉斯加人有时是律师。所以( )。

A. 有时印第安人不见得一定是阿拉斯加人的律师

B. 印第安人不可能是阿拉斯加人的律师

(19) 前进不见得死得光荣,后退没死也不见得耻辱。所以( )。

A. 后退意味死得光荣 B. 前进意味不死就是耻辱 C. 前进意味死得光荣

¤ 参考答案

参考答案见表 5-4。

表 5-4 参考答案

题号	得分			题号	得分		
	A	B	C		A	B	C
1	是			11	否	否	是
2	否			12	否	否	是
3	是	否		13	否	是	是
4	否			14	否	是	否
5	否	是		15	是	否	否
6	否	是		16	是	否	否
7	否			17	否	否	是
8	是	否		18	是	否	
9	否	否	是	19	否	否	否
10	否	是	否				

¤ 记分

答错一题得一分,答漏一题也得一分,将得分相加就是你的成绩。

(1) 0~13 分,优秀。你有良好的逻辑思维能力,是个聪明人。

(2) 14~19 分,良好。你具有很好的学习潜能,只需稍加努力,就能取得好成绩。

(3) 20~25 分,中等。你缺乏逻辑性,需要加强训练。

(4) 26~48 分,不佳。看来,你的智力尚待提高。不要灰心,经过训练,你一样能行。

¤ 课堂训练

1) 推理题 1

我的住宅上星期六被盗,当天整个上午我都在家,但下午出去直到 5 点钟才回来。我的父亲 3 点钟离开家,我的弟弟 4 点钟以前在家,问这个盗案发生在什么时间?

2) 推理题 2

餐桌上的一碟盐被偷吃了!犯人是三者之一:毛虫、蜥蜴和猫。它们被带到法庭上去受审讯,下面是它们的供词:

毛虫说:蜥蜴偷吃了盐。

蜥蜴说:是这样。

猫说:我根本不吃盐。

已知在它们当中有一个讲了假话,至少有一个说了真话。试问:究竟是谁偷吃了盐?

¤ 课后训练

(1) 阅读《福尔摩斯探案集》或观看英国迷你剧《神探夏洛克》。

(2) 对学过的知识认真思考并提出问题。

¤ 训练小结

思维是人脑对客观事物的间接和概括的反映,是借助语言这个工具概括出的事物的本质内容。在人的思维过程中,逻辑推理具有非常重要的意义。要提高我们的逻辑推理能力,需要我们在日常工作和学习中加强自我训练,明确逻辑推理的一些基本的原则和方法,只有这样,我们才能对外界的事物有一个比较敏锐的反应,正确认识事态的本质和发展变化规律。

3. 思维敏捷性训练

敏捷性是思维的第一个基本品质,是指一个人在思考问题、解决问题时的速度。我们平时用"眉头一皱,计上心来"形容一个人反应敏捷,头脑灵活,正是这种敏感性的集中体现。

一般讲,一个人的思维敏捷性有助于他较快地掌握知识,节省解决问题的时间,这样他就可能较一般人使用相同的时间,付出相同的精力而获得更多的知识技能、解决更多的问题。

当今世界,瞬息万变,作为今天的社会人,肯定需要适应这种变化。适应这种变化的方法就需要让自己的思维变得更加敏捷,能及时调整自己的行为和方式。

1) 训练思维敏捷的方式

(1) 及时更新知识。要训练自己的思维,让自己的思维变得更加敏捷,需要关注当代新的知识,及时更新自己的知识结构和知识内容。如果对新知识的内容一无所知,当出现新的现象时,就可能由于对相关知识的理解匮乏而缺乏对新事物的敏捷反应能力。

(2) 保持年轻的心态。不管你有多大的年龄,要保持敏捷的思维能力,就应该让自己保持年轻的积极的心理状态。因为在一个时代中,年轻人对新鲜的事物最敏感,接受能力最强。如果我们能保持这种良好的心理状态,将有利于思维敏捷能力的提高。

(3)加强体育锻炼。体育运动,特别是竞技型体育运动,需要运动员必须保持良好的身体敏捷能力。身体动作的敏捷与大脑的准确及时的判断是有一定的联系。多加强体育锻炼,有利于训练大脑的快速反应。

(4)寻找事物的规律。事物的发展都有一定的规律性,经常训练自己发现事物的独特规律,有利于掌握这些规律,在遇到这些事物时,通过定式将非常快速地完成对事物的反应。尤其是作为一名推销员,常常会独自面对一些意料之外的变化,必须具备灵活机动和当机立断的能力,否则,会错过很多机会,同时,也无法很好地胜任自己的工作。

2)思维敏捷性训练

¤ **训练目的**

下面一组测试题,内容并不很深,但要求在 25 分钟内独立完成,如不到 25 分钟就已经做完,还可以加分。

¤ **测试题**

(1)房子的价钱是 560 000 元,课税时以房价的 75% 计算,税率是课税价格每百元付 1.5 元。税额为( )。

A. 3 100 元   B. 5 300 元   C. 6 300 元   D. 8 400 元   E. 10 800 元

(2)下面一组东西中,哪两个性质上最接近?( )

A. 日光   B. 电灯   C. 射线   D. 灯笼

(3)填出所缺的数字。( )

A. 118 119 226 235 ?   B. 7 10 ? 94 463   C. 0 2 8 18 ?

(4)用下面数字中最少的数目组合成 100,每个数字只能用一次。( )

17 19 37 39 46 66

(5)在下面的一组词中哪一个意思不合群?( )

A. 电话   B. 炉子   C. 收音机   D. 电报   E. 电视

(6)站在水泥地上,让鸡蛋从你手上掉落 1 米距离而不打破鸡蛋壳,你能办到吗?

(7)如果 M 高于 N 和 O,N 又高于 O 而低于 P,下面哪一种说法正确?( )

A. M 不高于 O 和 P   B. O 高于 N   C. P 高于 O   D. O 高于 P

(8)以下字列的下一个是什么?( )

BAD CEF DIG FOH ?

(9)两个父亲和两个儿子买了 3 只鸡,每人都带了一只回去,这可能吗?

(10)下面哪一样和其他的最不相同?( )

A. 行星   B. 星座   C. 太阳   D. 月亮   E. 星

¤ **参考答案**

(1) C;(2) A 和 D;(3) 238 25 32;(4) 17 37 46;(5) B;(6) 用手或松软的东西接住;(7) C;(8) GUJ;(9) 三者关系为:祖父、父亲和儿子;(10) B。

以上各题,答对一个得 1 分。得分 9 分以上,说明你的思维相当敏捷。得分 4～8 分,说明你的思维较为敏捷。得分 3 分以下,说明你较为迟钝,有必要加强训练。

¤ 课堂训练

（1）由老师提问，学生进行抢答。

（2）游戏：老师说上句，学生接下句。

¤ 课后训练

（1）学会心算。

（2）遇到紧急事情，学会当机立断。

¤ 训练小结

思维的敏捷性是人的一种品质，是一个人在思考问题、解决问题时的速度。提高思维敏捷性的方法比较多，需要及时更新自己的知识，让自己保持良好的、年轻的心态，多加强体育锻炼等。只要经过自己的努力和训练，学会一些条理性的思维方法，就会使自己的敏捷能力增强。

5.2.3 训练小结

想象力与创新思维能力不是天生就有的，它是通过人们后天的学习和实践不断培养和发展起来的，我们在平时的学习和生活中应该注意想象力、逻辑推理能力以及思维敏捷性等方面的培养和训练。要培养我们的想象能力，就要努力学习各科知识，积累丰富的实践经验，注意积累和锻炼语言以及勇于探索；要提高我们的逻辑推理能力，需要我们在日常工作和学习中加强自我训练，明确逻辑推理的一些基本的原则和方法；要提高我们的思维敏捷性，需要及时更新自己的知识，让自己保持良好的、年轻的心态，多加强体育锻炼等。

5.3 制订、执行学习计划能力训练

5.3.1 训练目标

1. 知识目标

掌握制订、执行学习计划的方法。

2. 能力目标

能合理制定学习计划，自觉检查学习进度，证明取得的成果，改进并制定新的学习任务。能确定短期内要实现的目标，并制订和实现目标计划。

3. 素质目标

通过本次训练，具有制订学习计划的意识，目标明确，善于安排，执行力强。

5.3.2 训练内容

1. 制订学习计划能力训练

进入大学后，我们的时间不再由老师帮忙打理。于是，忽然间我们有了大把大把的时间，

却不知道如何好好打理。貌似一天从早忙到晚，可并未完成任何事情。这是为什么呢？因为我们忘记除了为自己的学业制定目标外，还应该制订一套科学可行的学习计划来实现这个目标！

1）学习计划的类型

整体计划与单项计划。整体学习计划是个人综合学习的发展和体现，是德智体美劳素质的全面发展的具体要求；单项学习计划是某个方面、某门功课的学习计划。

不同学科、不同方面的学习计划。不同的学科、不同的学习活动在知识结构上或在学习方法上都存在差异，所以在制订不同学科、不同方面的计划时要有针对性。如外语和数学学习计划不同；预习计划和复习计划不同等。

不同期限的学习计划。按学习期限时间的不同，学习计划可以分为长期、中期、短期3种学习计划。长期学习计划可以指学年、学期计划；中期计划可以是月、单元、章节学习计划；短期学习计划可以是周、日学习计划。

2）制订学习计划的重要性

凡事预则立，不预则废。做什么事有了计划就容易取得好的结果，反之则不然。智力相同的两个同学有没有学习计划，他们的学习效果是不大相同的，所以有没有学习计划对你的学习效果有着深刻的影响。

防止被动和无目的的学习。毫无计划的学习是散漫疏懒、松松垮垮的，很容易被外界的事物所影响。为什么有些同学的学习会处于后进状态呢？学习缺乏计划性，往往是一条重要原因，如：

① 放学后玩球，天不黑不散。
② 回家无休止地看小说、杂志、报纸。
③ 天天去市场集邮。
④ 天天看电视、看电影。
⑤ 串门、聊天、打扑克。
⑥ 听音乐、广播无止境等，结果完不成作业，必要时只得赶抄，不能认真复习和做作业。

这种毫无计划的学习是荒唐的，散漫疏懒、松松垮垮的，这是不可能有进步的。

思考：请想一想，你知道自己为什么要学习吗？

3）制订学习计划的作用

（1）计划是实现学习目标的蓝图。

每一个同学都应该有自己的学习目标，而实现目标，要脚踏实地、有步骤地完成，这样时间和任务的科学结合，就诞生了计划。为了实现学习目的，制订计划努力去实现它，就可以使自己离目标越来越近，使自己每一个行动都具有明确的目的。所以，每一个想把学习搞好的同学，头脑中都应有这张蓝图。

（2）实施计划，可以磨炼意志。

有了计划，把自己的行为置于计划之中，就具有了明确的目的。而学习生活是千变万化的，总要千方百计地冲击你的学习计划，总要千方百计地引诱你离开计划，这就是理想的计划和实际学习生活之间的矛盾。矛盾出现后，为了实现自己的学习计划，就要排除一切困难和干扰，在这个过程中，意志品质受到了磨炼，动机受到考验。一般地讲，意志品质越好，计划越容易实现，学习上的收获、进步就会与日俱增。看到这些进步，不仅心情愉快，而且可以不断增强实现计划的信心。

（3）有利于学习习惯的形成。

按照科学的学习计划行事，可以使自己的学习生活节奏分明，一旦形成了条件反射，该睡觉时睡觉，该学习时能安心学习，该锻炼时能自觉去锻炼，所有这些都成了自觉行动，日久天长，良好学习习惯就形成了。

（4）能减少时间的浪费，提高学习效率。

由于计划的科学性，计划里要办的事，应当说都是有益的。一个有计划的同学知道如果多玩一小时，多聊一个小时将会使计划的哪项任务完不成，而这项任务没完成又将会给整个学习带来什么影响。有了计划，每一步干什么都明确，不用浪费时间去想下一步干什么，也不用为决定下一步干什么而犹豫不决。

4）怎么制订学习计划

（1）计划要考虑全面。

学习计划不是除了学习，还是学习。学习有时，休憩有时，娱乐也有时，所有这些都要考虑到计划中。计划要兼顾多个方面，学习时不能废寝忘食，这对身体不好，这样的计划也是不科学的。

（2）长远计划和短期安排。

在一个比较长的时间内，比如说一个学期或一个学年，你应当有个大致计划。因为实际中学习生活变化很多，又往往无法预测，所以这个长远的计划不需要很具体。但是你应该对必须要做的事情心中有数。而更近一点，比如下一个星期的学习计划，就应该尽量具体些，把较大的任务分配到每周、每天去完成，使长远计划中的任务逐步得到解决。有长远计划，却没有短期安排，目标是很难达到的。所以两者缺一不可，长远计划是明确学习目标和进行大致安排；而短期安排则是具体的行动计划。

（3）安排好常规学习时间和自由学习时间。

常规学习时间指按学校规定的学习时间，主要用来完成老师布置的学习任务，消化当天所学的知识。而自由学习时间指除常规学习时间外的归自己支配的时间，你可以用来弥补自己学习中欠缺的，或者提高自己对某一学科的优势和特长，或者深入钻研一件有意义的事情。自由学习时间的安排是制订学习计划的重点。抓住和合理利用自由学习时间，对自己的学习和成长都会有极大的好处。应该提高常规学习时间的效率，增加和正确利用自由学习时间，掌握自己的学习主动权。

（4）对重点突出学习。

学习时间是有限的，你的精力也是有限的，所以学习要有重点。这里的重点，一是指学习中的弱科；二是指知识体系中的重点内容。只有抓住重点，才能提高学习效率。

（5）从实际出发来制订计划。

制订计划，不要脱离学习实际，要符合自己现在的学习压力和水平。有些同学制订计划时，满腔热情，计划得非常完美，可执行起来却寸步难行。这便是因为目标定得太高，计划定得太死，脱离实际的缘故。虽然都说要从实际出发，可你未必明白怎么样才是实际？实际可以分成3个方面：

① 知识能力的实际：每个阶段，计划学习多少知识，培养哪些能力。

② 时间的实际：常规学习时间和自由支配时间分别有多少。

③ 教学进度的实际：掌握老师教学进度，妥善安排常规学习时间和自由支配时间，以免自己的计划受到"冲击"。

（6）注意效果，及时调整。

每一个计划执行结束或执行到一个阶段，都应当回顾一下效果如何。如果效果不好，就应该找原因，进行必要的调整。这里是一份简单的回顾列表。

① 是否完成了计划中的学习任务？
② 是不是按照计划去执行任务的？
③ 学习效果如何？
④ 如果有任务没有完成，那是什么原因？（安排过紧、太松？）

回顾之后，要记得补上缺漏，重新修订计划。你也可以通过日记来记录一天的学习计划进度，便于改进和回顾。

（7）计划要留有余地。

制订计划不要太满、太死、太紧，要留出机动时间，使计划有一定的机动性。毕竟现实不会完美地跟着计划走，给计划留有一定的余地，这样完成计划的可能性就增加了。

（8）脑体结合，文理交替。

学习对脑力消耗非常大，所以不要长时间学习，要适当加入休息时间。而且在安排学习计划时，不要长时间地从事单一活动。学习和锻炼可以交替安排，因为锻炼时运动中枢兴奋，而其他区域的脑细胞就得到了休息。比方说：学习了两三个小时，就去锻炼一会儿，再回来学习。安排科目学习时，也要文理交替安排，相近的学习内容不要集中在一起学习。

（9）提高学习时间的利用率。

早晨或晚上，或一天学习的开头和结尾的时间，可以安排着重记忆的科目，如外语。心情比较愉快、注意力比较集中、时间较完整时，可以安排比较枯燥或自己不太喜欢的科目；零星的、注意力不易集中的时间，可以安排做习题和自己最感兴趣的学科。这样可以提高时间利用率。

5）制订学习计划能力训练

¤ 训练目的

通过本次训练，制订一份本学期的学习计划。

¤ 训练题

结合当前的学习，反思自己是否有明确的学习目标和学习任务，然后根据你的目标和任务，给自己制订一份年度学习计划，并从今天开始，督促自己按计划学习。

¤ 训练点评

凡事预则立，不预则废，制订一份适合自己的学习计划，对于实现自己的目标有着重要的意义和作用。

2 执行学习计划能力训练

首先，我们先来看看一个学生的苦恼吧！

老师，您好！我是一个自制力很差的学生。每一年的开头，或者每一学期的开始，我都会制订很多学习计划。可是，随着时间的流逝，我发现我所制订的那些计划有百分之九十都"泡汤"了，结果一事无成。我常常为此而懊悔不已。

思考：请想一想，这个学生为什么会出现这样的苦恼？你有这样的苦恼吗？

我们再来听一个圣经故事吧！

耶稣带着他的门徒彼得远行，途中发现一块破烂马蹄铁，耶稣就让彼得把它捡起来。不料彼得懒得弯腰捡，假装没听见，耶稣没说什么，就自己弯腰捡起马蹄铁，用它从铁匠那换来三文钱，又用这钱买了18个樱桃。两人继续前进，经过茫茫的荒野。彼得渴得厉害，但不敢说话。耶稣就把藏在袖中的樱桃装作不小心丢失一颗，彼得在后面偷偷捡来吃了，耶稣边走边丢，彼得也就狼狈地弯了18次腰，于是耶稣笑着对他说：要是你当初弯一次腰，就不会在后来没完没了地弯腰。小事不干，将来会在更小的事情上操劳。

思考：请想一想，这个圣经故事给我们什么样的启示呢？

1) 执行学习计划的两大法宝

（1）学会专注。

人的精力是有限的，往往穷尽全力也难以掘得真金。一位科学家临终前曾经说过一句发人深省的话："我最大的遗憾是到死也没有真正弄明白过一个问题！"姑且不论这位科学家是出于自谦，还是其成就果如所言，但其治学态度却让人深思：毕其终生专注某一课题的科学家尚且如此，那些作风浮躁，频换岗位，这山望着那山高者又当如何？我们在执行学习计划的过程中一定要学会专注，要把意识集中在某个特定的欲望上，并要一直集中到已经找到实现这项欲望的方法，而且成功地将之付诸实际行动为止。

（2）提高学习的自觉性。

怎样提高学习的自觉性？学习只有自觉主动，否则是无法学好、无法学到真正的知识的。要提高学习的自觉性，要做好以下几点。

第一，不要把学习当作一种任务和负担，要出自兴趣和需要而学。如果把学习看成是任务负担，就会感到学习是迫不得已而学的，你就会处于消极被动的状态。要想提高学习自觉性，就要培养对学习的兴趣，把学习看作一种生命、生活的需要，你才会积极主动地去学。

第二，加强自我管理、自我约束的能力。明确学习目的，把学习作为培养自我修养，提高自身素质的一个重要手段。根据制订出的周详的计划，实行自我管理，并且要约束自己，严格地执行学习计划，以提高学习的自觉性。

第三，排除外界干扰，抵制各种诱惑。避开浪费时间的聚会，不要随便接手别人想给你的问题或者责任，懂得说"不"，学会拒绝。

第四，防止惰性的侵扰。人总是有惰性的，你稍不注意，惰性便会发作，使你无法再坚持学习。所以你要时刻提防惰性的侵入，否则，你就会越来越懒散，以致最终放弃学习。

2) 如何执行学习计划

执行计划是计划学习的关键，执行好学习计划，需要抓住以下几点。

（1）自我约束，严格要求。

有了执行计划的愿望，还必须要有自我约束、严格执行计划的行动措施。强有力的自我控制能力是执行学习计划的保证。要使目标得以实现，必须确保自己的行动雷打不动，天天如此。

（2）养成习惯，自觉执行。

在明确了自己的学习动机，认识到学习计划的重要性以后，我们就能不断激发学习的主动性和积极性，从而达到自觉执行学习计划的境界。执行计划的自觉性源于学习的主动性和积极性。但由于主客观因素的干扰，人的行为自觉性有可能发生变化，这就要求我们要逐步养成认真执行学习计划的习惯，提高自身的自觉性。

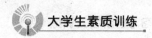

(3) 自检自评，注重效果。

在执行学习计划的过程中，定期不定期地对执行情况进行自我评价和检查，可以让自己对计划执行的得失有所了解，明确自己制订的学习计划是否科学、合理、可行。如果发现不足之处，应及时调整学习计划，从而提高学习效果。同时，如果计划有效，从中体验到计划学习的甜头，则更能激励我们自觉严格地完成学习计划所规定的要求和任务。

(4) 坚持到底，绝不放弃。

在学习过程中，要把一个理想的文字计划转变成实际的学习程序，必定会遇到重重困难。因为学生生活是千变万化的，各种主观的、客观的因素会随时冲击我们的学习计划，影响计划的执行。要实现自己的学习计划，就要排除干扰、克服困难，绝不轻言放弃，坚持到底就是胜利。

3) 执行学习计划能力训练

¤ 训练目的

通过本次训练，学会执行自己制订的合适的学习计划。

¤ 训练题

结合你当前的学习，拟订一份"大学生素质训练"学习计划，并试着做一个实施方案，其中包括时间安排、学习方法、网络利用等内容，其中要特别考虑如何排除各种干扰，以保证按计划学习。要求坚持执行这个方案一个学期。

¤ 训练点评

执行学习计划是学习计划的关键，只有执行好学习计划才能离成功越来越近。

5.3.3 训练小结

凡事"预则立，不预则废"。不论做什么事，只要有了计划就容易取得好的结果，反之则不然。智力相同的两个同学有没有学习计划，他们的学习效果是不大相同的，所以制订一个适合你自身的学习计划会对你的学习效果有深刻的影响。当然，再好的计划如果不能执行也相当于没有计划，所以我们还应该注重执行学习计划能力的训练，千万不可"三天打鱼，两天晒网"。

5.4 制定创新工作方案

5.4.1 训练目标

1. 知识目标

了解创新、创造力以及创新能力的相关知识，掌握提高创新能力的训练方法。

2. 能力目标

能发挥想象力，提出有创新性的改进意见和制定具体的改进方案；能根据实际需要利用条件实施创新活动；能根据具备的知识及专业要求调整和改进创新方案。

3. 素质目标

通过本次训练，学生具有创意以及创新工作能力。

5.4.2 训练内容

创新工作方案要求我们具备创新能力，所谓创新能力是人们革旧布新和创造新事物的能力，包括发现问题、分析问题、发现矛盾、提出假设、论证假设、解决问题以及在解决问题过程中进一步发现新问题从而不断推动事物发展变化等，是一个人综合能力的体现。在一定的知识积累的基础上，可以训练出来、启发出来，甚至可以"逼出来"，那么，在我们平时的学习和生活中如何有目的地培养和训练呢？并且如何利用我们的创新能力制作一个创新工作方案呢？

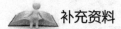 补充资料

李子柒——专注文化创新的"网红"

知名视频博主李子柒因其在 YouTube 上的视频得到国外数千万网友的一致称赞，网友纷纷表达出对中国传统文化的崇拜和对田园牧歌生活的向往。李子柒成了当代陶渊明，成了很多网友的"诗与远方"。用央视新闻的话说："李子柒的视频，没有一个字夸中国好，但她讲好了中国文化，讲好了中国故事。"李子柒的视频是对传统文化的创新传播转换，她从美食、文化的角度进行乡村传播，打破传统媒体的固化模式，利用新媒体、网红效应实现了中华传统文化的传播。在卖货方面，她不如李佳琦、薇娅等网红；在视频制作方面，她不如很多资金充裕的企业品牌，但她视频里传达出的对生活的热爱和对自然的态度，无不闪耀着人性的光辉，传递着积极美好的生活价值观。这种体现慢、静、美和淳朴的古风视频，也是中国文化对外输出的优秀范本，让世人看到了中华文化的全面和多元，让更多的人读懂中华文化，爱上中华文化。

1. 创造力训练

所谓创造就是运用个人的才智产生出独特而有价值的产品。这种产出可以是一种方法，一种理论，也可以是一种物品，一种作品等。所谓创造力是人们根据已有的资源产生出某种新颖、独特的有社会或个人价值的产品的能力。创造力是一种综合的能力，是一个人结合周围资源进行再次利用的能力。一个人创造力的高低与几种因素有关。

创造能力，是世界上最宝贵的能力，也是人类最终走出动物界而成为人的最根本的能力。正因为具有创造能力，人类才得以不断地发展、前进。创造性思维是人类思维的一种独特形式，它包括发散性思维和集中性思维两部分。两者一个体现求异，一个体现求同。对于培养创造力而言，发散性思维尤为重要。现在很多教师向学生灌输一个问题只有一个正确答案的思想，"只有一个正确答案"的思想深植于学生头脑中。在处理问题时，学生找到一个答案就会停止寻找其他答案的努力，这是与创造性思维相冲突的。

1) 培养独特的个性

一个人究竟能不能创造，不仅仅是个思维问题，与人的个性特征也有很大的关系。心理学家认为下列个性特征是创造者通常具备的。

（1）甘冒风险。

（2）求知欲旺盛。
（3）独立性强。
（4）有幽默感。
（5）坚韧不拔。

与创造者有负相关的个性特征有：
（1）从众性。
（2）刻板性。
（3）过分的自我批评。

2）培养创造力的方法

培养创造力除了需要具有独特的个性外，还需要具体把握以下几个方面。

（1）捕捉住稍纵即逝的思想火花。

如果脑海中闪现出某个好主意，不妨先把它记下来。当然并不是每一个主意都有利用价值，但是只有先抓住它，以后才有可能利用。

（2）做"白日梦"。

超现实主义画家萨乐瓦多·达里为了激发自己的创作灵感，常常手拿汤匙躺在沙发上，当他昏昏欲睡时，汤匙便会落到地下的盒子上。金属的撞击声把他惊醒，他就立即开始构思自己在"假"的多彩世界中所想好的素材。我们每一个人都经历过这种奇特的境界，因而我们每个人都可以利用这样的方法，或者干脆让自己做做"白日梦"。

（3）寻求挑战。

当你被关在一个锁死的门内时，你会立即想出以前的种种做法：撞门、拧门把、砸门等。在这种富有挑战性的环境下对各种先前行为的重现，被科学家称为"复活"。你想起的做法越多，各种各样的联系就越可能，新主意也就越会出现。

（4）扩大视野。

许多科技或艺术上的重大成就多得益于另一领域的思想。为了增强自己的创造力，不妨学些新东西。如果你性格内向、好清静，就学学跳舞；如果你活泼、好动，不妨听听轻音乐。

展示在推销过程中有如一朵正在盛开的花朵，不久即将带来甜美的果实。客户愿意投入时间观看你的展示，表示他在这一时刻确实有潜在需求，你要把握住最好的机会。记住——展示不是做产品特性的说明，而是要激起客户决定购买的欲望。

3）学会捕获创造中的灵感

在创造活动中，有时会碰到一种现象：人在科学、技术或文艺创作中，某些新的概念、新的设想、新的人物形象会突然产生。人们把这种现象叫做"灵感"。

著名科学家钱学森教授说："灵感，是人在科学或文艺创作的高潮中，突然出现的、瞬息即逝的短暂思维过程。它不是逻辑思维，也不是形象思维，这后两种思维持续时间都很长，以至人说废寝忘食。而灵感却为时极短，几秒钟、一秒钟而已。"

那么，灵感是不是完全不可控制呢？不是，肯定不是。钱学森教授说："有一点是肯定的，人不求灵感，灵感也不会来。得灵感的人总是要经过一长段其他两种思维的苦苦思索来做好准备的。所以，灵感是人自己可以控制的大脑活动，是一种思维。"

思考： 想一想，既然灵感不是天生的，是一种思维，那么我们怎样才能学会捕捉灵感呢？

4)创造力训练

¤ **训练目的**

通过做以下题目,可以让我们了解一下自己的创造力。

如果你基本上同意下面某项的见解,或者下面的某项见解中所讲的态度正是你对待生活和处理事情的态度,就在这一项的题号前画"√"。

¤ **测试题**

(1)你不在乎去问那些显得无知的问题。

(2)当一种解决问题的方法不能奏效时,你能轻易放弃这种想法。

(3)你能经常在正常工作时间以后还继续坚持处理问题。

(4)你认为本能的预感是处理问题的可靠向导。

(5)幻想为你的许多较为重要的设想提供了动力。

(6)经常有思想萦绕在脑中,使你不能入睡。

(7)当你做自己特别喜爱的工作时,如果有人打断你,你会恼怒。

(8)你经常感到其实是自己酝酿的思想,会显得像不受你的意志的影响,而是由其自身的根基中生长出来的一样。

(9)你经常在没有专门做什么事时得到最佳见解。

(10)你喜欢处理问题。

(11)在估价情报时,对于你来说,情报的内容要比它的来源更重要。

(12)在着手解决一个重要问题前,你会把所有你能得到的关于这个问题的情况收集起来,装在脑子里。

(13)当你着手研究一个新思想时,你会忘记周围的一切,完全进入另外一个世界。

(14)遇到难题时,你会去尝试别人根本想不到去试的办法。

(15)在得到灵感时,你可以比其他人更快地想出更多的主意。

(16)灵感与问题的成功解决有很大的关系。

(17)你比多数人更喜好新奇的事物。

(18)你能像个小孩子那样思考。

(19)不论情绪与身体情况好坏,你都能工作好。

(20)你已经认定是旧的和熟悉的事物,有时也会显得陌生和琢磨不透。

(21)那些即使你认为不会有什么实际价值的思想,也能使你兴奋起来。

(22)在你头脑中可能浮现出生动、逼真的形象。

(23)你经常感到自己富有灵感和创造力。

¤ **训练解析**

每一个画"√"的题都可以得分,第4、5、11、12、23题每题可得2分,其余的每题可得1分。满分是28分,每一项都表示了处理问题的一种有创造力的态度。

(1)24分以上。

你有很高的创造力,你的智能大有潜力可挖。进一步努力,你会结出丰硕的创造发明之果。

(2)20~23分。

你的创造水平高于一般人的水平。若通过练习,在博闻强记的基础上,学会一些创造性的技法，保证思路灵活，避免犹豫不决，信心百倍地迎战难题材，你的创造力将会得到良好的发挥和提高。

(3) 15～19分。

你在创造力方面，目前与平常人的水平相近。但创造力经过训练是能够提高的，通过认真反复训练，你也能脱颖而出。

(4) 14分以下。

你的得分比平均分数低，但是不必介意。也许你还不适应这方面的测试。如果今后掌握了一定的知识经验并学会创造方法，你的大脑就会活跃起来。去充满自信地培养自己的创造能力，创造奇迹也会属于你。

¤ 课堂训练

(1) 说出一个人在失望和嫉妒这两种情绪的影响下，他可能会干的事情。

(2) 根据下面的故事，说出故事的标题（至少说出5个）。

王某夫妇开了一个小店，生意兴隆。老两口日子过得很安稳，唯一让他们放心不下的是远在异乡的儿子久未来信，不知出了什么事。有一天，家里来了一位不速之客，他一进门就掏出一封信，儿子那熟悉的字迹赫然入目。信是这样写的：

"爸爸，妈妈：

请按持信人的要求去办，请不要问为什么。"

(3) 设计一则关于运动鞋的创意广告。

¤ 课后训练

(1) 找出一句名人名言，如鲁迅所说："地上本没有路，走的人多了，也便成了路。"每天进行一次镜子前的自我激励。

(2) 改变习惯，变换购买商品的地方。

(3) 每周去一次以前没去过的地方，感觉一下。

¤ 训练小结

创造能力就是一种能根据现有资源产生新颖的、独特的思想和行为的一种思维方式。创造性思维具有发散性思维形式和集中性思维形式，发散性思维在创造性思维中起着决定性作用。具有创造性思维的人应该培养独特的个性和熟悉创造性思维的方法，训练自己的思维模式等。

2 创新能力训练

1) 创新与创新能力

创新是指人类为了满足自身的需要，不断拓展对客观世界、自身任职与行为过程和结果的活动，即人为了一定的目的，遵循事物发展的规律，对事物的整体或其中某些部分进行变革，从而使其得以更新与发展的活动。而创新能力指人在顺利完成以原有知识经验为基础的创建新事物活动中表现出来的潜在心理品质。创新能力具有综合独特性和结构优化性等特征。遗传素质是形成人类创新能力的生理基础和必要的物质前提，它潜在决定着个体创新能力未来发展的类型、速度和水平；环境是人的创新能力形成和提高的重要条件，环境优劣影响着个体创新能力发展的速度和水平；实践是人创新能力形成的唯一途径。实践也是检验创新能力水平和创新活动成果的尺度标准。创新的本质是进取，是推动人类文明进步的激情；创新就要淘汰旧观念、旧技术、旧体制，培育新观念、新技术、新体制；创新的本质是不做复制者。

2）创新意识

创新意识就是根据客观需要而产生的强烈的不安于现状、创造前所未有的事物或观念的动机及在创造活动中所表现出的意向、愿望和设想。创新意识是人们进行创造活动的出发点和内在动力，是进行创新的前提和关键，只有具有较强的创新意识，才能在创新之路上走得更远。

补充资料

福特于1863年7月生于美国密歇根州。他的父亲是个农夫，觉得孩子上学根本就是一种浪费，老福特认为他的儿子应该留在农场做帮手，而不是去念书。

自幼在农场工作，使福特很早便对机器产生了兴趣，而他对用机器去代替人力和牲畜有着非常丰富的想象和无比强烈的愿望。

福特12岁的时候，已经开始构想要制造一部"能够在公路上行走的机器"。这个想法令他兴奋不已。虽然身边的人都认为这一构想太不切实际了，纷纷劝导福特放弃这个奇怪的念头，但福特还是凭借自己坚强的意志用1年多的时间完成了别人需要3年时间的机械师培训课程。从此，老福特的农场便少了一位助手，但美国却多了一位伟大的工业家。

从12岁的构想至36岁创造出第一辆汽车，在这24年的生命历程里，福特为他的梦想投入了全部的心力，反复进行实验。作为一个敢于创新的人，他最终完成了自己的心愿。

福特的第一辆汽车的诞生，正是由于他首先有了那"奇怪的念头"，并努力坚持的结果。很明显，福特是一个具有较强创新意识的人，他不为传统习惯势力和世俗偏见所左右，敢于标新立异，想常人不敢想的问题；他提出了超常规的独到见解，善于联想，从而开辟了新的思维境界。

要增强自己的创新意识，首先要清楚创新意识的构成，然后据此去寻找正确的努力方向。

创新意识的构成要素有以下4个方面。

（1）批判精神。

创新就要破旧立新。这就意味着要抛弃旧观念、旧思想与旧事物。有创新意识的管理者善于吸取旧事物、旧观念中的合理因素，并在此基础上进行创新，提出自己的新想法、新观点。

（2）创新思维。

创新思维的显著特征是追求新颖、独特，它需要运用正确的方法，通过艰苦努力和坚持实事求是的态度，对原有事物进行再创造。管理者应当注意吸取各方面已有成果，不断增强自己的创新思维能力，善于对问题进行发散性思考，从而探索出解决问题的新途径、新方法。

（3）风险意识。

创新是对旧事物的否定，对保守势力的挑战，因此很容易受到传统势力的压制和打击；同时，由于创新过程没有现成的经验可供借鉴，创新的结果往往具有不确定性。这就注定了任何创新都存在着较高的风险，因此，管理者在创新时应增强风险意识，这是创新活动顺利开展的必要保证。

（4）系统观念。

任何事物都存在于一定的系统中，系统是若干要素按一定的结构和层次有机组成的，并且具有特定功能。创新在整体上是密切联系的，因此，管理者在增强创新意识时，应树立系统观念,避免以偏概全和只顾局部与眼前利益的行为,应最大限度地使创新在整体上达到最佳效果。

可以从以下4个方面增强创新意识。

(1) 树立独立与自主意识。

创新讲究的是独一无二,而不是模仿、雷同。因此培养创新意识,就要注意培养独立意识。对管理者来说,独立意识包括独立的人格、独立获取知识、独立钻研问题、独立思考问题、不完全依赖他人、不盲从别人等方面。

创新还是对现实的超越,它是管理者主体性的最高表现,因此培养自主意识十分重要。自主意识包括自我激励、自我控制和自主发展意识。管理者依靠自己的意志而不是受外界的控制,把自己的注意力集中到所选择的事物上,并且克服困难,百折不挠,这实际上就是自我激励、自我控制。

(2) 树立问题与怀疑意识。

问题意识要求管理者遇事要善于提出问题。创新通常始于问题,只有提出需要解决的问题,才能思考,创新才有主动性。思维是由矛盾引起的,问题是矛盾的表现形式。凡事能问个为什么,就会有所发现,有所创造。

怀疑意识和问题意识有相似之处,但怀疑意识更强调对权威的挑战。怀疑不仅是辨伪存真的钥匙,也是启迪新思维的重要手段。遇到权威不敢怀疑,这是管理者进行创新的严重阻碍。因此,管理者要敢于怀疑、善于怀疑,以有效扩大自己创新思维的空间。

(3) 树立风险与挫折意识。

有的管理者把创新看得很神秘,对创新具有恐惧心理,害怕别人非议,害怕挫折。其实创新并不神秘,人人都具有创新能力,只要我们正确看待它。创新是在走一条前人没有走过的路,应理解在这一过程中难免会遇到困难,遭受挫折。所以要想有所创新,就要有一定的风险意识和冒险精神,要有克服困难的勇气和百折不挠的意志。畏首畏尾的人是不可能创新的。

(4) 树立开放与合作意识。

在知识爆炸的时代,管理者的知识再丰富也相对有限。要进行创新,光靠一己之力是很难完成任务的,管理者必须学会以开放诚恳的态度与组织内其他成员相互协作。

合作意识在现代创新中变得越来越重要。管理者要在组织内开展一些活动,有意识地培养自己及组织成员的团结协作意识。

3) 创新能力训练

¤ 测试目的

通过做以下题目,可以让我们了解一下自己的创新能力。

¤ 测试题

下面是10个题目,请在括号中的备选答案中选择一个,并在所选项下打"√"。

(1) 你在接到任务时,是否会问一大堆关于如何完成任务的问题?(肯定0分,否定1分)

(2) 你在完成任务的过程中,是否不善于思考,而习惯于找他人帮忙,或者不断来问别人有关完成任务的问题?(肯定0分,否定1分)

(3) 在任务完成得不好时,你是否会找出一大堆理由来证明任务太难?(肯定0分,否定1分)

（4）对待多数人认为很难的任务，你是否有勇气和信心主动承担？（肯定 1 分，否定 0 分）

（5）当别人说不可能时，你是否就放弃？（肯定 0 分，否定 1 分）

（6）你完成任务的方法是否与他人不一样？（肯定 1 分，否定 0 分）

（7）在你完成任务时，领导针对任务问一些相关的信息，你是否总能回答上来？（肯定 1 分，否定 0 分）

（8）你是否能够立即行动，并且工作质量总能让领导满意？（肯定 1 分，否定 0 分）

（9）工作完成得好与不好，你是否很在意？（肯定 1 分，否定 0 分）

（10）对于做好了的工作，你能否很有条理地分析成功的原因和不足？（肯定 1 分，否定 0 分）

¤ **参考答案及计分评估**

如果受测试者能够得 10 分，说明你在工作过程中具有很强的创新能力；能够得 7 分以上则说明你的创新能力还可以；如果低于 7 分，说明你的创新能力有些不尽如人意的地方；如果低于 5 分，说明你的创新能力似乎有点差，需要通过加强训练来提高。

¤ **课堂训练**

分小组制定"创意时装秀"方案，要求体现创新思维。

¤ **课外训练**

（1）给我们身边熟悉的家常菜起名，要求运用你的联想能力给它起一个或多个不同凡响的新名字。

（2）开发出几种常用物品的其他功能，如钥匙、笔、纸等。

¤ **训练小结**

创新能力是人们革旧布新和创造事物的能力，是一个人综合能力的体现。要提高个人的创新能力，关键在于要有创新意识，在平时的学习和生活中要注意增强自己的创新意识。

5.4.3　训练小结

通过本节内容的学习，我们知道了通过训练创造力和创新能力来制定创新工作方案。培养创造力除了需要具有独特的个性外，还需要具体把握捕捉住稍纵即逝的思想火花、做"白日梦"、寻求挑战以及扩大视野等几个方面，而要提高个人的创新能力，关键在于要有创新意识，要树立独立与自主意识、树立问题与怀疑意识、树立风险与挫折意识和树立开放与合作意识。

5.5　应变能力训练

5.5.1　训练目标

1. 知识目标

了解应变能力的相关知识，掌握提高应变能力的训练方法。

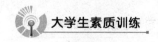

2. 能力目标

能灵活处理身边突发的各种小状况,通过正确的方式方法使突发状况得以圆满解决;能对外界纷繁的信息作出合理的处理,应对外界环境的变化。

3. 素质目标

通过本次训练,学生具有良好的应变能力,主动积极地适应外界变化。

5.5.2 训练内容

在当今社会中,我们每个人每天都要面对比过去成倍增长的信息,如何迅速地分析这些信息,是人们把握时代脉搏、跟上时代潮流的关键。它需要我们具有良好的应变能力。另一方面,随着社会竞争的加剧,人们所面临的变化和压力与日俱增,每个人都可能面临择业、下岗等方面的困扰。努力提高自己的应变能力,对保持健康的心理状况是很有帮助的。

1. 应变能力训练

1) 应变能力

应变能力是指自然人或法人在外界事物发生改变时,所做出的反应,可能是本能的,也可能是经过大量思考过程后,所做出的决策。

2) 应变能力的表现

(1) 能在变化中产生应对的创意和策略。

(2) 能审时度势,随机应变。

(3) 在变动中辨明方向,持之以恒。

3) 个体差异

每个人的应变能力不尽相同,造成这种差异的主要原因,可能有先天的因素,如多血质的人比黏液质的人应变能力高些。也可能有后天的因素,如长期从事紧张工作的人比工作安逸的人应变能力高些。因此应变能力也是可能通过某种方法加以培养的。

对于应变能力高的人,要正确地选择职业,将自己的能力服务于社会;而对于应变能力低的人,在注意选择适合自己职业的同时,还要努力进行应变能力的培养。

人在选择职业和进行人生的其他选择时,除了考虑客观条件和个人的兴趣外,还应做到"知己知彼",考虑一下自己的应变能力是否适合于进行这样的选择。一般来讲,应变能力高的人可以选择需要灵活反应的工作,如运动员、推销员、调度员等。这些工作需要人们在外界环境或条件有较大变化时,具有良好的调节能力。相反,应变能力低的人可以选择一些要求持久、细致的工作,如气象、财会、精密仪器等。在这些工作中,外界环境或条件的变化不是很大,对人们应变能力的要求也相对低些。

4) 怎样提高应变能力

(1) 多参加富有挑战性的活动

在实践活动中,我们必然会遇到各种各样的问题和实际的困难,努力去解决问题和克服困难的过程,就是增强人的应变能力的过程。

(2) 扩大个人的交往范围

无论家庭、学校还是小团体，都是社会的一个缩影，在这些相对较小的范围内，我们可能会遇到各种需要应变能力才能解决的问题。因此，只有首先学会应变各种各样的人，才能推而广之，应付各种复杂环境。只有提高自己在较小范围内的应变能力，才能推而广之，应付更为复杂的社会问题。实际上，扩大自己的变化范围，也是一个不断实践的过程。

(3) 加强自身的修养

应变能力高的人往往能够在复杂的环境中沉着应战，而不是紧张和莽撞从事。在工作、学习和日常生活中，遇事沉着冷静，学会自我检查；自我监督、自我鼓励，有助于培养良好的应变能力。

(4) 注意改变不良的习惯和惰性

假如我们遇事总是迟疑不决、优柔寡断，就要主动地锻炼自己分析问题的能力，迅速做出决定。假如我们总是因循守旧，半途而废，那就要从小事做起，努力控制自己，不达目标不罢休。只要下决心锻炼，人的应变能力是会不断增强的。

补充资料

有位记者，接受了采访一位将军的任务，可是他无论如何也联系不到那位将军。时间紧迫，眼看任务无法完成，报社准备放弃了。就在走投无路的情况下，记者得知那个将军要参加一个会议，就决定到会场采访。可是会议那天，将军坐在会场正中间，根本没有机会接触和交谈。他思考着：用什么办法才能接触到将军？他细心观察，发现将军在不停地喝水。他迅速做出判断：将军喝那么多水，一定会上厕所。果然如他所料，将军起身去厕所了。他抓住将军上厕所的机会，只用几分钟就完成了采访任务。

如果记者按照常规，按部就班，不去分析和判断将军可能的动向，最终就不得不放弃，任务就无法完成。他的成功，得益于他没有放弃，并且沉着冷静，随机应变，具有较强的应变能力。

5）应变能力训练

¤ 测试目的

通过做以下题目，了解一下自己的应变能力。

¤ 测试题

下面题目中，请选择自己认为正确的选项。

(1) 你是否具备急救知识——哪怕是最起码的急救知识？

(2) 你是否见血就晕，一时不能恢复常态？

(3) 你看护过病人吗？

(4) 在街上遇到事故时，你的反应怎样？

A. 退避三舍

B. 好奇而走近围观

C. 看看自己是否有能力助一臂之力

(5) 假如你是事变的见证，你是否能积极配合有关部门，陈述经过的情形？

(6) 假如有人衣服偶然着火，你会：

A. 拿水浇灭它　　　　B. 替他把着火的衣服脱掉　　　　C. 用毯子把它裹起来

（7）你是否有适量的运动？如户外运行、步行、种花、家务劳动及正常的娱乐活动。

（8）假如你遇到意外的打击，你会：

A. 感觉头昏眼花，不过几秒钟后恢复

B. 不知所措，以至数分钟之久

C. 一段时间内都处于伤感、悲痛之中

（9）当他人叙述以往的经历或笑话时，你记忆的速度是否与其他人相同或略胜一筹？

（10）你到了一个陌生的地方，以后能否作相当准确的叙述？

（11）你对陌生人的第一次印象是否较为准确？

（12）你是否有丰富的想象力？

（13）你对下列各物是否有害怕之感？

  A. 老鼠、蛇   B. 黑暗和传说中的鬼神怪物   C. 大象

（14）有些人在遇到危急的时刻会很镇静，你可曾有这种情况？

（15）如果有人在匆忙中告诉你一件事，你能：

  A. 记住一部分   B. 忙乱之中，一点儿也记不得   C. 完全记住

（16）假如你去补牙，你有痛感，你会：

  A. 马上告诉医生   B. 忍着痛，希望快点补好

（17）你相信自己如果决意要得到一件东西，你一定能够得到。

（18）过马路时，假如你被夹在车辆之中，你会：

  A. 退回原处   B. 仍然跑过去   C. 站立不动

（19）如果你是班长，你觉得很难使其他班干部或后进学生听从你的意见吗？

（20）肉体上的痛苦和不舒服，你能忍受吗？

（21）当你知道将要遭遇不愉快的事时，你会：

A. 自我进入恐怖状态

B. 相信事实并不会比预料更甚

（22）如果有人给你介绍工作，你会选择：

A. 工资中等而无须负责的

B. 工资高但责任重的

（23）当你要做出一项决定时，你通常会：

  A. 犹豫不决   B. 审慎但果断

（24）你对自己所做的一切肯负责否？

（25）假如你的友人突然带来一个你最不喜欢的人到你家里，你会：

A. 表示惊奇

B. 暂时忍耐，以后再把实情告诉你朋友

C. 把你的感觉完全隐藏着

  ¤ 参考答案及计分评估

假如你对于第（1）、(3)、(5)、(7)、(9)、(10)、(11)、(14)、(17)、(20)、(24)各题答案是肯定的，每题得 5 分。

第（2）、(12)、(19) 各题答案如果是否定的，每题得 5 分。

第（4）、(6) 题的 C 和第 8 题的 A，假如答案是肯定的，每题得 5 分。

第（13）题的三个选项，假如你的答案都是否定的，得 2 分。

第（15）题 C、第（16）题 B、第（18）题 C、第（21）题 B 和第（22）题 B，假如你的答案是肯定的，每题得 5 分。

第（23）题 B 和第（25）题 C，假如你的答案是肯定的，每题得 10 分。

总分为 136 分。

假如你得 75～136 分，那么对你应付事变很有把握，而且你的自制力、勇气和机智都是超人的，你可以有很大的自信力。

假如你得了 30～75 分，那你对于一般的事变都能应付，你神经系统的反应正常而平衡，学急救也许对你有益，可以增加你的自信心。

假如你得了 30 分以下，你必须留心自己，同时努力学习一点应变的常识和培养自己的自信力。

¤ 课堂训练

面试时面试官请你说出自己的缺点，你该如何回答？

¤ 课外训练

1）在寝室就某个论题组织一场辩论赛，扮演好辩手的角色。

2）和同学一起打乒乓球或羽毛球，锻炼自己的反应能力。

¤ 训练小结

在现实生活中应变能力往往能反映出人的综合素质，应变能力强的人往往更能抓住机会。要想使自身具备出色的应变能力，需要必要的知识、出色的智慧、敏捷的头脑和丰富的经验。

5.5.3 训练小结

应变能力的培养并不是一朝一夕的功夫，只有坚持不断加强自身修养，学会自我检查、自我监督、自我鼓励；改变不良的习惯和惰性，主动地锻炼自己分析问题的能力，遇事迅速作出决断；调节好自己的心态，面对突发状况坦然应对，才能逐步提升自己的应变能力，在纷繁变化的环境中抓住机遇，成就未来。

5.6 模块总结

（1）是否按计划完成了本章的训练？ 是　　否

（2）未完成的原因是：

（3）通过训练，我在以下方面有了提高：

（4）存在的问题及改进的措施：

5.7　活动与拓展

叫醒思维

形式：30～50人，平均分成4～5组，室内进行。

类型：创新思维训练，体会创新思维，相信自己的智慧和能力，表现自己的才能与生机。

时间：20～30分钟。

材料：A4纸、笔、小抱枕、计时器、黑板。

场地：教室内。

适用对象：所有参加学习能力训练的学员。

活动目的

让组员体会什么是创造性思维，发掘自身的创造性思维，培养起组员的自信心，使其积极参与生活，表现出潜能。

操作程序

（1）培训师先把所有人分为4～5个小组。

热身：培训师在黑板上画一个"口"图形，让组员尽可能多地写出像什么，总结发散性思维。

（2）第1轮，向组员提问："由三个相同的字组成的一个字有哪些？"

不考虑字迹工整，只比赛谁写得多。讲清规则，统一计时。

（3）当完成第1轮后，培训师引导全体人员进行小组分享。

（4）第2轮，培训师向组员展示小抱枕，要求各组搜集小抱枕的用途，2分钟后汇总结果。进行分享与探讨，如何进行创新性思考。

（5）第3轮，以小抱枕为唯一的道具，编排一个1分钟的二人哑剧，不允许超时。由小组轮流表演，一组表演时，其他组为该剧起名。全部小组表演结束后，分享本组取名缘由。

有关讨论

（1）其他组的创意中，哪一个想法让你眼前一亮，为什么？

（2）看哑剧时，你为什么会想到这个名字，和我们平时的积累有什么关系？你是否经常打破自己的常规思维呢？

（3）如何从知识储备、思维方式、动机强度三个方面来调动创新思维？

模块 6

择业与求职能力训练

导 读

谁若游戏人生，他就一事无成；谁不主宰自己，他可能永远是个奴隶。

在这个竞争激烈的社会，很多时候比的不是谁聪明，而是谁更有眼光，谁更能先行一步。调查显示，高校的在校生有一半以上认为择业和求职是毕业时应该考虑的问题，他们大多数认为人的职业生涯应该从毕业后的第一份工作开始算起。而我们认为一个人的职业生涯至少在他进入大学（18岁）时就开始了。因此，作为在校大学生必须从我做起，从现在做起，在树立正确的择业观的基础上，明确自己在职业方向上的所爱、所想、所适、所能、所重、所需，确定自己的职业目标，制定职业规划。同时不断关注相关的社会及行业状况，及时准确地掌握各种职业需求信息，并不断地通过学习和实践，提高自己的职业能力和就业技能。只有这样才能使自己职业生涯的航船一路劈波斩浪，驶向成功的彼岸。

这是一个充满选择的时代，能够智慧选择的人定会脱颖而出。这也是一个充满机会的时代，而机会永远属于那些有准备的人。

训练要求

(1) 了解自我，寻求适合自己的职业方向；
(2) 建立职业生涯发展意识，做好职业生涯初步规划；
(3) 学会收集和使用用人单位及招聘岗位信息；
(4) 学会准备求职材料；
(5) 掌握应聘面试策略与技巧。

训练内容

☆ 个人职业倾向测试
☆ 职业生涯规划能力训练
☆ 就业信息收集与处理能力训练
☆ 撰写求职简历和自荐书训练
☆ 求职礼仪和模拟面试训练

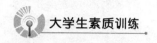

点击关键词

·**择业**：所谓择业，就是择业者根据自己的职业理想和能力，从社会上各种职业中选择其中的一种作为自己从事的职业的过程。任何已具备劳动能力的人，都要进入社会职业领域选择特定的职业。在职业选择过程中，择业者不仅要考虑到个人的需求，社会的需要程度、职业的地位、经济收入、地理环境、单位性质、工作条件等都是择业者选择职业时要考虑的因素。

·**求职**：就是求职者根据自己选择的职业方向，针对社会提供的具体就业岗位与用人单位沟通，展示求职者的知识、技能、素质等任职能力，以获得用人单位任用，从而达到就业的过程。

6.1 认识自我职业倾向

6.1.1 训练目标

1. 知识目标

了解影响职业目标的主要个性因素；了解认识自我的主要方法；了解职业规划测试的基本知识；掌握确定职业目标的方法。

2. 能力目标

能正确了解和分析自己的职业兴趣、职业能力及职业价值观等主要的职业个性倾向特征；能根据自己的职业个性倾向确定职业方向。

3. 素质目标

增强学生从职业能力的角度不断加强自我认知的意识；培养学生分析自我、认识自我的良好思维习惯；培养学生应用目标管理的思维方式，分析、确定目标，把握职业方向的能力。

6.1.2 训练内容

认识自我职业倾向，就是通过收集并分析关于自己的信息，特别是与职业生涯直接相关的兴趣、人格、需求、能力、价值观等，正确地认识自己的方法。因为我们每个人都是一个独特的个体，拥有不同的特性，只有看清你的职业特质，才能对自己的职业方向做出正确的选择，才能选定适合自己发展的职业生涯路线，才能对自己的职业生涯目标做出最佳设计。因此你必须对"我是谁""我所喜欢的职业是什么""我所擅长的工作是什么""我认为最值得从事的职业是什么"等问题做出中肯的回答。

思考：请想一想，到现在为止你是否认真思考过在当今激烈的就业竞争环境下怎样应用"知己知彼，百战不殆"的道理指导你的行动，增强你的竞争力？

认识自我看似容易，其实不然。有人问古希腊哲学家泰勒斯："你认为人活在这个世界上，什么事情是最困难的?"泰勒斯回答说："认识你自己。"

我们可以通过如下一些方法进行自我认识和评估。

（1）通过职业测试认识自我。
（2）通过他人的评价或者与他人比较认识自我。
（3）通过自我解读进行自我评估。

 补充资料

【案例1】 刘强的成功之道

刘强从山西一个小县城考入了某大学中文系。在他的家乡，中学教师是一个令人非常尊重和羡慕的职业，刘强的父母非常希望他努力学习，毕业后能回到家乡做一名中学语文老师。

带着家人的嘱托和希望，踏实稳重的刘强进入大学后各方面都非常积极努力，不久就在学院组织的有奖征文比赛中力克群雄获得了一等奖。在随后的一次主题班会上，主持人请刘强发表一下获奖感言，同学们也纷纷要求刘强传授一下写作经验，腼腆内向的刘强竟面红耳赤，勉强站上讲台却磕磕巴巴不知所云，幸好主持人及时打圆场"我们的刘强同学是茶壶里装汤圆——肚里有货，哈哈……"

这件事情让刘强感到非常郁闷，特别是看到其他同学站在讲台上侃侃而谈时，他就在心里默默地问自己，难道自己真的不适合站上这三尺讲台吗？这促使刘强不得不思考一些从未思考过的问题——我真的适合当老师吗？如果不，我的社会定位到底在哪里呢？什么职业才是我的用武之地呢？刘强开始静下心来审视自我，他发现自己的长项和爱好并不适宜教书，他比较喜欢搞一些文字工作，自己虽不善言谈却善于观察和了解社会现象，并擅长通过写作的方式发表自己的见解。经过留心收集相关信息，并根据自身情况和社会需求，分析比较可能从事职业的利弊，渐渐地刘强心中的这些问题有了答案。他决定将新闻编辑、自由撰稿人、机关或企事业单位的文书等相关职业作为自己的发展方向。"看来我这辈子是要靠笔杆子养家糊口了。"刘强在与朋友的一次交流中这样说道。

现在大学毕业3年后的刘强已经是某省知名报社的新闻版主编，在他看来这是一份富有挑战性和成就感的工作。回顾大一的那段经历，刘强感慨地说："那时候我的确花了不少的时间精力来思考和寻找自己未来的社会角色定位。一旦你认识了自己，确定了明确的目标和方向，你就向成功迈出了坚实的第一步。"

1. 通过职业规划测试认识自我

职业规划测试简称职业测试，就是为了了解自己，并为自己的未来职业构思规划，为对行业及职业选择而进行的一个包括人格类型及其匹配职业类型的测试。

职业测试自20世纪30年代发展至今，其准确性和专业性，得到全球的广泛认可，在职业测试领域中发挥着巨大的作用，目前已成为职业测试的最核心工具。

职业规划测试包括性格、兴趣、能力、价值观等职业个性倾向测试。人的这些个性特征如果与今后他所从事的职业相匹配，将有助于其职业生涯的成功。

1）职业性格认识训练

¤ 训练目的
通过一个简单而有趣的小活动，测试一下你的性格所匹配的职业类型。

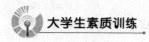

¤ 训练内容

（1）请放下手中的物品，两手十指相扣放在胸前。

（2）请观察你在上方的拇指是左手拇指还是右手拇指？

如果左手拇指在上，说明你的大脑右半球的功能比较占优势，通常这类人倾向于感性性格，常表现为富于情感，喜欢想象，行为容易受感情的支配，思维较具有发散性。具有文学家和艺术家的气质，适合做一些需要想象力和创意性的工作。

如果右手拇指在上，说明你的大脑左半球的功能比较占优势，通常这类人倾向于理性性格，其行为常富于理智，善于思考，逻辑性强，说话较为简练严谨，处事相对冷静，不易感情用事。具有政治家、科学家的气质，适合从事理性、严谨或研究性的工作。

2）职业兴趣认识训练

兴趣是职业选择的一个基本方面，一个人如果可以充满兴趣地去从事一项工作，那么他对这份工作的满意度就会提高，而工作满意是职业适应的重要标志之一。

人的兴趣是多种多样的，有的人喜欢与人打交道，有的人则只喜欢和物打交道；有的人好动手，有的人则好动脑；有的人喜欢独自研究，有的人却喜欢团队合作……这些兴趣爱好都会对你的职业选择带来影响。

¤ 训练目的

通过对以下问题的回答，认识、分析你的职业兴趣倾向，通过测试明确"我喜欢做什么"的问题，为下一步你的职业规划提供依据。

¤ 测试题

答题要求：为使测试结果更符合实际情况，请根据自己的通常表现进行回答。

计分规则：认为非常符合自己情况的，计2分；比较符合自己情况的，计1分；认为完全不符合自己情况的，计-2分；比较不符合自己情况的，计-1分；认为介于符合和不符合之间的，计0分。将认真判断后得到的分数填入题后的（　　）中。

题目内容：

一组：

（1）你喜欢自己动手修理电脑、自行车等器具吗？　　　　　　　　　　（　　）

（2）你对家里使用的电脑、冰箱等的质量和性能了解吗？　　　　　　　（　　）

（3）你喜欢动手做模型飞机等物吗？　　　　　　　　　　　　　　　　（　　）

（4）你喜欢与数字、图表打交道的工作吗？　　　　　　　　　　　　　（　　）

（5）你喜欢制作工艺品、装饰品或衣服吗？　　　　　　　　　　　　　（　　）

二组：

（1）你喜欢为他人购物当顾问吗？　　　　　　　　　　　　　　　　　（　　）

（2）你热衷于参加集体活动吗？　　　　　　　　　　　　　　　　　　（　　）

（3）你喜欢接触不同类型的人吗？　　　　　　　　　　　　　　　　　（　　）

（4）你喜欢拜访别人、与人讨论各种问题吗？　　　　　　　　　　　　（　　）

（5）你喜欢在会议上积极发言吗？　　　　　　　　　　　　　　　　　（　　）

三组：

（1）你喜欢从事有规则的日常工作吗？　　　　　　　　　　　　　　　（　　）

（2）你喜欢对任何事物预先做周密的安排吗？　　　　　　　　　　　　（　　）

（3）你善于查阅字典、词典、资料索引吗？　　　　　　　　　　　（　　）
（4）你喜欢按固定的程序有条不紊地工作吗？　　　　　　　　　　（　　）
（5）你喜欢对事物进行分类和归档的工作吗？　　　　　　　　　　（　　）

四组：
（1）你喜欢倾听别人的难处并乐于帮助别人解决困难吗？　　　　（　　）
（2）你喜欢为残疾人服务吗？　　　　　　　　　　　　　　　　　（　　）
（3）在日常生活中，你愿意为他人提供帮助吗？　　　　　　　　　（　　）
（4）你喜欢向他人传授知识和经验吗？　　　　　　　　　　　　　（　　）
（5）你喜欢防病、治病和照顾病人的工作吗？　　　　　　　　　　（　　）

五组：
（1）你喜欢主持班级集体活动吗？　　　　　　　　　　　　　　　（　　）
（2）你喜欢接近领导和老师吗？　　　　　　　　　　　　　　　　（　　）
（3）你喜欢在人多时当众发表自己的意见和观点吗？　　　　　　　（　　）
（4）如果老师不在，你能主动维持班里学习和生活的正常秩序吗？（　　）
（5）你具有强烈的责任感和工作魄力吗？　　　　　　　　　　　　（　　）

六组：
（1）你特别爱读文学著作中对人内心世界的细致描写吗？　　　　（　　）
（2）你喜欢听人们谈论他们的活动和想法吗？　　　　　　　　　　（　　）
（3）你喜欢观察和研究人的心理和行为吗？　　　　　　　　　　　（　　）
（4）你喜欢阅读领导人物、政治家、科学家等名人传记吗？　　　（　　）
（5）你很想了解世界各国的政治、经济制度吗？　　　　　　　　　（　　）

七组：
（1）你喜欢参观技术展览会或收看技术信息的节目吗？　　　　　（　　）
（2）你喜欢阅读科技杂志吗？　　　　　　　　　　　　　　　　　（　　）
（3）你想了解大自然的奥秘吗？　　　　　　　　　　　　　　　　（　　）
（4）你想了解使用科学精密仪器和电子仪器的工作吗？　　　　　（　　）
（5）你喜欢复杂的绘图和设计工作吗？　　　　　　　　　　　　　（　　）

八组：
（1）你想设计一种新的发型或服装吗？　　　　　　　　　　　　　（　　）
（2）你喜欢创作吗？　　　　　　　　　　　　　　　　　　　　　（　　）
（3）你尝试写小说或剧本吗？　　　　　　　　　　　　　　　　　（　　）
（4）你想参加学校演出队吗？　　　　　　　　　　　　　　　　　（　　）
（5）你爱用新方法、新途径来解决问题吗？　　　　　　　　　　　（　　）

九组：
（1）你喜欢操作机器吗？　　　　　　　　　　　　　　　　　　　（　　）
（2）你羡慕机械类工程师的工作吗？　　　　　　　　　　　　　　（　　）
（3）你想了解机器的构造和工作性能吗？　　　　　　　　　　　　（　　）
（4）你喜欢交通驾驶一类的工作吗？　　　　　　　　　　　　　　（　　）
（5）你喜欢参观和研究新的机器设备吗？　　　　　　　　　　　　（　　）

十组：
(1) 你喜欢从事非常具体的工作吗？　　　　　　　　　　　　　　　　　（　　）
(2) 你喜欢做很快就能看到产品的工作吗？　　　　　　　　　　　　　　（　　）
(3) 你喜欢做让别人看到效果的工作吗？　　　　　　　　　　　　　　　（　　）
(4) 你喜欢做那种时间短，但可以做得很好的工作吗？　　　　　　　　　（　　）
(5) 你喜欢做如编制、烧饭等有形的事情而不喜欢抽象活动吗？　　　　　（　　）

分数统计：计算 1 至 10 组题目的总分，填入表 6-1 中。其中最高分的一组，就是你最感兴趣的职业倾向。对应表下的兴趣类型，确定自己喜欢的职业类型。

表 6-1

组别	一	二	三	四	五	六	七	八	九	十
总分										

兴趣类型 1——愿与事物打交道，而不喜欢从事与人打交道的职业。相应的职业有：制图员、修理工、打字员、木匠、建筑工、出纳员、会计等。

兴趣类型 2——愿与人打交道，喜欢销售、采访、传递信息的活动。相应的职业有：记者、营业员、服务员、推销员等。

兴趣类型 3——愿做有规律的工作，喜欢常规活动。相应的职业有：邮件分拣员、图书管理员、办公室职员、档案员、打字员、统计员等。

兴趣类型 4——愿从事社会福利和帮助别人的工作，乐于助人，试图改善他人的状况。相应的职业有：医生、护士、律师、教师、咨询人员等。

兴趣类型 5——愿做领导和组织工作，喜欢管理，爱好掌控局势，希望在单位中起重要作用。相应的职业有：各类监督管理人员、行政人员、辅导员等。

兴趣类型 6——愿研究人的行为，喜欢谈论涉及人的主题，爱研究人的行为举止和心理状况。相应的专业有：心理学、政治学、人类学等。

兴趣类型 7——愿从事科学技术事业，喜欢分析、推理和测试活动，长于理论分析，喜欢独立解决问题，喜欢通过实验获得新发现。相应的职业有：各类分析师、研究人员、观察员等。

兴趣类型 8——愿从事抽象性和创造性的工作，喜欢需要有想象力和创造力的工作，爱创造新的式样和概念。相应的职业有：演员、创作人员、设计人员、画家等。

兴趣类型 9——愿从事操纵机器的技术性工作，喜欢运用一定的技术，操作机械制造产品完成其任务。相应的职业有：机械加工和维修工作、驾驶员、飞行员等。

兴趣类型 10——愿从事具体工作，喜欢制作看得见、摸得着的产品，希望很快看到自己的劳动成果，并从完成的产品中得到自我满足。相应的职业有：厨师、美容师、理发师、园林工、室内装饰工、农民、技术工人等。

确定你的职业兴趣类型（请填写表 6-2）。

表 6-2

你的职业兴趣类型	职业特征描述	主要职业类型

3）职业能力认识训练

喜欢做的事一定是擅长做的事吗？答案当然是不一定。因此不仅要全面地认识自己，我们还要认识和分析自己擅长做什么，而"擅长"实际上是由能力决定的。

当今社会是一个充满竞争的社会，其实质是知识和人才的竞争，归根结底是个人能力的竞争。作为 21 世纪的大学生，面对当前社会的形势，必须提高自己的综合能力，以适应当今社会的要求。针对当前大学生的就业实际和市场特点，大学生应具备以下基本能力。

（1）理论知识能力。

一个优秀的大学生必须拥有扎实的文化知识，包括专业知识和非专业知识，最终形成自己的知识体系。因为任何工作，无论科学教育研究，还是具体的实践作业，都需要丰富的理论知识。所以，作为一名大学生，就应该把课堂的知识学好，同时要多到图书馆博览群书，增加和补充自己的理论知识，达到充实自己的目的。

（2）适应环境能力。

适应能力是一个人综合素质的反映，它与个人的思想品德、创造能力、知识技能等密切相关。大学生毕业之后，所面临的是找工作、参加工作，然后定居。所处的环境都在不断地变化。所以，大学生要培养自己适应社会环境的能力。只有这样，即使是在比较艰苦的环境下，才能够变不利的因素为有利的因素，从而为大学生以后的事业的成功奠定坚实的基础。

（3）社会交际能力。

人际交往是一门学问，它存在于社会的任何角落，是人们实践经验的结晶，在课本上是学不到的。大学生必须具备这种能力，它关系到大学生以后就业及职业发展的问题，大学生要想具备很好的社会交往能力，就要大胆地把握各种交流机会，培养锻炼自己。

（4）语言表达能力。

语言表达能力是大学生必须具备的又一项重要能力。学习、工作和社会人际交往等都需要语言表达能力。要具备这一能力，就要敢说、多说，这是练好口才的前提；其次要做到有话可说（需要广泛的知识面），这是练好口才的基础；再次是要善于说话，注意什么场合说什么话，注重语言的得体，这是练好口才的关键。为此，大学生应该抽出时间阅读有关的文学著作和口才范文，多做练习，以便使自己的语言表达能力得到锻炼和提高。

（5）动手能力。

动手能力是将理论知识转化为实践工作的重要保证。对于大学生来说，毕业之后无论是从事科学教育研究，还是在生产第一线从事技术管理工作，动手能力的强弱，都会影响一个大学生的发展前途。为此，我们就要勤动手、重实践、多做实事，在扎实理论知识的指导下，提高自己实际动手的能力。

（6）竞争能力。

竞争能力是人们顺利完成某项活动所必备的一种心理特征，也是大学生乃至人类都在追求的一种能力品质。由于当前社会是一个竞争激烈的社会，因而竞争能力的培养尤为重要。竞争力是实力的展示，掌握更多的技能技巧，善于抓住机会，勇于展示自己才会在竞争社会中获胜；竞争也是人格的考验，所以，大学生只有在竞争社会中保持健康积极的心态才能获胜。

（7）沟通能力。

随着现代社会的进步和科学技术的飞速发展，需要每个大学生都必须具备较强的沟通能力。沟通能力是社会交往的关键，一个具有很强沟通能力的人，能把工作做得得心应手。而培养沟通能力需要自信心和必要的技巧。

（8）发现和解决问题的能力。

把所学的理论知识运用于工作实际中，善于发现和解决实际问题，这既是实际工作对我们的要求，也是毕业生本人顺利成长的基本条件。

（9）组织管理能力。

每个大学生毕业后并非都会从事管理工作，但每个人在将来的工作中都会不同程度地需要管理才能，这包括对自我和他人两方面的管理。近年来，毕业生中的党员、学生干部普遍受到用人单位的欢迎，其重要的原因是看中了这类毕业生的组织管理能力。

（10）创新能力。

创新是人类文明进步的重要动力。创新意识和创新能力是决定一个国家、一个组织核心竞争力和地位的重要因素。因此创新能力越来越为用人单位所重视。

¤ 训练目的

大学时期是一个发展自己、完善自己、提升自己的最佳时期。在大学阶段，学生们可以系统和专业地补充和提升自己的能力。为了更有效地提升能力，大学生必须明确自己现在的能力状况和理想的职业能力要求之间的差距。我们可以通过对以下问题的回答，认识、分析你的能力特征，通过测试明确"我擅长做什么"的问题，为下一步你的职业规划做准备。

¤ 测试题

答题要求：为使测试结果更符合实际情况，请根据自己的通常表现进行回答。

计分规则：按能力的强弱给下列各项打分（分值：0~5分），将认真判断后得到的分数填入题后的（　　）中。

题目内容：

一组：

（1）善于表达自己的观点。　　　　　　　　　　　　　　　　　　（　　）

（2）阅读速度快，并能抓住中心内容。　　　　　　　　　　　　　（　　）

（3）总能清楚地向别人解释难懂的概念。　　　　　　　　　　　　（　　）

（4）对文章的字、词、段落的理解、分析和综合的能力。　　　　　（　　）

（5）可以用恰当词汇和概念表达意思，词汇量大。　　　　　　　　（　　）

（6）写作能力。　　　　　　　　　　　　　　　　　　　　　　　（　　）

二组：

（1）目测能力（如测量长、宽、高等）。　　　　　　　　　　　　（　　）

（2）解应用题的速度。　　　　　　　　　　　　　　　　　　　　（　　）

（3）笔算能力。　　　　　　　　　　　　　　　　　　　　　　　（　　）

（4）心算能力。　　　　　　　　　　　　　　　　　　　　　　　（　　）

（5）使用工具（如计算器、算盘等）的计算能力。　　　　　　　　（　　）

（6）你读书期间的数学成绩。　　　　　　　　　　　　　　　　　（　　）

三组：

（1）作图能力。　　　　　　　　　　　　　　　　　　　　　　　（　　）

（2）画三维度的立体图形。　　　　　　　　　　　　　　　　　　（　　）

（3）看几何图形的立体感。 （　）
（4）想象盒子展开后的平面形状。 （　）
（5）想象立体物体的能力。 （　）
（6）玩拼板游戏。 （　）

四组：
（1）发现相似图形中的细微差异。 （　）
（2）识别物体的形状差异。 （　）
（3）注意到多数人所忽视的物体的细节部分。 （　）
（4）检查物体的细节。 （　）
（5）观察图案是否正确。 （　）
（6）善于改正计算中的错误。 （　）

五组：
（1）快速而正确地抄写资料（诸如姓名、日期、电话号码等）。 （　）
（2）发现错别字。 （　）
（3）发现计算错误。 （　）
（4）发现图中的细小错误。 （　）
（5）在图书馆很快地查找编码卡片。 （　）
（6）持久工作的能力（如较长时间地抄写资料）。 （　）

六组：
（1）操作机器的能力。 （　）
（2）玩电子游戏或瞄准打靶。 （　）
（3）运动中身体的协调和灵活性。 （　）
（4）打球（如篮球、排球、乒乓球、羽毛球等）的姿势与水平。 （　）
（5）手指的协调性（如打字、珠算等）。 （　）
（6）身体平衡的能力（如走平衡木等）。 （　）

七组：
（1）灵巧地使用手工工具（如榔头、锤子等）。 （　）
（2）灵巧地使用很小的工具（如镊子、缝衣针等）。 （　）
（3）弹乐器时手指的灵活度。 （　）
（4）动手做一件小手工艺品。 （　）
（5）很快地削水果（如苹果、梨子）。 （　）
（6）修理、装配、拆卸、编织、缝补一类活动。 （　）

八组：
（1）善于在陌生的场合发表自己的意见。 （　）
（2）去新场所并结交新朋友。 （　）
（3）你的口头表达能力。 （　）
（4）善于与人友好交往并协同工作。 （　）
（5）善于帮助别人。 （　）
（6）擅长做别人的思想工作。 （　）

九组：
(1) 善于组织集体活动。   （   ）
(2) 在集体活动或学习中，经常关心他人的情况。   （   ）
(3) 在日常生活中能经常动脑筋，出点子。   （   ）
(4) 冷静果断地处理突发事件。   （   ）
(5) 在工作中你认为自己的工作能力。   （   ）
(6) 善于解决朋友与同事之间的矛盾。   （   ）

分数统计：计算1至9组题目的总分，填入表6-3中。其中最高分的一组，就是你最强的职业能力倾向。对应下表的能力类型，确定自己擅长的职业类型。

表6-3

组别	相应的职业能力	总分	组别	相应的职业能力	总分
一组	言语能力		六组	运动协调能力	
二组	数理能力		七组	动手能力	
三组	空间判断能力		八组	社会交往能力	
四组	察觉细节能力		九组	组织管理能力	
五组	书写能力				

第一组：言语能力。你具有对词、句子、段落、篇章的理解能力，以及善于用语言清楚而正确地表达自己的观念和向别人介绍信息的能力。你最适宜从事的职业有：推销员、商务师、导游、演员、导演、编辑、播音员、节目主持人、教师、律师、审判员等。

第二组：数理能力。你能迅速而准确地运算，并具有在快速准确地进行计算的同时进行推理、解决应用问题的能力。你最适宜从事的职业有：会计、银行职员、保险公司职员、税务员、审计员、统计员、自然科学家、计算机工程师等。

第三组：空间判断能力。你具有对立体图形以及平面图形与立体图形之间关系的理解能力，包括能看懂几何图形、对立体图形的理解力、识别物体在空间运动中的联系、解决几何问题。你最适宜从事的职业有：技术员、工程师、服装设计师、艺术家、家具设计师、建筑师、摄影师、家电维修专家、自然科学家、军官、司机等。

第四组：察觉细节能力。你对物体或图形的有关细节具有正确的知觉能力。对于图形的明暗、线的宽度和长度能作出区别和比较，可以看出其细微的差别。你最适宜从事的职业有：建筑设计师、画家、刑侦人员、咨询师、教练员、导演、审计员、自然科学家等。

第五组：书写能力。你具有对字、印刷品、账目、表格等细微部分正确知觉的能力，善于发现错字和正确地校对数字的能力。你最适宜从事的职业有：会计、公务员秘书、打字员、编辑、银行职员等。

第六组：运动协调能力。你的眼、手、脚、身体能够迅速准确和协调地作出动作和运动反应，手能跟随眼所看到的东西迅速行动，具有正确控制的能力。你最适宜从事的职业有：运动员、教练员、演员、工人、农民、服装设计师、家具设计师、美容师、警察等。

第七组：动手能力。你的手、手指、手腕能迅速而准确地活动和操作小的物体，在拿取、放置、调换、翻转物体时手能作出精巧运动和腕的自由活动。你最适宜从事的职业有：外科医生、手工艺者、雕塑家、服装设计师、家具设计师、艺术家、美容师、售货员、服员、保育员、摄影师、演员、导演、战士等。

第八组：社会交往能力。你善于进行人与人之间的相互交往、相互联系、相互帮助、相互作用和影响的活动，具有协调工作或建立良好的人际关系的能力。你最适宜从事的职业有：采购员、推销员、公共关系人员、外销员、商务师、编辑、调度员、经理、服务员、房管员、导游、咨询师、银行信贷员、税务员、审计员、保险公司职员、演员、导演、教师、社会科学家、公务员、秘书、警察、律师等。

第九组：组织管理能力。你擅长组织和安排各种活动，具有协调人际关系的能力。你最适宜从事的职业有：调度员、导游、教练员、导演、教师、经理、公务员、商务师、保育员、咨询师、税务员、秘书、律师、警察等。

确定你的职业能力类型（请填写表6-4）。

表6-4

你的职业能力类型	职业特征描述	主要职业类型

4) 职业价值观认识训练

无论你喜欢的与擅长的职业类型是否统一，你都面临一个职业选择的问题，正所谓"鱼和熊掌不可兼得"。当一个人不得不做出选择的时候，他无论如何都不会放弃的职业中那种至关重要的东西就是职业价值观，实际上就是人们选择和发展自己职业时所围绕的中心。这个中心就是你的"职业锚"。职业锚强调个人能力、动机和价值观3方面的相互作用与结合。职业发展实际上是一个持续不断的探索过程，在这一过程中，每个人都在不断地根据自己的天资、能力、兴趣、需要、态度和价值观等慢慢地形成较为明晰的与职业有关的自我概念。随着一个人对自己越来越了解，这个人就会越来越明显地形成一个占主要地位的职业锚。

职业锚理论产生于在职业生涯规划领域具有"教父"级地位的美国麻省理工学院斯隆商学院、美国著名的职业指导专家埃德加.H.施恩（Edgar. H. Schein）教授领导的专门研究小组，是对该学院毕业生的职业生涯研究中演绎成的。斯隆管理学院的44名MBA毕业生，自愿形成一个小组接受施恩教授长达12年的职业生涯研究，包括面谈、跟踪调查、公司调查、人才测评、问卷等多种方式，最终分析总结出了职业锚（又称职业定位）理论。

职业锚通常有以下几种类型。

(1) 技术/职能型（Technical/Functional Competence）：技术/职能型的人，追求在技术/职能领域的成长和技能的不断提高，以及应用这种技术/职能的机会。他们对自己的认可来自他们的专业水平，他们喜欢面对来自专业领域的挑战。他们一般不喜欢从事一般的管理工作，因为这将意味着他们放弃在技术职能领域的成就。

(2) 管理型（General Managerial Competence）：管理型的人追求并致力于工作晋升，倾心于全面管理，独自负责一个部分，可以跨部门整合其他人的努力成果，他们想去承担整个部门的责任，并将公司的成功与否看成自己的工作。具体的技术/功能工作仅仅被看作是通向更高、更全面管理层的必经之路。

（3）自主/独立型（Autonomy/Independence）：自主/独立型的人希望随心所欲地安排自己的工作方式、工作习惯和生活方式。追求能施展个人能力的工作环境，最大限度地摆脱组织的限制和制约。他们宁愿放弃提升或工作扩展的机会，也不愿意放弃自由与独立。

（4）安全/稳定型（Security/Stability）：安全/稳定型的人追求工作中的安全与稳定感。他们可以预测将来的成功从而感到放松。他们关心财务安全，如退休金和退休计划。稳定感包括诚信、忠诚以及完成老板交代的工作。尽管有时他们可以达到一个高的职位，但他们并不关心具体的职位和具体的工作内容。

（5）创造型（Entrepreneurial Creativity）：创造型的人希望用自己的能力去创建属于自己的公司或创建完全属于自己的产品（或服务），而且愿意去冒风险，并克服面临的障碍。他们想向世界证明公司是他们靠自己的努力创建的。他们可能正在别人的公司工作，但同时他们在学习并评估将来的机会。一旦他们感觉时机到了，便会自己走出去创建自己的事业。

（6）服务型（Service/Dedication to a Cause）：服务型职业定位指人们一直追求那些他们认可的核心价值，如帮助他人、改善人们的安全、通过新的产品消除疾病等。他们一直追寻这种机会，即使这意味着要变换公司，他们也不会接受不允许他们实现这种价值的工作变换或工作提升。

（7）挑战型（Pure Challenge）：挑战型职业定位的人喜欢解决看上去无法解决的问题，战胜强硬的对手，克服无法克服的困难障碍等。对他们而言，参加工作或职业的原因是工作允许他们去战胜各种不可能。新奇、变化和困难是他们的终极目标。他们认为如果事情非常容易，它会马上变得非常令人厌烦。

（8）生活型（Lifestyle）：生活型的人指喜欢允许他们平衡并结合个人的需要、家庭的需要和职业需要的工作环境。他们希望将生活的各个主要方面整合为一个整体。正因为如此，他们需要一个能够提供足够的弹性让他们实现这一目标的职业环境，甚至可以牺牲他们职业的一些方面，如提升带来的职业转换，他们将成功定义得比职业成功更广泛。他们认为自己如何去生活、在哪里居住、如何处理家庭事务以及在组织中的发展道路等方面是与众不同的。

我们国家大多数人长期以来的职业锚倾向是安全/稳定型，并未考虑到个人的职业兴趣和需要。

¤ 职业锚测试训练

¤ 训练目的

通过对以下问题的回答，认识、分析你的职业锚，为下一步你的职业规划提供依据。

¤ 测试题

答题要求：为使测试结果更符合实际情况，请在 10~15 分钟的时间内认真作答。

计分规则：按认同度的强弱给下列各项打分（分值：1~5 分）。

题目内容：如表 6-5 所示。

表 6-5

序号	题目	1分	2分	3分	4分	5分
1	只有当我感到为社会做出了真正的贡献，我才能体会到职业的成功					
2	我梦想从事一个让我能够自主支配工作时间与工作方法的职业					
3	我梦想有一天我可以掌控整个组织					

续表

序号	题目	1分	2分	3分	4分	5分
4	对自由与独立来说，工作的稳定与安全对我更为重要					
5	只有当我能够发展我的技能到一个相当高度的水平，我才能体会到职业的成功					
6	我希望能够成为我工作领域的专家，同时我的同事也总是咨询我的专业建议					
7	如果我能够整合团队成员的力量去完成一个共同的任务，我会感到非常满足					
8	我总是关注那些让我开创属于我自己事业的主意					
9	如果非要我接受一个有可能损害到我个人或家庭关注点的职位，我宁愿离开组织					
10	我梦想从事一个能够让我持续不断挑战艰难问题的职业					
11	当主要基于我的能力与努力完成一些事务的时候，我能够体会到极大的满足感					
12	只有当我获得对工作完全的自主与自由时，我才能够体会到职业的成功					
13	对于我来说，能够自我创业比起成为某个组织的高级管理者更为重要					
14	我梦想能够从事一个允许我同时兼顾个人、家庭与工作需要的职业					
15	只有当能够持续面对并征服极具困难的挑战时，我才能体会到职业的成功					
16	我总是寻找那些可以给予我安全与稳定感觉的职业					
17	对于我来说，能够成为我的专业领域的管理者比起成为一名总经理更具吸引力					
18	当能够完全自主地定义工作的内容、时间与程序时，我才能体会到职业的满足感					
19	如果组织赋予我的工作有可能危害到我工作的安全性，我宁愿离开这个组织					
20	当能够利用我的才干服务他人时，我才能够感受到职业的极大满足感					
21	当我能够"敢为人先，为人所不能"时，我能够体会到职业的极大满足感					
22	成为一名总经理比起成为一名高级事业部经理或其他部门经理来说，更能吸引我					
23	我梦想从事一个能够为人类与社会提供真正贡献的职业					
24	只有当我能够很好地协调个人、家庭与职业三者的关系时，我才能够体会到生活的成功					
25	只有当能够利用我的知识与主意创建一个属于我的事业时，我才能体会到职业的成功					
26	如果非要让我转移从事非我专业或技术领域的其他工作，我宁愿离开组织					

续表

序号	题目	1分	2分	3分	4分	5分
27	利用我的才干去创造一个美好和谐的社会,是我选择职业方向的主要驱动因素					
28	只有当我成为组织内的高级管理者时,我才能感受到职业的成功					
29	我梦想从事能够给予我安全与稳定感的职业					
30	相对一个高管理者职位来说,能够平衡地关注我个人与职业的需求,才是更为重要的					
31	对于我来说,能够自主地决定工作的程序或方法,不受任何规章制度约束,显得更为重要					
32	与其接受一个不能发挥我服务他人的能力与愿望的职位,我宁愿离开这个组织					
33	如果接受一个可能使我失去工作自主与自由度的职位,我宁愿拒绝或离开这个组织					
34	当能够感觉到我已具有完全的财务与职业安全感时,我才感觉到极大的职业满足感					
35	当能够使用并发挥我的专业技术与才干时,我才能够感受到极大的满足感					
36	我总是寻找那些可以尽量减少生活与工作相互冲突或影响的职业机会					
37	如果接受一个会偏离我成为一名总经理的职业路径的职位,我宁愿离开去寻找新的机会					
38	我倾向于接受那些能够挑战我解决问题的能力与技能的任务机会					
39	对于我来说,接受新的挑战或任务,比起成为一名高级管理者,显得更为重要					
40	我梦想能够创建一个属于我自己的事业					

分数统计:按下表提供的类型和题目编号统计总分,填入表6-6中。其中最高分的一组,就是你的职业锚。

表6-6

类型	题目编号	总分
技术/职能型	(5)、(6)、(17)、(26)、(35)	
管理型	(3)、(7)、(22)、(28)、(37)	
自主/独立型	(2)、(12)、(18)、(31)、(33)	
安全、稳定型	(4)、(16)、(19)、(29)、(34)	
创造型	(8)、(13)、(25)、(27)、(40)	
服务型	(1)、(20)、(23)、(32)、(38)	
挑战型	(10)、(11)、(15)、(21)、(35)	
生活型	(9)、(14)、(24)、(30)、(36)	

确定你的职业能力类型：根据测试结果、个人专业方向及其社会可以提供的相关职业类型信息等因素填写表6–7。

表6–7

你的职业锚类型	特征描述	主要职业类型

2. 通过他人的评价或者与他人比较认识自我

¤ 课外训练

"不识庐山真面目，只缘身在此山中。"即便我们敞开心扉，也常常会不自觉地回避缺点，强化优点，加之阅历和自我认识能力的不足可能会使一些自我判断模糊，这时自有"旁观者清"，你不妨试试从你的亲人、朋友或老师眼里了解自己，可能会意外地收获一个更真实的自我。

在纸上列出下面的问题，真诚地请你的亲人、朋友或老师口头或书面回答。

提示：您眼中的我将来适合（或不适合）从事何种职业？为什么？

第一个问题可以帮助你拓展或进一步明确职业方向，第二个问题可以帮助你进一步认识自己，明确你选择某个职业方向的优劣势。

3. 通过自我解读进行自我评估

¤ 课外训练

找一个心静的时间，一张纸、一支笔、独自一人，推开心灵的窗户，面对真实的自我，倾听自己内心最真实的回答。

● 我是谁？

审视自己，真实地将自己主要的个性特征一一列出，并按特征的显著性给它们排个序。

● 我喜欢做什么？

回忆自己真心向往过的、想干的事，并一一记录下来，按渴望程度排序。

● 我能做什么？

将自己过去得到确实证明的和自认为还可以开发的潜能一一列出，并按能力的强弱排序。

● 认真地寻找我有、我爱、我能的交集，把它们圈在一起。

¤ 确定职业方向训练

现在你已经通过叩问自己的内心、询问你的亲朋好友及职业测试对自己有了更进一步的认识，特别是在职业个性方面应该对自己有了更深的了解。综合以上3方面得到的信息，选择和确定你的职业方向，填写职业前景列表，如表6–8所示。

表 6-8 职业前景列表

综合选定的职业类型（列出 3～5 种）	职业特征描述（主要工作内容，工作性质等）
1.	
2.	
3.	
4.	
5.	

6.1.3 训练小结

生活中，人们常常喜欢讨论他人的性格特征和行为方式，却很少有人静下心来花时间审视自己；人们常常喜欢埋怨自己所处的环境是多么的糟糕，却很少愿意发现和调整自身不适应环境的个性因素。同时我们也会看到，有些人始终兴致盎然地从事别人认为枯燥无味的工作，并最终取得了骄人的成功。有些人则这山望着那山高，把自己变成一只职业跳蚤不停地跳来跳去，总是试图通过改变环境来成就自己，结果到头来一事无成。当今社会人们越来越认识到自我认识、自我调整与自我提高是人们的事业及人生走向成功的必由之路。

6.2 规划职业生涯

6.2.1 训练目标

1. 知识目标

了解职业规划的含义和意义；了解影响职业规划的主要因素；掌握职业规划制定的相关知识。

2. 能力目标

能正确分析影响职业规划的主要因素；能制定适合自己的职业生涯初期规划。

3. 素质目标

具备计划能力和规划意识，明确学习目的，确定努力的目标和方向。

6.2.2 训练内容

1. 职业规划的基本概念

1）职业规划的含义

职业规划是职业生涯规划的简称，始于 20 世纪 60 年代，90 年代中期从欧美传入中国，最早对职业生涯系统进行研究的是美国麻省理工学院的施恩教授。职业生涯是指一个人一生的工作经历，特别是职业、职位的变迁及工作理想的实现过程。制定职业规划，是在对一个人职业生涯的主客观条件进行测试、分析、总结的基础上，对自己的兴趣、爱好、能力、特点进行综合分析与权衡，结合时代特点，根据自己的职业倾向，确定其最佳的职业奋斗目标，并为实现这一目标做出行之有效的行动安排。

2）大学生职业生涯规划的类型

A. 依赖型：依赖父母、朋友、老师或遵从书本与社会舆论。

大部分中国学生从小只知道不断学习课本上的知识，在就业之前很少关注与职业有关的事情。加之学校、社会也缺乏相关的教育与资讯，有的学生只因为家长希望从事某种职业或只是听亲朋好友说哪个企业效益不错，谁家的孩子从事了某种职业可以轻松挣钱等，就不假思索地采纳了别人的建议。有时候会觉得父母、朋友、书本说的虽然不尽相同却似乎都有道理，而感到无所适从，最后随便在其中选一个了事。这导致很多人都不能正确处理择业问题而可能影响到以后职业发展。

B. 直觉型：凭自己的直觉、一时的喜好做出决定。

不少人都曾经在择业时凭一时的冲动或喜好做出职业决定。譬如因为感情受挫辞职疗伤、沉浸爱河无心工作、工作不顺频繁跳槽、收入不高追随热门……这种类型的人职业生涯最容易出现的隐患就是职业生涯不连贯，在每一领域的积累都不多，很难晋升到中高层。

C. 理性型：综合考虑个人与职场等因素，分析利弊得失，做出并执行相应的计划。排除少数运气好的人在内，大部分事业成功的人在规划自己的职业生涯时，都是非常理性的。他们会及时关注职业信息，充分了解自我，制订合适的目标，并为目标而不断努力。

三种类型各有利弊。依赖型最省时省力，但是将自己的命运托付给他人，终究是一件危险的事情；直觉型短期内会很满足，可是从长期来看随机性太强，会存在较大风险；理性型考虑周全，但是会花费较多时间与精力。

如果你想在职业生涯中少走一些弯路，追求事业的成功，多一点快乐，建议你还是多花点时间与精力，多做些思考，做个"理性型"的人。

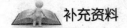
补充资料

【案例2】 为什么受伤的总是我？

小张出生于成都，今年25岁，家境富裕。作为独生女儿的她，是家中的掌上明珠。她从小学到高中，学习成绩虽不是很突出，但始终在中等以上。可以说，高考前的她，一直无忧无虑地生活着。

平静的生活随着高考的结束一去不复返了。高考中，小张因3分之差没有达到本科录取线。父母安慰说，不要紧，先读大专吧，将来先找个好工作，学历可以通过进修慢慢地提高。她的大专志愿填了个很热门的专业——文秘。小张其实并不喜欢文秘专业，因为她的语文写作一直是弱项，但父母觉得女孩学文秘不错，家里这方面有点关系，将来工作好找。小张一向由父母包办代替惯了，也就茫然地答应了。

进了学院，小张再也快乐不起来了。第一次离开家住进集体宿舍，对学院的生活，有很多的不适应。大一的基础课没几门是自己喜欢的，后期专业课更是提不起兴趣，于是经常逃课回家。加之性格内向没有什么朋友，在班级里老是显得格格不入。

3年的学习生活转瞬即逝。临近毕业，要找工作了，看看自己的简历，小张感到十分丧气——学习成绩基本上勉强过关，班级活动很少参加，社会实践一片空白。3年郁郁寡欢的生活，让她越发自卑和内向。对未来，她只觉得茫然和害怕。拿着薄薄的简历，她似乎连去招聘会的勇气都没有。

父亲托人将小张介绍进了文化馆。父亲说，这个工作适合女孩子，稳定、体面、轻松。虽然工资不高，但不要紧，反正家里可以养你，工资就当零花钱吧。就这样，小张开始了自己的工作。确实像父亲说的，工作很轻松，每天不过就是收发文件，收集信息，编个简报。同事们的年龄基本上在35岁以上。小张一来内向，二来觉得和他们没什么共同语言，所以很少和同事们交流。轻轻松松的工作渐渐让人无聊，小张就这样度过了第一年的职业生活。

第二年，单位来了一个南京大学的毕业生，是个充满活力的男孩子。由于年龄相仿，这个男生很快与小张相熟相恋了。受他的感染，小张变得活泼了些，心情也不再像以前那样灰暗了。对于自己过去几年的麻木生活，她想做一些改变。

男朋友不愿意继续过沉闷的生活，跳槽去了一家外资企业。几个月后他对小张说，文化馆的生活太没意思了，工资又低，不知猴年马月才能熬出头，你也"跳"吧。这家外资企业人力资源部缺人，你应聘过来做助理。小张心动了，平生第一次不顾父母的强烈反对，从文化馆辞职，去应聘人力资源部经理助理。

然而，事情并不顺利。小张没有相关的经验，也没有相应的专业背景，虽然有男友的帮忙，但没有应聘成功。两人商量下来，决定让小张报名参加人力资源管理培训班，一年后拿到职业资格证书再去应聘。

小张满怀希望地走进了一家培训机构学习。然而，不到两个月，小张就气馁了。因为课程内容越深入，越觉得困难，而且一点兴趣也提不起来。而这时男友的工作越来越忙，与小张约会的时间少了很多，这让小张觉得很失落。渐渐地，两人吵架越来越多，沟通越来越困难，终于分手了。

相恋就这样结束了，同时还要面对失业的苦恼。虽然仗着家境好，没有衣食之忧，可难道要在家里待上一辈子？找工作吧，实在没有信心，也不知道自己想做什么；再去读书吧，读什么呢？没方向。再说，读完了还是要找工作，还是苦恼。想着自己这些年的日子，小张不禁流下了眼泪：唉，我的生活为什么一团糟？为什么没有收获，只有失败和伤痕？

3）职业生涯规划的基本步骤

（1）自我评估。

（2）职业生涯机会的评估。

（3）设定职业生涯阶段目标。

（4）制订行动计划与措施。

（5）评估与修订。

2. 职业生涯机会的分析评估训练

我们已经对职业生涯前景作了方向性的筛选，客观上可供选择的选项已经浮出水面。接下来就是锁定目标这关键一步了。为了让我们的决定更加理性和系统，一般我们先要对前面选定的职业选项进行客观的分析，我们可以采用下面两种经常使用的决策分析方法。

1）SWOT分析法

SWOT分析法又叫态势分析法，是哈佛大学安德鲁斯教授为企业设计的一种战略决策分析工具。现在已经被广泛应用于企业管理以外的领域，包括职业生涯规划。

SWOT 是 4 个英文单词首字母的组合，它们分别是：Strengths（优势）、Weaknesses（劣势）、Opportunities（机遇）、Threats（威胁）。这 4 个单词代表了所需分析的 4 个影响职业选择正确性以及今后职业发展走向成功的关键因素。其中，优势和劣势的分析是针对个人内部因素的，这类因素主要是通过与我们的同类竞争者比较得到的，也是我们个体通过努力可以控制和把握的。我们可以通过以下几个方面发现和分析自己的优劣势。

（1）个人的性格、兴趣、能力、价值观等选定职业的匹配程度。
（2）专业知识和技能是否有助于职业发展。
（3）人脉等社会资源是否有助于职业发展。

而机遇和威胁则着眼于外部环境，这类因素虽然是个体不可控制的，但我们可以通过了解环境来发现威胁和机遇，以便利用环境给我们职业选择和职业发展带来的机遇，规避环境带来的威胁，使我们职业发展的道路走得更通畅。我们可以通过以下几个方面发现和分析环境带来的机会和威胁。

（1）行业现状及前景。
（2）职业现状、前景及就业市场需求量。
（3）收入、经验积累、学习和升迁的机会等。
（4）职业特征带来的生活状态。

¤ 职业分析训练（1）

从前面的职业前景列表中选定一个你心仪的职业，填入职业名称后面的横线中，在 SWOT 坐标图（如图 6-1 所示）中进行分析。

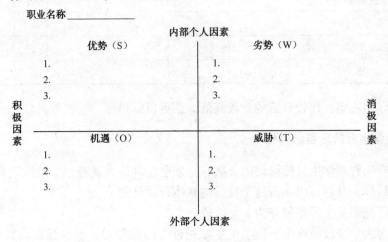

图 6-1 SWOT 坐标图

进行 SWOT 分析，可以分别对你的职业前景的优势、劣势、机遇和威胁进行分析，帮助我们看清备选职业的积极和消极因素，为下一步职业发展策略中如何运用优势，弥补劣势；如何把握机遇，提供决策依据，以便我们可以在最短时间内取得最好的职业发展效果。

2）职业生涯目标选择平衡单法

SWOT 分析法适合针对某个前景作单独的分析。将前景的各个选项进行 SWOT 分析后，有时候它们之间优劣对比已经很明显，我们可以比较容易地做出选择决定。而有时候，它们之间的优劣对比不是那么明朗。这时候，我们就需要利用生涯选择平衡单法来帮助自己做出决策。这种方法更为量化，易于比较。

"平衡"是一会计术语,指的是一种记账方法。我们可以把自己面对的每一种职业选择都当作一个账户,通过分类计分的方式计算出账户的"金额",然后再把这些账户放在一起,它们的"金额"大小一目了然。选择哪个账户的决定自然就水到渠成地作出了,这就是"生涯选择平衡单法"。

¤ 职业分析训练(2)

根据前面确定职业方向训练时综合选定的职业类型中选择3种,填入表6-9中进行评分。适合的或具有优势的用0~5的正值,程度越高,分数值越高;不适合的或劣势比较明显的用-5~0的负值,程度越高,分数值越低。

表6-9 职业生涯目标选择平衡单

考虑项目	职业选择1（　　）		职业选择2（　　）		职业选择3（　　）	
	得(+)	失(-)	得(+)	失(-)	得(+)	失(-)
适合自己的兴趣						
适合自己的人格特征						
适合自己的能力及倾向						
符合自己的价值观						
符合自己理想的生活形态						
符合自己经济报酬期望						
未来具有发展性						
社会资源丰富						
总　　分						

比较总分做出决定:比较最后的分数高低,就可以知道哪一项是你最好的选择了。

3. 设定职业生涯阶段目标训练

我们可以应用管理学中目标管理的方法,将职业生涯分解成若干个阶段并为每个阶段设置一个阶段性目标,并制订出实现这个目标的具体行动计划。

我们也可以把职业生涯规划分为3个阶段:

第一阶段为大学阶段,这个阶段学生主要通过专门的学习,系统地提高其知识和技能。其目标可以是毕业后找到第一份心仪的工作。

第二阶段为大学毕业后从业3~5年,其目标可以是职业发展中的第一或第二次升职获得的职位。

第三阶段为大学毕业后从业5~10年或更长远,这个阶段的目标就可以称作我们的职业理想和远景。

¤ 课堂训练

将你通过自我和决策分析选择的职业目标分解成阶段目标填入图6-2中。

模块6 择业与求职能力训练

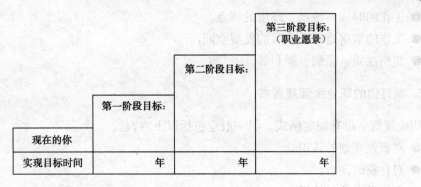

图6-2 阶段目标

4. 制订行动计划与措施训练

在确定了职业生涯目标后,行动便成了关键的环节。在求职过程中用人单位不仅看重大学生是否有较明确的"求职目标",更注重大学生为了实现"求职目标"都做了什么准备。比如作为学生你学习成绩如何,大学期间参加过什么社团活动,你有哪些实习和兼职的实践经验,取得过什么与求职目标岗位相关联的证书,在校期间曾获得过哪些奖励等。假如以上这些都是空白,不要说找到满意的工作,可能得到一次面试的机会都相当困难。因此,我们只能像攀爬阶梯一样,一步一个脚印,踏踏实实地用行动和汗水朝既定目标迈进,才能走进自己的职业愿景,实现自己的职业理想。

制订行动计划训练(1)

我们可以通过下面的训练帮助我们制订职业生涯第一阶段的行动计划。

¤ 课堂训练

参加招聘会或利用网上或其他途径搜索与你的职业目标相同的招聘信息,将里面对求职者能力、素质、工作经历等职业能力要求一一摘录下来。为自己制订一份毕业时能真正拥有这些求职能力的具体行动计划。将你的计划展示出来与同学们共享。

¤ 训练小结

参加招聘会或利用网上或其他途径搜索与你的职业目标相同的招聘信息,不仅让你了解职业,去观察一下用人单位需要什么人才,用人单位看重什么,并思考自己拥有这些能力吗,怎样才能拥有这样的能力从而拥有自己心仪的工作。自己是否适合从事这份职业,知道自己有哪些方面不足,也知道了自己在大学期间努力的方向,并督促自己每天去实现自己的目标。

制订行动计划训练(2)

这个训练可以帮助我们制订职业生涯第二及第三阶段的行动计划。

¤ 职业访谈训练

和已经从事你理想的职业(或职位)的成功人士进行一次职业访谈,访谈的对象可以是前几届毕业的学长,也可以是自己的亲人、朋友、老师或他们推荐的人。访问的数量至少在3~5人以上,人数太少容易导致其阅历和观点的片面性。访谈中你可以主要针对以下几方面的内容加以请教。

● 工作的内容和职责。
● 工作要求的知识、技能、素质、资历、资格。

201

- 工作的时间、地点、环境的特点。
- 工作的取得途径及今后的发展空间。
- 组织性质、薪酬、福利等。

5. 制订你的职业生涯规划书

职业规划书没有固定格式，但一般应包括以下内容。
- 对职业规划的认识。
- 对自我的剖析。
- 对所学专业的认识。
- 分析并决策适合自己的职业方向。
- 确定职业目标并制订具体行动计划。

¤ 课外训练

制订一份你自己的职业生涯规划书。

6. 评估与修订

影响职业生涯规划实现的因素很多。有的变化因素是可以预测的，而有的变化因素难以预测。在此状况下，要使职业生涯规划行之有效，还须在规划实施的过程中不断地对职业生涯规划进行评估与修订。

在职业生涯规划进行评估与修订时应该考虑以下重要的3点。

第一点，保持方向，调整行动计划。一个人的个性特征虽说并不是一成不变的，却具有相当的稳定性。因此，当你充分分析了自身特性后选定的职业方向不要轻易改变。但实现目标的行动计划则可以根据阶段目标的完成情况适时地加以调整。

第二点，提高职业忠诚度。在选择企业时一定要慎重，哪怕多花些时间，一旦选择了就不宜跳槽。因为频繁跳槽对你的职业发展有以下一些不良影响。

（1）企业在评价求职人员职业素质时，职业忠诚度已经成为一个越来越重要的指标，频繁跳槽显然是职业忠诚度不高的表现。

（2）任何企业都有问题。不要以为到了一个新企业，企业就没有问题。每个企业都有每个企业的问题，只是问题不同罢了。

（3）从个人的角度看，初到一个新的环境，总会有一些不适应的感觉，而刚开始看到的大多也只是表面现象，只有用较长的时间深入到一个企业后，你才能真正掌握其内在的东西，才能最终判断是否适合你的发展。

（4）跳槽会让你再一次花时间去熟悉新的环境，等于从头再来，出业绩的时间显然要推后。

第三点，了解该行业的职业发展环节和升迁的时间及速度特征，不可因急于求成而随意调整。举一一线销售人员的例子来说明，通常情况下，一个销售人员在销售职业中要遵循"1235"的职业发展时间规律，即做1年业务员（销售员）；做2年资深业务员（销售主管，业务主管），其间主要工作是推销；做3年区域或部门经理，其间主要工作除推销业务外，还兼有一定的管理工作；做5年省区或分公司经理，其间主要工作是团队的管理工作并兼有一定的业务推广工作。其后再做大区经理或销售总监、营销总经理,就驾轻就熟多了。但每个人升迁时间的长度也不是一成不变的,这要看营销人员的学习能力和悟性。有的人做1年区域经理等于别人做3年,这主要取决于你在老岗位的表现和业绩以及对新岗位的胜任程度,另外,机遇也是一个可遇而不可求的重要因素。

6.2.3 训练小结

本节的训练,可以帮助我们通过分析,进一步在选定的职业方向上做好职业定位,确定具体或阶段性的职业目标,并为实现目标制订具体的行动计划,以便我们从现在做起,脚踏实地地向自己的职业愿景迈进。

6.3 收集与处理就业信息

6.3.1 训练目标

1. 知识目标

了解就业信息的主要内容;掌握就业信息的收集渠道和方法;掌握就业信息的筛选与评估方法。

2. 能力目标

会收集和整理用人单位的相关信息;会收集和整理招聘岗位的相关信息;会根据自身情况筛选和利用就业信息。

3. 素质目标

培养关注、收集就业信息的良好习惯;培养善于发现和利用可用信息的能力和意识。

6.3.2 训练内容

1. 就业信息的主要内容

就业信息的内容十分广泛,大学生应主要收集、了解以下两个方面的就业信息。

1)宏观就业信息

宏观就业信息主要是指与大学生就业相关的国家及政府及行业等的总体状况的信息,主要包括以下几点。

(1)了解国家就业方针、政策。就业政策是根据国民经济发展战略任务而制定的。了解国家就业政策可以帮助我们更好地分析判断某行业(职业)的发展前景。

(2)了解相关的就业法律法规。大学生应了解《中华人民共和国劳动法》《劳动合同法》等与就业相关的法律法规,以便在求职就业的过程中遵守法律法规,并用法律来保护自己的合法权益。

（3）了解产业的分类与结构以及随着社会的发展产业结构的调整和变化趋势；了解职业的分类与结构以及该职业发展的趋势。

（4）了解历年毕业生总体供求形势，即历年全国、省、市大学毕业生总数，用人单位的需求总量，哪些专业紧俏，哪些专业供大于求等信息。

思考：你认为还需要了解哪些宏观就业信息？了解这些信息对你的择业和就业有什么帮助？

2）微观就业信息

微观就业信息主要是指用人单位的相关信息及其岗位信息。

收集了解与自己的专业和职业方向对应的用人单位的信息。这类信息主要包括：用人单位的准确全称；组织体制（事业、国有企业、私有、股份制企业等）；用人单位建立时间及所在地；用人单位的生产经营内容和规模；用人单位市场地位和发展前景、企业文化等；用人单位的联系方式，如人事部门联系人、电话、通信地址、邮政编码、E－mail 等。

收集岗位信息。收集这类信息我们可以了解用人单位岗位（职业）名称；该岗位的工作内容、工作方式、工作环境、工作报酬；岗位应聘人员知识、能力、素质、学历、职业资格等级证书、身体条件要求等信息。

 补充资料

大学生应怎样理解工作报酬

工作报酬包括两个方面：一方面是有形的，是指物质上的收益，主要包括工资、奖金、津贴、保险、休假、工作时间及其他福利等；另一方面则是无形的，主要包括员工在从业的过程中能够得到的培训和学习的机会，员工在组织内的发展空间，职业的社会地位和社会声望。刚从学校毕业走入社会的大学生应该更重视这种无形的报酬，因为它们才更能关系到你未来的成长和发展。

2. 获取就业信息的方法和途径

搜集需求信息是大学生择业的前提，其方法和渠道主要有以下几点。

1）通过学校就业指导机构获得信息

学校就业指导机构每年都会及时向有关劳动和人事部门及用人单位征集用人信息，同时，经过多年的工作实践，学校与有关单位建立了长期的协作关系，每年都会为毕业生提供大量就业信息，成为用人单位选拔毕业生依据的一个主要窗口。学校发布的就业信息有准确性、权威性、可信度强等特点。学校会通过就业网站、就业橱窗发布信息，学生也可以通过学校各类招聘会获得信息。

2）通过社会实践（或实习）过程获得信息

学校的社会实践和教学实习等活动，与学生所学的专业知识紧密相连。社会实践、教学实习有利于学生开阔视野，还使他们有机会了解这些单位的需求信息和对毕业生的具体要求。在社会实践过程中，通过自己的努力赢得用人单位的好感、信任，取得职业信息甚至直接谋得职业的大学生不在少数。因此，大学生在各种实践过程中，在了解社会、提高思想觉悟、培养能力的同时，还应做一个积累人脉资源、积极收集职业信息的有心人。

思考：在大学期间你打算利用课余时间自主完成哪些社会实践活动，来提高你的能力、积累你的人脉、拓展你的就业面？

3）通过社会关系网获得信息

在大多数情况下，有许多单位更愿意录用经人介绍或推荐的求职者，这是因为许多用人单位认为这样录用的人更可靠、更放心；另一方面，招聘单位每天收到的求职信函数以百计，而且这些信函所述的求职资格和工作能力也都相差不大，难以挑选，关系人的推荐可以提高录用的效率。所以在求职时，千万不要忽视了有效利用周围的亲朋好友等社会关系。家人、亲戚、朋友、老师、同学、校友甚至老乡等如果能够为你提供就业信息，将是求职择业的一条捷径。

4）通过社会就业市场获得信息

社会的就业市场会不断收集用人单位的需求信息，定期举办招聘交流会。在就业市场里，我们不仅可以收集到有关的就业信息，了解到许多不同的机构和职位，还可以得到极好的面试锻炼机会，通过与感兴趣的用人单位的交流，也会获得许多意想不到的信息。

但是应该注意的是，在就业市场中不排除一些职业中介机构为获取中介费用发布失真的就业信息，因此在那里获取就业信息时，要认真辨别信息真实程度。

5）在网上获得信息

网上求职与招聘是互联网上一种信息化的人才交流形式。依托各级政府人才部门和社会建立的人才网站，不受时间、地域、空间的限制，避免了人群大范围集中和对场地的依赖，给用人单位和毕业生求职提供了远在天边近在咫尺的交流平台，是一种高效、便利的途径。因此，网上求职与招聘受到了越来越多用人单位和毕业生的青睐。通过网络资源获得就业信息我们既可以从各大网络查阅到职业需求信息，又可以将个人求职资料输入网络系统，供用人单位在招聘时参考选择。目前，我国许多高校也建立了自己的毕业生就业网站，毕业生应当充分重视利用这一资源。

求职者在网上求职时，应选择点击率高、信誉度好的人才网站，其中各级人事人才、劳动、教育部门主办的人才网站是首选，这些网站都会对用人单位进行审核，保证招聘信息的真实、有效。国家规定正规网站在其主页上都要有工商部门的相关登记。要核实主要的招聘信息，如招聘截止日期、应聘的附加条件等信息。大家网上求职时，一定要擦亮双眼，注意甄别，避免上当受骗。

6）通过政府就业指导部门获得信息

各省、市、区大多建立了人才交流中心、各类劳务市场就业咨询机构，这是横向搜集信息的主渠道。人才交流中心的主要任务是收集发布人才供求信息，办理人才交流登记，为用人单位招聘人才和个人求职做好中介服务和管理工作。有些人才交流中心还建立了"中心—高校—用人单位"间的信息网络系统，形成了中心与高校及用人单位的信息共享。人才交流中心由地方政府职能部门负责管理，其服务比较规范，通过它获得的信息会比较准确，就业的成功率较高。

3. 就业信息的筛选和处理

大学生通过各种渠道获得的就业信息比较杂乱，由于信息的来源和获取的方式不同，信息常常良莠不齐，真假难辨，这就要求毕业生必须根据自己的实际情况和需求对信息进行鉴别和筛选，在大量的信息中去粗取精、去伪存真，从中挑选出有利于自己求职择业的有用信息。一般而言，要收集到适合自己的、高质量的就业信息，应该注意以下3点。

1）信息的准确性及真实性

社会就业市场中，劳务中介机构种类繁多，其中有少数以营利为目的的中介见利妄为、坑蒙拐骗。一些不法传销组织也通过网络等发布虚假信息。这些信息通常都披有工作轻松、职位高、待遇好、薪资高等的外衣，利用一些求职者急于求成等心理诱骗求职者上当。因此，作为求职者，特别是刚刚接触社会的大学生一定要端正心态、瞪大眼睛加以警惕。另外，一些内容不完整或职业名称和工作内容不符的招聘信息，求职者也应加以注意。提高信息真实性辨别能力的主要方法就是提前动手，多渠道、多角度、经常性地收集和了解相关信息，正所谓"见多才能识广""有备方可无患"。

2）信息的实用性及针对性

在信息时代里人们常常面临的不是信息量太少而是信息量太大带来的无所适从的困惑。在筛选就业信息前一定要对自己有一个充分的认识，要有一个明确的职业方向和目标，明确自己所需就业信息的范围，根据自己的专业、特长、能力、性格等方面的因素有针对性地收集对求职择业有实际帮助的信息，避免范围过大。

3）信息收集的计划性、系统性

大学生应该培养自己有计划地定时收集就业信息的习惯和意识。我们可以经常性地点击互联网上有关就业信息的网站，浏览并收集相关信息；学生在校期间就可以有计划地参加学院或人才市场等机构举办的人才交流招聘会，锻炼自己收集、鉴别、筛选适合自己求职择业信息的能力。

将各种相关的信息积累起来，然后加工、整理，形成一种能客观地、系统地反映当前就业市场、就业政策、就业动向的就业信息，为自己的择业提供可靠的依据。

思考：你是否了解我国目前的大学生就业环境呢？

¤ 收集就业信息训练

¤ 训练目的

通过训练可以进一步掌握收集就业信息的方法，提高收集就业信息的技能。

¤ 训练内容

（1）根据自己的职业目标收集、整理3~5个用人单位及招聘岗位信息，将你收集到的信息和你收集、筛选信息的经验体会与同学们共享。

（2）收集企业文化方面的资料，并谈谈你对某企业的企业文化的理解。

6.3.3 训练小结

当今时代是一个信息爆炸的时代，这个时代的竞争在一定程度上可以说是把握信息的竞争，谁掌握的可用信息越多，谁的视野就越开阔，谁就在竞争中争得主动权。择业和就业亦是如此。因此当代大学生择业和就业的成功，不仅取决于自身拥有的能力和素质，还取决于个人对机遇的发现和把握。而收集信息的过程就是寻找和发现机遇的过程。因此大学生必须利用各种渠道，广泛地、全面地、准确地收集与选择就业有关的各种信息，为合理择业以及成功就业做好充分的准备。

6.4 准备求职材料

6.4.1 训练目标

1. 知识目标

了解就业材料的组成；掌握求职个人简历制作知识；掌握求职信写作知识。

2. 能力目标

能制作求职个人简历；会写求职信；会组合其他就业材料。

3. 素质目标

培养学生应用书面材料展示自身职业能力的水平和意识。

6.4.2 训练内容

求职材料是指应聘者通过精心准备后提供给用人单位的书面材料。大学生求职材料主要包括两部分：推荐材料和自荐材料。

1. 推荐材料

一般情况下，大学毕业生所在的院校会统一印制毕业生《就业推荐表》，这是毕业生在就业过程中最重要的推荐材料之一，是学校向用人单位推荐毕业生的具有正式格式的推荐材料，也是普遍被用人单位认可的学校正式推荐材料，具有不可替代的权威性。用人单位在与毕业生正式签约前，一般都要求毕业生提交由学校就业主管部门签章的就业推荐表。

由有一定知名度和影响力的学校老师及行业内专家学者或企业领导管理者向特定的用人单位写一封介绍求职者的推荐信，也可以在毕业生求职的时候起到较好的作用。

2. 自荐材料

自荐材料是由毕业生本人根据需要自行设计、制作的求职材料，其形式、内容不拘一格。一份好的自荐材料可充分展示本人的才智，起到抛砖引玉的作用。

自荐材料主要由个人简历、求职信、附件材料组成。

3. 制作求职简历

1) 求职简历在求职过程中的意义及作用

求职简历是求职者和用人单位沟通的第一个重要通道，简历的质量会直接影响求职者是否可以得到面试机会。因为一方面简历是求职者向用人单位介绍并推销自己的一种专用工具，另一方面简历也是用人单位了解求职者的重要途径和方式。用人单位往往通过对众多的求职简历的筛选，从中挑选适合组织机构需要的某一工作和岗位的应聘者，从而对他们进行进一步的了解及录用。当然，从另一个角度讲，简历也是用人单位的 HR 们用以淘汰申请人的材料。因此，你应该尽力提供更多的理由让你的简历进入到"面试通知"的文件夹而不是所谓的"人才储备箱"里。

2）求职简历的类型

（1）直叙式简历。

这是最常见、最直接的简历形式，我们常常会在填写个人档案时应用。制作这种简历时只要将你的基本情况和近年来的主要经历按时间顺序分类列出即可。这种简历清晰简洁、便于阅读，但容易出现不能突出个人特点、千篇一律的现象。

（2）功能型简历。

这种简历一般淡化时间顺序，主要强调求职者的能力和特长，求职者可以在简历中将自己的能力和专长加以重点说明。制作这种类型的简历时应注意将求职者拥有的能力、素质特征与招聘岗位的职业能力要求相对应，否则可能会起到适得其反的结果。

（3）业绩型简历。

这类简历主要以展示成绩为主，这里所谓的成绩，对于有工作经验的求职者可以是求职者在以往的工作（特别是同类型的工作）中取得过的工作业绩。对没有什么工作经历的大学生，如果在校期间成绩优秀，学习、社团活动、社会实践中获得过较多的奖励，也可以将自己在学业中获得的成绩加以重点展示。但应注意简历中的奖励应该是绝对真实的，我们可以将这些获奖相关证书的复印件等加在后面的附件里。

（4）专业型简历。

这类简历强调的是求职者的专业技术技能，这类简历适合专业性、技术性较强的工作岗位的申请。

（5）创意型简历。

这类简历力求展示求职者与众不同的个性和标新立异，其目的是表现求职者独到的思维方式、想象力和创造力。这类简历较适合如广告策划、美术设计等对任职者创造性要求较高的工作，同时简历作者应确实具有较高的创造力，谨防弄巧成拙。

思考：你认为以上的哪一种简历会更适合你呢？你是否可以综合几种简历类型形成适合你的简历类型呢？

3）求职简历的主要内容

简历是介绍个人身份、学业、经历和能力、性格特征等的书面材料，其主要内容围绕这些介绍展开。

（1）基本情况：姓名，性别，出生日期，家庭或通信地址，政治面貌，身体状况，联系方式等。

（2）教育背景：主要有学校、专业、主要课程，所参加的各种专业知识和技能培训以及资格证书等。对于缺乏工作经验的应届毕业生，可以将受教育程度放在简历的开头处。需要注意的是：用人单位选择的是求职者的专业知识与技能，而并不是阅读你所修课程的清单。因此，在教育背景中主要写明与任职要求相关的课程，这样才能较好地突出重点。

（3）求职资历。求职资历主要包括：求职者拥有的工作、实践经历、荣誉与成就、技术技能等。

① 工作、实践经历。

尽可能地将有意义的社会活动、校内外实习、打工经历列出且最好将工作成绩总结出来，以弥补大学生缺乏工作经验的不足。此外，身为一名大学生，是否在校期间定期参与过一些社会公益活动（如青年志愿者、无偿献血等），也能从侧面向用人单位反映出求职者的个人思想品质和素质，将有助于树立其在用人单位心目中的总体形象。如果你在实习实践中表现非常优秀，可以请实习或实践所在单位为你出具一份加盖单位公章的评价鉴定，附于求职材料中。

② 荣誉与成就。

如果在校期间曾获得奖学金、论文奖、三好学生、优秀团员、优秀学生干部等荣誉，或成功主持、举办过某些活动等，则尽可能地把这些成就写在"荣誉与成就"一栏里，并最好在附件中提供相应的获奖证书。

③ 技术技能。

将自己所掌握的工作技能清楚地在简历中列出。但应注意所列出的技能一定要与自己所应聘的岗位相符合，最突出的技能应该是最接近岗位要求的，而不应是求职者自认为最拿手的。你可以在求职材料的附件部分提供你获得的相关职业技能证书来说明你拥有的技能水平。

④ 其他：个人性格、特长及爱好、其他技能。

（4）制作求职简历的注意事项。

① 目标明确。

求职是大学生职业生涯目标实现的具体行动，那么求职简历制作也应针对较为明确的职业目标进行。一位知名企业的招聘经理曾表示：一份简历应该只适合一类甚至只适合一家单位，将同样的简历投给不同的单位，将无法让用人单位感到你的重视和尊重，也无法让用人单位感到你是最适合的人选。另外，不同的职业岗位类型对能力素质的要求是不尽相同的。因此，最好应针对不同的单位或不同的岗位制作不同的简历。这样做，你的简历才会让招聘者眼前一亮。

② 内容真实。

每个求职者都希望给用人单位留下最好的印象。有些求职者没有好的成绩，或是不符合用人单位的要求，但是他又不想因此而丧失找到工作的机会，于是在简历中出现遮遮掩掩或夸大其词的现象，甚至篡改成绩或是编造实习经验来骗取用人单位的信任。实际上任何一个稍有经验的招聘人员只要仔细阅读分析，鉴别履历的真实性并不难，更何况欺骗即便成功也只能是暂时的。即便侥幸通过了面试进入单位，哪怕只是在短短的试用期，问题也会迅速地暴露出来：简历上称自己吃苦耐劳、认真努力，实际工作表现却是好逸恶劳、偷奸要滑；真实的工作能力和学习成绩不相符合；简历上描述的具有相当的实际工作经验，面对同样的工作却一片茫然；获奖证书与实际水平不吻合。另外，过分渲染、天花乱坠的描述不但不能给你加分，反而会引起招聘者的反感。所以与其费尽心机，不如老老实实，只要有真才实学，总会有属于自己的机会。请记住，只有做个诚实的人，才会得到用人单位的信赖。

③ 语言精练准确。

经常有求职者觉得简历越长越好，以为这样才能表明自己认真的态度、引起注意。其实适得其反，招聘人员每天要面对大量的求职履历，工作非常忙，一般会通过第一次浏览进行初选，如果简历写得太长就会淡化阅读者对主要内容的印象。冗长啰唆的简历不但让人觉得你在浪费他的时间,还能得出求职者做事不干练的结论。言简意赅,流畅简练,令人一目了然的简历,在哪里都是最受欢迎的,也是对求职者的工作能力最直接的反映。

简历中应避免使用拗口的语句和生僻的字词,更不要有病句、错别字。应注意用词准确、规范,大多数情况下,作为实用型文体,句式以简明的短句为好,文风要平实、沉稳、严肃,以叙述、说明为主,有的人写简历喜欢使用许多修饰语,试图通过引经据典、抒情议论来展示自己的文学功底,这通常是不可取的。当然,简历中更忌讳使用网络聊天式语言或配以动漫卡通的插图,有的结尾还忘不了加上一句"我热切期待着能在贵公司大展宏图,共创辉煌未来!"之类的口号。这样的简历,多数情况下只能让人一笑置之。

④ 版面简洁美观。

一份好的履历,除了以上对内容方面的要求之外,版面设计也是一个非常重要的因素,是真正的"第一印象"。版面设计要条理清楚,标识明显,段落不要过长,字体大小适中,排版端庄美观,疏密得当。既不要为了节省纸张,密集而局促,令阅读者感到吃力,也不要出现某一页纸只有上面几行字,留下大片的空白。还要注意版面不要太花哨,一些求职者为了表示自己对简历的重视,通过视觉上的与众不同吸引招聘人员注意,把简历设计得如时尚杂志般华丽,这样反而可能会让招聘者误认为你是华而不实的人,从而失去机会。

¤ 制作求职简历训练

¤ 训练目的

通过训练可以使学生学会根据自身及职业岗位特点选择适合的简历类型,合理选择和安排简历内容,明确简历制作注意事项,从而提高简历制作技巧。

¤ 训练内容

假设你现在已经是一名面临毕业的大学生,为自己设计制作一份求职简历。

提示:这个时候"编"简历,你或许会感觉有些困难,因为你的简历中很多假设的内容实际上都是空白的,比如兼职、实习、奖励等,这会让你发现在毕业时是无法"编"简历的,而只能用自己的行动来"写",自己空白什么就证明自己缺什么,就必须用自己的行动把空白的地方"填上"。

4. 撰写求职信

求职信是沟通求职者和用人单位之间的桥梁。与求职简历相比,求职信带有相当的公关要素与公关特色。同样是自我推荐材料,求职简历属于较为客观的自我介绍,而求职信则更倾向于自我表白和请求。好的求职信可以吸引招聘人员的目光,令招聘人员耳目一新,对你留下深刻的印象,从而拉近求职者与人事主管(负责人)之间的距离,使求职者获得更多的面试机会。求职信属于书信范畴,其格式与普通信函基本相同,主要有称谓、正文、结尾、署名、成文时间几部分。

1)称谓

称谓是指对受信者的称呼,顶格写在第一行。求职信不同于一般私人书信,收信人大多未曾见过面,所以称谓要恰当,郑重其事。大部分求职信的称谓都无法或不太适宜直接写出收信人的姓名,这时用诸如尊敬的领导、尊敬的董事长先生等概括性的称谓比较恰当。

2）正文

正文要另起一行，空两格开始写求职信的内容。正文内容较多，要分段写。

第一，简要介绍求职者的自然情况（如姓名、年龄、性别、毕业学校、专业等），招聘信息来源，表明求职的心愿。这段是正文的开端，也是求职的开始，介绍有关情况要简明扼要，对所求的职务、态度要明朗。为了吸引收信人有兴趣将你的信读下去，也可以将你具有的且对今后从事这个岗位有重要作用的性格、能力、特长等做一个重点扼要的介绍，或用精要准确的语言表达你渴望成为该组织一员的最根本的原因（如：你对组织企业文化的高度认同感、组织最吸引你的特点与成就等）。

第二，写对所谋求的职位的看法以及对自己的能力作出客观的评价，这是求职的关键。要着重介绍自己应聘的有利条件，为了不与简历重复，求职信中主要特别突出自己能力素质中的"闪光点"。写这段内容，语言要中肯，恰到好处；态度要谦虚诚恳，不卑不亢。达到见字如见其人的效果。要给受信者留下深刻印象，进而相信求职者有能力胜任此项工作。这段文字要有说服力。

第三，提出希望和要求，向收信人提出希望和要求，如："希望您能为我安排一个与您见面的机会"或"盼望您的答复"或"敬候佳音"之类的语言。这段属于信的内容的收尾阶段，要适可而止，不要啰唆，不要苛求对方。

3）结尾

另起一行，空两格，写表示敬祝的话，如"此致"之类的词，然后换行顶格写"敬礼"或祝"工作顺利""事业发达"相应的词语。这两行均不点标点符号，不必过多寒暄，以免画蛇添足。

4）署名和日期

写信人的姓名和成文日期写在信的右下方。姓名写在上面，成文日期写在姓名下面。姓名前可加"求职人"等，但不宜加任何谦称限定语，以免有阿谀之感，或让对方轻看你的能力。成文日期要年、月、日俱全。

求职信虽然表面上是求职者以私人的身份对公（用人单位）发出的公函式信件，但实际上其阅读者是负责招聘的人，具有人与人之间沟通交流的特点。因此与求职简历相比，文中的语言可以带有适当的情感色彩，也可以恰当地应用一些文学性修辞。但篇幅仍不宜过长，一般控制在一页内（或字数为 200～500 字）即可。求职信通常建议使用电脑打印的文稿，如果你的字写得不错，写一封工整漂亮的手书求职信，效果会更好。

5）撰写求职信

¤ 训练目的

通过训练可以使学生进一步掌握求职信写作要领和技巧，提高求职信写作能力。

¤ 训练内容

选一家你心仪的企业，结合自己的职业目标写一封求职信。

6.4.3 训练小结

一份具有权威性和影响力的推荐材料；一封具有感染力的求职信；配以简明清新的个人简历及极富说服力的各类证件、证书等附件，形成你出击理想职业的"组合拳"，相信可以为你实现职业理想助力。

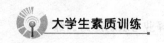

6.5 应聘面试训练

6.5.1 训练目标

1. 知识目标

了解用人单位面试的类型、内容及程序;了解求职者面试前准备的主要内容;掌握求职者面试礼仪、应答技巧及注意事项等相关知识。

2. 能力目标

能为面试做好充分的准备;体验面试现场,能够进行自我介绍;练习掌握面试中的基本礼仪;能应对面试中的主要提问。

3. 素质目标

通过训练培养当代大学生文明得体的行为举止,以及在个人形象修饰方面健康、阳光的审美意识;培养学生沉着、机智应对压力环境的良好心理素质;提升个人气质和魅力。

6.5.2 训练内容

1. 用人单位面试的类型内容及程序

1)面试的内容

面试能帮助用人单位通过观察和交流,对求职者多方面的素质进行有效的测评,面试主要有以下内容。

(1)仪表风度。

仪表风度就是指应试者的外表、举止、精神状态等。经调查发现,用人单位的招聘人员普遍认为仪表端庄、衣着整洁、举止文明得体、稳重练达的人,一般做事有规律、注意自我约束、责任心强。

(2)口头表达能力。

面试中应试者是否能够将自己的思想、观点、意见等顺畅地用语言表达出来,表达时语言是否清晰、明确、简洁、有感染力并富有逻辑性。

(3)应试者的交往能力和性格特征。

在面试中,通过询问应试者经常参与哪些社团活动、喜欢同哪种类型的人打交道,在各种社交场合所扮演的角色,可以了解应试者的人际交往倾向和与人相处的技巧。并通过求职者面试时的行为表现判断其主要性格特征(是否内向或外向)等。

(4)专业知识及工作实践经验。

面试时用人单位可能会根据求职者的主要专业课程提问,以了解面试者掌握专业知识的深度和广度。另外还会通过提问查询求职者个人简历中列出关于工作经历的背景情况,以补充、证实其所具有的实践经验。通过对工作经历与实践经验的了解,还可以考察应聘者的主动性、责任感等。

(5) 应变能力与自我控制能力。

应试者的应变能力主要是看应试者对主考官所提问题的理解是否准确贴切，回答的迅速性、准确性，对于突发问题的反应是否机智敏捷、回答快速恰当。对于意外事情的处理是否当机立断、得当等。另一方面，招聘人员常常在面试中刁难求职者以考察其自我控制能力和情绪稳定性。

(6) 求职动机与工作态度。

了解应试者为何希望来本单位工作，对哪类工作最感兴趣，在工作中追求什么，判断本单位所能提供的职位或工作条件等能否满足其工作要求和期望，并可能会设置一些工作状况让求职者提出处理办法，从中考察求职者的工作态度。此外，面试时主考官还可能与应试者讨论有关工薪、福利等应试者关心的问题，以及回答应试者可能要问到的其他一些问题等。

2) 面试的类型

通常针对大学毕业生的面试主要有以下几种形式。

(1) 单独面试。

所谓单独面试，指主考官个别地与应试者单独面谈。这是最普遍最基本的一种面试方式。单独面试的优点是能提供一个面对面的机会，让面试双方较为深入地交流。单独面试又有两种类型。一是只有一个主考官负责整个面试过程，这种面试大多在较小规模的单位录用较低职位人员时采用；二是由多位主考官参加整个面试过程，但每次均只与一位应试者交谈，大多用人单位会采用这种方式进行面试。

(2) 非结构化面试。

在非结构化面试里，面试的组织及过程相对随意。主考官事前无须对面试过程，面试中要提出的问题、面试的评分办法等做统一、系统的设计。招聘人员结合求职者提供的个人简历，在招聘常见题型中抽几个问题提问，并根据求职者回答的整体情况择优录取。在大学校园招聘会上通常采用这种形式。

(3) 结构化面试。

正规的面试一般都为结构化面试。所谓结构化，是指无论是整个面试程序、面试试题还是面试的评价标准都是事前设计策划并按一定的结构顺序实施的。即在面试过程中，主考官要考察应试者哪些方面的素质，围绕这些考察角度主要提哪些问题，在什么时候提出，怎样提，从哪些角度来评判应试者的面试表现，等级如何区分等，在面试前都会有相应规定，并要求考官按统一标准和尺度测评应聘者。

(4) 情境面试。

情境面试是一种突破了一问一答常规模式的新型面试方法，引入了无领导小组讨论、公文处理、角色扮演、演讲、答辩、案例分析等人员甄选中的情境模拟方法。面试的具体方法灵活多样，面试的模拟性、逼真性强，应试者的才华能得到更充分、更全面的展现，主考官对应试者的素质也能作出更全面、更深入、更准确的评价。

3) 面试的程序

我们以较为标准正规的结构化面试为例说明面试的一般过程，如图6-3所示。

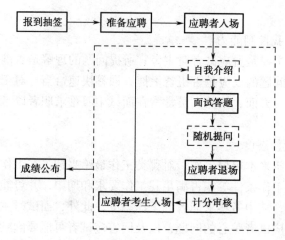

图 6-3 结构化面试程序示意图

2. 求职者面试前准备

1）心理准备

良好的心理状态为面试成功提供保障。面试不仅测试一个人的知识和能力,也测试一个人的心理素质。因此面试前一定要做好心理准备,自信心和耐挫力是最终走向成功的必备条件。

2）相关信息的准备

相关信息主要是指公司的相关背景和应聘职位的相关情况。正所谓"知己知彼",了解越全面、深入,面试的针对性就越强,面试的成功率就越高。

3）形象准备

面试前形象准备主要包括仪表和服饰两部分。

（1）仪表。

面试时的仪表要做到以下几点。

① 头发要干净、自然。对男同学来说,既不可过于时尚,也不可烫发染发,头发更不能太长。对于女同学来说,披肩发不可放任自流,应稍微束一下,也可以专门做一下发型,但应大众化,符合学生身份。

② 化妆。对女同学来讲,化妆是必不可少的,但应该以大方自然的淡妆为宜。男生虽不必化妆,但必须刮净胡须,修剪鼻毛。总之,无论男生女生,面部要整洁清爽,让人感觉自然舒服。

（2）服饰。

① 服装。着装是影响招聘人员第一印象的重要因素之一,大方得体的着装使面试一开始就让面试人对你形成一个先入为主的良好印象。面试是正式场合,应当穿着符合这一场合气氛的服装。除了一些艺术类工作外,用人单位主试人员往往对传统的价值观念认同较多。他们通常不愿录用非主流、反传统、过于张扬或幼稚的人。因此,为保险起见,毕业生应穿着式样较正统、符合大众潮流的服装。

就着装式样而言,建议男生可以在西装、衬衣、样式大方简洁的夹克衫等穿着起来显得较为精明干练的服装类型中选择，女生选择范围较大，建议首选适合学生身份和年龄阶段的正装套裙、套装等。衣服不可脏污和皱褶，不可装可爱或太花哨，不要过于性感或裸露。

服装色彩可以根据季节不同进行选择。冬季服装，应选择暖色，如红、黄、橙等颜色，这可调和天寒地冻的单一色调；而夏季则宜选择冷色系，如青、绿、白、灰、紫等颜色，这可以调节夏日炎热气候带来的烦闷感。

另外，我们还可以通过服装掩盖自己性格的缺陷，性格过于外向、不够成熟的同学可以着颜色较深的西装、职业装，给人以沉着、稳重、大方的感觉；性格过于内向的同学可以穿休闲服，色彩也可以艳丽一点，这样给人活泼可爱的感觉。在服装样式及色彩方面，应注意保持大学生特有的气质，让主考人员感觉出你的学生气息，这一特点也许会成为你最大的优势。

② 鞋袜。面试时最好穿不露趾的鞋子，任何式样的拖鞋都是不可取的。皮鞋要擦亮，休闲鞋要擦净，不沾有污物。如果着裤装，鞋内要配搭色彩协调的短袜，如果女生着裙装应配以接近肤色的丝袜，最好不要赤足。整洁的鞋袜可以说明你是一个不忽视细节的人，也可以从侧面说明你对待事物细致认真的态度。

③ 饰物。女生可根据服饰配合一条雅致的项链，至于戒指、手链、耳环等饰品无论男女生都最好不要佩戴，即使戴也只能取其中一两件。

总之，学生面试的服饰要求穿着大方、整洁朴素，体现学生气息，选择的服装能够适应所应聘的职业岗位的职业要求，能巧妙地掩盖个性的弱点，起到平衡与协调作用，避免反感，赢得认同。

3. 求职者面试现场礼仪及注意事项

求职者在面试现场所有的行为举止都有可能影响你在招聘人员心中的印象，影响你的面试结果。因此现在以应聘者在招聘现场经历的程序为线索，谈谈求职者面试现场礼仪及注意事项。

1）签到候考

遵守时间，应聘者应比规定时间提前10分钟左右报到，而后便在指定的地点准备候考。其间不可到附近乱转闲逛，不要大声喧哗，更不可嬉笑打闹，应做到行为文明、举止得当。

2）入场

应聘者在进入考场时，应尽量克服紧张情绪，表情应淡定自若、不卑不亢，不要缩头探脑，更不要做吐舌等怪相。进门时若有工作人员引导，应向引导人简短致谢；若需要自行开门进入，开门前应轻敲门，进入后应转身关门，关门动作也应轻稳。进门后眼睛应关注考场内的主考官，不要东张西望。入场后主考官一般会自动打招呼核实入场者身份，并示意应聘者入座。如果主考官还在低头忙于资料整理等，应在一旁静候。

3）入座

应聘者得到主考官的示意后方可入座，入座时最好不要挪动椅子，坐姿应端正自然。

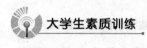

坐姿礼仪常识

正确而优雅的坐姿是一种文明行为，它既能体现一个人的形态美，又能体现行为美。准确、得体的坐姿应主要注意以下几点。

（1）入座要轻而稳，女士着裙装要先轻拢裙摆，而后入座。
（2）至少坐满椅子的2/3，如果交流时间不长，最好不要倚靠椅背。
（3）双肩平正放松，两臂自然弯曲放在膝上。
（4）立腰、挺胸、上体自然挺直。
（5）男生双腿正放，两腿可双膝自然并拢或微微张开，女生则必须双膝靠拢，正或侧放。

坐姿应端正自然，同时又不过于拘谨。

4）答题交流

答题交流是面试过程中最重要的部分，在这个过程中，主考官主要通过视觉、听觉接收在交流过程中考生"传递"的信息，以评价应聘者。因此，应聘者应注意在视觉和听觉两方面向主考官传递良好的信息。

（1）传递良好的视觉信息。

① 姿态。努力保持端庄自然的正确坐姿，双手放在桌面上。如交流过程时间较长，可以自然地改变一下身体的朝向，或轻轻靠在椅背上，但动作幅度不宜过大，更不能在座位上搓来蹭去、晃动身体。交流过程中，手无须保持一个姿势不动，这样会显得拘谨呆板，你可以通过微微的调整改变一下手的支力点，叙述时还可以配合小幅、适当的手势。但一定要注意手上不能有摆弄手指、抠、挠等表现紧张或不雅的小动作。脚也不要随意或不经意地抖动、摆动，更不要跷二郎腿。

② 神态。表情应该自然大方，不卑不亢。紧张是应试时正常的心理反应，但最好不要把它写在脸上，因为就算是主考官能够体谅紧张的心情，也不会因此给你的表现加分，若再与神态自若、阳光自信、胸有成竹的同学相比你的劣势就更加显现了。

一个优秀的谈话者，首先是优秀的聆听者，面试时一定要认真倾听主考官的提问和意见。因为集中精力认真地聆听不仅可以从中获得答题所需要的信息，也可以缓解紧张心理，神态自然会显得专注而诚恳，主考官也会从中感受到你的努力和对他的尊重。

"眼睛是心灵的窗口"，答题交流中眼神是非常重要的，交流时应聘者的目光一般可集中于主考官的额或眼下面，这样既会让对方感觉到你的关注，同时也不会因为被"盯"产生压迫感。面试时要与对方有目光交流，如果你在与对方交流时东张西望、左顾右盼，或在与对方对视时目光躲躲闪闪、游移不定，不仅是缺乏自信的表现，也显得很不礼貌。

（2）传递良好的听觉信息。

① 语言表达。克服自己日常说话声音太小（或太大）、语速太快（或太慢）的缺陷；发音应清晰明亮；准确流利的普通话会让你加分；注意自己的口头禅和方言表达词句。

② 语言内容。人们常说"语言是思想的体现"，招聘人员通过认真倾听应聘者答题交流时的语言内容来判断评价应聘者的思想、认识、态度、观念、知识、能力、素质等内在品质，这是面试最重要的内容和目的。求职者要在面试交流的过程中，无论是要通过语言表达

还是外在形象表现其个人优良的内在品质，一定要在平时日常学习和工作中不断修炼内功，正所谓"台上一分钟，台下十年功"。当然，我们还是可以通过一些应答技巧的学习和训练来给自己的面试锦上添花。

（3）展现自己真实的一面。

面试官希望挖掘到你真实的一面才能决定你是否适合从事该项工作。过多修饰、过于华美的语言，以及过于圆滑都不是面试官希望看到的。一个过于圆滑的人不论在单位还是在社会上都不是一个好的合作对象。

（4）谦虚大方。

不论在学校里多么优秀，若表现得过于自信自大，夸夸其谈，就会让人有华而不实的感觉，用人单位是难以接受这样的人的。

（5）结束致谢

微笑、起立、致谢。虽然这个环节看似简单，但却是不可或缺的环节。每个动作都应表现得真诚，不可匆忙草率。

（6）退场

退场时与进场时一样，要注意与工作人员的简短交流，出门动作仍要轻稳。退到场外后，仍需注意举止得体文明，可按要求，安静等候或离开招聘现场，不要因等人等原因在指定离开的区域逗留，更不要因情绪兴奋或心情不佳与在场任何人因任何原因发生冲突。

5. 求职者面试应答技巧

¤ 测试目的：

帮助面试者掌握一些面试技巧，有利于面试的成功。

¤ 测试题

下面是一些招聘面试时常问的问题，请在问题答案选项里将你认为最正确的一项打勾（"√"），然后对照题后的评价，测试一下自己的面试应答技巧。

（1）请简要进行一下自我介绍，好吗？

答案：A. 针对所聘职位要求，重点突出、简要介绍自己；B. 过于炫耀自己的学历、能力或业绩；C. 欠准备，不全面或重点不突出，缺乏针对性；D. 过分谦虚，甚至自我贬低；E. 如果时间允许，我想详细介绍一下。

（2）你为何应聘我单位？

答案：A. 贵单位在某一方面存在问题，我愿意帮助解决；B. 我还没有认真思考过，请问下一个问题好吗？C. 贵单位收入较高，或本人性格内向，贵单位工作相对稳定；D. 从该职位的社会功能，本人的专业特长，特别是对该项工作的兴趣和热情方面回答；E. 因为看到了贵单位的招聘启事，而且，贵单位离我家很近或专业比较对口等。

（3）你对我单位有何了解？

答案：A. 我做过一些调查，较详细地了解了贵单位的发展战略、奋斗目标、工作成就及工作作风等，例如……；B. 没有多少了解，但我相信工作一段时间后会加强认识；C. 我了解到贵单位工作条件和效益都很好，自己来了以后可以充分发挥特长；D. 有一些了解，但不全面，例如贵单位的主要产品是……，贵单位的广告是……；E. 贵单位有住房，还有出国进修的机会，有利于实现自己的远大理想。

（4）欢迎你应聘会计职位，你有何优点和特长吗？

答案：A. 本人的优点是好静、稳重、办事认真，特长是计算机操作能力较强；B. 我是会计专业毕业生，专业学习成绩较好；C. 我的特长是英语口语较好，优点是热情开朗，喜欢和人打交道，喜欢旅游和运动；D. 特长谈不上，优点是心直口快，待人热情；E 我比较注重专业能力的培养和提高，无论在学习期间还是在日常工作中都不断钻研业务。

（5）你认为当人民教师，哪些素质最重要？

答案：A. 首先要有爱岗敬业精神，热爱学生，热爱学科；B. 专业水平高，具有甘当人梯、甘当蜡烛的精神；C. 表达能力十分重要，我曾经多次在大学生演讲比赛和大学生辩论赛中获奖；D. 科研和创新能力最重要，只有刻苦钻研业务、不断创新、努力提高自身素质，才能全面实施素质教育；E. 最重要的素质是德智体全面发展，思想品德高尚、专业能力强、身体心理都很健康才能当好人民教师。

（6）你有何缺点和不足？

答案：A. 我的适应性较差，不善于处理人际关系；B. 我的缺点很多，如对自己要求不太严格，纪律性较差，等等；C. 缺乏实践经验，而且在知识结构上还需要进一步充实完善；D. 我的性格外向，办事急于求成，有时忽略细节；或我的性格内向，办事过于求稳，有时效率不高；E. 我觉得我很适应这项工作，如果有缺点和不足，希望您能提醒一下好吗？

（7）如果我单位录用你，你打算怎样开展工作？

答案：A. 希望录用以后再详细谈，好吗？B. 还没有考虑，希望给一段时间认真考虑一下；C. 服从分配，努力工作；D. 贵单位有很多优势，但也存在一些不足，我对此加以改进；E. 有准备地说明做好某些工作的初步打算或详细计划。

（8）你来我单位求职最担心的是什么？

答案：A. 没有什么可担心的；B. 主要担心你们不录用我，别的没有什么了；C. 来之前担心能否被录用，现在担心能否有学习进修的机会，或能否解决住房问题；D. 来之前担心能否被录用，现在担心能否干好这份工作；E. 我有自信做好这份工作，如果说担心的话，那就是能否在今后的工作中充分施展自己的才能，为企业创造更大的效益。

（9）如果我单位录用你，你有何要求？

答案：A. 没有什么要求；B. 我家在外地，希望解决住处；C. 我还没有考虑好，不过要求婚后解决住房问题，工资和福利待遇较为合理；D. 自己目前没有家庭负担，如果谈要求的话，希望给予更多的任务，在工作中不断提高自己的实际能力；E. 希望有较好的工作条件，以便发挥自己的专业特长。

（10）如果公司录用你，你希望月薪多少？

答案：A. 我是某某专业毕业生，因此每月工资应在 3 000 元以上；B. 公司无论开多少工资，我都能接受；C. 希望公司按国家有关规定或公司的惯例发工资；D. 至少不能低于 500 元；E. 具体工资多少我不在意，只是希望公司以后能按工作成绩和工作效率合理发放工资。

（11）你刚才参观了其他人的面试，请你简要评价一下前几位考生的表现，好吗？

答案：A. 刚才我只考虑自己的问题了，没有认真注意别人的表现；B. 我个人认为第一位考生回答得不太好，第二位还凑合，第三位有些夸夸其谈，不切实际……；C. 他们的表现非常出色，例如……；D. 我认为他们有很多长处值得我学习。例如第一位的材料准备的充分,第二位机智灵活,第三位……但我认为干好这项工作更重要的是自信和热诚;E. 每个人都有长处和不足,我也不例外。

(12) 如果你的工作出现失误,给本公司造成经济损失,你认为该怎么办?

答案:A. 如果是我的责任,我甘愿受罚,咎由自取;B. 我本意是为公司努力工作,如果造成经济损失,我无能力负责,希望公司帮助解决;C. 我办事一向谨慎、认真,我想不会出现失误吧;D. 我想首先的问题是分清责任,各负其责;E. 我认为首要的问题是想方设法弥补或挽回经济损失,其次才是责任问题。

(13) 在此之前你去过什么单位求职,结果如何?

答案:A. 这是我第一次求职,结果还不知道;B. 来此之前我报考过国家公务员和申请过留校工作,公务员录用工作还没开始,留校任教需要硕士以上学历,所以我到贵单位求职;C. 我去过两家单位求职,一家是某某公司,另一家是某某公司,都认为我不错,准备录用我;D. 我去过一些单位求职,都没有成功,原因是双向的,但主要是我不愿意去;E. 我曾在某公司实习过,担任过某职位,干得也不错,他们也想让我留下,但我觉得贵单位更能发挥我的特长,所以我没答应他们。

(14) 你所学的专业和我们招聘的广告策划人员并不对口,你是不是不太适合这项工作?

答案:A. 是这样。但我所在的学校近几年不断深化改革,为了完善学生的知识结构,开设了许多选修课,例如……;B. 此事说来话长,长话短说吧,我从小就喜欢绘画、摄影等,而且在校期间注意这方面能力的提高;C. 因为对此项工作有很浓厚的兴趣,而且注意在实践中不断提高自己,这是我画的水粉画、油画,还有我发表的一些"豆腐块"文章;D. 我知道自己的专业与应聘的职位不太相符,我就是想试一试;E. 我认为实践出真知,我有很强的自学能力,我能够边看边学。

(15) 假如你晚上要去送一个出国的同学去机场,可单位临时有事非你办不可,你怎么办?

答案:A. 向领导说明情况,送完同学后再处理公务;B. 如果有时间,提前去送同学,晚上赶回单位处理公务;C. 工作要紧,晚上我就不去机场了;D. 我的事情非常重要,希望领导谅解;E. 向领导说明情况,要求别人代办或改日再办。

¤ 应答技巧评价

(1) 评价:A 答案符合考官的提问,因为面试时间通常很紧,抓紧时间突出重点,有针对性的简要介绍非常必要;E 答案如果得到考官的同意也未尝不可,但应注意掌握时间的长度;B、C 答案缺乏对自我的辩证认识,往往得不到考官的认同;D 答案表现为求职者可能缺乏诚恳、强烈的求职意愿。

(2) 评价:这是很多单位想问的一个问题,应聘者应认真做好准备。D 的回答容易得到考官的认同,因为你既有专业特长,又有工作兴趣和热情;A 的回答好像一副"救世主"的样子;B 回避问题不可取;C、E 的回答仅仅是收入高,或工作稳定,或离家近,或专业对口等,理由不够充分,缺乏对应聘职位的兴趣和热情。

(3) 评价:这个问题的实质是考察你求职是否有诚意。A 答案间接地表现为对所聘职位的渴求,给人"未进某某门,便是某某人"的感觉,容易引起考官的关注和好感;C、E 答案容易给人"单向索取"的不良印象,但不排除确有真才实学的人才对自我价值的肯定和实现职业理想、安心工作的意愿；D答案表现为准备不足；B答案则显得求职诚意不足。

（4）评价：A答案符合会计工作的性格要求，而且较强的计算机操作能力是会计工作的潜在实力；E答案强调自己的专业能力强，表现出从事会计工作的长远打算；A、E答案都容易引起考官的关注和好感；B答案强调自己专业对口，成绩较好，是典型的"学生腔调"，但也具有会计工作的发展潜力；C、D答案则是所答非所问，甚至与会计工作的内在要求相违背，热情开朗、心直口快可能引起用人单位的疑虑和担心。

（5）评价：上面每种答案都有所欠缺。比较而言，A、E答案更像师范科班出身，但E的回答有些空泛；B、C答案侧重某一方面，显得片面；D答案紧密联系当前教育改革的特点，很有创见，但也有失偏颇。希望应聘教师职位的求职者综合上述答案并结合自身的实际情况，进行全面的、认真的回答。

（6）评价：这是每位应聘者难以回答，而且又必须回答的问题。因为当考官问及这一问题时，一般说来对你产生了兴趣和关注，所谓"褒贬是买主"，作为应聘者则应做到"人贵有自知之明"，正确认识自己的不足，有改进的愿望和行动。C答案比较符合这一要求；D则比较客观地分析了自己，前者坦陈自己有时脾气急躁，但隐含热情高、办事效率高的优点；后者则隐含办事认真、一丝不苟的工作作风；A、B两种答案直率坦诚，但对某些职位来讲可能是致命的缺点，绝对不能录用；E答案闪烁其词，大有"外交家"的风度，但缺乏自知之明，忘记了"金无足赤，人无完人"的道理。

因此，职业指导专家提醒求职者在面试前要正确认识自己，既要认真总结优点和长处，也要客观地认识自己的缺点和不足，并提出改进的措施；还要针对职位的要求，有的放矢地回答，这就需要求职者事先的调查研究，不但要正确认识自己，还要深入了解用人单位的要求。

（7）评价：E答案表现出对某项工作的热情和追求这一职位的强烈愿望，容易得到考官的赞同，这一点来自事先的认真准备；C答案直接表达上述愿望，但明显准备不足；D答案如果事先有准备，直言不讳，有可能引起用人单位的好奇和关注，但更大的可能是引起反感；B答案显得求职诚意不足，但也给人留下办事老成的印象；A答案则显得"自视清高，待价而沽"。

（8）评价：这是一个很婉转的问题，主要是考核求职者的自信心和工作热情。E答案比较符合要求，显得很有自信和热情；D答案有热情但缺乏自信；C答案考虑己方太多，就是没有考虑能否为单位作出应有的贡献；A答案有些自负；B答案则显得自信心不足或求职诚意不足。

（9）评价：求职择业是一种双向选择的过程，应当满足双方的客观需要。A答案显得缺乏自信，不合实际；B、E答案实事求是地提出自己的要求，无可厚非；而D答案则更容易得到用人单位的认同；C答案虽然也无可厚非，但解决婚后住房问题，有些强人所难，住房制度的改革，往往使用人单位不敢贸然允诺。

（10）评价：求职者的薪水待遇是双向选择中一个必不可少的话题。C、E答案虽然有所考虑，比较理智地回答了这一难以启齿的问题，其中E的回答更是具有挑战性，既表现了干好这一工作的自信心，也表现出维护自身权益的意识；相比之下，A、B、D则显得有些欠考虑甚至轻率。如果公司正在创业时期，总经理才拿2 000元月薪，你张口3 000元，可能把人吓一跳；假如公司兴旺发达，蒸蒸日上，你只要500元，显得有些"掉价"，缺乏自信；B 答案也是如此，如果其他人月薪都是 1 000 元以上，给你 300 元或 500 元，你能接受吗？

（11）评价：这是一道难度较大的问题，如果一味夸奖别人很出色，都比自己强，是否意味着退出竞争呢？如 C；如果贬低别人，突出自己，也会给人一种不善于处理人际关系，不能客观对待别人的感觉，如 B；A 答案不足取，等于放弃了表现自己分辨能力的机会；D、E 答案可以借鉴，其中 D 表现出谦虚的态度，同时还强调了自身的态度和优势。

（12）评价：这是一个具有挑战性的问题。A 答案坦诚接受处罚；B 答案企图逃避责任。但是如果损失重大，A 无法承担，B 也逃脱不了；C 则认为自己不会出现这种情况，是一种不切实际的回避；D 理智地提出分清责任，各负其责；E 的态度较可取，先尽力挽回损失，表现出较强的责任心。

（13）评价：这是面试比较深入后涉及的问题，用以了解求职者在人才市场中的经历。E 表示了"人往高处走"的愿望；B 则是"脚踏两只船"；C 是把自己"吊起来"卖：我很受欢迎，已经有两家单位准备要我，你们想要不想要？这是一个不明智、甚至愚蠢的做法，极易引起用人单位的反感；D 说出自己在人才市场的境遇，可能工作更安心些，但表示"自己不愿去"有些画蛇添足。

（14）评价：A、B 从知识结构和实际能力方面强调自身的实力，有一定的说服力；C 用精心准备的"实物"来展示自己的能力，可谓用心良苦；D、E 的回答相比之下缺乏说服力。

（15）评价：这实际上是让你在情谊（或亲情等）和工作之间做出选择。而这个问题的答案，同样具有非同一性的特点，也就是说，你如果回答只以工作为重，则可能会被认为缺乏生活的基本情趣；可如果你回答要以情谊为重，则可能被认为是个以玩乐为主的人。因此，面对这类问题，最好能将情境具体化，做出几种备份方案，以供选择，而不要贸然决断成某一种。

¤ 面试能力训练

课堂训练

模拟面试：在课堂上以小组形式模拟一次面试。

¤ 训练目的

训练面试技巧，提高面试能力。

¤ 训练环节

（1）根据本节所讲面试技巧知识，设计模拟面试评分表。

（2）用抽签、小组推举、自愿争取等方式抽选一定数量的学生扮演应聘者。其余同学全部扮演招聘人员，为应聘者在面试过程中的表现打分。

（3）由老师或聘请企业人力资源部人员担任主考官，向应聘者提问。

（4）对应聘者面试前的准备及面试过程中的表现进行讨论和评价。

（5）最后由面试小组与应聘者进行一个简短的交流，指出应聘者在本次面试中表现的优点与不足。

¤ 课外训练

（1）寻找机会参加、观摩各类商品交易会等，训练、学习社交礼仪。

（2）利用节假日做一些兼职，体验其中的酸甜苦辣。

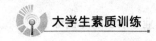

6.5.3 训练小结

面谈面试是大多用人单位通过面对面接触,评价、比较应聘者,最终决定录用与否的关键环节和手段,当然是你就业,甚至是职业发展成功的关键。因此,通过本节知识的学习和技能的训练提高你的面试技巧,希望能帮助你把好面试这一关,在激烈的职场竞争中赢得先机。

6.6 模块总结

(1) 是否按计划完成了本章的训练? 是　　否

(2) 未完成的原因是:

(3) 我的学业规划是:

(4) 我的职业规划是:

(5) 存在的问题及改进的措施:

6.7 活动与拓展

职业畅想发布会

形式:30~50人,平均分成两组。
类型:树立职业生涯规划意识。
时间:30~40分钟。
材料:音乐,班瑞拉《追梦人》。
场地:室内。
适用对象:所有参加训练的学员。
活动目的
引导学员初步思考自己的职业生涯,树立职业生涯的规划意识。
操作程序

第一阶段

(1) 培训师先播放音乐,让大家在音乐声中畅想未来。

音乐响起,请闭上眼睛,你看到 20 年后的自己了吗?会是什么样子?穿着什么衣服,正在做什么事情?你身边会有哪些朋友?

(2) 你的理想和现实能契合吗?怎样做才能实现理想生活?

第二阶段

(1) 当完成第一阶段后,同一小组的成员收集好你畅想的内容,还要集思广益,设想记者团可能提出的问题。

(2) 每组选出一位新闻发言人,阐述某个组员的畅想内容,另一组充当记者团,用 5 分钟采访,如何实现职业梦想。

有关讨论

(1) 要完成梦想,我们不仅要知道自己的梦想是什么,还要弄清楚怎么去做。讨论:如何细化目标。

(2) 从理想与现实的联系出发,我们应该结合自己的现实状况做出定位的思考。考虑的不仅仅是我们的个人条件,还有家族资源、社会环境、时代背景、受教育情况等各个方面。

(3) 通过这次发布会,大家收获了哪些建议?对自己有什么帮助?

模块 7

社交礼仪训练

导 读

礼仪是人们步入文明社会的"通行证"。人类自诞生那天起,便开始了对文明与美的追求。礼仪体现了人类社会不断摆脱愚昧、野蛮、落后,不仅是整个社会进化的标志,也是一个国家或民族进步、开化与兴旺的标志。我国作为东方文明古国和东方文化的发源地,素有"礼仪之邦"的美誉。数千年对文明的不懈追求,形成了丰富多彩的东方文化和礼仪。

今天,随着社会生产力的不断发展、物质生活条件的逐步改善、社会文明程度的日益提高,人们对礼仪倍加推崇。讲文明、懂礼貌、尊重他人、服务社会已成为人们的共识。无论是人与人之间,还是国与国之间的交往,都离不开对礼仪规范的遵守。现代人越来越注重文明修养,讲究礼仪,几乎每个人都成了礼仪的载体、文明的化身。

训练要求
(1) 了解礼仪的基本概念、特征、原则;
(2) 掌握日常个人礼仪规范和要求;
(3) 掌握社交礼仪基本规范和要求;
(4) 掌握工作场所礼仪基本规范和要求;
(5) 切实运用礼仪规范、展现礼仪风采、加强文明修养。

训练内容
☆ 礼仪认知训练
☆ 日常行为礼仪训练
☆ 社交场所礼仪训练
☆ 工作场所礼仪训练

> **点击关键词**
>
> 不学礼，无以立。——孔子
> 人无礼则不生，事无礼则不成，国家无礼则不宁。——荀子
> 人有礼则安，无礼则危。——《礼记》
> 国尚礼则国昌，家尚礼则家大，身有礼则身修，心有礼则心泰。——（清）颜元
> 礼貌使有礼貌的人喜悦，也使那些受人以礼貌相待的人们喜悦。——（法）孟德斯鸠

7.1 礼仪认知训练

7.1.1 训练目标

1. 知识目标

了解礼仪的基本概念、特征、原则。

2. 能力目标

能够根据礼仪的基本特征和原则指导自己的言行举止。

3. 素质目标

通过本次训练，具有展现良好礼仪风范的意识。

7.1.2 训练内容

1. 礼仪的含义

礼仪是随着社会生产力的发展、人际交往的扩大、人类思维能力的提高和审美观念的变化而发展变化的。

人类区别于动物的一个显著特征是人的社会性。在社会规范中，除了道德规范、法律规范以外，就是礼仪规范了。礼仪是人的文明与教养的表现，是人类文明进步的重要标志。

在西方，"礼仪"一词源于法语的"Etiquette"，原意是法庭上的"通行证"。要求进入法庭的人必须遵守规矩和行为准则。当"Etiquette"一词进入英文后，就有了"礼仪"的含义，意思是"人际交往的通行证"。

"礼"是礼貌、礼节；"仪"是仪表、仪态、仪容、仪式。

礼仪是人们在交往中，在仪表、仪态、仪式、言谈举止等方面约定俗成的、共同遵守的规范和程序。

2. 礼仪的特性

礼仪是在人们漫长的社会实践中逐步形成、演变和发展起来的。它具有文明性、共通性、多样性和变化性等特性。

1）文明性

礼仪是人类文明的结晶，是现代文明的重要组成部分。人类从降世那天起就开始了对文明的追求，亚当夏娃用树叶遮身便是文明之举。文明的体现宗旨是尊重，既是对人也是对己的尊重，这种尊重总是同人们的生活方式有机地、自然地、和谐地和毫不勉强地融合在一起，成为人们日常生活、工作中的行为规范。

2）共通性

无论是交际礼仪还是公关礼仪，都是人们在社会交往过程中形成并得到共同认可的行为规范。我们今天生活的世界可谓千姿百态。人们尽管分散居住于五大洲、四大洋的不同角落，但是，许多礼仪都是世界通用的。例如：问候、打招呼、礼貌用语、各种庆典仪式、签字仪式等，大体上是世界通用的。虽然由于各个国家、各个地区、各个民族形成了许多特有的风俗习惯，但就礼仪本身的内涵和作用来说，仍具有共通性。正是由于礼仪具有共通性，才形成了国际交往礼仪。

3）多样性

世界是丰富多彩的，其中礼仪也是五花八门、绚烂多姿的。世界各地民俗礼仪千奇百怪，几乎没有人能说清楚世界上到底有多少种礼仪形式。从语言的表达礼仪到文字的使用礼仪，从举止礼仪到规范化礼仪，从服饰礼仪到仪表礼仪，从风俗礼仪到宗教礼仪等，在不同的国家、不同的场合，礼仪的表达方式也有所不同。

4）变化性

礼仪并不存在僵死不变的永恒模式。礼仪随着时间的推移发生了巨大的变化。可以说，每一种礼仪都有其产生、形成、演变、发展的过程。礼仪在运用时也具有灵活性。

5）规范性

礼仪，指的就是人们在交际场合待人接物时必须遵守的行为规范。这种规范性，不仅约束着人们在一切交际场合的言谈话语、行为举止，使之合乎礼仪；而且也是人们在一切交际场合必须采用的一种"通用语言"，是衡量他人、判断自己是否自律、敬人的一种尺度。

 补充资料

修抽水马桶的小孩

一次在瑞士，龙永图与几个朋友去公园散步，上厕所时，听到隔壁的卫生间里"砰砰"地响，他有点纳闷。出来之后，一个女士很着急地问他有没有看到她的孩子，她的小孩进厕所10多分钟了，还没有出来，她又不能进去找。龙永图想起了隔壁厕所间里的响声，便进去打开厕所门，看到一个七八岁的小孩正在修抽水马桶，怎么弄都抽不出水来，急得满头大汗，这个小孩觉得他上厕所不冲水是违背规范的。

6）传承性

任何国家的礼仪都具有自己鲜明的民族特色，任何国家的当代礼仪都是在本国古代礼仪的基础上继承、发展起来的。

3. 礼仪的原则

礼仪涉及了人类社会生活的方方面面。而社会生活是千姿百态、丰富多彩的，与此相适

应的礼仪规矩也是异彩纷呈、不胜枚举的。怎样运用好礼仪，充分发挥礼仪应有的效应，创造人际关系的最佳状态呢？这就要求人们掌握礼仪的基本原理、基本要领，举一反三，运用自如。

1）诚恳原则

"诚"是人与人相处的基本态度。人际交往的礼节，自然当以诚为第一原则。古语说"诚者，事之始终。"真诚是君子最宝贵的品格，也是礼仪的本质要求。"诚"应贯彻于一件事的始终，朋友之间交往应让对方感到你所做的一切都是发自内心的、真诚的。"著诚去伪，礼之经也"，真诚才是礼仪的真谛。

2）尊重原则

"治礼，敬为大""守礼莫若敬"，这是中国的古训，也说明礼的核心就是尊敬。人的自尊与相互尊重是建立良好人际关系的基础之一。要得到别人的尊重，首先必须自尊，更要懂得尊重他人。一切礼仪的规则都是围绕着自尊和尊人这个核心而制定的。一个人只有自尊才能提高自身的修养，自尊是赢得他人尊重的前提。一个不懂自尊的人必然被人鄙视。一个人还要学会尊重他人，这是传统美德，更是礼仪的基本要求。

3）遵守原则

礼仪规范是为维护正常的社会生活秩序而形成和存在的，实际上它反映了人们的共同利益和要求。社会上每个成员都必须自觉遵守执行，如果违背了礼仪规范，便会受到社会舆论的谴责。

 补充资料

鞋子在哪里？

某省会城市一家三星级饭店的女总经理，衣着得体大方，语言热情适宜，正在宴请北京来的专家。席间，秘书突然过来说有急事，请她暂时离席去送外宾，可惜这位女经理迟迟未起身，原来双脚不堪忍受高跟鞋的束缚，出来"解放"了一会儿，突然有了情况，一时找不到"归宿"，令女经理好不难堪。

造成这种情况的原因恐怕不是不懂礼仪知识，主要还是没有养成良好的习惯。

4）自律原则

自律就是把外在的强制力的约束转化为内在的自觉的意识和行动。讲究礼貌礼节重在自律。通过礼仪教育和训练，使交往个体逐渐树立起一种内心的道德信念和行为准则，此时便获得了一种内在力量，在这种力量支配下，人们不断提高自我约束、自我克制的能力。在与他人交往的过程中，就会自觉按礼仪规范去做，而无须别人的提示或监督。要做到严于律己。严于律己就是要时时处处严格要求自己，使自己的言谈举止符合礼仪规范。

5）宽容原则

宽容的原则就是讲究与人为善，可以说是一种较高的目的，是人类一种伟大的思想。在人际交往中，宽容的思想是创造和谐人际关系的法宝，一个注重礼仪修养的人应具有宽广的心胸、坦荡的襟怀，应善解人意。礼之用，和为贵。宽容他人、理解他人、体谅他人，不要求全责备、斤斤计较，甚至咄咄逼人。总而言之，要学会换位思考，站在对方的立场上去考

虑一切，这是争取朋友的最好办法。

6）适度原则

人际交往中要注意各种情况下的社交准则，也就是要把握与特定环境相适应的人们彼此之间的感情尺度。在施礼、讲礼时要把握好"度"，要求适中，不能过分。过犹不及，会适得其反。这与穿衣戴帽一样，要求整体和谐，才显得好看顺眼；又如驾车行船，要求把握好方向，快慢适中，才能够安全到达目的地。

4. 礼仪认知训练

¤ 训练目的

通过训练，加深对礼仪的理解，认识礼仪的重要性，培养礼仪意识，增强个人文明礼仪修养。

¤ 课堂训练

收集日常生活、学习、工作中所见的缺乏礼仪和符合礼仪的言行举止表现，进行列举。也可收集相关正反两方面的图片、视频资料进行展示，谈一谈众多缺乏礼仪和符合礼仪的表现带给自己什么样的启发。

7.1.3 训练小结

从根本上讲，礼仪修养要求人们通过自身的努力，把良好的礼仪规范标准，化作个人的一种自觉自愿的能力行为。今天，强调个人礼仪修养有着极为重要的现实意义。它有助于提高个人素质，体现自身价值；有助于增进人际交往，营造和谐友善的气氛；有助于促进社会文明，加快社会发展进程。如果说礼仪的形成和培养需要靠多方的努力才能实现的话，那么礼仪修养的提高关键还在于自己。

7.2 日常行为礼仪训练

7.2.1 训练目标

1. 知识目标

掌握日常个人仪容、表情、仪态、服饰礼仪规范和要求。

2. 能力目标

能坚持用日常个人礼仪规范塑造自己的仪容仪表，要求自己的言行举止能够通过自我审视，克服不良习惯，进而展现良好的礼仪风范。

3. 素质目标

通过本次训练，具有关注自身言行举止的自觉意识，把日常个人礼仪规范内化为生活习惯，展现良好的个人精神状态和礼仪修养。

7.2.2 训练内容

个人形象是一个人的外表与内在气质的统一,形象美是一种和谐之美。个人的整体形象可用个人的仪表、仪容和仪态来衡量。

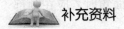 补充资料

小节的象征

一位先生要雇一个没带任何介绍信的小伙子到他的办公室做事,先生的朋友挺奇怪。先生说:"其实,他带来了不止一封介绍信。你看,他在进门前先蹭掉脚上的泥土,进门后又先脱帽,随手关上了门,这说明他很懂礼貌,做事很仔细;当看到那位残疾老人时,他立即起身让座,这表明他心地善良,知道体贴别人;那本书是我故意放在地上的,所有的应试者都不屑一顾,只有他俯身捡起,放在桌上;当我和他交谈时,我发现他衣着整洁,头发梳得整整齐齐,指甲修得干干净净,谈吐温文尔雅,思维十分敏捷。怎么,难道你不认为这些小节是极好的介绍信吗?"

由此可以看出,讲究礼仪对个人的成功是至关重要的,因为它关系到个人的形象。个人形象,是一个人仪容、表情、举止、服饰、谈吐、教养的集合,而礼仪在上述诸方面都有自己详尽的规范。因此,学习礼仪、运用礼仪,无疑将有益于人们更好地、更规范地设计个人形象,维护个人形象,更好地、更充分地展示个人的良好教养与优雅的风度。

1. 仪容礼仪

仪容,是指一个人的容貌修饰、脸部表情等方面的综合体现,是仪表的重要组成部分。包括面容、发式以及人体所有未被服饰遮掩的肌肤,如手部、颈部等。良好的仪容在生活和工作中具有重要意义,它能给人留下美好的第一印象,是人际交往的基础,是自尊自爱的体现,是尊重他人的需要,关系到组织的形象,也是自信的体现。

1)仪容卫生

要保持美好的容貌,首先要注意仪容卫生,养成良好的卫生习惯。仪容卫生主要包括以下7个方面。

(1)面容清洁。早晚要洗脸,掌握正确的洗脸方法。男子一般不留胡须,胡须要剃净,面部无异物。女子可适当化妆,但应以浅妆、淡妆为宜,不能浓妆艳抹,并避免使用气味浓烈的化妆品和香水。

(2)头发清洁。头发整洁,无异味,无头屑,发型大方、得体。要勤于洗发,一般一周1~2次。要勤于梳理,早晚梳头。男士前不附额,侧不掩耳,后不及领;女士发型整齐,前不过眉,侧不盖耳,刘海不要遮眼。不要随意披散,最好盘起。

(3)鼻腔清洁。不要随便吸鼻子,勿当众挖鼻孔,鼻毛应剪短。

(4)眼睛清洁。无分泌物。

(5)口腔清洁。牙齿洁白,口腔无味。坚持早晚刷牙,最好饭后3分钟内刷牙。保持口腔卫生清洁,无食品残留物。女士的唇彩要美观,颜色不能过于奇异且不能超出唇线之外。

(6) 手的清洁。随时清洁双手，常修剪指甲，要保持指甲的清洁，指甲缝中不能留有污垢。现在许多女士喜爱涂抹指甲油，这确实起到了保护指甲和美化指甲的双重作用。但指甲油颜色的选择要考虑与口红、服装相配套，这样会显得更和谐。透明无色的指甲油既本色又优雅，适合各种场合和各种色彩的服装，一般涉外活动不要涂有色指甲油。

(7) 颈部的美化。平时要注意保养颈部，保持皮肤的清洁，平时涂面霜时，应在颈部也薄薄地施上一层，以保护皮肤并加强颈部的运动和营养按摩。

2）仪容化妆

化妆就是通过运用丰富多样的化妆品，采取合乎规则的步骤和技巧，对面部进行恰到好处的描画，以强调和突出人所具有的自然美，减弱或掩饰容貌上的不足，从而达到美容的目的。化妆是一门综合艺术，与个人的审美能力、文化水平和艺术修养等有着密切的联系。

(1) 化妆的基本原则。

① 适度协调。化妆应该适度，不要过分夸张，应注意与时间、场合相适应，与个人的服饰、年龄、性格、职业以及周围环境相协调。

② 自然大方。日常化妆应以淡妆为宜，要朴素大方、自然典雅，不要过于浓妆艳抹，把一张本来清新秀丽的面孔变成一副假面具，惹人生厌。

③ 扬长避短。人的脸形千差万别，各有各的特点，在化妆时应注意突出和强调面部自然美的部位，掩盖容貌上的缺陷，达到美化的效果。

(2) 化妆的礼仪要求。

① 化妆的浓淡要考虑时间和场合。工作场合适宜化淡妆。否则，工作时间化太浓的妆，与周围严肃紧张的工作气氛大不相宜，会让人感觉这个人关心的不是工作。有的人喜欢使用大量浓香型的香水和香粉，这也是不合适的。参加宴会、舞会、鸡尾酒会等社交活动时，适宜化浓妆，出席正式社交场合，不化妆是不礼貌的。外出旅游或参加运动时，不要化浓妆，否则在自然光下会显得很不自然。

② 不在公共场所当众化妆或补妆。不能在公共场所化妆，在众目睽睽之下化妆是非常失礼的。如有必要化妆或修饰的话，要到洗手间去进行。工作时间不要化妆，否则易被他人当做不务正业。不要在男士面前化妆，以免引起误会。

③ 不要非议他人的化妆。由于民族、文化传统的不同，肤色的差异，以及个人审美情趣的不同，每个人的化妆不可能都是一样的。所以，切不可对他人的化妆评头论足。

④ 不要借用他人的化妆品。不论是对谁，不论是否急需，都不要去借用人家的化妆品，这不仅不卫生，也不礼貌。

⑤ 男士化妆应适当，养成每天修面剃须的习惯。男士要保持整洁大方的形象，不要油头粉面，让人讨厌。

 补充资料

化妆的基本程序

(1) 净面护肤。洗净脸上的污物，清洁皮肤后，要涂以护肤品，防止化妆品与皮肤直接接触，起到保护皮肤的作用。

(2)抹粉底。以遮盖弥补面部瑕疵,调整皮肤颜色。

(3)扑脸粉。定妆,防止化妆脱落。

(4)修饰眼睛。强调眼睛立体感。

(5)描眉。眉毛是面容修饰的重要部位。比较理想的眉形是:眉头与内眼角垂直,眉梢在鼻翼外侧至外眼角连一斜线呈45°,眉峰在距眉梢1/3长处。

(6)涂腮红。既能调整脸形,又能使面部呈现红润健康和立体感。

(7)涂口红。可以加深嘴的轮廓,使其生动润泽富有魅力。

(8)涂睫毛膏。

(9)修正补妆。

2. 表情礼仪

表情是指人的面部情态,是人的情感的外在形式,是人的心理活动有意无意地流露和表现。表情在人与人之间的沟通上占有相当重要的位置。良好的表情留给人们的印象是深刻的,它是优雅风度的重要组成部分。一位心理学家在研究了人的情感表达方式后,得出了一个公式:情感表达 = 7%的语调 + 38%的声音 + 55%的肢体语言。

表达表情的器官有传神的眼睛、有传情的眉毛、有倾诉衷肠的嘴,连面部皮肤、肌肉也有传情达意的作用。据研究,单是眉毛就能表达20多种表情。这里主要介绍眼神和微笑两个方面。

1)眼神

眼睛被人们称为心灵的窗户,人的眼睛是最富于表情的,从一个人的眼神中,往往能看到他的整个内心世界。"眉目传情"就是说人的眼睛可以无言地传递各种信息和情感。一个良好的交际形象,目光应是坦然、亲切、和蔼并诚恳的。与人交谈时,1/3~2/3的交谈时间都应注视对方,不应该目光躲闪或游移不定,同时注意注视的部位。注视的位置不同,传达的信息也有一定区别,造成的气氛也相异。不同的场合和对象,目光所及之处应有差别,如图7-1所示。

图7-1 目光注视礼仪区域

(1)公务注视。洽谈、磋商、谈判、谈生意等场合用。注视的区域应在对方双眼或双眼与额头之间。若一直注视这个区域,一种严肃的气氛便油然而生,使对方感觉到有重要的事要谈。若目光一直在对方眼部以上,就能一直保持主动。

（2）社交注视。各种社交场合使用的注视区域在对方唇心至双眼之间的三角处。

（3）亲密注视。是亲人之间、恋人之间、家庭成员之间使用的注视方式。注视的位置在对方双眼到胸之间，由此会产生亲密的气氛。

（4）侧扫视。表示兴趣或敌意。表示兴趣时轻轻一瞥，加上微微扬起的眉毛和笑容，常用来传递感兴趣的信息。但若一瞥加上皱眉和压低的嘴角，则表示疑虑、敌意或批评的态度。

明白了这些，就知道在不同情况下该怎样看人家，免得无意识的目光造成冒犯。如果想批评某人，若用社交注视，无论说得多大声，多有威胁性，都会使语言变得无力。若用亲密注视则显得不伦不类，闹得双方都尴尬。而最恰当的应是公务注视，让对方知道事情的严肃性。而在社交场合，若用公务注视，就过于严肃，难以活跃气氛。

 补充资料

日常社交中两种错误的眼神

盯视。盯视常常传递着一种不礼貌的语言。如果死死地盯视一个人，特别是盯视他的眼睛，不管有意无意，都显示着一种非礼，对方会感到不舒服，像是你在打他的什么主意。因为人们在凝视对方时，自己内心肯定会有心理活动，而对方也会有较强烈的心理反应。盯视，在某些特定场合，是作为心理战的招数使用的，在正常社交场合贸然使用，很容易造成误会，让对方有受到侮辱甚至挑衅的感觉。在我们的日常生活中经常遇到一些人的眼神令人生厌。比如，有的人看到对方的服饰或是长相比较出众，就"肆无忌惮"地盯视对方，而人的第六感官都是敏感的，只要有人在盯视他，他马上能本能地意识到，而且会马上将视线转向这个人。所以，尽管你不是恶意的，但毕竟很不礼貌。

眯视。眯视反映出的并不是太友好的语言，它除了给人有睥睨与傲视的感觉外，至少也是一种漠然的态度。另外，在西方，对异性眯起一只眼睛，并眨两下眼皮，是一种调情的动作。另外还有斜视、瞟视、瞥视等不雅眼神，在人际交往中也应避免出现。

2）微笑

在人际交往中，微笑是最富有吸引力的、最值得提倡的、最积极的面部表情。为了表示相互敬重、相互友好，保持微笑是必要的。在各种场合恰当地运用微笑，可以起到传递感情、沟通心灵、征服对方的积极心理效应。

（1）微笑要亲切自然。

微笑时不出声，适当露出牙齿，嘴角两端略微向上提起。微笑时要由眼神、眉毛、嘴巴等协调动作来完成。微笑时应目光柔和、神情友善、自然大方。微笑要恰到好处，不要生硬、做作、虚伪。亲切自然的微笑对自身而言，表示心情愉快；对他人而言，则表示尊重和友好。

（2）微笑应发自内心。

微笑体现的是内心的愉悦，是内心情感在面部的自然流露，所以，微笑一定要自然坦诚、发自内心，切不可故作笑颜假意奉承。即使是心情不好的时候，也应该注意控制自己的情绪，不要把不快挂在脸上，要做到微笑待人。只有发自内心的微笑才让人感到舒适，才符合礼仪要求。

3. 仪态礼仪

仪态指人在社交行为中的姿势、表情和风度。仪态是一种语言，是一个人精神面貌的外在体现，是人的体与形、动与静的结合。我们常说仪态是一种语言，是因为在日常生活和人际交往中，一个人的举手投足、一颦一笑之间，会自然流露出他的风度气质、礼貌修养和所要传递的信息。虽然这种语言无声，但往往比有声语言更真实、更有魅力。

国庆受阅官兵的动作之所以达到如此高度精确与和谐统一的地步，是长期艰苦锻炼的成果，我们要使自己具有文明、优雅、得体的仪态，也要经过一番训练才行。

1) 站姿

标准的站姿应该是这样的：从正面观看，全身笔直，精神饱满，两眼平视，表情自然。两肩平齐，两臂自然下垂，两脚跟并拢，两脚尖张开45°~60°，身体重心落于两腿正中；从侧面看，两眼平视，下颌微收，挺胸收腹，腰背挺直，手中指贴裤缝，整个身体庄重挺拔。

下面是几种常用站姿，如图7-2所示。

图7-2 不同的站姿

（1）肃立。身体立直，双手置于身体两侧，双腿自然并拢，脚跟靠紧，脚掌分开呈"V"字形。面部表情严肃、庄重、自然。参加升降国旗仪式或庄重严肃的场合应该用肃立站姿。

（2）直立。身体立直，右手握住左手的手指部分，自然贴在腹部，两腿并拢，脚跟靠紧，脚掌分开呈"V"字形（男女都适用，男士两脚可以略分开站立）。男士可两手背后相搭，右手搭在左手腕部，两手心向上收，贴在臀部，两腿分开，两脚平行，比肩宽略窄些。女士也可两脚尖略展开，一脚向前将脚跟靠于另一脚内侧中间位置，成丁字步，腰肌和颈肌没有拧的感觉。

体前单屈臂式。挺胸收腹，左手臂自然下垂，右臂肘关节屈，右前臂至中腹部，右手心向里，手指自然弯曲。

背垂手站姿。即一手背在后面，贴在臀部。另一手自然下垂，手指自然弯曲，中指对准裤缝，两脚可以并拢也可以分开，也可以成小丁字步。当站成丁字步时，左脚向前，将脚跟靠于右脚内侧中间位置，成左丁字步，则左手背后，右手下垂，成左背手站姿。相反站成右丁字步时，则背右手，左手下垂，成右背手站姿。这种站姿，男性多用，显得大方、自然、洒脱。

站姿的注意事项：站立时切忌东倒西歪，耸肩驼背，左摇右晃，两脚间距过大。不要挺腹、含胸、缩脖、耸肩或塌腰等，不要倚靠在墙上或椅子上。在正式场合站立时，不要将手插入裤袋或交叉在胸前，更不能下意识地做小动作，如摆弄衣角、咬手指甲等，这样做不仅显得拘谨，而且给人以缺乏自信、缺乏经验的感觉。良好的站姿应该有挺、直、高的感觉，真正像松树一样舒展、挺拔、俊秀。

2）坐姿

正确规范的坐姿要求身体要端正，不应当把上身完全倚靠着座椅的背部，坐在椅子上，只坐满椅子的2/3，宽座沙发只坐1/2。落座后至少在10分钟左右的时间内不要靠椅背。时间久了，可轻靠椅背。交谈的时候，为表示重视，不仅应面向对方，而且应同时将整个上身朝向对方。离开座椅时，身边如果有人在座，应该用语言或动作向对方先示意，随后再站起身来。在比较轻松、随意的场合，可以坐得比较舒展、自由。

正式场合一般从自己的右首边入座。从座位前方入座时，走到座位前，转身后把右脚向后撤半步，轻稳坐下，然后把右脚与左脚并齐。女性若是穿裙装，入座时应用手将裙稍稍拢一下，不要坐下来后再站起来整理衣服。

起身离座时，右脚先向后收半步，站起，向前走一步，再转身走开。最好动作轻缓，不要拖泥带水，弄响座椅，或将椅垫、椅罩弄得掉在地上。离座时也应从自己的右手侧离座。

下面是几种常见的坐姿，如图7-3所示。

图7-3 不同的坐姿

（1）"正襟危坐"式。适用于最正规的场合。要求上身和大腿、大腿和小腿，都应当形成直角，小腿垂直于地面。双膝、双脚包括两脚的跟部，都要完全并拢。双手自然放于双膝上。

（2）垂腿开膝式。为男性所用，也比较正规。要求上身和大腿、大腿和小腿都成直角，小腿垂直于地面。双膝允许分开，分的幅度不要超过肩宽，双手自然垂放于双膝上。

（3）双脚交叉式。它适用于各种场合，男女都可选用。双膝先要并拢，然后双脚在踝部交叉。要求交叉后的双脚既可以内收，也可以斜放，但不要向前方远远地直伸出去。双手交叠自然垂放于双腿上。

（4）双脚内收式。它适合在一般场合采用，男女都适合。要求两大腿首先并拢，双膝可以略微打开，两条小腿可以在稍许分开后向内侧屈回，双脚脚掌着地。双手交叠自然垂放于双腿上。

（5）前伸后屈式。它是女性适用的一种坐姿。要求双腿并拢，向前伸出一条腿，并将另一条腿屈后，两脚脚掌着地，双脚前后要保持在一条直线上。双手交叠或分开自然垂放于双腿上。

(6) 双腿叠放式。女士着裙装可采用这种坐姿。要求将双腿一上一下交叠在一起，交叠后的两腿间没有任何缝隙，犹如一条直线。双脚斜放在左右一侧。斜放后的腿部与地面呈45°角，叠放在上的脚的脚尖垂向地面，双手叠放，置于左腿或右腿上。

(7) 双腿斜放式。它适合于穿裙子的女士在较低的位置就座时所用。要求双腿首先并拢，然后双脚向左或向右侧斜放，力求使斜放后的腿部与地面呈45°角，双手叠放，置于左腿或右腿上。

杜绝不良的坐姿

(1) 双腿叉开过大。双腿如果叉开过大，不论大腿叉开还是小腿叉开，都非常不雅。特别是身穿裙装的女士更不要忽略了这一点。

(2) 架腿方式欠妥。坐后将双腿架在一起，不是说绝对不可以。但正确的方式，应当是两条大腿相架，并且一定要使两腿并拢。如果把一条小腿架在另一条大腿上，两腿之间还留出大大的空隙，即所谓"4"字形叠腿就显得有些放肆了。

(3) 双腿直伸出去。那样既不雅也妨碍别人。身前如果有桌子，双腿尽量不要伸到外面来。

(4) 将腿放在桌椅上。有人为图舒服，喜欢把腿架在高处，甚至抬到身前的桌子或椅子上，这样的行为是非常粗鲁的。把腿盘在座椅上也不妥。

(5) 抖腿。坐在别人面前，反反复复地抖动或摇晃自己的腿部，不仅会让人心烦意乱，而且也给人以极不安稳的印象。

(6) 脚尖指向他人。不管具体采用哪一种坐姿，都不要以本人的脚尖指向别人，因为这一做法是非常失礼的。

(7) 脚蹬踏他物。坐下来后，脚部一般都要放在地上。要是用脚在别处乱蹬乱踩，都是非常失礼的。

(8) 用脚自脱鞋袜。在外人面前就座时用脚自脱鞋袜，显然是非常不文明的。

(9) 手触摸脚部。在就座以后用手抚摸小腿或脚部，都是既不卫生又不雅观的。

(10) 手乱放。就座后，双手都要在身前有桌时放在桌上。单手、双手放在桌下，或是双肘支在面前的桌子上、夹在两腿间或放在臀下都是不允许的。

(11) 双手抱在腿上。双手抱腿，本是一种惬意、放松的休息姿势，但在工作中不可以这样。

(12) 上身向前趴伏。坐后上身趴伏在桌椅上或本人大腿上，都仅能用于休息，而不要在工作中出现。

3) 行姿

正确规范的步态基本要点是：抬头挺胸，上身直立，双肩端平，两臂与双腿成反向位自然交替甩动，幅度不宜过大，通常以双臂自然下垂为准线前后摆动约15°为宜。手指自然弯曲，身体中心略微前倾。所谓的"行如风"，是指行走动作连贯，从容稳健。步幅、步速要以出行的目的、环境和身份等因素而定。协调和韵律感是步态的最基本要求。女士在较正式的场合中的行路轨迹应该是一条线，即行走时两脚内侧在一条直线上，收腰提臀挺胸收腹，肩外展,头正颈直收下颌。男士在较正式的场合中的行路轨迹应该是两条线,即行走时两脚的内侧应是在两条直线上。不雅的步态会给人留下很不好的印象。

补充资料

行姿的禁忌

社交礼仪规定,行走之时下列举止俱为失礼:

(1) 方向不定。在行走时方向要明确,不可忽左忽右,变化多端,好像胆战心惊,心神不定。

(2) 瞻前顾后。在行走时,不应左顾右盼,尤其是不应反复回过头来注视身后。另外,还应力戒身体乱晃不止。

(3) 速度多变。行之时,切勿忽快忽慢,要么突然快步奔跑,要么突然止步不前,让人不可捉摸。

(4) 声响过大。在行走时用力过猛,搞得声响大作,因此而妨碍其他人或惊吓了其他人。

(5) 八字步态。在行走时,若两脚脚尖向内侧伸构成内八字步,或两脚脚尖向内侧伸构成外八字步,看起来都很是难看。

4)蹲姿

蹲姿是由站立的姿势转变为两腿弯曲和身体高度下降的姿势。

(1) 高低式蹲姿(如图7-4所示):这种姿势男女都适用,下蹲时左脚在前,右脚稍后(不重叠),两腿靠紧向下蹲。左脚全脚着地,小腿基本垂直于地面,右脚脚跟提起,脚掌着地。右膝低于左膝,右膝内侧靠于左小腿内侧,形成左膝高右膝低的姿态,臀部向下,基本上以右腿支撑身体。男士两腿间可有适当距离,女士将腿靠紧。反过来,右脚在前时,其操作要领同理。下蹲时,上身要保持直立。

(2) 交叠式蹲姿(如图7-5所示):下蹲时,身体重心放于左腿,右腿交叠于左腿之上,双腿弯曲,重心下移。此时右脚在前,左脚在后,右小腿垂直于地面,全脚着地。左脚脚跟抬起,脚掌着地。两腿靠紧,合力支撑身体。臀部向下,上身稍前倾,双手相叠自然放于膝盖上。此蹲姿适用于女性,特别是穿短裙时,下蹲拾物或者集体合影前排需要蹲下时等。反过来,左脚在前时,其操作要领同理。

图7-4 高低式蹲姿　　　　　图7-5 交叠式蹲姿

5）手势

手势是人们交往时不可缺少的动作，是最有表现力的一种体态语言，如图7-6所示。手势可以加强语气，沟通信息。恰当地运用手势传情达意，会为交际形象增辉。

图7-6 不同的手势

（1）垂手时的手势。

双手指尖朝下，掌心向内，在手臂伸直后分别紧贴于两腿裤线之处；双手伸直后自然相交于小腹处，掌心向内，一手在上，一手在下叠放或相握在一起；双手伸直后自然相交于背后，掌心向外，两只手相握在一起。

（2）置于桌上时的手势。

身体靠近桌子，尽量挺直上身，将双手放在桌子上时，可以分开、叠放或相握；不要将胳膊支起来，或是将一只手放在桌子上，一只手放在桌子下。

（3）递物时的手势。

双手为宜，不方便双手并用时，也要采用右手，若用左手通常被视为无礼；将有文字的物品递交他人时，须使之正面面对对方；将带尖、带刃或其他易于伤人的物品递于他人时，切勿以尖、刃直指对方。

（4）展示时的手势。

一是将物品举至高于双眼之处，这适于被人围观时采用；二是将物品举至上不过眼部，下不过胸部的区域，这适用于让他人看清展示之物。

（5）指引时的手势。

横摆式：即手臂向外侧横向摆动，指尖指向被引导或指示的方向，适用于指示方向时。

直臂式：手臂向外侧横向摆动，指尖指向前方，手臂抬至肩高，适用于指示物品所在。

曲臂式：手臂弯曲，由体侧向体前摆动，手臂高度在胸以下，适用于请人进门时。

斜臂式：手臂由上向下斜伸摆动，适用于请人入座时。

提示：使用手势的注意事项：

在交往中手势不宜过多，动作不宜过大，切忌指手画脚和手舞足蹈。

打招呼、致意、告别、欢呼、鼓掌属于手势范围，应该注意其力度的大小、速度的快慢和时间的长短，不可过度。

在任何情况下都不要用大拇指指自己的鼻尖和用手指指点他人。谈到自己时应用手掌轻按自己的左胸，那样会显得端庄、大方、可信。用手指指点他人的手势是不礼貌的。

4. 服饰礼仪

服饰是人体的外延，包括衣帽、鞋袜以及手表、戒指、耳环等饰物。它是一种无声的语言，显示着一个人的社会地位、文化品位、艺术修养以及待人处世的态度。

服饰本来是用做防寒保暖的，随着生产的发展和社会的进步，服饰不仅是一种生活必需品，也是装饰人们躯体的美化物。人们利用服饰来装饰、塑造自己，突出自己的美点。事实表明，穿着得体不仅可以显示一个人良好的文化修养，高雅的审美观，还能给人良好的印象，赢得他人的信赖，使社交获得成功。

1）服饰礼仪的 TPO 原则

TPO 原则——Time（时间）、Place（地点）、Objective（目的）。

时间原则：时间既指每一天的早、中、晚 3 个时间段，也包括每年春、夏、秋、冬的季节更替，以及人生的不同年龄阶段。时间原则要求着装考虑时间因素，做到随"时"更衣。

地点原则：地点是指露面的具体场所，如工作地点、购物中心、旅游景点、自己家中等。不同的地点需要有与之相协调的不同服饰。

目的原则：着装要考虑到目的，即人们意欲通过自己的穿着给别人留下的印象如何。比如，应试、应聘时，最好穿西装或套装，颜色素雅些，使人看上去成熟。

根据 TPO 原则，可以把自己所处的具体环境分为上班、社交和休闲三大类型，然后据此决定自己的穿着打扮。上班时的穿着要"正统"，适合穿制服、套装、套裙、连衣裙，饰品佩戴遵循"以少为佳"的原则，少至不戴，最多不要超过 3 件。社交时的穿着打扮则讲究时尚，展现个性。休闲时的穿着要求最低，只要舒适得体即可，无所拘束。通常人们把上班、社交的场合称为正式场合，并把在正式场合的穿着称之为正装，即正式、规范的装束；而把休闲的场合叫非正式场合，并把非正式场合的穿着称之为便装，即轻松、随便的装束。穿着休闲服装，追求的是舒适、方便、自然，给人以无拘无束的感觉。

2）服装的色彩搭配

不同的色彩有着不同的象征意义。

暖色调——红色象征热烈、活泼、兴奋、富有激情；黄色象征明快、鼓舞、希望、富有朝气；橙色象征开朗、欣喜、活跃。

冷色调——黑色象征沉稳、庄重、冷漠、富有神秘感；蓝色象征深远、沉静、安详、清爽、自信而幽远。

中间色——黄绿色象征安详、活泼、幼嫩；红紫色象征明艳、夺目；紫色象征华丽、高贵。

过渡色——粉色象征活泼、年轻、明丽而姣美；白色象征朴素、高雅、明亮、纯洁；淡绿色象征生命、鲜嫩、愉快和青春，等等。

服装的色彩是着装成功的重要因素，服装配色以"整体协调"为基本准则。全身着装颜色搭配最好不超过 3 种颜色，而且以一种颜色为主色调，颜色太多则显得乱而无序，不协调。

3）饰物礼仪

饰物指与服装搭配对服装起修饰作用的其他物品，主要有领带、围巾、丝巾、胸针、首饰、提包、手套、鞋袜等。饰物在着装中起着画龙点睛、协调整体的作用。胸针适合女性一年四季佩戴。佩戴胸针应因季节、服装的不同而变化，胸针应戴在第一粒和第二粒纽扣之间的平行位置上。首饰主要指耳环、项链、戒指、手镯、手链等。佩戴首饰应与脸形、服装协调。首饰不宜同时戴多件，比如戒指，一只手最好只佩戴一枚，手镯、手链一只手也不能戴两个以上。多戴则不雅而且显得庸俗，特别是工作和重要社交场合穿金戴银太过分总不适宜，不合礼仪规范。男士饰物一定不宜太多，太多则会少了些阳刚之气和潇洒之美。一条领带，一枚领带夹，某些特殊场合，在西服上衣胸前口袋上配一块装饰手帕就够了。社交场合，女士穿裙子时袜子以肉色相配最好，深色或花色图案的袜子都不合适。长筒丝袜口与裙子下摆之间不能有间隔，不能露出腿的一部分，那很不雅观，不符合服饰礼仪规范。有破洞的丝袜不能露在外面。穿有明显破痕的高筒袜在公众场合总会感到尴尬，不穿袜子倒还可以。总之，饰物的选用也应遵循TPO原则，重要的是以"和谐"为美。

 补充资料

女士戒指的戴法

国际上比较流行的戴法是戴在左手手指上，拇指不戴戒指。作为特定信念的传递物，戒指的不同戴法，表示不同的约定含义：戴在食指上，表示无偶求爱；戴在中指上，表示已经恋爱；戴在无名指上，表示订婚或结婚；戴在小指上表示独身。礼仪规定，一只手最好只戴一枚戒指，最多只能戴两枚，即订婚和结婚戒指，分别戴在无名指和中指上。

4）男士着西装的礼仪

西装必须合体，领子应紧贴衬衣领口且低于衬衫领口1～2厘米。

衬衫领子要挺括，不能有污垢和油渍，衬衫的下摆要塞在裤腰里，如系领带，衬衫最上面一粒扣子应扣紧，如不系领带，可松开。

衬衫的衣袖要稍长于西装衣袖1～2厘米，袖口要系好。

领带系好后其大箭头正好垂扫皮带扣上端为标准。

西装扣子有单排扣和双排扣之分，双排扣西装一般要求把扣子全部扣好。单排扣且是3粒扣的，可扣中间的一粒，两粒的可扣上面的一粒，下粒扣不系或全部不系。

西装上口袋里只可以插西装手帕，不能插任何物品，尤其不能插上一支笔。

穿西装一定要穿皮鞋，在正式场合，一般穿黑色皮鞋较为正规。袜子的色彩应与裤子、鞋同类色或较深的颜色。

西裤穿着要领有以下几点。

（1）因西装讲究线条美，所以西裤必须要有中折线。

（2）西裤长度以前面能盖住脚背，后边能遮住1厘米以上的鞋帮为宜。

（3）不能随意将西裤裤管挽起来。

（4）裤兜也与上衣袋一样，不能装物，以求裤型美观。

 补充资料

男士着西装温馨提示

（1）三色原则：全身上下不超过3种颜色。

（2）三一定律：鞋、腰带、公文包要一个颜色，而且首选黑色。
（3）三大禁忌（三个错误）：
忌商标（左袖口处）没拆；
忌穿套装不穿皮鞋；
忌穿白色袜子。

5）女士西装套裙的礼仪

女士的衣着要高雅、整洁、大方。裙子是女士衣着中最能展现女性魅力的服装。在社交场合女士穿的裙子应长短适度，不能过短，至少应长及膝盖。比较正式的场合应穿西装套裙，着裙装不能太透太露。日常办公时选择套装套裙为好，颜色以素雅为主，如白、灰、黑或藏青等，给人以稳重、端庄、高雅之感，切忌大红大绿或太亮太刺眼的颜色，款式以简洁、大方为宜，切忌太复杂和装饰性太强。女士套裙从造型上分为以下几点。

（1）H型：上衣宽松，裙子为筒式。
（2）X型：上衣紧身，裙子为喇叭状。
（3）A型：上衣紧身，下裙宽松式。
（4）Y型：上衣松身，裙子紧身式。

套裙的穿着讲究要注意以下几点。

（1）大小适度：上衣最短齐腰，裙子可达小腿中部，袖长刚好盖住手腕，整体不过于肥大、紧身。
（2）穿着到位：衣扣要全部扣好，不允许随便脱掉上衣。
（3）考虑场合：商务场合宜穿，宴会、休闲等场合不宜。
（4）协调妆饰：高层次的穿着打扮，讲究着装、化妆和佩饰风格的统一。
（5）兼顾举止：着裙装入座、蹲下应注意。

套裙的搭配有以下几点。

（1）衬衫：内衣与衬衫色彩要相近、相似，面料应轻薄柔软，颜色应雅致端庄，无图案，款式保守。
（2）内衣、衬裙：穿面料较为单薄的裙子时，应着衬裙。不露、不透、颜色一致、外深内浅。
（3）鞋袜：黑色皮鞋为首选，或与套裙颜色一致，中跟为主。丝袜应以浅色、肉色为首选，不准光腿或穿彩色丝袜、短袜，袜子的长度一定要高于裙子下摆，否则走动时露出一截腿来，很不雅观。

 补充资料

职业女性着裙装"五不准"

（1）黑色皮裙不能穿。
（2）正式的高级场合不光腿，尤其是隆重正式的庆典仪式。
（3）袜子不能出现残破。
（4）不准鞋袜不配套。
（5）不能出现"三截腿"。

5. 自我训练

¤ 训练目的

通过训练，强调学以致用，将礼仪规范与日常行为养成相结合，把相关个人礼仪规范和要求转化为实实在在的礼仪行为、行动。正确运用并展现仪表仪态、服饰礼仪，进而将礼仪规范内化为良好的礼仪意识，增强个人文明礼仪修养。

¤ 课堂训练

1）职业淡妆技法实操训练

老师可从学生中选一位上来做模特，当场操作示范，学生两两一组互为化妆。或者组织观看专业化妆师毛戈平先生《现代美容化妆技法》视频，学习他的"日妆"及"晚妆"的化妆技法。学生两两一组互为化妆进行练习。学生自备化妆品。

2）表情训练

（1）微笑训练。

微笑的基本要领：

① 先要放松自己的面部肌肉，然后使自己的嘴角微微向上翘起，让嘴唇略呈弧形。

② 微笑时，应当目光柔和发亮，双眼略为睁大；眉头自然舒展，眉毛微微向上扬起，达到眉开眼笑的效果。

• 情绪诱导法。

情绪诱导就是设法寻求外界物的诱导、刺激，以求引起情绪的愉悦和兴奋，从而唤起微笑的方法。诸如，翻看使你高兴的照片、画册，回想过去幸福生活的片段，以期在欣赏和回忆中引发快乐和微笑。有条件的，最好用摄像机摄录下来进行评比。

• 含箸法。

道具是选用一根洁净、光滑的圆柱形筷子（不宜用一次性的简易木筷，以防拉破嘴唇），横放在嘴中，用牙轻轻咬住（含住），以观察微笑状态。

• 口型对照法。

通过一些相似性的发音口型，找到适合自己的最美的微笑状态。如"一""Cheese""茄子""呵""娥"等。

（2）眼神训练。

眼神综合定位：以上要素往往凝结在一起综合表现。注意细微的变化，淋漓尽致地表现富有内涵、积极向上的眼神。如"这是你的吗？"用不同的眼神可以表示愤怒，表示怀疑，表示惊奇，表示不满，表示害怕，表示高兴，表示感慨，表示遗憾，表示爱不释手等。

练习在洽谈、磋商、谈生意时，在亲人交流过程中和在社交场合的公务注视、亲密注视和社交注视。

模仿动物的眼神：男性眼神像鹰一样刚强、坚毅、稳重、深沉、锐利、成熟、沧桑、亲切、自然；女性眼神像猫一样柔和、善良、温顺、敏捷、灵气、秀气、大气、亲切、自然。

 补充资料

训练时要注意以下几点：

（1）学会察看别人的眼色与心理；锻炼自己丰富多彩的眼神。

（2）配合眉毛和面部表情，充分表情达意。

（3）注意眼神礼仪。

3）仪态训练

（1）站姿的训练。

背靠背站立练习（要求两人的脚跟、小腿、臀部、双肩及后脑勺都贴紧）；背靠墙站立练习；双腿夹纸头顶书站立练习，配合音乐进行，减少训练的疲劳感，每次训练不少于15分钟。

（2）坐姿的训练。

① 侧对训练镜，练习入座前的动作。

入座时，走到座位前面再转身，转身后右脚向后退半步，然后轻稳落座。动作要求轻盈舒缓，从容自如。

② 面对训练镜，练习入座前的动作。

以站在座位的左侧为例，左腿先向前迈出一步，右腿跟上并向右侧一步到座位前，左腿并右腿，接着右脚后退半步，轻稳落座；入座后右腿并左腿成端坐，双手虎口处相交叉，右手在上，轻放在一侧的大腿上。

③ 练习入座后的端坐姿势。

动作要求以正确的坐姿规范为基础，配合面部表情，练习坐姿的直立感、腿部造型、稳定性等综合表现（男性、女性各按要求练习）。

④ 离座动作训练。

离座起立时，右腿先向后退半步，然后上体直立站起，收右腿。离座时也应从自己的右手侧离座。

提示：坐姿训练每次不少于15分钟，应配以适当的音乐以减轻疲劳。

（3）走姿的训练。

① 行走稳定性的训练：在保持正确站立姿势的基础上，两臂侧平举，两手各持一碗水，练习行走的稳定性。

② 训练走直线：在地上画一条直线，行走时双脚内侧要踩在直线上。

③ 前行步：在向前走时，练习与来宾或同事问候时的仪态举止。身体要伴随着头和上体向左或向右转动，面带微笑，点头致意，并配以恰当的问候语言。

④ 后退步：当与他人告别时，应该是先后退，再转身离去。一般以退2~3步为宜，退步时，脚轻擦地面，步幅小，协调地往后退；转身时，要身先转，头稍后一些转。

⑤ 侧行步：一般用于引导来宾或在较窄的走廊与人相遇时。引导来宾，要尽量走在宾客的左侧前方，左髋部朝着前行的方向，上身稍向右转体，左肩稍前，右肩稍后，侧身向着来宾，保持往前两三步的距离。在较窄的路面与人相遇时，要将胸转向对方，以示礼貌。

提示：在训练走姿时可配有音乐，并进行摄像，然后播放录像，使学生了解自己的步态，再在教师的指导下进行纠正。经过反复训练达到端正、轻盈、稳健、灵敏的标准。

（4）蹲姿的训练。

在实训室内老师先讲清各种蹲姿的要领并示范各种蹲姿，分组练习。在掌握蹲姿的要领之后，再进行蹲下拾物练习。

（5）手势的训练。

在规范站姿及坐姿的基础上在教师指导下分组练习垂手、桌上、递物、展示、指引手势，直到符合要求。

（6）仪态礼仪综合练习。

在以上练习基础上，模仿电影、电视剧表演场景：如办公室场景、会议场景、服务场景、商务社交场景等进行综合训练。学生反复练习，进行形象自我检查，教师给予指导。

4）服饰礼仪训练

情境模拟，角色扮演。设计一个社交情境，男生需着西服套装，女生应着西服套裙，以此训练对服饰礼仪的运用，并要求学生能恰当地运用目光和微笑与人交流。由学生课后准备，课上演示训练。

（1）学生分组，一般3~5人一组，在实训室内模拟从事某一商务或社交活动，在活动中要能体现表情礼仪的一些基本规范。

（2）每组自我设计礼仪小品的内容、场景、台词以及角色分配。

（3）道具自备，在教师指导下反复训练。

（4）对最后的表演进行分析、评议、打分。

¤ **课后训练**

1）微笑训练

（1）对镜微笑训练法。

这是一种常见、有效和最具形象趣味的训练方法。端坐镜前，衣装整洁，以轻松愉快的心情，调整呼吸自然顺畅，静心3秒钟，开始微笑。为了使效果明显，可放背景音乐（较欢快的节奏）。

（2）具体社交环境训练法。

遇见每一个熟人或打交道的人都要展示自己最满意的微笑。试着用微笑化解矛盾，用微笑打动别人，用微笑塑造自我成功的形象。

（3）习惯性微笑法。

强迫自己忘却烦恼、忧虑，假装微笑。时间久了，次数多了，就会改变心灵的状态，露出自然的微笑。

（4）意念法。

这是一种已经有了微笑训练基础或者善于微笑的人，不用对镜或其他道具，而只用意念控制、驱动双唇，以求达到最佳微笑状态的训练法。

2）眼神训练

与不同年龄、不同性别、不同职业、不同性格、不同情境的人交流，大胆尝试使用不同的眼神，并考察社交效果如何。

3）仪态举止情境训练

在一些具体的场合，如交谈、辩论、演讲、歌唱、舞蹈、日常交往等，时刻以日常仪态礼仪规范约束自己。同学之间也可以互相监督提醒，随时以最佳状态出现在众人面前。

7.2.3 训练小结

个人的整体形象由个人的仪表、仪态等来衡量。在人际交往中，其外在的形态、容貌、

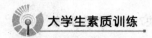

着装、举止等始终是一种信息，在不知不觉中已经传给了对方，这些信息无疑会或好或坏地影响交际活动的全过程。塑造优秀的个人形象要注意不良和不雅行为的纠正，生活中以个人礼仪规范要求自己，持之以恒才是关键。

7.3 社交场所礼仪训练

7.3.1 训练目标

1. 知识目标

了解称呼、致意、介绍、名片、交谈、拜访、待客、馈赠、中餐、西餐等日常社交活动中必要的礼仪规范。

2. 能力目标

能在日常生活、工作和社交场合大方得体地行见面之礼；能根据场合正确地进行自我介绍、为他人介绍和集体介绍，得体地与他人握手，递接名片；在交往活动中能够使用必要的文雅用语；能正确地行拜访和待客之礼；能根据实际选择、递送合理得体的礼品；能根据实际正确合理的安排中餐桌次、座次和西餐座次，能在中西餐就餐中表现出得体的用餐礼仪。

3. 素质目标

通过本节训练，使学生内化基本的社交礼仪规范，做到尚礼、守礼、行礼。培养学生积极适应社会的心态，自觉参与社交活动，增强学生适应社会、融入社会的能力，促进学生和谐人格的构建。

7.3.2 训练内容

1. 见面礼仪

在生活和工作的各种场合中，我们时时处处都会碰到身边熟悉的人或者是一些相识的人，这时总要打一声招呼，招呼礼仪表示的是打招呼人与被打招呼人之间的一种交往关系。如果遇到熟人不打招呼或者别人给你打招呼你装作没听见，这些都是不礼貌的行为。打个招呼发生在瞬间，但影响久远。

招呼礼仪

打招呼首先是要恰当地称呼他人。无论是新老朋友，一见面就得称呼对方。每个人都希望得到他人的尊重，因此，通常以尊称称呼对方，一般忌讳直呼真名，更反对叫人家的小名，尤其是生理缺陷的小名，如"癞子""秃子""麻子""瘸子""驼背""烂红眼"等。称呼应注意关系、场合。人际关系随着场合变更而有所不同，称呼也要相应地改变。称呼要让对方感到动听，觉得受到重视和尊重，一般以"就高不就低"为好。

 补充资料

常用的称呼方式

（1）亲缘性称呼。按辈分身份称呼，如爸爸、妈妈、叔公、婶婆、三叔、二伯、大哥、大姐、姑妈、舅舅、姨妈、表哥、表姐等，这在家庭生活、亲族聚会时常用，显得亲切温馨。

（2）职场性称呼。以交往对象的职务、职称等称谓，如"孙院长""林教授""郑老师""陈经理""李博士""王医生"之类，以示身份有别、尊敬有加，这是一种常见的称呼。

（3）姓名性称呼。其一，连名带姓称呼（单字名的另当别论），显得比较生硬，只在开会等少数场合使用。其二，只呼其姓，并在姓前加上"老""小"等前缀；而"王老""林公"之类则尊敬有加，只能对德高望重者称呼。其三，只呼其名，比较亲切，常用于长辈称呼晚辈，在亲友、同学、同事、邻里之间使用。

（4）泛称性称呼。对未知其姓名职务身份者，可用泛称。在公司、服务行业对男士称"先生"、未婚女性称"小姐"、已婚女性称"女士"；购物、问路等场合常用同志、师傅、老板、服务员、小姐、小妹、小朋友之类的泛称，也可用"大伯""大娘""大哥""大姐""叔叔""阿姨"之类带亲缘性的称呼，显得更为亲切。

（5）对于知识界人士，可以在姓氏后冠以其职称。但是对于学位，除了博士外，其他学位不能作为称谓来用。

其次，打招呼还常常伴随问候语。"吃饭了吗"是中国历史上沿用比较长比较普遍的招呼语，这和过去长期温饱得不到解决有关，由于多年的习惯，现在仍有这样的问候语，其本意往往并不是关心你吃饭与否，而是招呼礼节，表示问候。随着社会生活的进步，现在许多人打招呼时会说"早上好""下午好""晚上好"，与现代社会相融洽。"你好"这句招呼语简洁明了，通用性强，同时又是对他人的一种祝福，因此，这句话常出现在人们快节奏的生活中，彼此见面时一声节奏明快的"你好"，同时伴以微笑、点头等动作便是礼貌之举。所以，这是随时代发展应运而生的新型的招呼问候语。

此外，行致意礼也是见面时常用的招呼礼仪。致意是一种常用的礼节，它表示问候、尊敬之意，通常用于相识的人或只有一面之交的人之间在各种场合打招呼。致意时应该诚心诚意，表情和蔼可亲。若毫无表情或精神萎靡不振，会给人敷衍了事的感觉。

致意的形式有以下几种。

（1）点头礼。点头礼通常用于比较随便的场合或不宜交谈的场合，如会议、会谈在进行时；在碰到同级、同辈或与相识者在同一地点多次见面或仅有一面之交、交往不深的相识者碰面时，均可以点头为礼。点头的正确做法是头向下微微一动，不可幅度过大，也不必点头不止。

（2）注目礼。原为军人施行的特殊礼节，现已成为社交场合广泛使用的礼节之一。行礼时双目凝视对方，并随他们的行走而转移。一般在介绍、握手、点头或举手的同时使用，以示敬重。

（3）举手礼。通常是在公共场合遇到相识的人或迎送时所用，在彼此相距较远、行走急促时可举起右手向对方打招呼，一般不必出声，只将右臂伸直，掌心朝向对方，轻轻摆一

两下手即可,不要反复摇动。招手时一般应空手。要注意,年轻者和身份低者不宜主动向年长者和身份高者行挥手礼,只有当对方首先向你挥手示意,而你又无法立即来到他们的面前时,才能挥手还礼。

(4)脱帽礼。朋友、熟人见面若戴的是无檐帽,就不必脱帽,若戴着有檐儿的帽子,则以脱帽致意最为适宜。若是熟人、朋友迎面而过,也可以轻掀一下帽子致意即可。脱帽同时可向对方问声好。另外,在日常社会交往中,常用的致意礼节还有:合十礼、抱拳礼、拥抱礼与鼓掌礼等。

致意的基本规矩:男士应当首先向女士致意;年轻者应当首先向年长者致意;未婚者应当首先向已婚者致意;学生应当首先向教师致意;下级应当首先向上级致意。一般而言,作为女士,唯有遇到长辈、上司以及自己特别敬佩的人时,才需要首先向对方致意。遇到别人首先向自己致意,不管自己心情如何、感觉如何,都必须马上用对方所采用的致意方式回敬对方,绝不可视若不见,置之不理。

补充资料

致意的注意事项:

致意是一种不出声的问候,故向他人致意时一定要使对方看到、看清,才会使自己的友善之意被对方接受。致意时,不要同对方相距太远(比如站在几十米之外),也不要站在对方的侧面或背面,以避免出现对方由于看不到或看不清楚而对该致意毫无反应的尴尬。

总之,人们很重视打招呼,许多人把相见不打招呼,或自己打了招呼对方未予理会,看成是无礼的行为。因此,只要是熟人相遇,哪怕是一面之交,也不能毫无表示,哪怕是点点头或笑一笑,也不要冷淡一位可能是自己认识的人。

2. 介绍礼仪

介绍是人们之间相识的一种手段,在日常生活和工作及各种社交活动中经常遇到。正确的介绍可以使不相识的人相互认识,也可以通过落落大方地为他人介绍和自我介绍,显示良好的交际风度。

1)介绍的类型和基本顺序惯例

从不同角度可以将介绍划分为不同的类型,按社交场合的正式与否来划分,可以分为正式介绍和非正式介绍;按介绍者所处的位置来划分,可以分为自我介绍和他人介绍;按被介绍者的人数来划分,可以分为集体介绍和个别介绍。

介绍的基本原则是受到尊重的一方有了解的优先权。按照这一基本原则,在社交场合,自我介绍顺序惯例:主人和客人在一块儿,主人先做介绍;长辈和晚辈在一块儿,晚辈先做介绍;男士和女士在一块儿,男士先做介绍;地位低的人和地位高的人在一块儿,地位低的人先做介绍。

为他人做介绍(第三方介绍)的顺序惯例有以下几点。

(1)将男士介绍给女士。在介绍过程中,先提到某个人的名字是对此人的一种尊敬。通常先把男士介绍给女士,并引导男士到女士面前做介绍。介绍中,女士的名字应先被提到。如"王小姐,我给你介绍一下,这位是关先生"。

(2)将年轻者介绍给年长者。把年轻者引见给年长者,以示对前辈、长者的尊敬。

（3）将地位低者介绍给地位高者。在介绍中，遵从社会地位高者有了解对方优先权的原则，除了社交场合外的任何场合，都是将社会地位低者介绍给社会地位高者。所以，在工作场合中，长者与女士不一定具有优先权，只有当两人职位相当的时候，才遵从长者或女士优先的原则。

（4）将未婚者介绍给已婚者。在两位女士之间，通常将未婚的介绍给已婚的，如果未婚的女子明显年长，则将已婚的介绍给未婚的。

（5）在职场，将主人先介绍给客人。

（6）在家里，将客人先介绍给主人。

（7）将迟到者介绍给先到者。

2）介绍的礼仪

为他人做介绍的礼仪有以下几点。

（1）正式介绍他人之前，最好先了解双方是否有结识的愿望，切不可冒昧引见。

（2）介绍时应使用敬语、尊称。如："王小姐，请允许我向您介绍一下""两位小姐，请允许我来介绍一下""李老，我可以介绍小张和您认识吗"等。

（3）介绍时话要简洁，口齿要清楚，语言明确，不可含混不清。介绍的内容是姓名、单位、职务、兴趣、学识和爱好等。

（4）介绍时应面带微笑，两眼要和被介绍双方交流沟通，应将右手掌伸开，手心向上，手背向下，五指并拢，以肘关节为轴，指向被介绍者一方，并向另一方点头微笑。

（5）介绍别人时，要实事求是，恰如其分，不能吹捧，以免使被介绍者处于尴尬的境地，尤其是在介绍异性时，更要注意，否则会引起误会，造成不良后果。

（6）介绍别人相识后，不能马上就走开，特别是介绍异性相识时更要注意。因为介绍的目的是让双方认识并交谈，如果介绍人走开得太早，也可能双方谈不起来，所以介绍后应该稍停片刻，以引导双方交谈，待他们谈得较为融洽时，再托故走开。

自我介绍的礼仪有以下几点。

（1）自我介绍时举止应端庄、大方，必须充满自信，只有自信的人才能使人另眼相看，才能有魅力，并使人产生信赖和好感。介绍时可将右手放在自己的左胸上，不要慌慌张张，毛手毛脚，更不要用手指指着自己。

（2）自我介绍时要面带微笑，表情应亲切、自然，眼睛应看着对方或大家，要善于用眼神来表达友谊之情，不要显得不知所措、面红耳赤，更不能一副随随便便、满不在乎的样子。

（3）自我介绍时要语气自然、语速正常、吐字清晰、从容不迫，从而使对方产生好感。

（4）介绍要把握好内容。根据不同场合、不同对象和不同的需要，自我介绍的内容应有所区别。应酬式的自我介绍，应该简单明了，只介绍一下自己的姓名即可；工作式的自我介绍，除介绍姓名外，还应介绍工作单位、部门和从事的具体工作；社交式的自我介绍，则需要进一步交流和沟通，在介绍姓名、单位和工作的基础上，进一步介绍兴趣、爱好等，以加深了解，建立友谊。如果是求职，那就不仅要介绍姓名、身份、求职意向和要求，还要介绍自己的经历、学历、资历、职称、性格、爱好、专长、经验、能力和兴趣等。

（5）介绍要恰如其分。自我介绍不仅仅是对自己基本情况的客观陈述，也包含对自己所作所为的自我评价。哪怕是简单的自我介绍，也少不了包含自我评价的内容。作自我评价，既不能过高，也不能过低，应实事求是，恰如其分，一般不宜用"很""最""极"

"第一"等极端的词。

集体介绍是他人介绍的一种特殊形式,是指介绍人在为他人介绍时,被介绍者其中一方或者双方不止一个人,是一个团体,甚至是许多人。在做集体介绍时,应根据具体情况来对待。

集体介绍礼仪有以下几点。

(1)将一个人介绍给大家。当被介绍的双方地位、身份大致相似时,应由一人礼让多数人、人数少的一方礼让人数多的一方,先介绍一人或人数少的一方,再介绍人数较多的一方或多数人。

(2)将大家介绍给一个人。当被介绍的双方地位、身份存在明显的差异,地位、身份明显高者为一个人或人数少的一方时,应先向其介绍人数多的一方,再介绍地位、身份高的一方。

(3)人数较多的双方介绍。被介绍的双方均为多人时,应按照先介绍位卑的一方,后介绍位尊的一方;先介绍主方,后介绍客方的顺序。介绍各方人员时,则应由尊而卑,依次进行。

3. 握手礼仪

握手是大多数国家相互见面和离别时的礼节,遇见熟人先打招呼,然后相互握手,寒暄致意,如图7-7所示。在应该握手的场合如果拒绝或忽略了别人伸过来的手,是很失礼的,所以应该明确握手的场合:迎接客人到来时;当被介绍与他人相识时;与朋友久别重逢时;社交场合突然遇到熟人时;拜访告辞时;送别客人时;拜托别人时;别人给予一定的支持、鼓励或帮助时;在比较正式的场合与认识的人道别时;表示感谢、恭喜和祝贺时;表示道歉时;对别人表示理解、支持和肯定时;向别人赠送礼品或颁发奖品时等。通常,上述所列举的情况都是适合握手的场合。

图7-7 标准式握手

1)握手的顺序

握手时,伸手的先后顺序是由握手人双方所处的社会地位、年龄、性别等各种条件决定的。握手应遵守"尊者决定"的原则,但在商务场合与在社交场合略有不同。其基本规则有以下几点。

(1)男女之间,男方要等女方先伸手后才能握手,如女方不伸手,无握手之意,男方可用点头或鞠躬致意。但在公司场合,主管见下属、男上级、女下级,男人先伸手。(原则:公务场合无男女,按照上下属关系,上级先伸手。)

(2)宾主之间,迎客时主人应向客人先伸手,以示欢迎;客人在告辞时,应由客人首先伸手来与主人握手,表示感谢和告别之意。

(3)长幼之间,年幼的要等年长的先伸手。但在社交场合,哪怕是65岁年长者与18岁成年女性初次见面，仍然是女士先伸手，女士掌握主动权。（原则：社交场合无身份，永远的女士优先原则。）

（4）上下级之间，下级要等上级先伸手，以示尊重。

（5）一人与多人握手，应按照由尊而卑的次序进行，即先年长者后年幼者，先长辈后晚辈，先老师后学生，先女士后男士，先已婚者后未婚者，先上级后下级，先职位高者后职位低者。

应当强调的是，上述握手时的先后次序不必处处苛求于人。如果自己是尊者、长者或上级，而位卑者、年轻者或下级抢先伸手时，最得体的就是立即伸出自己的手进行配合，以免发生尴尬。在公务场合，握手时伸手的先后顺序主要取决于职位、身份；在社交和休闲场合，主要取决于年龄、性别和婚否。

2）握手的方式

握手的具体样式是多种多样的。了解一些握手的典型样式，既有助于我们通过握手了解交际对方的性格、情感状况、待人接物的基本态度等，也有助于我们在人际交往中根据不同的场合、不同的对象去自觉地应用各种具体的方式。

（1）标准的握手方式。握手时两人相距约一步，双腿立正，上身稍前倾，伸出右手，四指并拢，拇指分开，两人手掌相握，上下轻摇，一般以2～3秒为宜，握手时注视对方，微笑致意或用言语致意，随后松开手来，恢复原状。

（2）支配式握手，又称"控制式"握手。握手时掌心向下，显得傲慢，居高临下，表明优势、主动、支配的性格或心态。这种握手一般用于敌我之间，在社交场合是不礼貌的，特别是对待上级、长辈，用这种方式握手易引起反感。

（3）谦恭式握手，又称"乞讨式"握手。握手时掌心向上，表示谦卑与恭敬，表明被动、劣势、软弱、干不成大事的性格，也表明此人谦和，可以支配。

（4）手套式握手。双手去握对方的手，表明对对方的尊重、热情和感谢，或有求于对方。不能把手套式握手用于初次见面或仅有几天交情的人，尤其是异性，因为它会让人怀疑你的动机和意图。

（5）无力型握手，又称"死鱼式"握手。握手时伸出一只无力度的手，给人的感觉像是握住一条死鱼。握手的力量很轻，漫不经心，表明此人性格懦弱、优柔寡断、没有气魄、缺乏热情。

（6）蛮横式握手。握手时力量较重，让人觉得有失文雅，也表明此人性格热情主动，有朝气活力。

（7）抓指尖式握手。握手时不是两手的虎口相触对握，而是有意或无意地只捏住对方的几个手指或手指尖部。女性与男性握手时，为了表示自己的矜持与稳重，常采取这种方式。如果是同性别的人之间这样握手，就显得有几分冷淡与生疏。

（8）傲慢式握手。先看一下对方的手，然后再握手，这是一种视觉侵犯，表明此人缺乏修养、无礼、傲慢、不友好。

总之，握手的方式多种多样，究竟采用何种握手方式，关键要看握手者所要表达的意蕴，一般以标准握手方式为好。

3）握手的注意事项

（1）与人握手时的神态应专注、热情、友好、自然。握手时应面带微笑地注视对方双眼，不应东张西望、心不在焉，也不能紧紧盯住对方或不断地上下打量对方。握手时可加适当的问候语或敬语，如"您好""见到您很高兴""幸会"等。

（2）在许多人同在的社交场合，如要握手，可以根据距离远近，一一相握，握手时不要抢握，不要交叉相握，应待别人握完后再伸手相握。

（3）握手的时间一般以三五秒为好。不要在握手时把对方的手拉过来、推过去，或者上下左右抖个没完。如老朋友意外相见，握手时间可适当加长，以表示不期而遇的喜悦。

（4）握手用力要均匀，对女性一般象征性握一下即可，但握姿要沉稳、真诚。握手不能松松垮垮、绵软无力，尤其是男性，握手如无力，只轻轻碰一下，会被认为毫无诚意。

（5）勿戴帽、戴着手套或墨镜与他人握手。军人戴军帽与对方握手时，应先行举手礼，然后再握手。只有女士在社交场合戴着薄纱手套握手，才是被允许的。

（6）在正规的社交场合，一般以单手握手，不用双手相握。有时如遇见一些特别熟悉或较要好的朋友时，为表达某种特别深的感情，可以用双手行握手礼。

（7）忌用左手同他人相握，除非右手有残疾。当自己右手脏时，应亮出手掌向对方示意声明，并表示歉意。

（8）单手相握时左手不能插口袋。

（9）不要在与人握手之后，立即用手帕擦拭自己的手。

（10）握手一般总是站着相握，除年老体弱或残疾人以外，坐着握手是很失礼的。

4. 名片礼仪

在人际交往中，名片不但能推销自己，也能很快地助你与对方熟悉，它就像持有者的颜面，不但要很好地珍惜，而且要懂得怎样去使用它。现代名片是一种经过设计、能表示自己身份、便于交往和开展工作的卡片，名片不仅可以用作自我介绍，而且可用作祝贺、答谢、拜访、慰问、赠礼附言、备忘、访客留话等。

递送名片时，应该面带微笑，注视对方，让名字的正面朝向对方，身体微前倾15°，用双手的拇指和食指分别握住名片上端的两角举至胸前，送给对方，递送名片时可以介绍自己的姓名、身份、单位，并说"这是我的名片，请笑纳"或"请多多关照"等。

接受他人名片时，首先应该态度谦和，尽快起身或欠身，身体微倾，面带微笑，用双手的拇指和食指接住名片的下方两角，口称"谢谢"或"十分荣幸"。如果是初次见面，还应认真地从头到尾看一遍，并轻声将对方的姓氏和主要头衔读出来，以表示尊重。遇到不明白的内容，可以当场向对方请教。

补充资料

名片礼仪注意事项：

（1）如果是坐着，尽可能起身接受对方递来的名片。

（2）出示名片的顺序，一般是地位低的人先向地位高的人递名片，男性先向女性递名片。当对方不止一人时，应先将名片递给职务较高或年龄较大者；或者由近至远递，依次进行，切勿跳跃式地进行，以免对方误认为有厚此薄彼之感。

（3）接过对方的名片看也不看，将其漫不经心地塞进口袋里，或是随随便便地在手里拿着无意识地玩弄对方的名片，或是扔到桌子上，对对方都是失敬的。如果需要将名片暂时放在桌子上，那么切记不要在名片上放其他东西。

（4）接过别人的名片之后，应马上将自己的名片递过去。倘若自己暂时还没有名片或者不愿把名片给别人，应说"抱歉，我的名片刚刚用完"或"对不起，我没有带名片"。

（5）不可递出污旧或皱折的名片。

（6）名片夹或皮夹置于西装内袋，避免由裤子后方的口袋掏出。

（7）尽量避免在对方的名片上书写不相关的东西。

5. 交谈礼仪

交谈是社交活动中必不可少的内容。它是人们传递信息和情感，彼此增进了解和友谊的重要方式。然而，俗话说："一句话能让人跳，一句话也能让人笑"。交谈要谈得"情投意合"，却不是件轻而易举的事。在交际应酬中，要使交谈圆满成功，就得讲究交谈的礼仪，主要应记住下列基本原则：在任何社会场合，真诚和热情是交谈的基础；交谈时神态要专注，切忌东张西望、左顾右盼、坐卧不安、心不在焉，或者翻阅书报、自顾自处理一些与交谈无关的事务。

要接通情感的热流，使交往畅通无阻，就应得体地运用礼貌语言、谦辞和雅语，让人感到"良言一句三冬暖"，使人与人之间的感情很快地融洽起来。在交往中得体地使用礼貌语言、谦辞、雅语，还可以给对方留下良好的印象。

敬语、谦语、雅语

（1）敬语。亦称"敬辞"，它与"谦语"相对，是表示尊敬礼貌的词语。除了礼貌上必须之外，多使用敬语，还可体现出一个人的文化修养。

敬语的运用场合。第一，比较正规的社交场合。第二，与师长或身份、地位较高的人的交谈。第三，与人初次打交道或会见不太熟悉的人。第四，会议、谈判等公务场合等。

常用的"请"字，第二人称中的"您"字，代词"阁下""尊夫人""贵方"等都表示尊敬。另外还有一些常用的词语用法，如初次见面称"久仰"，很久不见称"久违"，请人批评称"请教"，请人原谅称"包涵"，麻烦别人称"打扰"，托人办事称"拜托"，赞人见解称"高见"等。

（2）谦语。亦称"谦辞"，它与"敬语"相对，是向人表示谦恭和自谦的一种词语。谦语最常见的用法是在别人面前谦称自己和自己的亲属。例如，称自己为"愚""家严、家慈、家兄、家嫂"等。自谦和敬人，是一个不可分割的统一体。尽管日常生活中谦语使用不多，但其精神无处不在。只要你在日常用语中表现出谦虚和恳切，人们自然就会尊重你。

（3）雅语。雅语是指一些比较文雅的词语。雅语常常用在一些正规的场合以及一些有长辈和女性在场的情况下，被用来替代那些比较随便甚至粗俗的话语。在待人接物中，要是你正在招待客人，在端茶时，你应该说："请用茶"。如果还有点心招待，可以用"请用一些茶点"。假如你先于别人结束用餐，你应该向其他人打招呼说："请大家慢用。"雅语的使用不是机械的、固定的。只要你的言谈举止彬彬有礼，人们就会对你的个人修养留下较深的印象。

（4）社交语言的忌讳。

我国是一个有悠久历史的大国，礼仪多，"忌讳"也多。如果不注意，不避忌讳，即使不是故意说的，也容易使人伤感，影响到社交的效果。在使用语言进行交际时，有些情况下的语言忌讳不可不注意。言谈中，淫词秽语、不健康的口头禅更应禁忌。见到年轻妇女，一般不应问年龄、婚否，或径直询问别人的履历、工资收入和家庭财产等个人隐私问题，那样容易使人反感。切莫对心情惆怅的人说得意话、得意事。若对方曾犯过错误或有某种缺陷，言谈时要避免刺激性的话语。对别人不愿回答的问题不要追问，如果一旦触及，应立即表示歉意，巧妙地转移话题。探望病人也要注意忌讳，否则会好心办坏事。

补充资料

日常礼貌语、雅语集锦

初次见面说"久仰"；好久不见说"久违"；等候客人用"恭候"。
宾客来到称"光临"；未及欢迎说"失迎"；起身作别称"告辞"。
看望别人用"拜访"；请人别送用"留步"；陪伴朋友用"奉陪"。
中途告辞用"失陪"；请人原谅说"包涵"；请人批评说"指教"。
求人解答用"请教"；盼人指点用"赐教"；欢迎购买说"惠顾"。
请人受礼称"笑纳"；请人帮助说"劳驾"；求给方便说"借光"。
麻烦别人说"打扰"；托人办事用"拜托"；向人祝贺说"恭喜"。
赞人见解称"高见"；对方来信称"惠书"；赠人书画题"惠存"。
尊称老师为"恩师"；称人学生为"高足"；请人休息说"节劳"。
对方不适说"欠安"；老人年龄说"高寿"；女士年龄称"芳龄"。
平辈年龄问"贵庚"；打听姓名问"贵姓"；称人夫妇为"伉俪"。

6. 拜访和待客礼仪

拜访和接待是社会交往中必不可少的环节，可以起到增进联系、提高工作效率、交流感情、沟通信息的作用。

1）拜访礼仪

（1）拜访前应事先和被访对象约定，以免扑空或扰乱主人的计划。拜访时要准时赴约。预约拜访的时间要以不妨碍对方为原则，一般不应约在吃饭时间、午休时间或者晚上 10 时以后。总体看来，以上午九十点钟、下午三四点钟、晚上七八点钟为最适宜的时间。拜访时间长短应根据拜访目的和主人意愿而定，一般而言时间宜短不宜长。

（2）到达被访人所在地时，一定要用手轻轻敲门，进屋后应待主人安排指点后坐下。若是办公场所，被访对象门户敞开，也应在门口招呼，不要贸然闯入。若有其他客人在，不管熟悉与否，都应招呼，问好致意。

（3）拜访时应彬彬有礼，注意一般交往细节。拜访结束时应向客人热情道别，并主动伸手握别。并说"再见""谢谢"；主人相送时，应说"请回""留步""再见"。

2）待客礼仪

良好的待客之礼，体现出主人的热情和殷勤。它既能使客人感到亲切、自然、有面子，也会使自己显得有礼、有情、有光彩。

（1）接待者的服饰仪表。美的仪表是美的心灵的体现，美的仪表是对社会和他人的尊重。如果一个人的服饰不符合一定场合的要求，就会引起误会。接待者对自己的服饰、仪表要做恰当的准备，不可随随便便。特别是夏季更应注意，不要穿背心、裤头、拖鞋接待客人。古今中外，人们都把主人仪表整洁与否同尊重客人与否直接联系起来。

(2) 迎接。"出迎三步，身送七步"，这是我国迎送客人的传统礼仪。客人在约定的时间按时到达，主人应提前去迎接。如果是在家庭中接待朋友，最好是夫妇一同出门迎接客人的到来。见到客人，主人应热情地打招呼，主动伸出手相握，以示欢迎，同时要说"您路上辛苦了""欢迎光临""您好"等寒暄语。如客人提有重物应主动接过来，但不要帮着拿客人的手提包或公文包。

(3) 让座与介绍。如果是长者、上级或平辈，应请其坐上座；如果是晚辈或下属则请随便坐；如果客人是第一次来访，应该介绍一下，并互致问候。

(4) 敬茶。在待客中，为客人敬茶是待客的重要内容。待客坐定，应尽量在客人视线之内把茶杯洗净。即使是平时备用的洁净茶杯，也要再用开水烫洗一下，使客人觉得你很注意讲卫生，避免出现因茶杯不洁而不愿饮用的尴尬局面。

(5) 交谈。谈话是待客过程中的一项重要内容，是关系到接待是否成功的重要一环。首先，接待的谈话用语应该因人而异，区别对待。其次，谈话要紧扣主题。拜访者和接待者双方的交谈是有目的的，因此谈话要围绕主题，不要偏离主题。整个交谈要遵循言谈礼仪要求。

(6) 送客。送客是接待的最后一个环节，如果处理不好将影响到整个接待工作的效果。送客礼节，重在送出一份友情。无论是接待什么样的客人，当客人准备告辞时，一般应婉言相留，这虽是客套辞令，但也必不可少。客人告辞时，要在客人起身后再起身。如果是家里接待客人，最好叫家中成员一起送客出门。分手时应充满热情地招呼客人"慢走""走好""再见""欢迎再来""常联系"等。

7. 馈赠礼仪

馈赠是人们在交往过程中通过赠送给交往对象礼物来表达对对方的尊重、敬意、友谊、纪念、祝贺、感谢、慰问、哀悼等情感与意愿的一种交际行为。馈赠体现馈赠者的品质和诚意，能加深彼此理解，增进友谊，使双方之间架起一个互通的桥梁。

 补充资料

北京大学赠送连战的礼物

2005年4月29日，连战访问北京大学，获得一份特殊的礼物：母亲赵兰坤女士在76年前毕业于燕京大学的学籍档案和相片，其中包括她在宗教系就读的档案、高中推介信、入学登记表、成绩单等，大多是她亲笔写的字。在这份特殊的礼物面前，一贯严谨的连战先生也难掩内心的激动。他高举起母亲年轻时的照片，然后捧在面前细细端详，眼里泛着晶莹的泪光。这一刻，他满脸都是幸福的微笑。

1) 馈赠礼仪的原则

日常生活和社会交往中，馈赠礼仪遵循5W1H原则。

(1) Why，即为什么送。任何馈赠都是有目的的，或为交结友谊，或为祝颂庆贺，或为酬宾谢客，或为其他。

以交际为目的的馈赠。这是一种为达到交际目的而进行的馈赠，无论是个人还是组织机构，在社交中为达到一定目的，会针对交往中的关键人物和部门，赠送一定礼品，以促使交际目的的达成。

以巩固和维系人际关系为目的的馈赠。这类馈赠，即为人们常说的"人情礼"。这类馈赠，强调礼尚往来，以"来而不往非礼也"为基本行为准则。

以酬谢为目的的馈赠。这类馈赠是为答谢他人的帮助而进行的。因此在礼品的选择上往往强调其物质价值。

以公关为目的的馈赠。多发生在对经济、政治利益的追求和其他利益的追逐活动中。

（2）Who，送给谁。所谓"宝剑赠侠士，红粉赠佳人"，送礼一定要看对象，对象的确定和前述馈赠目的紧密相关。根据目的，可以区分馈赠的对象，比如亲人、朋友、同事、给予自己帮助者、上级、合作伙伴等。在明确馈赠对象后，还要分析双方不同的关系，要根据对方的兴趣爱好，投其所好。

（3）What，送什么。在明确馈赠对象后，还要分析双方不同的关系，要有针对性，要根据对方的兴趣爱好，投其所好。礼品要因事而异，即在不同情况下，向受礼人赠送不同的礼品。比如，出席家宴时，宜向女主人赠送鲜花、土特产和工艺品，或是向主人的孩子赠送糖果、玩具；探视病人，向对方赠送鲜花、水果、书刊、CD为好；对旅游者，赠送有中国文化或民族地方特色的物品等。

馈赠礼物还要注意文化差异性，不同民族、国家有不同的文化传统，也就有不同的文化禁忌。一件礼品在中国是受欢迎的，可能在其他国家就是忌讳的，如黄色的菊花。

（4）When，什么时间送。就馈赠的时机而言，及时适宜是最重要的。中国人很讲究"雨中送伞""雪中送炭"，即十分注重送礼的时效性，因为只有在最需要时得到的才是最珍贵的，才是最难忘的。因此，要注意把握好馈赠的时机，包括机会的择定和时间的选择。选择恰当的时机，如节日、喜庆嫁娶、开张开业、探视病人、拜访、做客、表示谢意敬意时等。一般说来，时间贵在及时，超前、滞后都达不到馈赠的目的。当我们作为客人拜访他人时，最好在双方见面之初向对方送上礼品，而当我们作为主人接待来访者之时，则应该在客人离去的前夜或举行告别宴会上，把礼品赠送给对方。

（5）Where，在什么地方送。考虑赠送礼品的地点时要注意公私有别。一般来说，工作中所赠送的礼品应该在公务场合赠送，如在办公室、写字楼、会客厅；在工作之外或私人交往中赠送的礼品，则应在私人居所赠送，而不宜在公共场合赠送。

（6）How，馈赠方式。赠送礼品的方式大致有3种：一是当面赠送，这是最庄重的一种方式。二是邮寄赠送，这是异地馈赠的方式。三是委托赠送，由于赠送人在外地，或者不宜当面赠送，就可以选择委托赠送。

注意赠礼时的态度、动作和言语表达。只有那种平和友善的态度和落落大方的动作并伴有礼节性的语言表达，才是令赠、受礼双方所能共同接受的。那种做贼式地悄悄将礼品置于桌下或房中某个角落的做法，不仅达不到馈赠的目的，甚至会适得其反。

2）赠送礼品注意事项

（1）礼品的包装。

礼品包装的要求：不论礼品本身有没有盒子都要用彩色花纹纸包装，用彩色缎带捆扎好，并系成好看的结，如蝴蝶结、梅花结等。重视包装就要做到下面两点：

① 包装所用的材料，要尽量好一点。

② 在礼品包装纸的颜色、图案、包装后的形状、缎带的颜色、结法等方面，要注意尊重收礼人的文化背景、风俗习惯和禁忌，不要犯忌。

(2) 具体做法。

送礼者一般应站着用双手把礼品递送到主人的手中,并说上一句得体的话。

送礼时一般喜欢强调自己礼品的微薄,而不介绍所送礼品的稀罕、珍贵或是多种用途和性能,如"区区薄礼不成敬意,请笑纳""这是我特意为你选的"。

对自己带去的礼品,不应自贬、自贱,比如说"是顺路买的""随意买的""没什么好东西,凑合着用吧"等。

客人开封后,赠送者可以对礼品稍做介绍和说明,说明要恰到好处,不应过分炫耀。

3) 接受礼品注意事项

在一般情况下,他人诚心诚意赠送的礼品,只要不是违法、违规的物品,最好的方式应该是大大方方、欣然接受。接受礼品时态度要从容大方、恭敬有礼,不可忸怩失态,或盯住礼品不放,或过早伸手去接,或拒不以手去接,推辞再三后才接下。接过礼品后,应表示感谢,说几句不要破费之类的客套话。如果条件允许,受赠者可以当面打开欣赏一番,这种做法是符合国际惯例的。礼品启封时,要注意动作文雅,不要乱撕、乱扯、随手乱扔包装用品。

补充资料

社交馈赠"七不送"

(1) 不送有碍社会公德和社会规范的物品。
(2) 不送过分昂贵的物品。
(3) 不送破旧物品。
(4) 不要送触犯对方禁忌的物品。
(5) 不送有违对方个人习惯的物品。
(6) 不送有碍对方身体健康的物品。
(7) 不送带有明显广告标志的物品。

8. 餐饮礼仪——中餐宴会礼仪

所谓宴会,是指以宴请为形式的一种重要的社交应酬。换而言之,你自己跟家人吃饭、跟父母吃饭这不是宴会,宴会实际上是一种社交活动。

1) 宴会的种类通常有4类。

第一是国宴。所谓国宴是在外交场合由国家元首出面,宴请别的国家的国家元首的宴会。

第二是正式宴会。正式宴会一般有3个正式:一是人员确定。正式宴会人员约定有限制,不仅有多少人到场有限制,而且哪张桌子上面坐谁,位次都有讲究。哪一张是主桌,谁上主桌,主桌里面谁是主人,谁是主陪,都有讲究。二是菜单要确定。不仅菜单提前要拟定,而且菜单要书写出来,最好在餐桌上人手一册。三是时间确定。一般情况下,大型的正式的宴会往往是晚宴,个别情况下是午宴,比如婚宴,一般就是午宴,但是一般商务宴请、社交宴请往往是晚宴。

第三是便宴。便宴相对就比较随便,规模比较小,菜比较简单,时间也比较短。

第四是家宴。所谓家宴,就是把人请到家里来请他吃饭,家宴重在参与,强调气氛的温馨和随和。

2) 中餐宴会桌次安排

按照国际惯例,桌次高低的排列,以离主桌位置远近而定。其原则是:首先确定主桌,主桌通常正对门,离门最远,或是处于场地的中间。其他桌次的位置是,离主桌越近的位置越高;位置相同的,右高左低;竖排是上高下低。如果室内有表示位置高低的明显的标志物,如婚宴仪式的前台、主席台、西式客厅的壁炉等,则越靠标志物或前台的位置越高;位置相等的,则右高左低。总结为:

以右为上(国际惯例);

以远为上(远离房门为上);

居中为上(中央高于两侧);

前排为上(适用所有场合);

面门为上(良好视野为上)。

安排桌次时,所用餐桌的大小、形状要基本一致。除主桌可以略大外,其他餐桌都不要过大或过小,如图7-8所示。

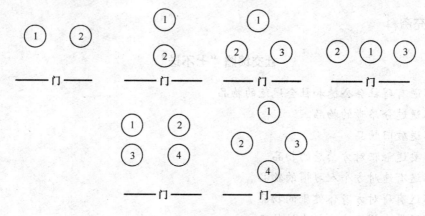

图7-8 中餐宴会桌次示意图

3) 中餐宴会座次礼仪

中餐座次礼仪是中国的传统文化,也是整个中国饮食礼仪中最重要的一部分。中餐宴请座次的确定是以门为依据:正对门的、离门最远的是主位。离门最近、靠近门的是末位。其他位置的座次是:离主位越近,位置越高;距离相等的右高左低。

如果只有一位主人时,主宾坐在主位右侧首位,第二主宾坐在主位左侧第一个位置,主位右侧依次为2、4、6、8,主位左侧依次为3、5、7、9,背对门的位置为末位,如图7-9所示。

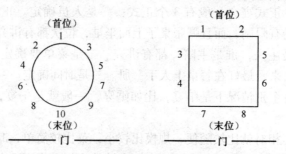

图7-9 中餐宴会座次示意图

如果有两位主人，则宾主双方可以穿插安排，即主人的对面安排第二主人，主人右侧的位置是第一主宾位，左侧是第二主宾位，第二主人右侧是第三主宾，左侧是第四主宾。在这种情况下，也可以主人右侧的位置是第一主宾位，左侧是第三主宾位，第二主人右侧是第二主宾，左侧是第四主宾。主人夫妇在同一桌就座，以男主人为第一主人，女主人为第二主人，主宾和主宾夫人分别在男女主人右侧就座，其他客人位置类推，如图7-10所示。这种主要是强调一对一的照顾。

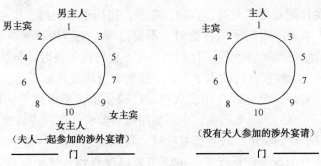

图7-10 中餐宴会座次示意图

有时，宾主双方及其他赴宴者不必交叉安排，客人一方坐在主人的右侧，陪同人坐在主人的左侧。也就是主左宾右，这样，一目了然，介绍起来，认识起来都非常方便。

如果主宾身份高于主人，为表示尊重，也可以安排主宾在主人位置上坐，而主人坐在主宾的位置上。

 补充资料

"尊左与尊右"中外有别

尊左尊右，中外有别。是左高还是右高，公务、政务礼仪讲的是中国传统习俗，有中国特色的做法，中文讲前后左右，说明左比右高，前比后高，这是中国传统习俗。左高右低，这里的左和右是怎么确定的？这跟看书、看报、看电影不一样，座次排列的左和右是当事人自己的左和右。

但是，我国对外开放，中国正在走向世界，世界正在接受和了解中国，在国际交往中还要讲国际礼仪。比如，商务礼仪就是讲国际礼仪的，国际惯例排座次的做法跟中国传统排法正好相反，国际惯例是右高左低，英文里讲左右的标准化说法是"right and left"——右左，所以你看电视里，国家主席或者是总理在我国境内会见外宾时，外国客人是坐在主席或总理的右侧。

以左为上是我国传统习俗。目前，在我国主要是在政务礼仪中比较通行，而在一般的社交场合和商务交往乃至国际交往中，我们现在都是趋同遵守国际惯例，即以右为上。所以社交宴请时遵循右高左低的原则。

4) 中餐餐具使用注意事项

和西餐相比较，中餐的一大特色是就餐餐具有所不同。主要介绍一下平时经常出现问题的餐具的使用。

（1）筷子，中餐最主要的餐具。使用筷子，通常必须成双使用。用筷子取菜，用餐的

时候，要注意下面几个"小"问题。

一是不论筷子上是否残留着食物，都不要去舔。用舔过的筷子去夹菜，就倒人胃口。

二是和人交谈时，要暂时放下筷子，不能一边说话，一边像指挥棒似的舞着筷子。

三是不要把筷子竖插放在食物上面。因为这种插法，只在祭奠死者的时候才用。

四是严格限制筷子的职能。筷子只是用来夹取食物的，用来剔牙、挠痒或是用来夹取食物之外的东西都是失礼的。

（2）勺子，主要作用是舀取菜肴、食物。有时，用筷子取食时，也可以用勺子来辅助。尽量不要单用勺子去取菜。用勺子取食物时，不要过满，免得溢出来弄脏餐桌或自己的衣服。舀取食物后，可以在原处"暂停"片刻，汤汁不会再往下流时，再移回来享用。

暂时不用勺子时，应放在自己的碟子上，不要把它直接放在餐桌上，或是让它在食物中"立正"，用勺子取食物后，要立即食用或放自己碟子里，不要再把它倒回原处。而如果取用的食物太烫，不可用勺子舀来舀去，也不要用嘴对着吹，可以先放到自己的碗里等凉了之后再吃。不要把勺子塞到嘴里，或者反复吮吸、舔食。

（3）盘子，稍小点的盘子就是碟子，主要用来盛放食物，使用方面和碗略同。盘子在餐桌上一般要保持原位，而且不要堆放在一起。

食碟的主要作用是用来暂放从菜盘里取来享用的菜肴，一次不要取放过多的菜肴，看起来既繁乱不堪，又像是饿鬼投胎。不要把多种菜肴堆放在一起，弄不好它会相互"窜味"，不好看也不好吃。不吃的残渣、骨、刺不要吐在地上、桌上，而是应轻轻取放在食碟前端，放的时候不能直接从嘴里吐在食碟上，要用筷子夹放到碟子旁边。如果食碟放满了可以让服务员换。

（4）水杯，主要用来盛放清水、汽水、果汁、可乐等软饮料时使用。不要用它来盛酒，也不要倒扣水杯。另外，喝进嘴里的东西不能再吐回水杯。

（5）中餐用餐前，比较讲究的话会为每位用餐者上一块湿毛巾，只能用来擦手。擦手后，应该放回盘子里，由服务员拿走。有时候，正式宴会结束前，会再上一块湿毛巾，和前者不同的是只能用来擦嘴，却不能擦脸、抹汗。

（6）牙签，尽量不要当众剔牙。非剔不行时，用另一只手掩住口部，剔出来的东西，不能当众观看或再次入口，也不能随手乱弹，随口乱吐。剔牙后，不要长时间叼着牙签，更不要用来扎取食物。

5）中餐用餐的得体表现

用餐的时候，不要吃得摇头摆脑、宽衣解带、满脸油汗、汁汤横流、响声大作，因为这样不但失态欠雅，而且还会败坏别人的食欲。可以劝别人多用一些，或是品尝某道菜肴，但不要不由分说，擅自做主，主动为别人夹菜、添饭，因为这样做既不卫生，又让人勉为其难。

取菜的时候，不要左顾右盼、翻来覆去、挑挑拣拣。要是夹起来又放回去，就显得缺乏教养。多人一桌用餐，取菜要注意相互礼让，依次而行，取用适量。不要好吃多吃，争来抢去，而不考虑别人用过没有。够不到菜，可以请人帮助，不要起身甚至离座去取。

用餐期间，不要敲敲打打，比比画画。用餐时，如果需要清嗓子、擤鼻涕、吐痰等，尽早去洗手间解决。

用餐的时候，不要当众修饰。比如，不要梳理头发、化妆补妆、宽衣解带、脱袜脱鞋等，如确有必要可以去化妆间或洗手间。用餐的时候不要离开座位、四处走动，如果有事要离开，也要先和旁边的人打个招呼，可以说声"失陪了，有事先行一步"等。

9. 餐饮礼仪——西餐礼仪

在学习西餐礼仪之前，先做一下这个测试，看看自己对西餐礼仪知多少。

思考：

(1) 餐巾的正确使用：（　　）。
A. 系在脖子上　　　　　　　　　　B. 放在膝盖上

(2) 哪只手拿餐刀？（　　）
A. 右手　　　　　　　　　　　　　B. 左手

(3) 用餐中刀、叉的摆放方法是：（　　）。
A. 摆放成八字形　　　　　　　　　B. 并排放在右侧

(4) 饭前通常喝哪种酒？（　　）
A. 白兰地　　　　　　　　　　　　B. 开胃酒

(5) 吃鱼喝哪种酒最合适？（　　）
A. 红葡萄酒　　　　　　　　　　　B. 白葡萄酒

(6) 吃面包时哪种方法正确？（　　）
A. 用餐刀切成小块　　　　　　　　B. 用手掰成小块

(7) 吃肉时吐出的骨头应该放在哪？（　　）
A. 盘子里　　　　　　　　　　　　B. 桌子上

(8) 随身带的小包可以放在桌子上吗？（　　）
A. 不可以　　　　　　　　　　　　B. 可以

(9) 可以在餐桌上补妆吗？（　　）
A. 可以　　　　　　　　　　　　　B. 不可以

1) 西餐的座次礼仪

西式宴请多采用长方形桌，座次安排依照国际惯例：以主人为基准，右高左低，近高远低。在正规西式宴请中，一般要求男女人数相等，并男女穿插而坐，因此，只要接受了主人的邀请一般要按时赴约，如确实有事不能赴约，要尽量提前告知主人。概括而言就是：女士优先、恭敬主宾、以右为尊、交叉排列，如图7-11所示。

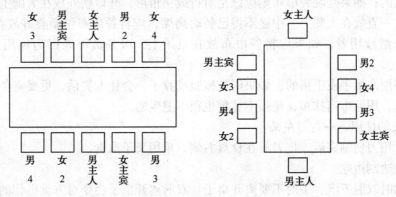

图7-11　西餐的座次示意图

2）西餐的餐具及其使用

西餐的餐具主要有五大类：杯子、盘子、刀子、叉子、匙子。刀子通常有4种：鱼刀、肉刀、黄油刀和水果刀。叉子有点心叉、鱼叉、肉叉、色拉叉、甜食叉。匙子主要有汤匙、布丁匙、茶匙和咖啡匙。在西餐中，餐具的摆放位置是很有讲究的，单单从餐具的摆放上就能大致看出所要吃的菜品。

餐具一般在开餐前均已摆好。其摆法非常有讲究，具体为：正面放食盘（汤盘），左手放叉，右手放刀。吃开胃小吃的叉子最小，摆放在最左边，然后依此从左到右是鱼叉、肉叉、色拉叉、甜食叉。食盘上方放匙（汤匙或甜食匙），再上方放酒杯，从右起分别为烈性酒杯、葡萄酒杯、香槟酒杯、啤酒杯（水杯），面包奶油盘放在左上方，按上菜程序由外到里放置相应的刀叉，刀口向内，如图7-12所示。

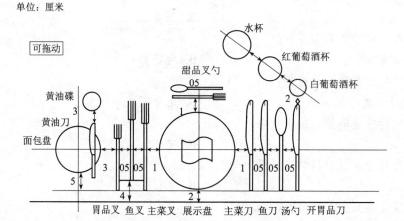

图 7-12 西餐的餐具摆放示意图

（1）餐巾、毛巾的使用方法。

餐巾布是用来承挡可能滴落下来的食物或汤汁的，也可以用来遮挡喷嚏或轻擦嘴上或手上的油污。使用时动作要优雅，避免埋着脸擦拭，更不能用来擦整只手臂，或擦汗、擦桌子、餐具等。用餐之前，应将餐巾布打开铺在大腿上。西餐中，如果是午餐巾布，是全部打开铺在大腿上的；如果是晚餐巾布则应该是对折成三角形，开口朝外放在大腿上。已经启用的餐巾布让它一直放在大腿上。中途不得已暂时离席，应将餐巾布稍微叠好放在椅子面上，表示你还回来继续用餐，如果你将餐巾布放在桌子上，服务员可能以为你用完餐而将餐具收走。

毛巾主要用来擦手或手指的，如果用来擦脸或脖子，会让人笑话，更要避免用来擦拭桌面等其他用途，用毛巾当抹布，是很不礼貌也很不卫生的。

（2）刀叉的使用——右刀左叉。

美国式：用刀切割完后，把刀放在食盘右侧，单用叉子取食。

英国式：边割边吃。

切割食物时双肘下沉，手肘不要离开桌子。双肘离开桌子会令对方觉得你的吃相十分可怕，而且正在切割的食物没准也会飞出去。

切割食物时尽量不要弄出声响。注意刀子只是用来切割食物的，千万不要用刀子叉着食物吃。

（3）刀叉的摆放。

当你在进餐过程中与他人攀谈时，自然会将刀叉暂时放下。这时应该将刀叉刀口向内、叉齿向下，呈"八"字形摆放在餐盘上，如图7-13（a）所示。其含义是尚在用餐。注意千万不要将刀叉摆成十字形，因为西方人认为这是让人觉得晦气的图案，如图7-13（b）所示。

如果不想吃这道菜，可将刀口向内、叉齿向上并排放在盘子上。这样做等于告诉侍者请他连刀叉带餐盘一起撤下，如图7-13（c）所示。

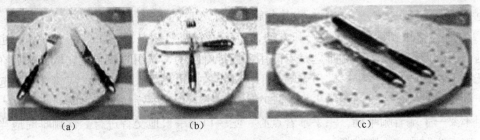

图7-13 刀叉的摆放

3）西餐的菜序和主要吃法

（1）西餐一般按以下顺序上菜。

① 头盘，又叫头盆，就是开胃菜，大多用水果、蔬菜制成。以色拉类为主，有的时候还有鹅肝酱、冻子、泥子这样一些东西，我们国人熟悉的头盘主要是色拉。

② 开胃汤。有3种类型，红汤、清汤、白汤。

③ 副菜。副菜一般是海鲜类的东西，一般叫"白肉"，主要是鱼肉和鸡肉。有时也可以不吃副菜，直接就上主菜。

④ 主菜。主菜特点是红肉，就是牛肉、羊肉、猪肉，它做熟了之后通常是红色的。相对而言红肉味比较浓，比较厚重，吃了之后耐饥耐饿。

⑤ 甜品。冰淇淋、水果、干果、坚果、鲜果以及各种各样的布丁、炸薯条、三明治、曲奇饼、烤饼等。

⑥ 咖啡或红茶。

（2）西餐的主要吃法。

① 汤。在主人未拿起汤匙前，客人不得提前食用。喝汤时，要从匙的旁边喝，不要从顶端喝。除了用双耳杯盛的汤可端喝外，其余均不可端喝。注意喝汤要用匙一勺一勺舀起汤来喝，不能用嘴直接到碗里或盘里喝汤。如果上的汤附有薄脆饼干，那是给你边喝汤边吃的。

② 面包。面包一般先摆上餐桌，但要等喝完开胃汤后才能开始食用。食用面包应用手掰成小块送入口中，掰一块吃一块，不要拿着整块面包去咬。抹黄油和果酱时也要先将面包掰成小块再抹，不要用面包蘸汤吃，不要用面包抹盘子。

③ 鱼、虾、海鲜。食用全鱼时，应用刀将头尾切下，堆在盘边，然后用刀轻轻切割上层鱼肉，用叉叉吃。吃完上层鱼肉后不可将鱼翻身，要用刀叉剔除其主刺后再食用下层。食用半只海虾或贝类海鲜，可用叉将其肉叉出来再食用。食用整只龙虾，可用手撕去虾壳，然后在飘有花瓣或柠檬片的净手钵中洗手指。

④ 主菜。西餐牛排有三分熟、五分熟、七分熟和全熟之分。一般要全熟的，否则牛排端上来后，你不敢吃或让人端下去重烤是失礼的。切牛排，要由外而内一下一下地切，不要急速来回锯切，切一块，吃一块（英式）。

⑤ 水果。吃苹果、梨等，应先用刀切成数块，然后再用刀去除皮核。削皮除核时，刀口应向内，由外往里削。削好皮后，可用手拿着吃，也可用叉叉起来吃。吃香蕉，应先用刀将皮从中划开，用刀叉将皮向两边剥开，再切成小块，用叉叉食。吃葡萄、樱桃，要一粒粒地拈取，不要整串拿在手中吃。

⑥ 布丁。一般是叉、勺并用，将其分解成适于入口的小块食用。

⑦ 咖啡。饮用咖啡可以加牛奶和方糖，应该用方糖夹夹方糖。如果只有砂糖，也可用咖啡匙来舀，但一般认为，咖啡匙是专门用来搅拌咖啡的，饮用时应当把它取出来放在咖啡杯的托盘上，用咖啡匙一匙一匙舀着喝是不合规矩的，也不可大口猛喝，应将杯子端起来慢慢喝。如果咖啡太烫，试图用嘴去把咖啡吹凉，是很不文雅的动作。饮咖啡时可以吃一些点心，但不要一手端着咖啡杯，一手拿着点心，吃一口喝一口地交替进行。饮咖啡时应当放下点心，吃点心时则放下咖啡杯。

如果是紧靠桌子坐着喝，不要拿托盘，如果离桌较远或者是站着喝，左手一定要托着托盘。

10. 自我训练

¤ 训练目的

通过训练，正确运用称呼、致意、介绍、名片、交谈、拜访、待客、馈赠、中餐、西餐等日常社交活动中基本的礼仪、礼节规范，增强个人文明礼仪修养。

¤ 课堂训练

1. 介绍礼仪训练

1）为他人介绍训练

（1）模拟演练为男士和女士、年轻者和年长者、地位低者和地位高者、未婚者和已婚者、主人和客人、迟到者和先到者之间做介绍。

（2）假定你是电视台一个栏目组的外联人员，去邀请某大学教授到电视台来做节目嘉宾，该教授是第一次来。你是负责外联公关的人，你把该教授接来之后要跟栏目的制片主任、副主任、编导来做一个见面。制片主任王主任是个女同志，李副主任是个男同志，现场的编导是个女孩子，小马。王、李、马他们3个人都不认识该教授。现在由你为他们做介绍。

（3）你（女）所在的办公室新来了一位办公室主任（男），年龄似乎也比你小，这天办公室主任由经理助理陪同前来，现在练习由经理助理为你们做介绍。

2）自我介绍训练

练习应酬式的自我介绍、工作式的自我介绍、社交式的自我介绍和求职介绍。注意自我介绍礼仪的要求。

3）集体介绍训练

情境：你和一群本公司同事在一起聚会。席间，进来一个你之前所在公司的同事，这时,请你为他们做集体介绍。

2. 握手礼仪训练

1)握手礼仪基本要领练习

先练习握手方式,掌握握手要领。然后设计不同角色的会面场景,根据握手顺序原则(男女之间、宾主之间、长幼之间、上下级之间、一人与多人握手时)练习握手礼仪。

2)握手礼仪综合运用

情境一:王老今天过八十大寿,邻里和王老的孙子、孙女都来祝贺。

情境二:李经理(女)与另一公司经理见面,另一公司经理(男)与其助理(女)一同来公司洽谈。

情境三:总经理王总来销售部办公室视察,你作为部门经理(女),练习会面时的握手礼仪。晚些时候,你的朋友约你在咖啡厅见面,碰到了当地一家知名企业的董事长(男),年龄也比你大,以此为背景练习握手礼仪。

由学生扮演相应角色进行表演,表演时要注意握手礼仪的各方面要求。

3. 拜访和接待礼仪训练

一部分学生扮演来访团体成员,一部分学生扮演接待方成员,模拟演示以下情境。

(1)在门口迎接客人。

(2)引导客人前往接待室。

(3)与客人搭乘电梯。

(4)引见介绍。

(5)招呼客人。

(6)为客人奉送热茶。

(7)送别客人。

演示完毕后,两组人员角色对调,再演示一遍,充分体会探访、接待的不同礼仪要求。

4. 见面礼仪综合训练

3~5人一个小组,每组设计一个见面场景,将称呼、介绍、握手等见面礼以及问候、递接名片等交际礼仪连贯地演示下来,学生对各组的表演进行评价,最后教师总结。表演之前,每组应就设计的场景和成员的角色进行说明。

5. 馈赠礼仪训练

情境:假设A公司和B公司拟进行技术合作,共同开发新型汽车发动机。A公司位于湖北武汉,B公司为四川泸州的一家公司。双方在泸州的合作会谈非常顺利。临近本次合作会谈尾声,B公司公共关系部的王经理特地为远道而来的A公司李总经理一行5人准备了每人一袋上好的土特产礼品,作为一点礼物赠送给对方。

每6名学生为一组,将全班同学分成若干组,然后安排学生分别扮演B公司的王经理和A公司的李总经理等5人,模拟进行礼物馈赠练习。演示礼品的馈赠时,应注意礼品馈赠时的口头语言与体态语言的演示。学生之间互相点评,教师指导纠正。

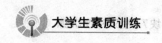

6. 中餐礼仪训练

1) 中餐宴会桌次安排设计

桌次的高低排列，以离主桌位置远近而定。其原则是：首先确定主桌，主桌通常正对门，离门最远，或是处于场地的中间。其他桌次的位置是，离主桌越近的位置越高；位置相同，右高左低；竖排是上高下低。现在有一个5桌的中餐宴会，请你为这个宴会设计桌次图。如果是6、7、8、9、10、11、12、13桌呢？

2) 中餐座次礼仪训练

假设你和你的一位上司设中餐宴请来访的8位客人时，座次该怎么安排，模拟入座。

按主人宴请时的位次排序：假设你作为主人，设中餐宴请6位客人，主人方有5位陪同人员（要注意客方和主方人员各自身份、地位的高低）。现以12座圆桌为例，以主人为中心，其余座位主方和客方人员各自按"以右为贵"原则做到主客相间。设计座次，模拟入座。

男女主人共同宴请时的座次排序：男女主人共同宴请时，遵循主副相对、以右为贵的排列，要做到主客相间。以10座圆桌为例，设计座次，模拟入座。

7. 西餐礼仪训练

（1）西餐宴会座次设计。

6~8人一组，查找资料，针对不同的餐桌（西式长桌、方桌、圆桌），根据主人与客人的地位排列好座次并模拟入座。

（2）模拟西餐餐具的使用和用餐礼仪。

7.3.3 训练小结

人们在创造优美物质环境的同时还应创造和谐的人际环境。生活的意义在于不断创造和进取。同时，还应在复杂的人际关系中表现、欣赏和发展自己，从中享受无尽的乐趣。一个人能否对现实社会或周围环境有良好的、积极的适应，是衡量他心理健康状况的重要标准。通过这一课程的学习，可以让学生们认识到应该积极适应社会，自觉参与社会活动，同时改造、发展和实现自我。

7.4 工作场所礼仪训练

7.4.1 训练目标

1. 知识目标

了解办公室文明礼仪、顺次礼仪、会议礼仪、电话礼仪等工作场所礼仪的规范和要求。

2. 能力目标

能在办公室树立自己良好的职业形象，言行举止符合职业人员特征要求；能正确找准自己的顺次陪同行进、进出房间、进出电梯、乘坐公务车；能在不同的会场分辨出自己以及不同身份的人的座次，能遵守会议礼仪；能得体地接打办公电话。

3. 素质目标

通过本次训练，学生具有应对未来职场工作事务的礼仪修养和职业素养。

7.4.2 训练内容

工作场所礼仪是公务礼仪的重要方面，又称办公礼仪或职场礼仪，它是人们在机关、事业、企业、社会团体等社会组织中处理日常事务和公务交往过程中应遵循的基本礼仪。办公人员的言行举止既是自己文明素养的体现，又体现着每个单位的整体形象。公务活动过程中，熟悉并掌握良好的公务礼仪，对于每一个单位宣传自己、推销自己、营造良好的公共关系至关重要。

2. 办公室文明礼仪

在办公室进行日常办公的时候，应该注意哪些礼仪习惯呢？最重要的一点是要对他人，包括同事、上级和下级表示尊重，尊重他人的隐私和习惯。我们应该从以下几个方面注意办公室礼仪。

1) 办公室空间礼仪

（1）分清哪些是公共的区域，哪些是个人的空间。

（2）保持位置的整洁。在办公室中要保持位置整洁、美观大方，办公桌避免陈列过多的私人物品。

（3）谈话声音和距离的控制。在和他人进行电话沟通，或者是面对面沟通的时候，音量要控制适当，以两个人都能够听到即可，避免打扰他人工作。哪怕当电话的效果不好时也应该这样。

（4）尽量避免在办公区域用餐。应该尽量避免在自己的工作岗位上进餐。有强烈味道的食品，尽量不要带到办公室。因其气味弥散在办公室里，会影响办公环境和公司形象。在实在不能避免的情况下，应尽量节省时间，注意保持工作区域的空气流通。

2) 办公室的形象礼仪

（1）服饰。树立整洁、端庄的个人仪表形象。在办公室工作，服饰要与之协调，以体现权威、声望和精明强干为宜。如果单位有统一着装，那么无论男女，上班时间尽量穿着工作服。如果没有统一着装，在办公室上班宜选用较为保守的服装，男士以西装为主，最适宜穿黑、灰、蓝三色的西服套装，同时注意领带、鞋袜的搭配。女士着装要美观大方，最好穿西装套裙、连衣裙或长裙。不要过于夺目和暴露，也不要浓妆艳抹，可化职业淡妆。佩戴的首饰也不宜过多，走路时摇来摇去的耳环会分散他人注意力，叮当作响的手镯也不宜佩戴。

（2）女职员不能在写字楼内化妆，尤其是有异性同事时。不能在办公桌上摆满化妆品。如果办公室设有女衣帽间，可兼作化妆间，否则只能以洗手间代替了。

（3）坐姿。在办公室工作时应注意坐姿。穿裙子的女士入座时，要用手把裙子向前拢一下，显得优雅端庄。坐下后，应尽量坐端正，把双腿平行放好，不得傲慢地把腿向前伸或向后伸。要移动椅子的位置时，应先把椅子放在应放的地方，然后再坐。

（4）站姿。两脚脚跟着地，脚尖离开约45°，腰背挺直，胸膛自然，颈脖伸直，头微向下，使人看清你的面孔。两臂自然，不耸肩，身体重心在两脚中间。在会见客户或出席仪式等站立场合，或在长辈、上级面前，不得把手交叉抱在胸前。

（5）出入房间的礼貌。进入房间，要先轻轻敲门，听到应答再进。进入后，回手关门，不能大力、粗暴。进入房间后，如对方正在讲话，要稍等静候，不要中途插话，如有急事要打断说话，也要看准机会。而且要说"对不起，打断你们的谈话"。

（6）递交物件时，如递文件等，要把正面、文字对着对方的方向递上去，如是钢笔，要把笔尖向自己，使对方容易接着；至于刀子或剪刀等利器，应把刀尖向着自己。

（7）走通道、走廊时要放轻脚步。无论在自己的公司，还是访问的公司，在通道和走廊里不能一边走一边大声说话，更不得唱歌或吹口哨等。公司内与同事相遇应点头行礼表示致意。在通道、走廊里遇到上司或客户要礼让，不能抢行。

（8）办公室内更应该禁止用手搬弄脚掌、剪指甲、挖耳屎、剔牙等，这对别人是极不礼貌的。

3）在办公室里说话的注意事项

（1）不要人云亦云，要学会发出自己的声音。老板赏识那些有自己头脑和主见的职员。不管在公司的职位如何，应该有自己的头脑，发出自己的声音，敢于说出自己的想法。

（2）办公室里有话好好说，切忌把与人交谈当成辩论比赛。在办公室里与人相处要友善，说话态度要和气，让人觉得有亲切感。虽然有时候，大家的意见不能够统一，但是有意见可以保留，对于那些原则性并不很强的问题，没有必要争论不休。

（3）不要在办公室里当众炫耀自己，不要做骄傲的孔雀。

（4）办公室是工作的地方，不是互诉心事的场所。

2. 顺次礼仪

不管是国内还是国外，但凡正式的场合，对排列顺序都是十分讲究的。前后左右的不同，可以反映出人们的礼仪素养，给他人留下懂礼与不懂礼的深刻印象。

1）陪同行进顺次

（1）陪同行进时，左右位置的确定，规则是把墙让给客人，就是让客人走在内侧，而陪同人员走在外侧。也就是客人在右，陪同人员在客人左侧，右比左高。

陪同引导的前后位置，一般来讲前方高于后方。但具体也要分两种情况，一是客人不认识路，则引导的标准位置是在客人的左前方1米到1.5米处。一面交谈一面配合客人的脚步。与客人大约是130°的角度，切忌独自在前，臀部朝着客人。二是客人认识路，陪同人员则让客人走在自己的右前方。

（2）与长辈、上司同行时，原则上应在他们的左边或后面走，有急事需超越时要先道歉。如果3人并行，通常中间为上，右侧次之，左侧再次之。

（3）男女同行时，交往中讲究女士优先，一般女士优先走在前方。但遇到着裙装（特别是短裙）的女士，上下楼时宜让女士居后，如图7-14所示。

图 7-14　引领礼仪

2）出入房门顺次

当门向外开时，先敲门，拉开门后把住门把手，站在门旁，对客人说"请进"并施礼，进入房间后，用右手将门轻轻关上；当门向内开时，敲门后，推开门自己先进入房间，侧身把住门把手，对客人说"请进"并施礼。

3）出入电梯的顺次

我们在日常交往和生活中碰到的电梯其实是两种：一种是平面移动式电梯，一种是升降式电梯。升降式电梯又分两种，即无人驾驶的电梯和有人驾驶的电梯。平面移动式电梯遵守"单行右站"规则。陪同客人出入无人驾驶的升降式电梯时，陪同人员的标准化做法是要先入后出。先入后出的原因，第一是安全的考虑，第二是方便。陪同人员先入后出电梯，应按住里面的开关钮，以便客人安全顺利进入电梯和走出电梯。对于有人驾驶的电梯，陪同人员和客人一般的标准化进出顺序是客人先进先出，陪同人员则是后进后出，跟一般走路差不多。当然，这也有特殊情况，比如客人很多，陪同人员最后一个进了电梯堵在门口，自然陪同人员就得先出来，如果你还硬要最后出去，那别人就没法出去了。这里所讲的陪同人员后进后出的前提是电梯里面人少，可能就一两人。

4）乘车顺次礼仪

（1）乘车基本礼仪。

① 不争抢座位，注意让座。

② 乘坐火车与巴士时，如不拥挤，男士应先上车，接应女士或为女士找座位。到站后，男士先下，接应女士。

③ 乘出租车时，男士后上先下，拉开与关闭车门，协助女士上下车。

④ 送上司、客人坐轿车外出办事，应首先为上司或客人打开右侧后门，并以手挡住车门上框，同时提醒上司或客人小心，等其坐好再关门。

⑤ 假如你与你的上司同坐一辆车，座位由上司决定，待其坐定后，你再任意选个空位坐下，但注意不要去坐后排右席。抵达目的地后，你应首先下车，下车后，绕过去为上司或顾客打开车门。并以手挡住车门上框，协助上司或客人下车。

（2）乘车顺次礼仪。

乘坐轿车时，轿车上座次的尊卑，在礼仪上来讲，主要取决于下述 4 个因素。

① 驾驶者身份。

由主人亲自驾驶轿车时：

在双排五人座轿车上，一般前排座为上，后排座为下；以右为尊，以左为卑。座次由尊而卑应当依次是：副驾驶座，后排右座，后排左座，后排中座。

在双排六人座轿车上，座次由尊而卑应当依次是：前排右座，前排中座，后排右座，后排左座，后排中座。

在三排七人座轿车（中排为折叠座）上，座位由尊而卑应当依次是：副驾驶座，后排右座，后排左座，后排中座，中排右座，中排左座。

在三排九人座轿车上，座位由尊而卑应依次是：前排右座，前排中座，中排右座，中排中座，中排左座，后排右座，后排中座，后排左座。

乘坐主人驾驶的轿车时，最重要的是不能令前排座空着。一定要有一个人坐在那里，以示相伴。由男主人驾驶自己的轿车时，则其夫人一般应坐在副驾驶座上。由主人驾车送其友人夫妇时，则友人之中的同性要坐在副驾驶座上与主人相伴，而不宜形影不离地与夫人或丈夫坐在后排，那将是失礼之至。

由专职司机驾驶轿车时：

通常仍讲究右尊左卑，但座次同时变化为后排为上，前排为下。

在双排五人座轿车上，座次由尊而卑应当依次为：后排右座，后排左座，后排中座，副驾驶座。

在双排六人座轿车上，座次由尊而卑应当依次为：后排右座，后排左座，后排中座，前排右座，前排中座。

在三排七人座轿车（中排为折叠座）上，座次由尊而卑应当依次为：后排右座，后排左座，后排中座，中排右座，中排左座，副驾驶座。

在三排九人座轿车上，座次由尊而卑应当依次为：中排右座，中排中座，中排左座，后排右座，后排中座，后排左座，前排右座，前排中座。

② 轿车的类型。

吉普车。吉普车简称吉普，它是一种轻型越野轿车，大都是四座。不管由谁驾驶，吉普车座次由尊而卑均依次是：副驾驶座，后排右座，后排左座。

多排座轿车。多排座轿车指的是四排及四排以上座位的大中型轿车。其不论由何人驾驶，均以前排为上，后排为下；以右为尊，以左为卑；并以距离前门的远近，来排定其具体座次的尊卑。以一辆六排十七座的中型轿车为例，其座位的尊卑依次应为：第二排右座，第二排中座，第二排左座，第三排右座，第三排中座，第三排左座，第四排右座，以此类推。

③ 轿车上座次的安全系数。

客观上讲，在轿车上，后排座比前排座要安全得多。最不安全的座位，当数前排右座。最安全的座位，则当推后排左座（驾驶座之后）。

当主人亲自开车时，之所以以副驾驶座为上座，既是为了表示对主人的尊重，也是为了显示与之同舟共济。由专人驾车时，副驾驶座一般也叫随员座，通常坐于此处者多为随员、译员、警卫等。

有鉴于此，一般不应让女士坐于专职司机驾驶的轿车的前排座，孩子与尊长也不宜在此座就座。

④ 尊重客人的意愿。

通常，在正式场合乘坐轿车时，应请尊长、女士、来宾就座于上座，这是给予对方的一种礼遇。然而，更为重要的是，与此同时，不要忘了尊重客人本人的意愿和选择，并应将这一条放在最重要的位置。应当认定：必须尊重嘉宾本人对轿车座次的选择，嘉宾坐在哪里，即应认定那里是上座。即便嘉宾不明白座次，坐错了地方，也不要对其轻易指出或纠正。这时，务必要讲"主随客便"。

（3）女士上下车礼仪。

上车时仪态要优雅，姿势应该为"背入式"，即将身体背向车厢入座，依靠手臂做支点，腿脚并拢提高，保持腿与膝盖的并拢姿势，坐定后即将双脚同时缩进车内，略调整身体位置，坐端正后关上车门。如穿长裙，应在关上车门前将裙子理好。

下车时应将身体尽量移近车门，伸出靠近车门的手打开车门，然后略斜身体把车门推开，然后将身体重心移至另一只脚，再将整个身体移离车外，最后踏出另一只脚（如果穿短裙则应将双脚膝盖并拢，抬起，同时移出车门外，再将身体移出，双脚不可一先一后）。

3. 会议礼仪

会议是有组织、有领导、有目的地通过集会形式商议事务、研究问题等的活动。它是机关、团体、企事业单位等社会组织日常工作的一种重要方式。会议礼仪就是在会议中应遵守的礼节和仪式，包括会议组织者礼仪和与会者礼仪两个方面。从过程来看，有会前、会中、会后礼仪，不论什么类型会议，在注重礼仪方面的要求是有共性的。本训练教程主要从与会者座次安排和与会者基本礼仪这两个方面进行训练。

1）会议座次的基本原则

会议座次的安排会影响到议事的庄严性，关系到发言次序等，作为职场人员来讲，应该格外注意座次礼仪，明确自己的位置在哪里，这是良好职业素质的表现。会议座次的基本原则如下。

（1）尊左与尊右。在会议的座次安排上，首先要看会议的性质。政务会议、国企内部的大型会议，一般仍然遵守我国传统的"左为上"的原则；其他商务、社交、涉外活动一般遵循"以右为尊"的国际惯例。

（2）中间与两边。中间的位置为上，两边为下。相比两边的位置，位于中间的人讲话更能使两边的人都清楚地听到，更便于与两边的人进行交流。

（3）前排与后排。前排为上，后排为下。"前"总是与"领先"相关。在会议中前排适宜安排更重要的人士。

（4）面门为上。面门为上，背对门为下。面门的位置比背对门的位置更加优越。

除了以上4项原则，针对不同的会场情况，还应该以使会议合理、高效的行为原则来判断座位次序。会议现场的座次排列有以下几种。

① 长方形会议桌。这种会议桌适用于内部会议或者双边谈判的现场。进行内部会议时，职务最高的人应该位于短矩形边的一侧，并且应该面门而坐。进行双边谈判时，双方可分别坐于桌子长边的两侧。各方职位最高者应在己方居中的位置，职位排在第二位的人坐在他的右边，第三位者坐左边，依次排列。

② 椭圆形会议桌。适用于内部会议，职务最高的人应该位于椭圆形会议桌的一头，其他人员按照右高左低原则依次排列。

③ 圆形会议桌。适用于回避座次概念的内部会议或者多边谈判。圆桌会议刻意体现与会人员平等互利的原则，淡化了尊卑概念。

④ 设有主席台的会议桌。内部大型会议或者对外新闻发布会一般采用这样的会议形式。主席台座次排列为前排高于后排、中间高于两边、右边高于左边。主持人的位置可以在前排中间也可以在最右端（这里说的左右是以主席台面向的方向为准），发言席在主席台正前方或右前方。台下与会人员与主席台面对面，遵循同样的座次原则。

商务会议中的座次多数是按照国际惯例来安排的，基本原则是：右高左低，前高后低，中间高于两侧，远高近低（离门远的位置为上座）。参与不同的会议或洽谈，我们的身份不尽相同。当我们是主人时，应以客人为尊，把客人安排在最优越、最舒适的位置就座。如果是商务会谈，宾主分列长桌或椭圆形桌的两侧，如果横放，则面对正门的一方为上，应属于客方；背对正门的一方为下，应属于主方；如果竖放（顺着门的方向），应以进门方向为准，右侧为上，属于客方；左侧为下，属于主方。主谈人员应在自己一方居中而坐，其他人员按照右高左低的原则，自近而远分坐。

在团队中，我们对个人的位置应该有清楚的判断。公务活动中，上下级关系永远排在第一位；其次是年龄，在相同的级别中以年长的同事为先；再次是性别，在级别相同、年龄相仿的参会人员中，以女士优先。

2）与会者礼仪

（1）及时到会。一般应适当提前到会，特别是会议的主持人及特别邀请的重要人士。

（2）勇于坐前排。会场进出应该有序，根据会议安排落座。要勇于坐在靠前排的位置，这是对会议发言者和讨论问题的尊重和重视。

（3）言谈举止要得体。一言一行要自然得体、落落大方，不要哗众取宠，有失礼貌。

（4）遵守会议纪律。开会时坐姿端庄、身体挺直，表现出精神饱满的状态，切忌挠头、抖腿等不雅举止。聆听时要专心致志，与发言人保持目光接触，仔细听清对方所说的话。不要私下小声说话或交头接耳，不要三心二意、东张西望，这些都会影响听讲的效果，也会影响发言人的心情。

（5）在会议中，最好把手机关掉，起码也要调到振动状态。这样既表现出对他人的尊重，也不会打断发言者的思路。

（6）发言人发言结束时，应鼓掌致意，中途退场应轻手轻脚，不影响他人。

（7）积极参加讨论发言。

4. 电话礼仪

日本著名企业家松下幸之助说："不管是在公司，还是在家里，凭着个人打电话时的说话方式，就可以判断其教养如何。"电话在社交活动中使用频繁，掌握电话礼仪十分重要。打电话的人作为主动行为者，应该考虑到被动接听者的感受。

1）打电话的礼仪

（1）不打无准备之电话。打电话时要有良好的精神状态，站着最好，坐着也行，但不要躺着，或歪靠在沙发上，那势必发出慵懒的声音，更不能边吃东西边打电话。拿起听筒前，应明白通话后该说什么，重要电话要列提纲，思路要清晰，要点应明确，最重要的事首先说。

（2）选择适当的通话时间。原则是尽量少打扰对方的作息。一般而言，三餐时间，早7点（假日8点）以前，晚10点以后，对方临出门上班、临下班要回家时，不宜打电话。除非有万不得已的特殊情况，切忌半夜三更打电话，以免惊扰对方及其家人。通话时间也要控制，尽量长话短说。

（3）注意说话礼貌。话筒传声与面谈显然有别，因此，传到对方的声音及其语气、语调显得尤为重要。音量要适中，以对方听得清晰为准。语速要稍缓，语气应平和，给对方以亲切感，不可拿腔拿调、装腔作势。

一般而言，接通电话后，应立即作简要的问候、自我介绍并说出要求通话的人，切忌说"你知道我是谁吗？猜猜看！"之类的话。

当接通电话，对方答应你"稍候"时，应握着话筒静候；假如对方告诉你要找的人不在时，切不可粗鲁地将电话挂断，应道声"谢谢"。

2）接电话的礼仪

接电话的礼貌体现自身的教养、单位的风貌，不得不注意。

（1）把握好接电话的时间。一般要求在铃响3声内接，最好在第二声后提起话筒。如果在第一声响后就接，显得仓促，精神上准备不够，影响话音质量；如果你处在比较从容的状态中，那在第一声响后接通电话则更好。

（2）热情接听，认真处理。拿起话筒，首先以礼貌用语通报自己的单位名称，这样，一方面做了礼节性的问候，又能让对方听清楚你的单位。

如果对方要传呼其他同事，接听者应该热情地告诉对方，如"好的，请稍候"。然后用手捂住受话孔，或去请或直接把话筒递给同事。如果同事不在场，接听者应委婉地说："需要转告吗""可以留下您的电话吗"切忌以一声"不在""没看到"即挂断。

在电话机旁要备好纸和笔，以便随时记下对方的留言。记录要认真，可将其中的重点内容再复述一遍，以证实是否有误，同时尽快予以转告。

接到打错的电话也不要发火，仍应亲切地说："对不起，您打错了。"

（3）结束通话。当电话交谈要结束时，可询问对方"还有什么事吗"，这既是尊重对方也是提醒对方，最后以"再见"之类的礼貌语结束。放下话筒的动作也要轻缓，如果话音刚落，你就"啪"的一声扣上听筒，可能会使你前面的礼貌前功尽弃。结束通话挂电话时，一般是地位高者先挂，长辈先挂，同等地位时，主叫方先挂。

5. 自我训练

¤ **训练目标**

通过训练，使学生掌握基本的工作场所礼仪规范，培养良好的职业意识。

¤ **课堂训练**

1）桌面布置训练

把宿舍里的书桌布置得井井有条，美观大方，并拍摄图片，在班上进行评比。

2）陪同引导礼仪训练

办公接待场合。4人一组，其中2人扮演客人（一人为经理，一人为秘书），2人扮演主人（一人为经理，一人为秘书），表演4人单行行走、4人并排行走。

非商务场合。3人一组，其中1人为女性，表演3人单行行走、3人并排行走。注意行走的方位、姿态，可以边走边谈。

3) 会议礼仪训练

画出公务会议中的座次安排。会议桌为长桌或椭圆形桌,分横放和竖放两种情况(相对门而言),用数字标出位次。学生分为若干组,每两组合作练习,一组扮演主方,另一组扮演客方,模拟入座。要注意双方的位置和己方内部人员位置,角色要说明。

4) 乘坐轿车训练

掌握轿车座位的安排,轿车座位可用椅子代替。若干人一组,并确定各自的角色(客人、女士、上级或主人、男士、下级等)。

(1) 演示按正确的座次乘车。

① 客方1人,我方3人(主要接待1人、陪同1人、司机1人),乘一辆车。

② 客方2人,我方2人(主要接待1人、司机1人),乘一辆车。

③ 客方3人,我方3~4人(重要接待1人、陪同兼司机2人),分乘2辆车。

(2) 训练进出轿车的姿态。

训练接待服务中"护顶"的姿势。

5) 电话礼仪训练

情境一:方正公司钱经理正在召开工作例会,公司的合作伙伴华茂公司的杨总来了电话要找钱经理。请演示秘书初次接电话的情境。

情境二:方正公司秘书张叶接到东风贸易公司吴总电话,说航班延误,下午才能到机场,到时想直接去展销会现场,但不知道怎么坐车,请张秘书告诉他。

情境三:下午,你接到一位客户的投诉电话,抱怨他买的联想手机品质不好,给他增加了很多麻烦。他非常恼火,情绪激动,言语有些过激,如何处理?

情境四:一位客户打电话来,抱怨你的一位同事,说他态度不好,答应提供服务却未能兑现。你既要保护同事和公司的信誉,又要使客户得到安慰和帮助。

实训说明:

(1) 学生2人为一组,实训在教室进行。

(2) 各小组学生自选情境,分别扮演情境中的对象,模拟电话内容。

(3) 各小组实训时其余学生观看并点评。

(4) 小组准备时间5分钟,每组演示时间不超过4分钟,演示时间结束时学生完成电话记录单。

7.4.3 训练小结

人们在职业场所中要遵循一系列礼仪规范,学会这些礼仪规范,将使一个人的职业形象大为提高。职业形象包括内在的和外在的两种主要因素,而每一个职场人都需要有树立塑造并维护自我职业形象的意识。恰当地应用职场礼仪有助于完善和维护职场人的职业形象,进而在工作中左右逢源,做一个成功职业人。

7.5　模块总结

（1）是否按计划完成了本章的训练？　是　　否
（2）未完成的原因是：

（3）通过训练，我在以下方面有了提高：

（4）存在的问题及改进的措施：

7.6　活动与拓展

分小组进行见面礼仪、介绍礼仪、握手礼仪、拜访和接待礼仪、陪同引导礼仪训练。
活动流程：
（1）将学生进行分组；
（2）设计体现见面礼仪、介绍礼仪、握手礼仪、拜访和接待礼仪、陪同引导礼仪的情景；
（3）各组按照情景描述进行表演；
（4）教师点评、总结；
（5）学生交流总结。
有关讨论
（1）你需要为入职做哪些礼仪上的准备？
（2）相互评价小组训练中的表现，你最欣赏谁的礼仪行为，为什么？

参 考 文 献

[1] [美] 彼得·圣吉, 奥托·夏莫, 等. 第五项修炼·心灵篇 [M]. 张成林, 译. 北京: 中信出版社, 2010.

[2] [英] 克里斯汀·韦尔丁. 情商 [M]. 尧俊芳, 译. 天津: 天津教育出版社, 2009.

[3] [美] 玛希雅·休斯, 博尼塔·帕特森, 等. 情商培养与训练: 46种活动提高你的情商 [M]. 赵雪, 赵嘉星, 译. 北京: 电子工业出版社, 2010.

[4] [美] 丹尼尔·戈尔曼. 情商: 为什么情商比智商更重要 [M]. 杨春晓, 译. 北京: 中信出版社, 2010.

[5] 姜琳. 60分钟认识自我 [M]. 长春: 吉林摄影出版社, 2001.

[6] [美] 史蒂芬·柯维. 高效能人士的七个习惯 [M]. 北京: 中国青年出版社, 2008.

[7] 陈亭楠. 现代企业文化 [M]. 北京: 企业管理出版社, 2003.

[8] 张仁德, 霍洪喜. 企业文化概论 [M]. 天津: 南开大学出版社, 2003.

[9] [美] 芭芭拉·安吉丽思. 活在当下 [M]. 北京: 华文出版社, 2010.

[10] 田缘, 张弘. 安东尼·罗宾潜能成功学 [M]. 北京: 经济日报出版社, 2009.

[11] 赵青, 曾新. 心态决定命运 [M]. 北京: 中国档案出版社, 2003.

[12] 马林. 再努力一点 [M]. 北京: 中国华侨出版社, 2006.

[13] [美] 吉姆·柯林斯. 从优秀到卓越 [M]. 北京: 中信出版社, 2005.

[14] 周文. 头脑风暴 [M]. 北京: 印刷工业出版社, 2002.

[15] 桑木. 大学素质教育的关联空间 [N]. 湖南日报, 2000-08-10.

[16] 陈金明. 破解大学素质教育难题 [N]. 光明日报, 2009-06-07.

[17] 姚晓琴. 谈大学生素质教育中学音乐教育的衔接 [N]. 音乐周报, 2001-11-16.

[18] 高建进. 多元文化交融下的大学素质教育 [N]. 光明日报, 2003-12-02.

[19] 陶武成. 成功素质教育——一场高等教育的革命正在悄然兴起 [N]. 光明日报, 2008-03-18.

[20] 徐学初. 沟通高手 [M]. 北京: 天地出版社, 1998.

[21] [美] 肯·白克, 凯特·白克. 乐在沟通 [M]. 广州: 中山大学出版社, 1999.

[22] 经理人培训项目编写组. 培训游戏全集 [M]. 北京: 机械工业出版社, 2006.

[23] 苏扬. 卡耐基成功之道全集 [M]. 沈阳: 沈阳出版社, 1995.

[24] 程社明. 你的船你的海: 职业生涯规划 [M]. 北京: 新华出版社, 2007.

[25] 孙德文. 职业生涯规划与管理 [M]. 北京: 中国电力出版社, 2008.

[26] 张再生. 职业生涯规 [M]. 天津: 天津大学出版社, 2007.

[27] 卜欣欣, 陆爱平. 个人职业生涯规划 [M]. 北京: 中国时代经济出版社, 2004.

[28] [美] 里尔登, 等. 职业生涯发展与规划 [M]. 侯志瑾, 等译. 北京: 中国人民大学出版社, 2010.

[29] 邹静, 蒙坪. 推销员素质训练 [M]. 成都: 西南交通大学出版社, 2004.

[30] 邹静, 蒙坪, 刘文. 大学生素质训练 [M]. 成都: 西南交通大学出版社, 2007.

[31] 刘文, 张晋. 大学生素质训练 [M]. 北京: 北京理工大学出版社, 2017.